上海市一流本科专业建设项目

1	
2	3
4	5

1. 诚信专项项目组师生赴青岛海尔集团调研
2. 第十七届"挑战杯"上海市大学生课外学术科技作品竞赛一等奖
3. 走进深圳——看改革开放激荡四十年项目组成员赴深圳调研
4. "知行杯"上海市大学生社会实践项目大赛三等奖
5. 金汇百村——金融文化进社区活动

1
2 4
3

1. 学院学生参加德国沃尔姆斯应用技术大学交流项目
2. 台北大学交流项目同学参加社团活动
3. 日本上智大学短期交流项目结课典礼
4. 英国林肯大学短期交流项目同学与导师合影

知行合一

——财税大学生创新实践论文集

王亭　彭锻炼／主编

立信会计出版社
LIXIN ACCOUNTING PUBLISHING HOUSE

图书在版编目(CIP)数据

知行合一：财税大学生创新实践论文集 / 王亭，彭锻炼主编. —上海：立信会计出版社，2021.11
ISBN 978-7-5429-6913-2

Ⅰ. ①知… Ⅱ. ①王… ②彭… Ⅲ. ①财税—文集 Ⅳ. ①F810-53

中国版本图书馆 CIP 数据核字(2021)第 205484 号

策划编辑 方士华
责任编辑 方士华
封面设计 南房间

知行合一——财税大学生创新实践论文集
ZHIXINGHEYI CAISHUI DAXUESHENG CHUANGXIN SHIJIAN LUNWENJI

出版发行	立信会计出版社		
地　　址	上海市中山西路 2230 号	邮政编码	200235
电　　话	(021)64411389	传　　真	(021)64411325
网　　址	www.lixinaph.com	电子邮箱	lixinaph2019@126.com
网上书店	http://lixin.jd.com		http://lxkjcbs.tmall.com
经　　销	各地新华书店		
印　　刷	当纳利(上海)信息技术有限公司		
开　　本	787 毫米×1092 毫米	1/16	
印　　张	20	插　　页	2
字　　数	462 千字		
版　　次	2021 年 11 月第 1 版		
印　　次	2021 年 11 月第 1 次		
书　　号	ISBN 978-7-5429-6913-2/F		
定　　价	80.00 元		

前　言

党的十九大报告提出“加快建设创新型国家”，同时提出“创新是引领发展的第一动力”。《国家创新驱动发展战略纲要》明确提出中国在2020年进入创新型国家行列，到2030年跻身创新型国家前列，2050年建成世界科技创新强国，成为世界主要科学中心和创新高地。这些目标的实现离不开创新型人才的培养，而培养创新型人才正是高等学校的根本任务。

上海立信会计金融学院财税与公共管理学院始终坚持社会主义的办学方向，定位于培养高素质、有特色的应用型财税与公共管理专门人才，抓住上海大力推进教育综合改革、学校入选上海高水平地方应用型高校建设序列的契机，以专业建设、课程建设、师资队伍建设为主要抓手，创新人才培养模式，提高人才培养质量，主动适应国家和地方经济社会发展需求，税收学专业获得上海市级一流专业建设点和校一流专业A类建设项目，财政学专业获得校一流专业B类建设项目。

在参与学校“上海高水平地方应用型高校试点建设”过程中，财税与公共管理学院紧紧围绕创新型人才培养进行了积极的探索，进一步明确了创新型人才培养的目标定位，探索创新型课程改革和课程体系设置，设计科创素养相关学分，注重学生创新意识、创意思维和创造能力的培养，大力支持学生参与各类创新创业比赛，积极拓展国际合作办学平台、推进学生海外交流项目，鼓励学生到更广阔的平台上开阔眼界、锻炼能力。学院创新型人才培养的步伐扎实而坚定。

近年来，学生们在教师们的指导下，积极参与各级各类学科竞赛、创新创业比赛和国际交流活动，撰写学生科技创新以及实践论文，取得了优异成绩，积累了丰厚的研究成果，从项目覆盖的广度到获奖的数量、成果的质量，都有大幅的提升和进步，一些学生的创新实践论文得到公开发表。《知行合一——财税大学生创新实践论文集》的集结出版，不仅是学院创新型人才培养质量的体现，更是学院教师和学生集体智慧的结晶。

本论文集共分为五个部分：第一部分“挑战杯”项目，为学生在近两届“挑战杯”上海市大学生课外学术科技作品校内竞赛中获奖的项目；第二部分社会实践项目，为近3年学生承担的学校“暑期三下乡”“知行杯”校级重点项目、暑期社会实践专项；第三部分创新创业项目，为学生参加“创青春”“互联网＋”“中国大学生服务外包”创新创业校内竞赛获奖的项目；第四部分创新实践论文，为近年来学生完成国家级、市级大学生创新创业训练计划结项发表的相关论文。

习近平总书记在北京大学同师生代表座谈时向青年提出“要力行，知行合一，做实干家”，这些创新实践项目和论文正是学生们将理论运用于实践，在实践中不断思考、在思考中不断创新的成果，体现了学生们的脚踏实地和知行合一。其中的每一个项目和每一篇论文都经过了指导教师的悉心指导，可能有些思考还不够完善，有些探索还需要深化，但它们见证了师生们在科创道路上留下的汗水和付出的辛劳。因此，我们把它们汇集成册，希望借此推动学院创新型人才的培养，激励更多学生积极投身于更多富有创新性的实践活动中。

本论文集是一流本科建设的重要成果，能够出版，要感谢上海高水平地方应用型高校试点建设项目的大力资助，感谢上海立信会计金融学院财税与公共管理学院师生的积极探索和共同努力，特别感谢立信会计出版社对本论文集出版给予的支持和帮助。由于我们的水平有限，文中难免有疏漏之处，敬请读者批评指正。

编　者

2021 年 11 月

目　录

第一部分　“挑战杯”项目

第二部分　社会实践项目

第三部分　创新创业项目

第四部分　创新实践论文

第一部分

“挑战杯”项目

长三角地区城镇相对贫困的多维指标体系构建及测算①

摘　要：文章在“长三角区域一体化”国家战略背景下，以能力贫困理论为基础，在A-F方法指标中引入相对化经济指标和绝对标准，基于中国家庭追踪调查(CFPS)的数据，测算长三角三省一市城镇家户样本多维贫困指数(MPI)，并通过A-F方法对各指标进行独立分解，实证分析城镇家户的贫困程度和影响因素。

本文在方法上进行了如下改进：其一，将家庭人均年收入、家庭各项支出占比和家庭资产等多维经济指标全部纳入A-F模型指标体系中，具有更加全方位考虑的特点；其二，将收入单维度中的相对贫困线划定方法引入多维贫困指标中，对原有绝对指标进行了相对化处理；其三，将权重设置的其他学科方法引入到模型中，与原始做法比较分析，寻找更为合理的权重改良方案。

本文由长三角三省一市的城镇家户为切入点，切实识别并分析了影响当地居民相对贫困的问题。通过对各地致贫因素的分析，讨论当下各地具体政策的合理性，对各地个性致贫因素和共性致贫因素均给出了有效建议，并为缓解相对贫困提供了协同建设的可行思路。

关键词：长三角；城镇相对贫困；A-F方法

1　研究背景、方法及创新点

贫困问题是全世界共同面临的最普遍民生问题。2020年12月3日，习总书记指出：我国已经消除了绝对贫困和区域性整体贫困，如期完成了新时代脱贫攻坚目标任务。未来扶贫攻克的难点将转变为缓解相对贫困，进入一个更为艰难的领域。而长三角区域一体化战略为我们研究相对贫困提供了新的视角。随着社会经济的发展，人们对贫困的理解有了新的扩展：从绝对贫困，即是否能维持基本的生存需要，到引入相对贫困的概念，贫困的认定基于社会资源分配的比较。与绝对贫困相比，相对贫困更具“隐蔽性”，侧重于机会缺失和权利剥夺，会因阶层分化的存在而长期存在。扶贫标准的制定关系今后贫困治理资源的合理配置，关系贫困人口的切身利益(韩广富、辛远，2020)。

对相对贫困，社会学家作出了不同解读，其中以 Samuel Stouffer 和 Amartya Sen 提出的

①　本文获得第十七届“挑战杯”上海市大学生课外学术科技作品竞赛一等奖。

两种理论最为典型。Stouffer 等(1949)提出相对剥夺理论，认为贫困产生于个体之间心理层面的相互比较。这种比较使个体自身的劣势转化为一种相对“剥夺”的感觉，且这种感觉随个体身边人的不同而变化，因此贫困是动态变化的，会随时间空间的不同而相对改变。这种相对性在每个限定的时间空间内是绝对的，包含了个体将社会中其他个体作为参照物而产生的主观感受，因而他认为这是“相对的绝对贫困”。Sen(1981)则提出能力贫困理论，他在论及贫困时指出不应仅仅关注贫困的人的收入比别人低，而更应该关注人的“可行能力”。这种理论是在相对贫困的基础上应作出绝对的限定，防止相对贫困线落在绝对贫困线的范围之内而产生误判，因而他认为这是“绝对的相对贫困”。

Sen 提出能力贫困理论之后，学术界对多维贫困理论和方法有了更多探讨。Alkire 和 Foster(2011)在《计数和多维贫困测量》论文中提出了多维贫困的识别、加总和分解的 Alkire-Foster 方法(A-F 方法)。通过使用 A-F 方法，联合国开发计划署同牛津大学贫困与人类发展研究中心(Oxford Poverty & Human Development Initiative, OPHI)联合开发了多维贫困指数(Multidimensional Poverty Index, MPI)。MPI 成为学术界在多维贫困领域的权威指数，近年来的研究也集中在对 A-F 方法的改进和实证应用。目前中国学者对 A-F 方法的改进和实证应用主要有以下几种类型：一是对 A-F 方法指标的改进，主要在原有的健康、教育和生活水平三大类指标基础上加入资产或收入等指标(张振宇等，2017；李俊杰等，2013；张昭等，2020)；二是对 A-F 方法理论推导的改进，主要从不同角度对 A-F 方法再次分解(张全红等，2017)；三是比较不同时间和空间 MPI 的取值变化(李东等，2020)。这些改进和应用为后人进一步科学测量贫困，以及解释贫困的成因起到了基础性作用，但仍存在以下几个问题：其一，已有研究鲜有将资产和收入同时纳入指标体系，亦未将相关支出指标纳入；其二，在衡量收入时，前期研究采用统一的全国绝对贫困线标准，未考虑地区差异，此外，尽管考虑了其他致贫因素，但在判断指标时完全采用绝对贫困标准；其三，前期研究在 A-F 方法指标权重设置时仅沿用二次取平均值①，没有进行科学性的评价和研究，难以说明权重设置的合理性。

对此，本文进行如下改进：首先，本文将家庭人均年收入、家庭各项支出占比和家庭资产等多维经济指标全部纳入 A-F 模型指标体系，具有更加全方位考虑的特点；其次，将收入单维度中的相对贫困线划定方法(如 OECD 标准为居民人均收入中位数的 60%)引入多维贫困指标，对原有绝对指标进行了相对化处理，在经济类型的指标中引入“序位相对贫困”②概念，收入指标的附加绝对线限定和社会类型指标的绝对标准控制了整体指标的相对性，一定程度上起到了纠正误判的作用；最后，将权重设置的其他学科方法引入到模型中，与原始做法比较分析，寻找更为合理的权重改良方案。因此，运用科学合理的相对贫困测量方法，获取长三角三省一市城镇相对贫困水平并探究其产生根源，这对相对贫困的缓解具有重要的理论价值和现实意义。

---

① 二次取平均值，指在一级指标中进行一次平均权重划分，在二级指标中以一级指标权重为总权重进行二次平均权重划分，是 A-F 方法原始权重划定方式。

② 序位相对贫困，指贫困线的划定是根据群体中各数据的相对的位置决定，例如，居民人均收入中位数的 60% 为贫困线。

2 研究方法及数据来源

2.1 多维贫困测算方法

2.1.1 多维贫困指标构建及分解

本文以A-F方法为基本框架构建多维贫困指标。假设样本家户数量为n,家户个体为i, X_{ij}表示个体i在指标j上的取值,指标j有d个。在贫困识别中,依托于两个临界值:z临界值和k临界值。

其中,第一个临界值z值用于确定个体在特定指标上是否遭受剥夺:g_{ij}表示个体在指标j上的被剥夺状态,若g_{ij}低于临界值z_i,则赋值$g_{ij}=1$,即个体在特定指标上遭受剥夺;反之则视为未遭受剥夺,赋值$g_{ij}=0$,如式(1)所示:

$$\begin{cases} g_{ij} < z_i, \ g_{ij}=1 \\ g_{ij} \geqslant z_i, \ g_{ij}=0 \end{cases} \tag{1}$$

权重向量w体现各指标重要性,其中对应每一个指标j的权重为$w_j(0<w_j<1)$,见式(2):

$$\sum_{j=1}^{d} w_j = 1 \tag{2}$$

将权重乘以家户个体i对应的各个指标,完成赋权过程。个体i在所有d个指标上的加权分数即为个体的加权剥夺总分,以c_i表示:

$$c_i = \sum_{j=1}^{d} w_j g_{ij} \tag{3}$$

第二个临界值k值,用于比较c_i剥夺程度以确定个体的多维贫困状态:若$c_i \geqslant k$,个体遭受程度超过容忍范围,被视为相对贫困;反之则相反。多维贫困指数(Multidimensional Poverty Index, MPI)为:

$$MPI = \frac{1}{n}\sum_{i=1}^{q} c_i(k) \tag{4}$$

进而将MPI拆分成广度和深度两个方面,H是贫困发生率,也就是贫困的广度,A是平均剥夺程度,也就是贫困的深度,q表示识别的贫困人口数量,H和A的表达式分别如式(5)和(6)所示:

$$H = \frac{q}{n} \tag{5}$$

$$A = \frac{1}{q}\sum_{i=1}^{q} c_i(k) \tag{6}$$

将多维贫困指数在各维度分解,各维度贡献率G_j如式(7)所示:

$$G_j = \frac{\sum_{i=1}^{n} w_j g_{ij}}{\sum_{i=1}^{n} \sum_{j=1}^{d} w_j g_{ij}} \tag{7}$$

2.1.2 多维贫困指标的具体选择

鉴于指标设置的规范性要求和数据的可获取性，本文在选择多维度指标时综合考虑以下方面：

(1) UNDP 提供的部分普适性指标。由于联合国开发计划署（United Nations Development Programme，UNDP）提供的是全球普适性指标，对于现阶段中国部分领域不具有针对性。例如，入学儿童指标，由于目前中国城镇儿童入学率基本达到 100%，如果将该指标纳入指标体系缺乏说服力。因此，本文仅选用符合中国实际的部分指标（见表 1）。

表 1 A-F 方法指标和阈值

维度	指标	阈值	依据	权重
健康	营养	家中有 70 岁以下人口营养不良	SDG 2	1/6
	儿童死亡率	调查前 5 年内家中有儿童死亡	SDG 3	1/6
教育	受教育年限	10 岁及以上人口未完成 6 年学校教育	SDG 4	1/6
	入学儿童	8 年级之前的适龄儿童未入学	SDG 4	1/6
生活水平	做饭用燃料	家中使用牲畜粪便、秸秆、灌木、木材、木炭或煤做饭	SDG 7	1/18
	卫生厕所	厕所设施没有得到改善（依据 SDG 指南），或与其他户共用改善了的厕所设施	SDG 11	1/18
	安全饮用水	家中不能获得安全饮用水（依据 SDG 指南），或来回至少需步行 30 分钟才能获得安全饮用水	SDG 6	1/18
	用电	家中不通电	SDG 7	1/18
	住房	家庭住房不足：地面由泥土、沙土等制成，住宅没有屋顶或墙壁，住宅或墙壁使用的是未经装修的自然材料（甘蔗、棕榈、松散石头等）	SDG 11	1/18
	耐用消费品	下列资产中家庭所拥有的不超过 1 项：收音机、电视、电话、电脑、动物拖车、自行车、摩托车或电冰箱，并且没有汽车或卡车	SDG 1	1/18

资料来源：《2010 年人类发展报告》（UNDP）。

注：SDG：Sustainable Development Goals，即可持续发展目标，由联合国开发计划署（UNDP）提出。

(2) "贫"和"困"两方面指标。根据能力贫困理论，贫困不仅仅意味着收入的低下和基本生活资源的匮乏，更是一系列可行能力的剥夺。王小林等（2020）认为贫困识别可以从"贫"和"困"两方面视角界定，本文在该研究基础上进行了进一步解读，在经济方面补充了更多维度，进一步丰富了多维贫困的指标体系（见图 1）。

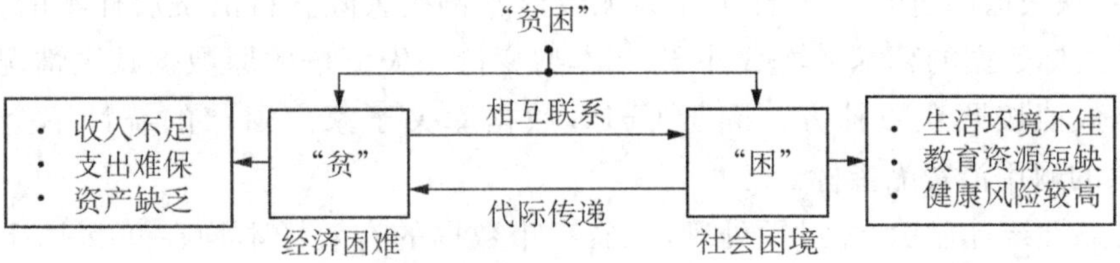

图 1　贫困指标分解示意图

"贫"主要指包括通过劳动获取的总收入在内的经济方面的困难，反映的是家户的经济水平；"困"主要指教育、生活水平等社会方面的困境，反映的是难以摆脱贫困局面的非货币性因素。在指标设置中，"贫"对应指标为"收入""支出"和"资产"等类别，"困"对应指标为"健康""教育"和"生活环境"等类别。

2.2　数据来源

2.2.1　研究区域概况

长江三角洲（简称长三角）位于华东长江中下游平原，因具有发达的陆运交通网络，各地区间经济联系密切。长三角三省一市指的是上海市、江苏省、浙江省、安徽省。三省一市 41 城，被定位为中国综合实力最强的经济中心、亚太地区重要国际门户、全球重要的先进制造业基地。2020 年苏浙沪三省市稳居全国 GDP 十强，安徽紧随其后排在第十一名，长三角的经济总量在全国三大都市圈中持续领跑，是中国最大的城市群。本文选取城镇作为相对贫困的研究对象的原因有两点，其一由于城镇的绝对贫困问题解决较早于农村，相对贫困矛盾在当前阶段暴露明显，研究城镇相对贫困更具合理性；其二，由于城镇相较于农村地区分化程度更高、相对贫困程度更深，在社会分化、收入分配和人力资本等方面差异度较高，选取城镇更具代表性。综上，以长三角三省一市的城镇相对贫困为对象，研究其差异性和致贫因素，可以为各地后续制定针对性政策提供更多思路。

2.2.2　数据库概况

本文数据主要来源于北京大学中国社会科学调查中心中国家庭追踪调查数据库。该数据库由北京大学中国社会科学调查中心（ISSS）实施，从 2008 年预调查开始，每隔两年对受访家户进行一次追踪调查，至今一共进行了 6 次全国性的正式调查（最新一次为 2018 年）。调查主要内容反映中国社会、经济、人口、教育和健康的变迁，包括如家庭总收入、家庭各项支出、房屋面积、教育年限、饮用水、健康状况等微观调查信息。

3　长三角城镇家户相对贫困及影响因素测算

3.1　数据预处理

本文选取 CFPS 的 2018 年调查数据，通过对地区和城镇的选取，将每一地区数据加以分类，共选取长三角三省一市共 1 324 户城镇家户（合计 3 342 人次）进行研究。为解决家户问卷和个人问卷的对应问题，首先按家户编号对比个人与家户两总库中的样本，个人库与家户库若有任一样本缺失，则将该家户样本作废处理；其次将每个家户中个人数据按照家户序号进行汇总，将缺失值超过 50%的样本作为无效样本再次去除。将清洗后样本的数值型变量缺失值按其指标数据的算术平均数补齐，文本型变量缺失值按照原数据缺失情况进行调整，无参照依据数值按照众数补齐。囿于 CFPS 数据库关于家户财产的统计不全面，故删除 UNDP 提供的耐用消费品指标。

根据可靠性统计显示，经过预处理，三省一市数据的有效样本均在 95%以上，数据可以接受(见表 2)。

表 2 可靠性检验表

样本	上海		江苏		浙江		安徽	
	样本数	百分比	样本数	百分比	样本数	百分比	样本数	百分比
有效	726	100.0	181	100.0	171	100.0	183	96.3
排除	0	0	0	0	0	0	7	3.7
总计	726	100.0	181	100.0	171	100.0	190	100.0

注：排除是指过程中对所有变量的成列删除。

3.2 多维贫困指标设置

传统的绝对贫困线是一种简单的贫困度量方法，如世界银行“一天 1.9 美元”标准。在不同区位及时间范围内，绝对货币标准很难直接横向比较，因此绝对贫困线不具备为特定地区和时间设置的针对性。综合 Stouffer 和 Sen 两种理论中的观点，在指标设置中，本文考虑了多个维度中的“剥夺”标准，即单一维度中绝对贫困的判定标准，同时也考虑了相对贫困和绝对贫困的结合，即采取经济类指标相对判定的方法，并加以附加绝对线的限定。本文以城镇扶贫为基准，同时设立了农村相对贫困指标进行对照，根据城乡生活水平差异构建不同贫困指标，为研究者提供城乡对比考量的思路(见表 3 和表 4)。

表 3 城镇相对贫困判定多维度指标

维度	指标	贫困标准	权重
健康	健康自评	任何一个 70 岁以下的家庭成员在“健康水平自评”处于不健康状态	1/15
	身体健康指数(BMI)	家户中存在成人 BMI 小于 18.5，儿童 BMI 的 z-score 值低于−2 倍标准差	1/15
	健康冲击	家户中过去 12 个月有成员有住院经历	1/15
教育	教育年限	家庭成员中存在成员未完成 6 年的学业，或未完成小学学业	1/5
收入	家庭年人均纯收入	家庭年人均收入小于中位数的 40%，和人均收入大于中位数 40%但在人均收入绝对贫困线以下的家庭	1/10
	工作状况	家庭中有人失业	1/10

（续表）

维度	指标	贫困标准	权重
支出	家庭年人均支出	家庭年人均支出小于中位数的 40%	1/20
	日常生活开支占比	[(家庭设备及日用品支出＋食品支出＋居住支出＋交通通信支出)/家庭年总支出]大于中位数的 140%	1/20
	医疗保健开支占比	(医疗保健开支/家庭年总支出)大于中位数的 140%	1/20
	房贷开支占比	(房贷开支/家庭年总支出)大于中位数的 140%	1/20
生活状况	住房面积	家庭人均住房面积小于中位数	1/20
	改善饮用水	使用江河湖水、雨水、窖水做饭	1/20
	生活燃料	牲畜粪便、秸秆、灌木、木材、木炭或煤做饭	1/20
	家庭藏书量	家庭藏书量小于中位数的 40%，不包括报纸、杂志、电子书	1/20

表 4　农村相对贫困判定多维度指标

维度	指标	贫困标准	权重
健康	儿童死亡情况	家中有儿童死亡	1/10
	营养状况	任何一个 70 岁以下的家庭成员出现营养不良	1/10
教育	教育年限	家庭成员中存在成员未完成 6 年的学业，或未完成小学学业	1/10
	儿童入学率	任何一个 7～15 岁的孩子在理应完成八年级学业的年龄还未上学	1/10
收入	家庭年人均纯收入	家庭年人均收入小于中位数的 40%，和人均收入大于中位数 40%但在人均收入绝对贫困线的家庭	1/10
	工作状况	家庭中有人失业	1/10
支出	家庭年人均支出	家庭年人均支出小于中位数的 40%	1/15
	日常生活开支占比	[(家庭设备及日用品支出＋食品支出＋居住支出＋交通通信支出)/家庭年总支出]大于中位数的 140%	1/15
	医疗保健开支占比	(医疗保健开支/家庭年总支出)大于中位数的 140%	1/15
生活状况	用电情况	家庭尚未通电	1/15
	改善饮用水	使用江河湖水、雨水、窖水做饭	1/15
	生活燃料	牲畜粪便、秸秆、灌木、木材、木炭或煤做饭	1/15

关于指标阈值有如下几点具体解释：

(1) 家庭年人均收入。一方面，参考了沈扬扬等(2020)的研究结果，设定为中位数的 40%，家户的人均年收入小于其总家户人均年收入中位数的 40%，即为存在剥夺；另一方面，参考 Sen 提出的绝对的相对贫困理论，将相对贫困线赋予绝对的上限，即加入绝对贫困线(Absolute Poverty Line，APL)的约束条件，例如，2018 年的全国脱贫标准线为年人均收入 3 200 元。

这种处理方式相当于对家庭人均年收入进行了如下分类讨论：

$$\begin{cases} X_i < \mathrm{Max}(40\% M_d, APL), & g_{ij}=1 \\ X_i \geqslant \mathrm{Max}(40\% M_d, APL), & g_{ij}=0 \end{cases} \tag{8}$$

式(8)中，X 表示个体 i 的收入，M_d 表示收入的中位数。

(2) 房贷开支占比。对恩格尔系数的 60％与中位数的(1＋40％)划定贫困界限进行比较，发现前者的贫困率过高，为 51.6％，而后者划定得到的贫困率为 7.3％，和沈扬扬等人的研究结果接近，故本文采用中位数的 140％划定。即家户房贷开支占比超过总家户房贷开支占比中位数的 140％时，为剥夺。由于目前对于支出几乎没有绝对贫困线衡量，本文不考虑对支出设置绝对线的限制。

(3) 身体健康指数。按照 WHO 的标准，身体健康指数 (BMI) 计算公式见式(9)：

$$BMI = 体重(\mathrm{kg}) / 身高^2(\mathrm{m}) \tag{9}$$

其取值低于 18.5(偏瘦)和高于 25(偏胖)均属于不正常，考虑到贫困更多的是关注营养不良，将 BMI 剥夺临界值设为 18.5，低于该值(偏瘦)则认为存在剥夺。此外，考虑到不同年龄段儿童 BMI 合理范围有所差异，通过标准分数(z-score 法)将儿童 BMI 值进行标准化处理，并将临界值设为−2 倍标准差，如果儿童的 BMI 值低于这一临界值，则可认为其处于极度营养不良状态，存在剥夺。这种方法借鉴了张昭等(2020)的做法。其中，z-score 标准化公式如下：

$$y_i = \frac{x_i - \bar{x}}{s} \tag{10}$$

其中，

$$s = \sqrt{\frac{1}{n-1}\sum_{i=1}^{n}(x_i - \bar{x})^2} \tag{11}$$

(4) 儿童入学率。根据教育部《2018 年全国教育事业发展统计公报》显示，我国小学学龄儿童净入学率 99.95％，考虑到城镇家户普遍儿童入学更为规范和全面，因而在城镇指标设置中不再设置儿童入学率的指标，但在农村指标中保留。

(5) 资产指标。如果将资产指标单独列为一个独立维度，按照目前权重分配，该指标权重会达到 1/6，权重过高，因此将“资产”指标和前期提到的“生活环境”指标合并为“生活状况”指标进行后续处理。

3.3 长三角城镇家户多维贫困测算结果比较

从家户个体数据上看，沪浙皖的最贫困家户的相对贫困分数 c_i 均在 0.7 左右，其中上海的相对贫困分数略高，其 c_i 达到了 0.73；而江苏的最贫困家户贫困程度要略微低一些，其 c_i 为 0.58。

江苏、浙江家户更多集中在非贫困的区域，相对贫困程度较轻；上海家户在中间段部分分布较为均衡，而安徽家户在贫困分数后段有略微的突出，两地的相对贫困情况较江浙略为严重。

由三省一市数据可以看出，随着 k 指标的增大，对于贫困认定的要求提高，贫困的发生率（H）有所下降，平均剥夺程度（A）提高。从群体数据上看，在 $k=0.33$ ①时，安徽的 MPI 指数是最高的，同时在各 k 临界值取值下贫困的发生率和平均剥夺程度也是最高的，上海的 MPI 指数略低于安徽，而江浙的 MPI 指数较低，与前两地具有较大差异（见图 2、表 5 至表 8）。

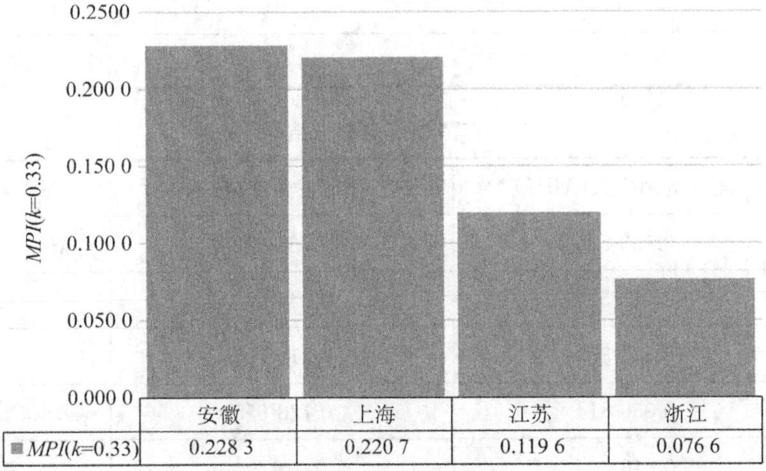

图 2　三省一市 MPI 比较

表 5　上海市模拟结果

k	多维贫困指数（MPI）	贫困发生率（H）	平均剥夺程度（A）
0.1	0.322 2	0.944 9	0.341 0
0.2	0.299 7	0.781 0	0.383 8
0.3	0.241 9	0.537 2	0.450 3
0.4	0.180 4	0.356 7	0.505 8
0.5	0.105 2	0.186 0	0.565 6
0.6	0.031 1	0.048 2	0.645 7
0.7	0.003 9	0.005 5	0.716 7

表 6　江苏省模拟结果

k	多维贫困指数（MPI）	贫困发生率（H）	平均剥夺程度（A）
0.1	0.217 403	0.812 2	0.267 7
0.2	0.177 901	0.491 7	0.361 8
0.3	0.141 344	0.337	0.419 4

① $k=0.33$：UNDP 发布的多维贫困指数所设定的贫困临界值 $k=0.33$。

（续表）

k	多维贫困指数（*MPI*）	贫困发生率（*H*）	平均剥夺程度（*A*）
0.4	0.099 54	0.209 9	0.474 1
0.5	0.043 554	0.082 9	0.525 6
0.6	0	0	0
0.7	0	0	0

表 7 浙江省模拟结果

k	多维贫困指数（*MPI*）	贫困发生率（*H*）	平均剥夺程度（*A*）
0.1	0.163 536	0.766 082	0.225 954
0.2	0.112 339	0.345 029	0.344 633
0.3	0.083 333	0.210 526	0.418 981
0.4	0.056 814	0.128 655	0.467 424
0.5	0.016 206	0.029 24	0.586 667
0.6	0.007 274	0.011 696	0.658 333
0.7	0.003 867	0.005 848	0.7

表 8 安徽省模拟结果

k	多维贫困指数（*MPI*）	贫困发生率（*H*）	平均剥夺程度（*A*）
0.1	0.301 8	0.874 3	0.358 7
0.2	0.282 2	0.715 8	0.409 9
0.3	0.252 3	0.584 7	0.452 6
0.4	0.169 5	0.344 3	0.574 4
0.5	0.057 9	0.098 4	0.706 7
0.6	0.028 1	0.043 7	1.030 0
0.7	0.003 8	0.005 5	0.700 0

3.4 长三角各省市多维贫困指数分解比较

3.4.1 长三角三省一市多维贫困指数分解

在 k 取值为 0.33 的情况下，将各地多维贫困指数（*MPI*）通过不同指标进行分解得到贡献率（见图 3 至图 6）。其中上海的致贫因素集中在“贫”的维度，表现为“经济困难型贫困”；而江浙皖的致贫因素集中在“困”的维度，表现为“社会困境型贫困”。

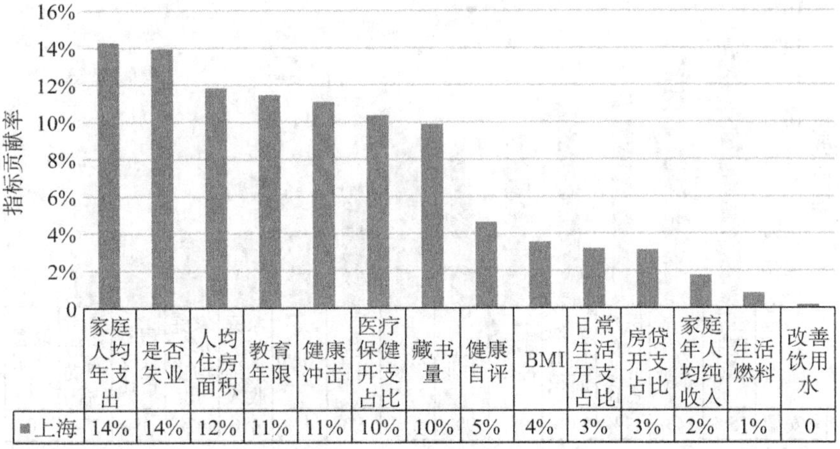

图 3　上海市各指标贡献率

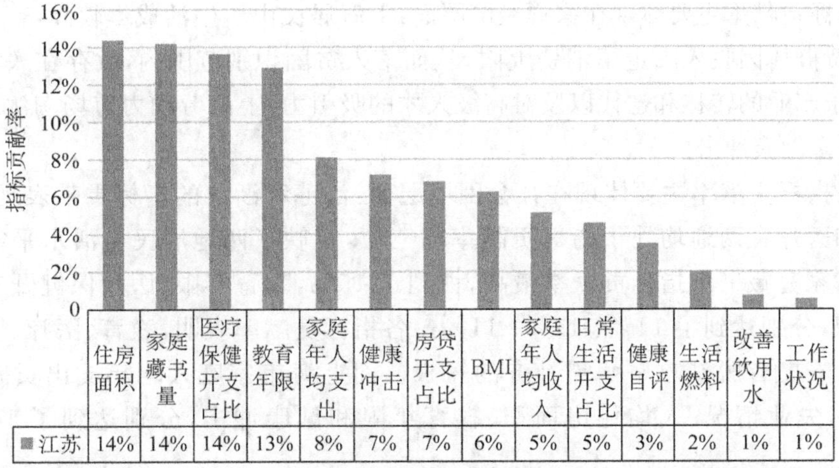

图 4　江苏省各指标贡献率

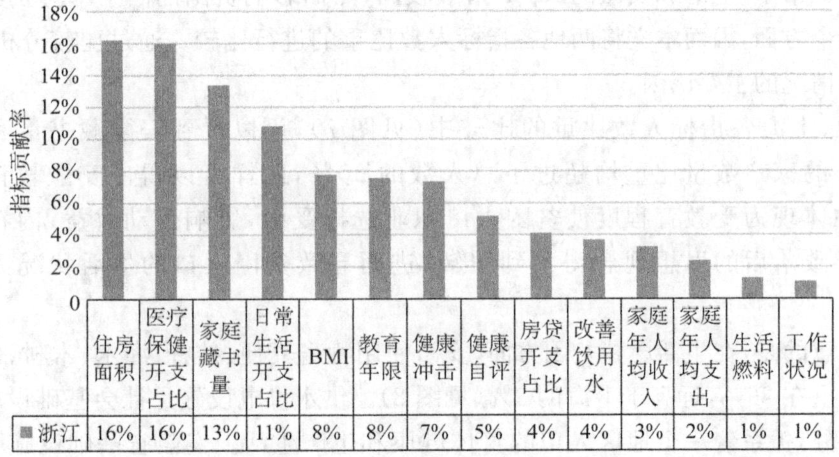

图 5　浙江省各指标贡献率

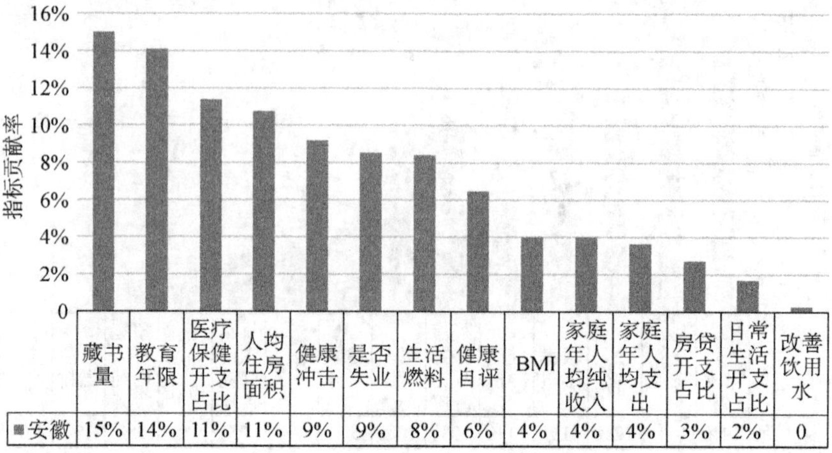

图 6 安徽省各指标贡献率

上海指标贡献率主要体现在家户经济层面：上海居民由于生活成本较高，普遍消费水平高，而低消费群体因收入决定了消费上限，从而落入贫困识别范围内，故存在人均年支出高的现象；由于产业的转移和迭代以及对高级人才的吸引力，上海劳动力市场淘汰压力导致高失业率和更多健康冲击。

江浙皖指标贡献率主要体现在社会困境层面：江苏和浙江的指标贡献表现较为类似，其中住房和医疗在两地均处于指标贡献率前三位，反映了两地居民生活水平需进一步关注。安徽省家庭藏书量指标贡献率最高，占到了 15%，教育年限、医疗保健开支占比和人均住房面积，分别达到了 14%、11%、11%。各指标贡献率表明，教育、医疗、卫生等民生领域问题为安徽省脱贫攻坚亟需补齐的短板。而上海市家庭人均年支出贡献率占比最高，为 14%，失业情况、人均住房面积、教育年限和健康冲击，分别达到了 14%、12%、11%、11%。

3.4.2 相对贫困典型省市比较分析

在三省一市中，上海和安徽的 *MPI* 指数较高，然而影响贫困的因素却分别集中在“贫”和“困”的两个方面，因而本文将两地各指标人数比重的进行比较。通过比较分析，讨论影响其相对贫困情况的主要诱因。

在安徽、上海各指标人数比重的比较中(见图 7)，可以看到安徽藏书量和受教育年限存在剥夺的家户数量比重均超过了总人数的 60%，同样可以得出安徽教育贫困更加明显。外在体现为受教育程度使贫困人口职业选择受限，影响劳动效益；内在体现为教育的落后导致落后的思想观念得不到扭转，进而导致贫困人口的生活状况无法从根上得到改变。

值得注意的是，在生活燃料贫困方面，安徽使用牲畜粪便、秸秆、灌木、木材、木炭或煤做饭的家户比重在 36%，远高于上海的 3%(见图 8)。供水供电设施是社会基础设施中最为基本的组成部分，关系着一个地区人口的身体健康和生产生活。安徽省基础设施不足导致发展的基础条件欠缺，因此造成贫困的结果。

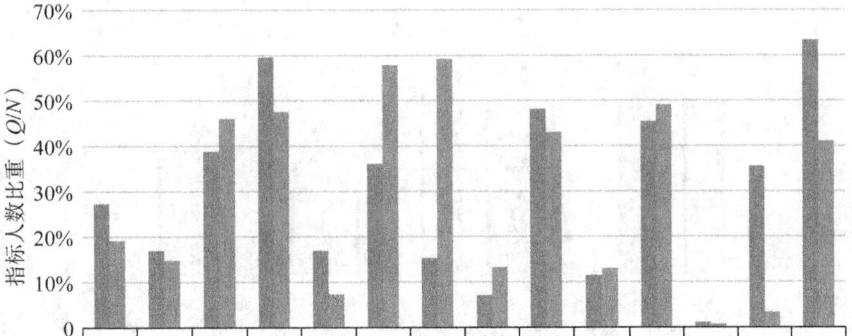

	健康自评	BMI	健康冲击	教育年限	家庭年人均纯收入	是否失业	家庭年人均支出	日常生活开支占比	医疗保健开支占比	房贷开支占比	人均住房面积	改善饮用水	生活燃料	藏书量
■安徽	27%	17%	39%	60%	17%	36%	15%	7%	48%	11%	45%	1%	36%	63%
■上海	19%	15%	46%	48%	7%	58%	59%	13%	43%	13%	49%	1%	3%	41%

图 7　指标人数比重比较

在 k 取值不同的时候，MPI 在不同维度的分解存在差异（见图 8、图 9）。随着贫困程度加深，安徽样本健康状况、家庭年人均纯收入和家庭年人均支出以及上海家庭年人均纯收入的贫困程度占比逐步提升。然而两地各指标的占比在不同 k 值下存在形态差异，最明显为是否失业、家庭年人均支出和生活燃料这三项，反映出两地的就业结构、消费特点和生活条件上的差异。

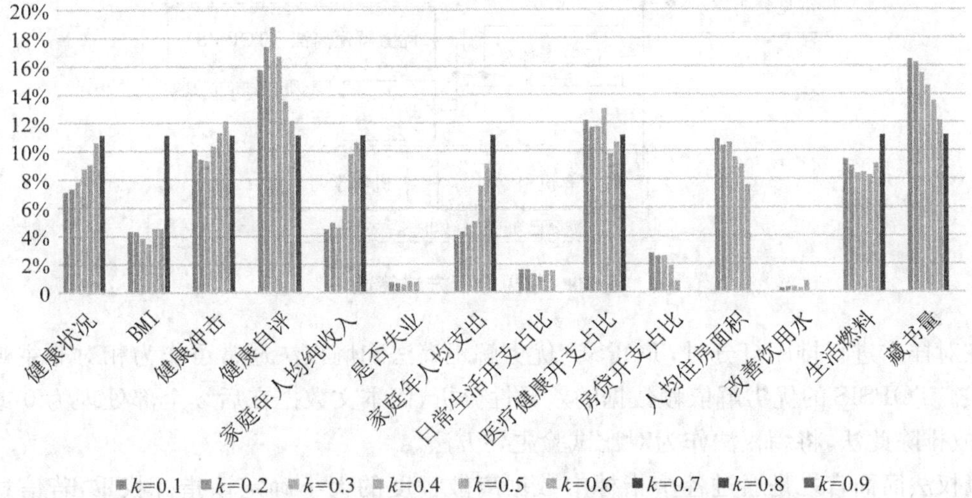

图 8　安徽省多维贫困指数（*MPI*）——不同 k 之下每个维度贡献率

3.5　指标权重的比较研究

由于样本数据最终全部转化为 0～1 变量且矩阵为非对称矩阵，单独从数据处理角度出发，可以用到机器学习的随机森林进行聚类或通过主成分分析法进行降维，然而本文数据已经人为设定一级二级指标，且降维提炼出的权重针对降维后的新数据形式，因此排除以上方式（见图 10）。

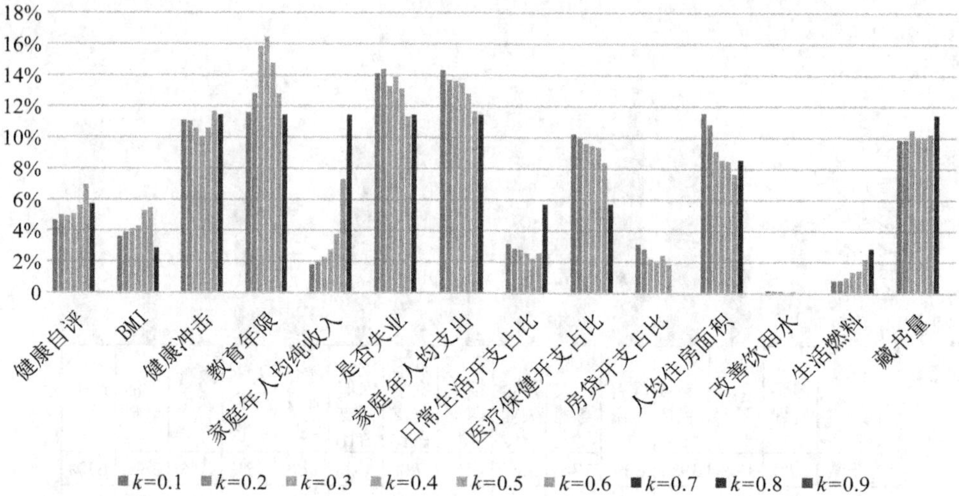

图 9 上海市多维贫困指数(*MPI*)——不同 *k* 之下每个维度贡献率

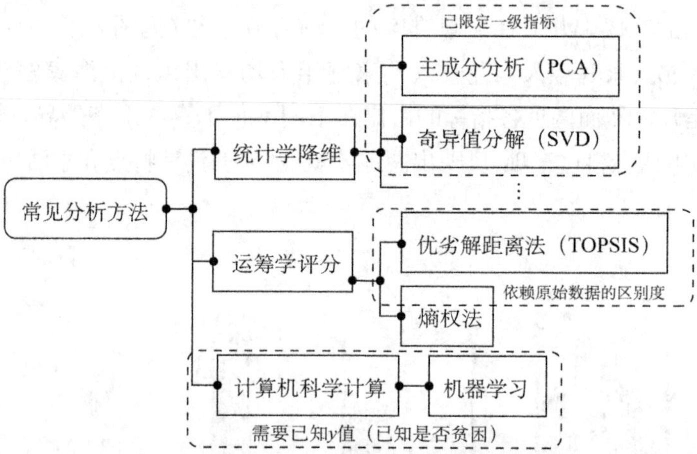

图 10 常见分析方法筛选

在对样本进行排序打分时，TOPSIS 优劣解距离法和熵权法通常可作为相对非主观的判定方式。TOPSIS 的优劣解依赖数据的差异性分析，而本文数据在后续全部处理为 0 或 1 的形式，故排除此法，将熵权法作为对比试验主要方法。

熵权法简而言之是通过各个指标中数据离散程度的大小确定该指标权重，若信息熵越小，离散程度越大，则认为该指标对综合评价结果的影响越大，权重越大。本文使用安徽城镇家户数据作为实验数据演示熵权法(见表 9)。

通过熵权法得出的权重，将安徽省家户数据带入可得各家户贫困程度 c_i。图 11 显示家户贫困程度最大时也只有不到 0.5 的打分，与其他同类研究结果相差过大。原因为熵权法通过数据的特征寻找致贫因素，在此算法下，有数据的变量权重小，因而结果被低估了，故得到的机器判断与事实判断产生了差异。这反映出单纯数据上的科学依据不一定完全代表现实意义的科学依据，若使用机器的打分则需要进行人为矫正。

表 9　熵权法指标权重对应表

指标	健康状况	BMI	健康冲击	健康自评	家庭年人均纯收入	是否失业	家庭年人均支出
权重	0.05	0.07	0.04	0.02	0.07	0.15	0.08
指标	日常生活开支占比	医疗健康开支占比	房贷开支占比	人均住房面积	改善饮用水	生活燃料	藏书量
权重	0.11	0.03	0.09	0.03	0.18	0.04	0.02

上述论证表明原有的 A-F 打分(二次平均)的平均主义赋权方式相对更适合 A-F 评价方法。需要指出的是,如果最终各项的权重相等,数据会缺乏区分度,但依旧可以反映数据分布情况。原始指标重新分配情况见表 10。

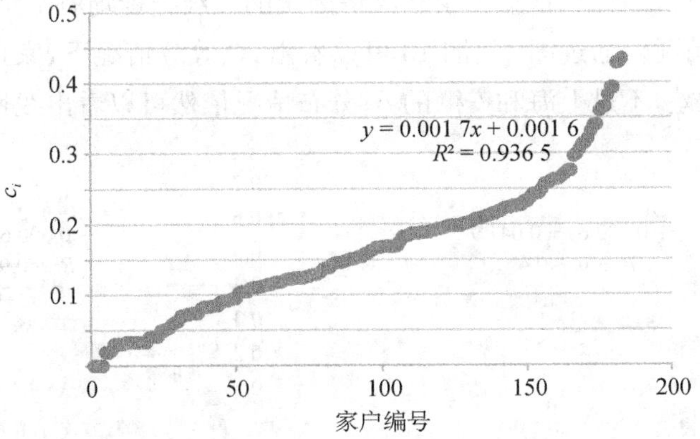

图 11　熵权法权重安徽省家户贫困程度(含趋势线)

表 10　二次平均城镇相对贫困判定多维度指标

因素	维度	指标	贫困标准	权重
社会因素(1/2)	健康	健康自评	任何一个 70 岁以下的家庭成员在“健康水平自评”处于不健康状态	1/14
		身体健康指数(BMI)	家户中存在成人 BMI 小于 18.5,儿童 BMI 的 z-score 值低于－2 倍标准差	1/14
		健康冲击	家户中过去 12 个月有成员有住院经历	1/14
	教育	教育年限	家庭成员中存在成员未完成六年的学业,或未完成小学学业	1/14
	生活环境	改善饮用水	使用江河湖水、雨水、窖水做饭	1/14
		生活燃料	牲畜粪便、秸秆、灌木、木材、木炭或煤做饭	1/14
		家庭藏书量	家庭藏书量小于中位数的 40%,不包括报纸、杂志、电子书	1/14

（续表）

因素	维度	指标	贫困标准	权重
经济因素（1/2）	收入	家庭年人均纯收入	家庭年人均收入小于中位数的 40%，和人均收入大于中位数 40%但小于人均收入 3 200 元的家庭	1/14
		工作状况	家庭中有人失业	1/14
	支出	家庭年人均支出	家庭年人均支出小于中位数的 40%	1/14
		日常生活开支占比	[(家庭设备及日用品支出＋食品支出＋居住支出＋交通通信支出)/家庭年总支出]大于中位数的 140%	1/14
		医疗保健开支占比	(医疗保健开支/家庭年总支出)大于中位数的 140%	1/14
		房贷开支占比	(房贷开支/家庭年总支出)大于中位数的 140%	1/14
	资产	住房面积	家庭人均住房面积小于中位数	1/14

从表 10 中我们可以看出，社会因素和经济因素的三级指标均有 7 个，因此形成了各个指标权重相等的独特情况。通过图 12、图 13 可以看出，全等分情况下，家户贫困程度呈阶梯式分布，数据区分度较差，不过上海和安徽的 c_i 分布情况依然可以看出线性分布。

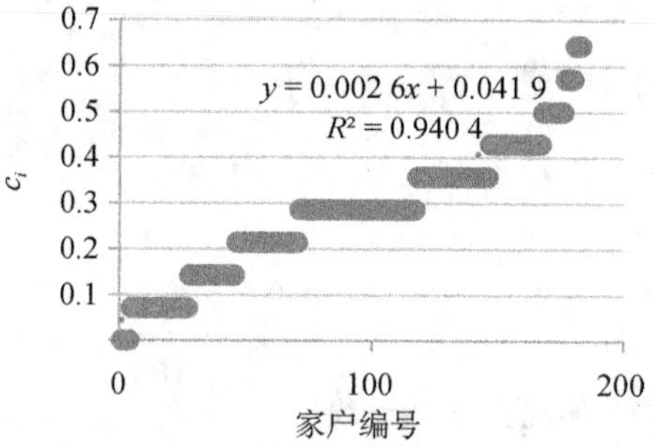

图 12　全等分权重安徽家户贫困程度

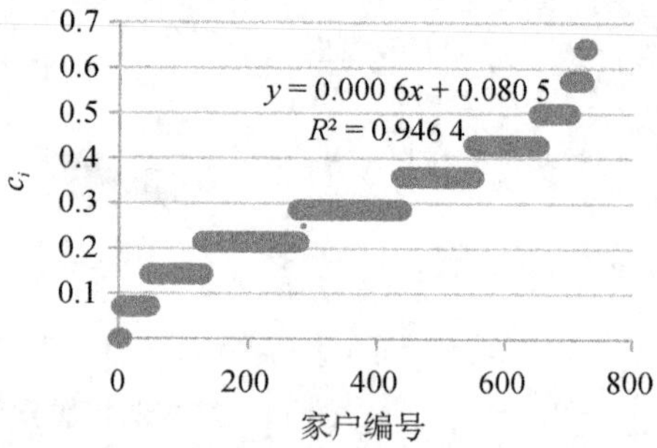

图 13　全等分权重上海家户贫困程度

4　结论和政策建议

我国第十四个五年规划强调建立健全快速发现和响应机制，分层分类及时纳入帮扶政策范围。本文从多维测算角度，构建了一套可以动态识别相对贫困的机制，对精准识别贫困人群、贫困程度和贫困原因等一系列更为深层次的问题，有着更为全面的优势。本文通过对长三角三省一市的相对贫困进行的多维测算及因素分解，识别出如下三种现象：其一，从家户个体数据上看，沪浙皖的最贫困家户的相对贫困分数 c_i 均在 0.7 左右，其中上海的相对贫困分数略高，其 c_i 达到了 0.73；而江苏的最贫困家户贫困程度要略微低一些，其 c_i 为 0.58。其二，从群体数据上看，在 $k=0.33$ 时，安徽的 MPI 指数是最高的，同时贫困的发生率和平均剥夺程度也是最高的，上海的 MPI 指数略低于安徽，而江浙的 MPI 指数较低，与前两地具有较大差异。其三，从 MPI 在各维度的分解上看，上海的致贫因素集中在“贫”的维度，表现为“经济困难型贫困”;而江浙皖的致贫因素集中在“困”的维度,表现为“社会困境型贫困”。据此,本文基于各地个性和共性致贫因素提出三点政策建议。

4.1 进一步缓解经济困难型贫困

如前所述,上海的相对贫困主要表现为经济困难型贫困,尤其失业导致的收入下降和支出方面,可从如下方面着手推进。

(1) 创设共享人才平台,扩大就业容量。《长江三角洲区域一体化发展规划纲要》定位上海要建设国际经济、金融、贸易、航运、科技创新“五个中心”,而安徽则是建设科技创新策源地、新兴产业聚集地和绿色发展样板区,这意味着上海是长江三角经济的中心,通过自己的比较优势可向安徽等三省提供多维度支持。就沪皖为例,一个是科技创新策源地,另一个是科技创新中心,相辅相成,拥有大量就业岗位直属对接。二者合力打造长三角科技创新共同体,形成产业创新大平台,强化就业优先政策,扩大就业容量,完善重点群体就业支持体系,实现更充分更高质量的就业。上海作为长三角的核心,人才吸引力高,劳动力市场竞争激烈,工作生活压力较大,其他三省可以在长三角一体化建设中起到承接上海劳动力的作用,弥补上海产业转型过快引起的结构性失业矛盾,为自身发展吸收具备技术经验的人才。未来长三角在人才一体化进程中应努力形成良好的人才互补依赖结构,人才流动与产业发展和城镇化进展有关,因而创设建立人才信息共建共享人才雷达平台、实现人才政策无缝对接、人才流动无障碍畅通、人才作用充分发挥势在必行。

(2) 倡导科学的消费观念,引导和鼓励合理消费行为。除了家庭收入水平低对家庭支出造成的压力外,家庭支出压力还部分来源于非理性的消费行为和不合理的消费结构。随着社会的日益进步,人们消费观念的日益成熟,超前消费作为一种消费手段被越来越多的人接受,但部分居民盲目的超前消费行也带来了一系列不良后果。因此,政府应倡导居民合理规划家庭支出和储蓄选择,减少盲目的超前消费等非理性消费行为。政府可以采取措施鼓励和引导基于当前现实需求的消费,可通过增加城镇中低收入居民的收入,拓展消费领域,改善消费环境等有利措施,鼓励和引导消费,从而拉动经济增长。

4.2 进一步缓解社会困境型贫困

(1) 缓解区域医疗相对贫困,深化完善统一的医保制度与合作机制建设。《中国城市健康生活报告》(2019)蓝皮书显示,长三角经济圈各城市经济比较发达,老百姓的生活相对富裕,平均寿命长。不过,想要实现2025年长三角区域整体人均期望寿命达到79岁的目标,仍然需要在推进大健康上发力。截至2020年安徽的健康冲击指标只有77.3岁,在长三角地区预估人均预期寿命最低。三省一市在公共服务便捷共享制度上,需更加深化推进实施统一的基本医疗保险制度,逐步实现药品目录、诊疗项目和医疗服务设施目录的统一;完善联建结算机制,鼓励发展医联体,促进医卫信息互联互通,真正实现异地住院、远程医疗合作平台连接服务以及直接联动的优质医疗社保服务。

(2) 缓解区域教育相对贫困,推进教育资源共建共享共赢机制,融合提升,培养均等教育。加大长三角洲区域内教育资源相互开放的力度,实现优质教育资源的共享共建,优化配置,构建高校、基教、职教协同发展创新合作共赢机制,提升自身“造血”功能,通过教育阻断贫困代际传递，以教育精准扶贫夯实全面脱贫攻坚。2019 年，政府提出构建长三角教育协作发展新格局，进一步加大区域内教育资源相互开放的力度。教育扶贫是治本之策，就教育年限指标，上海市青浦区、江苏省吴江区、浙江省嘉善县教育局具体负责建立产教融合、校企合作联动机制，打造高质量区域职业教育协作典范。同时，安徽省应把握机遇，将长三角教育一体化发展作为推进区域一体化的重要先手棋，借助现代信息技术、云服务等与长三角教育发达省市实现优质教育资源的共享共建，优化配置，构建高校协同创新、基教优质均衡合作共赢机制，实现安徽省教育的高质量发展此外，提升长三角洲内居民健康素质。

4.3 推进长三角协同发展

(1) 明确相对贫困的标准，推进基建发展促进社会稳定。在我国“十四五”规划以及长三角区域一体化发展战略中，相对贫困标准的明确，是建立解决相对贫困长效机制的前提。基础设施互联互通是保障社会稳定的关键领域，未来长三角地区应当加强基础设施建设，特别是道路、水利基础设施建设，激发区域内部经济需求，调整基础设施结构并补齐短板；利用新技术，加强基础设施互联互通与共享共用、促进基础设施提质增效并优化升级，形成结构完整、布局合理、科技驱动、管理信息化的基础设施体系，为长三角高质量一体化发展提供坚实的支撑。

具体而言，根据《长江三角洲区域一体化发展规划概要》精神，三省一市有各自基础建设的职能，而沪皖皆有属于自己的独特定位。就上海而言要“面向全球、面向未来”，提升上海城市能级和核心竞争力，巩固提升上海国际航空枢纽地位，增强面向长三角、全国乃至全球的辐射能力，继续担当长三角一体化经济发展的龙头；安徽在基础建设中需要继续打造具有重要影响力的科技创新策源地、新兴产业聚集地和绿色发展样板区，以创新发展、绿色发展带动经济发展。

自 2019 年安徽省七市划归长三角，省市地方政府主导的市场经济竞争转化为区域一体化的市场自主调节的有序竞争。长三角一体化布局上升为国家战略，从政策角度凸显了整体的概念，有助于形成中国特色社会主义和谐稳定的地市关系。

(2) 深化资源合理分配机制，筑梦共富新征程。提升整体区域的竞争力，使区域内部实现利益协调，合理分配尤为关键。上海市作为超大城市其全球城市功能相对较弱，中心城区人口压力大，公共资源过度集中。2018 年，安徽的人均公共预算支出只有 1.28 万元。政策预期 2025 年，人均公共财政支出达到 2.1 万元。就目前而言，三省一市软硬实力虽存在一定差距，但在已实现脱离绝对贫困的条件下，安徽全省进入长三角，分配的调整势必会牺牲部分地区的利益以此实现整体价值最大化。因此，适当弱化行政干预，减少对市场配置经济资源的限制，合理分配各类公共资源，保持居民收入与经济增长基本同步，促进推动共同富裕新进程。

总而言之，长三角三省一市应加强区域合作，共同缓解相对贫困，为实现收入分配公平和社会资源分配公平，助推共同富裕提供保障。

参考文献

[1] 韩广富,辛远.2020年后中国贫困治理的战略重点、难点与对策[J].行政管理改革,2020(09).

[2] Stouffer S, Suchman E, De Vinney L, Star S, Williams R. The American soldier: adjustment during army life[M]. Princeton: Princeton University Press, 1949.

[3] Sen A. Poverty and famines[M]. Oxford: Clarendon Press, 1981.

[4] 杨立雄,谢丹丹."绝对的相对",抑或"相对的绝对"——汤森和森的贫困理论比较[J].财经科学,2007(01).

[5] Alkire S, Foster J. Counting and multidimensional poverty measurement[J]. Journal of Public Economics, 2011,95(7-8).

[6] 张振宇,樊军亮,聂园军,等.农户多维贫困测量与特征分析——以山西省3个贫困县为例[J].北京农业职业学院学报,2017,31(02).

[7] 李俊杰,李海鹏.民族地区农户多维贫困测量与扶贫政策创新研究——以湖北省长阳土家族自治县为例[J].中南民族大学学报(人文社会科学版),2013,33(03).

[8] 张昭,杨澄宇.老龄化与农村老年人口多维贫困——基于AF方法的贫困测度与分解[J].人口与发展,2020,26(01).

[9] 张全红,李博,周强.中国多维贫困的动态测算、结构分解与精准扶贫[J].财经研究,2017,43(04).

[10] 李东,孙东琪.2010—2016年中国多维贫困动态分析——基于中国家庭跟踪调查(CFPS)数据的实证研究[J].经济地理,2020,40(01).

[11] 王小林,冯贺霞.2020年后中国多维相对贫困标准:国际经验与政策取向[J].中国农村经济,2020(03).

[12] 沈扬扬,李实.如何确定相对贫困标准?——兼论"城乡统筹"相对贫困的可行方案[J].华南师范大学学报(社会科学版),2020(02).

[13] 莫光辉.精准扶贫:中国扶贫开发模式的内生变革与治理突破[J].中国特色社会主义研究,2016(02).

[14] 徐潇旋. 精准扶贫背景下"项目入户"的运作机制[D].上海师范大学,2020.

[15] 王小林,Alkire S.中国多维贫困测量:估计和政策含义[J].中国农村经济,2009(12).

[16] Sen A. Development as Freedom[M]. Oxford: Oxford University Press, 1999.

[17] 唐任伍,肖彦博,唐常.后精准扶贫时代的贫困治理——制度安排和路径选择[J].北京师范大学学报(社会科学版),2020(01).

[18] 王小林,冯贺霞.2020年后中国多维相对贫困标准:国际经验与政策取向[J].中国农村经济,2020(03).

项目组员:谷悦嘉　郭浩茹　陆一啸

任逸飞　刘天元

指导教师:彭海艳

网红对当代大学生社会主义核心价值观的影响的调研及仿真分析①

——以松江大学城为例

摘　要：互联网时代背景下网红现象，从各个方面对正处于价值观形成重要时期的青年大学生产生了积极或消极的影响，在潜移默化中对大学生价值观的塑造起着无法忽略的作用。本报告通过问卷调查和仿真分析得出结论，呼吁社会重视影响大学生价值观的各种因素。例如，政府应该努力建立更加合理规范的文化体制，完善相关法律法规，引导网红文化向积极健康的方向发展；网红应努力提高自身道德文化修养，承担起传播社会主义核心价值观的责任和义务；大学生应该注重自身知识的扩展、个人素养的提升、正确价值观的树立，并积极培养自身的危机意识以及明辨是非的能力。大家共同努力，创建一个更加具有正能量的网络文化环境。

关键词：网红；大学生；社会主义核心价值观

1　研究的背景、方法及创新点

1.1　研究的背景及意义

近年来，一些团队为了流量、商业利益，将部分"网络红人"的言行举止通过媒体夸大宣传并进行商业炒作，对正处于价值观形成重要时期的大学生具有很强的煽动性和影响力，正潜移默化地影响着大学生的价值观，使大学生价值观趋于世俗化和功利化。大学生涯是价值观塑造的重要阶段，本报告旨在引导大学生建立符合社会主义核心价值观的价值观念。

信息化、大数据时代的来临，各类文化蓬勃发展，相互碰撞，激荡出不一样的火花。网红文化能快速满足人们对美食、彩妆、游戏等方面的追求。智能手机、网络等现代传播方式的广泛应用，促进网红文化出现在各大应用软件、播放平台、视频媒体中。网红文化迅速发展并通过互联网渗透到大学生日常生活中的各个方面。

我们希望通过此次调研发现问题，呼吁社会重视影响大学生价值观形成的各种因素。

---

① 本文获得第十六届"挑战杯"上海市大学生课外学术科技作品竞赛校内三等奖。

政府应该努力建立更加合理规范的文化体制，引导网红文化向积极健康的方向发展，为大学生创建一个更加正能量的网络文化环境。大学生应该注重知识的扩展、个人素养的提升、价值观的树立，并积极培养自身的危机意识以及明辨是非的能力。

1.2 研究方法

本报告采取三种主要的研究方法：

第一，文献分析法。利用中国知网、万方数据资源系统、国家哲学社会科学学术期刊数据库等网络数据库资源，我们查阅大量有关网红研究的文献，这些文献包括相关领域的专著和论文。通过对文献的搜索、阅读和整理分析，寻求网红影响大学生价值观的内在联系。这是理论前提，也是必要的研究基础。

第二，问卷调查法。本报告采取线上和线下问卷同时进行的方式，获取网红受众的一手相关资料。问卷调查对象是上海市松江大学城的在校大学生，调查主题为"网红对当代大学生社会主义核心价值观的影响"。问卷收回后，我们通过对数据的整理、统计，制作对应的图表，将定量研究与定性研究相结合。

第三，模型分析法。本报告运用基于 NetLogo 建立仿真模型的研究方法探讨网红对当代大学生社会主义核心价值观的影响。

1.3 研究的创新点

本报告在研究领域、变量选择方面均有所创新。本报告研究内容涉及社会主义核心价值观与网红经济，具有一定现实意义。

第一，将大学生作为本报告的研究对象。本报告从在校大学生的角度出发，通过问卷调查等方法对大学生价值观进行多角度、全方位的描绘。

第二，研究内容大胆创新。本文重点关注大学生群体对网红的接触情况和对网红行业的价值判断，直接从受众特征、网红特征和形成路径三个角度入手开展调查，以测量网红对大学生群体社会主义核心价值观的影响。通过对网红和大学生价值观的深度解析，帮助大学生培养正确的价值观，在虚拟的网络社会和现实社会构建起正确的核心价值观。

第三，创新性地引入模型计算。将复杂适应性系统研究应用到网红对大学生的价值观影响研究中，对其进行基于 NetLogo 平台的仿真模拟研究，并对模拟实验结果进行分析与解释。

第四，研究的结论具有可行性。现阶段，关于网红与大学生关系的研究大多限于理论研究。本报告遵循理论与实践相结合的原则，以受众调查为基础，仿真分析为辅助，提出完善网红信息发布的审核机制，建立自媒体平台发布正能量信息的奖励措施，以鼓励网红传播有利于大学生树立正确价值观的信息，尝试寻求克服其消极影响的新方法和新手段。

2 网红现象及其发展过程

2.1 网红现象

"网红"是"网络红人"的简称，是指通过网络走红的人，泛指一切主要通过网络特别是社交媒体获取和维系个人影响力的人，是一种现象级的时代产物。网红本质上是内容生产和提供者，互联网将这些内容予以放大和扩散，以广泛的传播彰显其影响力与控制力，试图打造影响力广泛、价值不凡的个人 IP。网红作为互联网文化的产物，有着草根化、粉丝化的特点。网红在网络平台的言论、举动和表现借由普及覆盖率日益广泛的移动交互应用收获了更广泛的受众。

网红经济发展的基础在于粉丝被网红的个性、品位、言论等所吸引，并与对方建立起情感认同。网红开启了一种新型互联网经济模式。

网红的行为和无数互联网用户的“体验”息息相关，因此，我们不能仅仅将其作为一种商业经济，还应将其作为需要引导和规范的社会文化现象。我们应该利用网红的影响力甄别良莠，进而有效地引导受众树立正确的价值观。

2.2 网红的发展过程

“网红 1.0”时代，网络红人们的特点是草根化、粉丝化，他们最早是一类网络名人，或是热点新闻的主角，其中也不乏励志型人物，如“救火英雄”“最美女教师”等。然而，随着大量粉丝制造了大量经济效益，一些商业公司从中窥探到商机，开启了一个鱼目混珠的“网红 2.0”时代。当前可以称为“网红 3.0”时代，与之前单靠“颜值”“博眼球”等走红模式相比，经过幕后团队精心策划的“网红 3.0”时代的网红经济更加市场化，网红产业更加规模化，粉丝运营更加商业化，网络红人更加职业化，网红发展更加多平台化，并由此对网红自身的形象和能力也随之有了更高的要求。

网红的发展过程如图 1 所示。

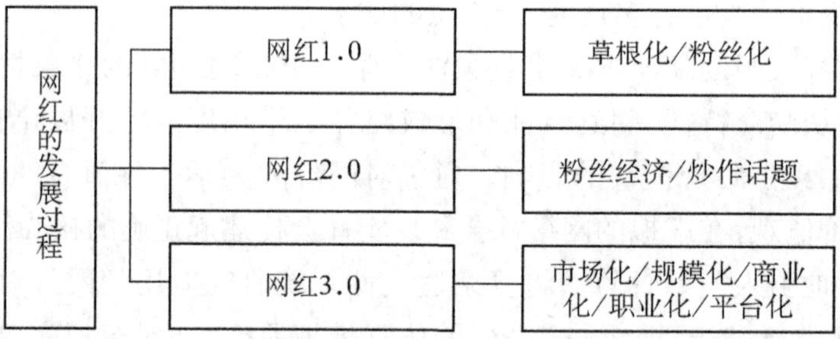

图 1 网红的发展过程

3 研究的问题及思路

3.1 研究的问题

本报告是在互联网快速发展的背景下，对网红如何影响大学生价值观进行调研，目的是让大学生能更好地明辨是非，建立符合社会主义核心价值观要求的价值观。

3.2 研究思路

本报告的研究思路如下：

第一,确定网红的定义和分类、网红的形成路径和对受众分类的确认。

第二,通过问卷调查收集信息,研究网红对大学生价值观的具体影响。

第三,结合问卷数据,建立仿真模型并进行分析。

第四,总结并提出建议。

本次调研以大量文献资料及问卷分析为基础,从受众情况、网红特征、形成路径三个角度进行分析。从受众情况了解网红对大学生的影响是否存在性别、地域和专业的差别;从网红特征了解网红是从哪些方面影响大学生价值观的形成;从形成路径了解网红的形成具体是受哪些方面的影响,从而确认网红会影响大学生有关"富强""诚信""文明"方面的价值理念,最后根据问卷调查的分析结果,提出应对措施。

4 问卷调查及分析

4.1 问卷设计思路及调查过程

此次问卷设计调查的对象为松江大学城的大学生,调查的主要内容为网红对大学生价值观的影响,包含个人信息、价值观和影响三个部分。以社会主义核心价值观的"富强""文明""诚信"三个方面为主要出发点,通过由浅入深的设计理念,从日常生活出发,具体了解大学生对网红的看法以及网红对大学生们的影响程度。

本次调研主要采用便利抽样问卷调查法收集数据,我们在集中讨论后将调整后的最终问卷整体录入问卷星网站。鉴于大学生广泛应用社交软件,同时也为了保证样本在松江大学城的覆盖面,问卷以链接和二维码的形式通过QQ、微信等渠道发放,再结合有效样本数据建立仿真模型进行分析。

本次调研共收集问卷498份,其中,无效样本0份,有效样本498份,样本回收率达到100%。

我们采用5分制"里克特量表",以5个等级来表示答卷者对某一陈述的判断,以表格形式呈现问卷测量量表。

4.2 数据统计与分析

4.2.1 受众情况分析

受众需求的满足是网红行业整体发展的关键。在网红产业越加趋向成熟的今天,如何抢夺受众成了网红营销策略中的一大难题。受众对网红的关注行为、动机及态度将直接影响网红行业的生存和发展趋势。因此,我们在研究网红影响当代大学生社会主义核心价值观的情况下,无论对网红类别分析,还是对网红的形成路径以及行业政策约束可行性讨论,都必须要明确网红在大学生中的受众群体。

为深入了解网红影响当代大学生社会主义核心价值观的情况,根据现有条件,本次问卷调查选取上海市松江大学城7所高校的大学生为样本。选取的理由在于,上海市松江大学城占地约8 000亩,是目前为止中国规模较大的大学城之一,是上海创建新型办学模式的一次探索和改革,其在国家高等教育布局中具有重要作用和特殊区域定位;大学城在校本科大学生人数超过7万人,专业涵盖较为全面,具有一定的代表性;方便操作,可控性强。

本次调研采取分层随机抽样的方式，调查对象是在松江大学城7所高校学习、生活的一到四年级全日制本科学生，共发放“关于网红影响当代大学生社会主义核心价值观的调查问卷”498份，收回498份，其中，无效样本0份，有效样本498份，样本有效回收率为100%。调查对象的基本统计情况如表1所示。

表1 样本的描述性统计($N=498$)

项目	统计特征	频数	频率
性别	男	163	32.73%
	女	335	67.27%
来源地	东部(上海，江苏，浙江，安徽，福建，江西)	214	42.97%
	南部(湖南，广东，广西，海南，云南，贵州)	53	10.64%
	西部(四川，西藏，陕西，甘肃，宁夏，青海，新疆，重庆)	149	29.92%
	北部(辽宁，吉林，黑龙江，内蒙古)	33	6.63%
	中部(河北，山西，山东，河南，湖北，北京，天津)	47	9.44%
	其他地区	2	0.40%
专业	财经类	218	43.78%
	理工类	123	24.7%
	文法类	93	18.67%
	艺术类	31	6.22%
	其他	33	6.63%
消费水平	1000元以下	41	8.23%
	1 000～2 000元	285	57.23%
	2 000～3 000元	129	25.9%
	3 000～4 000元	33	6.63%
	4 000元以上	10	2.01%

从量表调查样本组成情况看，样本组成结构与松江大学城在校大学生群体结构相近，可以反映所调查群体的整体情况。

样本基本情况如下。

性别：498份有效样本中，男性有163人，占32.73%；女性有335人，占67.27%。

结合“出去游玩是否会参考网红的日常生活分享”一题的调查数据(详情见表2)，我们发现：超过55%的男性大学生几乎不会参考网红的推荐分享，而超过58%的女性大学生会无意识地受到网红日常分享的影响。由此可见，关注网红的女性大学生略多于男性大学生。

表2　出去游玩是否会参考网红的日常生活分享(1)

性别	A. 完全参考	B. 大部分参考	C. 选择性参考	D. 少部分参考	E. 不参考	小计
男	3(1.84%)	10(6.13%)	60(36.81%)	28(17.18%)	62(38.04%)	163
女	3(0.9%)	22(6.57%)	171(51.04%)	77(22.99%)	62(18.51%)	335

因此，我们认为导致该种差异的原因是网红人群大多数由年轻女性构成，她们通过互联网分享穿搭、美妆方法，营销的产品也以女性服饰、美妆产品为主。最新报告显示，网红经济的变现领域最初主要集中在女装领域，目前正逐渐向女装以外的生活类目迅速拓展。

来源地：498 份有效样本中，东部地区有 214 人，占比 42.97%；南部地区有 53 人，占比 10.64%；西部地区有 149 人，占比 29.92%；北部地区有 33 人，占比 6.63%；中部地区有 47 人，占比 9.94%；其他地区仅有 2 人，占比 0.40%。

从地域分布来看，网红的产业链除北京、广州、上海等地外大多出现于沿海经济发达地区，内陆省份数量较少。

在受众的地域分布上，各大省会城市因其人口集中、新兴事物传播迅速，单从参与人数总数来看要远远高于北京、上海、广州、深圳等地。另外，人数较为突出的还有乡镇农村地区，相比而言，海外受众较少。现阶段的受众地域分布实际上受到经济分区的突出影响，结合不同地域的社会风气、学历背景形成动态平衡。

专业：498 份有效样本中，财经类专业有 218 人，占比 43.78%；理工类专业有 123 人，占比 24.7%；文法类专业有 93 人，占比 18.67%；艺术类专业有 31 人，占比 6.22%；其他专业有 33 人，占比 6.63%。

结合“是否赞同‘读书不如当网红，高考不如去整容’”(详情见表 3)和“出去游玩是否会参考网红的日常生活分享”(详情见表 4)两题的调查数据，我们发现：艺术类专业的大学生对网红的职业认可度是所有调查专业中最高的，我们有理由认为艺术类专业大学生的价值观更容易受网红的影响。

我们认为，导致该种差异的原因是艺术类专业的大学生受到所学专业的影响，他们对于事物的判断不再局限于跟随主流意识形态，他们拥有更加鲜明的个性，强调在实践中展示自我。同时，他们对于新鲜事物的接受能力和模仿能力更强，处理事情也更容易受到情感和情绪的影响。

表3　是否赞同“读书不如当网红，高考不如去整容”(1)

专业	A. 完全赞同	B. 大部分赞同	C. 中立	D. 少部分赞同	E. 完全不赞同	小计
财经类	3(1.38%)	8(3.67%)	24(11.01%)	30(13.76%)	153(70.18%)	218
理工类	2(1.63%)	2(1.63%)	20(16.26%)	9(7.32%)	90(73.17%)	123
文法类	2(2.15%)	2(2.15%)	10(10.75%)	12(12.9%)	67(72.04%)	93
艺术类	0(0%)	2(6.45%)	7(22.58%)	6(19.35%)	16(51.61%)	31
其他	0(0)	1(3.03%)	5(15.15%)	8(24.24%)	19(57.58%)	33

表 4 出去游玩是否会参考网红的日常生活分享(2)

专业	A. 完全参考	B. 大部分参考	C. 选择性参考	D. 少部分参考	E. 不参考	小计
财经类	3(1.38%)	13(5.96%)	109(50%)	47(21.56%)	46(21.1%)	218
理工类	1(0.81%)	6(4.88%)	47(38.21%)	27(21.95%)	42(34.15%)	123
文法类	1(1.08%)	7(7.53%)	42(45.16%)	20(21.51%)	23(24.73%)	93
艺术类	0(0)	4(12.9%)	18(58.06%)	5(16.13%)	4(12.9%)	31
其他	1(3.03%)	2(6.06%)	15(45.45%)	6(18.18%)	9(27.27%)	33

消费水平:498 份有效样本中,每月消费水平在 1 000 元以下的有 41 人,占比 8.23%;每月消费水平在 1 000～2 000 元的有 285 人,占比 57.23%;每月消费水平在 2 000～3 000 元的有 129 人,占比 25.9%;每月消费水平在 3 000～4 000 元的有 33 人,占比 6.63%;每月消费水平在 4 000 元以上有 10 人,占比 2.01%。由此可见,松江大学城绝大多数的大学生每月消费水平维持在 1 000～3 000 元,普遍仅能够维持日常的基本开销。

结合"是否赞同'读书不如当网红,高考不如去整容'"(2)(详情见表 5)和"出去游玩是否会参考网红的日常生活分享"(3)(详情见表 6)两题的调查数据,我们发现一个有趣的现象:消费水平在 4 000 元以下的大学生中有 70%很少或者几乎不会参考网红的建议,他们拥有更加独立的对于事物的判断力;与此同时,消费水平在 1 000 元以下以及 4 000 元以上的大学生却是对"读书不如当网红,高考不如去整容"观念抵触情绪最低的两类群体,相对于其他消费水平的大学生,他们拥有更加强烈的金钱观。

表 5 是否赞同"读书不如当网红,高考不如去整容"(2)

消费水平	A. 完全赞同	B. 大部分赞同	C. 中立	D. 少部分赞同	E. 完全不赞同	小计
1 000 元以下	1(2.44%)	2(4.88%)	10(24.39%)	5(12.2%)	23(56.1%)	41
1 000～2 000 元	4(1.4%)	9(3.16%)	35(12.28%)	31(10.88%)	206(72.28%)	285
2 000～3 000 元	2(1.55%)	2(1.55%)	13(10.08%)	21(16.28%)	91(70.54%)	129
3 000～4 000 元	0(0%)	1(3.03%)	6(18.18%)	6(18.18%)	20(60.61%)	33
4 000 元以上	0(0)	1(10%)	2(20%)	2(20%)	5(50%)	10

表 6 出去游玩是否会参考网红的日常生活分享(3)

消费水平	A. 完全参考	B. 大部分参考	C. 选择性参考	D. 少部分参考	E. 不参考	小计
1 000 元以下	1(2.44%)	1(2.44%)	16(39.02%)	10(24.39%)	13(31.71%)	41
1 000～2 000 元	2(0.7%)	23(8.07%)	136(47.72%)	57(20%)	67(23.51%)	285
2 000～3 000 元	2(1.55%)	5(3.88%)	61(47.29%)	31(24.03%)	30(23.26%)	129
3 000～4 000 元	1(3.03%)	2(6.06%)	16(48.48%)	5(15.15%)	9(27.27%)	33
4 000 元以上	0(0)	1(10%)	2(20%)	2(20%)	5(50%)	10

值得我们去思考的是,这种“金钱至上,有钱真好”的功利庸俗化的价值风潮,真的有利于当代大学生价值观的树立吗?受网红月入百万的影响,大学生自我价值认知和选择只会慢慢向功利化倾斜。投射到现实世界的就是一部分大学生好面子,家里没钱,用各种方式借钱装大方,以满足自己的物质欲,这才会导致各种各样校园贷的屡禁不止和家庭悲剧。在当下社会,大学生群体是否还信奉“艰苦朴素,勤俭节约;吃苦在前,享乐在后”的价值观是需要打上问号的。

这份问卷反映的也许只是一部分青年大学生的问题,甚至只是很小的一部分,但是问题往往都是从最小点开始,然后扩展蔓延,引发质变。

4.2.2 网红特征分析

我们认为网红具有如下行为特征:①网红经济规模化、商业化;②部分网红自身形象和能力得到相对提高;③网红的日常生活分享对大学生的影响小;④网红行业存在低俗化、庸俗化现象;⑤部分网红存在低素质行为;⑥网红推荐或售卖产品时存在夸大或虚假宣传。以下是我们结合问卷数据对网红特征的具体分析。

第5题:您是否赞同相较于初期的网红时代,现在的网红经济更加规模化、商业化。

表7 是否赞同相较于初期的网红时代,现在的网红经济更加规模低、商业化

选项	小计	比例
A. 完全赞同	93	18.67%
B. 大部分赞同	201	40.36%
C. 中立	138	27.71%
D. 少部分赞同	54	10.84%
E. 完全不赞同	12	2.41%
本题有效填写人次	498	

从表7可以看出,多数同学赞同相较于初期的网红时代,现在的网红经济更加规模化、商业化。如前文所述,初期的网红1.0时代,大多数网红的出名是偶然的,网红人物的形象未经雕琢,较为单一,不具有商业性并且没有形成规模。随着互联网的发展,网红2.0时代进化到了网红3.0时代,直播等行业的兴起促进了整个行业的发展进步,网红市场的前景充满无限可能,投资者窥探到商机。为了形成更大的规模效益、吸引更多的消费者、传播更有利于商家的信息,网红3.0形成了完善的幕后团队对网红进行策划包装,在此基础上网红经济开始形成规模、创造效益。在整个行业市场化的情况下网红经济更加规模化、商业化。

第6题:您是否同意在市场化的作用下,对网红自身形象和能力的要求比之前更高。

表8 是否同意在市场化的作用下,对网红自身形象和能力的要求比之前更高

选项	小计	比例
A. 完全赞同	92	18.47%

（续表）

选项	小计	比例
B. 大部分赞同	188	37.75%
C. 中立	124	24.9%
D. 少部分赞同	70	14.06%
E. 完全不赞同	24	4.82%
本题有效填写人次	498	

从表8可以看出，同学们对此问题持有不同的看法，结合现状我们可以发现：其一，网红行业发展至今，大多数网红为我们所知的“网红脸”，这在一定程度上造成了大众的审美疲劳，因此网红形象有向多元化发展的趋势，人们喜爱形象、行为举止更加具有鲜明特色的网红；其二，网红行业发展至今，网红们的能力各不相同，但不可否认的是，在市场化的作用下，部分网红的形象和能力相较于初期都有所提高。

第8题：您出去游玩是否会参考网红的日常生活分享。

表9 出去游玩是否会参考网红的日常生活分享

选项	小计	比例
A. 完全参考	6	1.2%
B. 大部分参考	32	6.43%
C. 选择性参考	231	46.39%
D. 少部分参考	105	21.08%
E. 不参考	124	24.9%
本题有效填写人次	498	

从表9可以看出，大部分同学们出去游玩时对于网红的日常生活分享只会选择性参考甚至不参考。这说明随着教育水平的提高，大家判断是非的能力得到提升，对于网红的分享都有自己的判断，不只是简单的盲目跟风。随着互联网的发展，网红渗透到了我们生活的方方面面，我们更应该提高自身的见识和修养。

第9题：您是否同意网红行业存在低俗化、庸俗化现象。

表10 是否同意网红行业存在低俗化、庸俗化现象

选项	小计	比例
A. 完全赞同	156	31.33%
B. 大部分赞同	146	29.32%
C. 中立	99	19.88%

（续表）

选项	小计	比例
D. 少部分赞同	52	10.44%
E. 完全不赞同	45	9.04%
本题有效填写人次	498	

从表10可以看出，有超过半数的同学认为网红行业中存在低俗化、庸俗化的现象，这一现象是网红行业中的常态。例如，许多网红在直播时为了吸引更多人的关注和获得更多的礼物，通常会选择一些哗众取宠的方式来满足一些观众的低级趣味；还有许多网红会在自己的视频中向大家展示自己购买的奢侈品，这无形中向观众输出了拜金主义和物质至上的价值取向。这些做法都没有向观众们输出正确的价值观，对于大学生建立正确的价值取向也是很不利的。

第11题：您是否认为部分网红存在低素质的行为。

表11　是否认为部分网红存在低素质的行为

选项	小计	比例
A. 完全赞同	205	41.16%
B. 大部分赞同	135	27.11%
C. 中立	99	19.88%
D. 少部分赞同	50	10.04%
E. 完全不赞同	9	1.81%
本题有效填写人次	498	

从表11可以看出，有68%以上的同学赞同部分网红存在低素质行为这一观点。就之前闹得沸沸扬扬的网红打孕妇的事件来说，网红Saya在与孕妇发生纠纷时没有用理性沟通的方式来解决问题，而是动手打人，而且Saya在遛狗时并没有给狗拴上绳子，这也是一种低素质的行为。网红作为一类拥有较高关注度的人群，却表现出许多低素质行为，这些行为会潜移默化地影响大学生，降低大学生群体的整体素质。

第13题：您是否认为网红推荐或售卖产品时存在夸大或虚假宣传的行为。

表12　网红推荐或售卖产品时存在夸大或虚假宣传的行为

选项	小计	比例
A. 完全赞同	150	30.12%
B. 大部分赞同	215	43.17%
C. 中立	96	19.28%
D. 少部分赞同	35	7.03%

（续表）

选项	小计	比例
E. 完全不赞同	2	0.4%
本题有效填写人次	498	

从表12可以看出，有73%以上的同学认为网红推荐或售卖产品时存在夸大或虚假宣传的行为。现在大多数网红在拥有一定的知名度后就开始推荐商品或开网店售卖产品，为了获得更高的销量，经常夸大其词，甚至虚假宣传商品，许多人通过网红的推荐购买商品后经常会发现买到的商品与网红的描述相差很远。网红的这种行为虽然为自己带来了短暂的收益，但长此以往会失去粉丝的信任。

4.2.3 形成路径分析

关于网络红人的形成路径对大学生价值观的影响，我们设计了问卷以了解同学们对此的看法和感受，以下是我们结合问卷数据对网红形成路径的具体分析。

第7题：您是否同意网红行业的迅速发展依托于国家经济的快速发展。

表13 是否同意网红行业的迅速发展依托于国家经济的快速发展

选项	小计	比例
A. 完全赞同	84	16.87%
B. 大部分赞同	172	34.54%
C. 中立	154	30.92%
D. 少部分赞同	64	12.85%
E. 完全不赞同	24	4.82%
本题有效填写人次	498	

从表13可看出，有51.41%的同学赞同这一观点。网红行业的迅速发展依托于互联网的快速发展，而互联网的飞速发展则依托于国家经济的发展。我国互联网消费的急剧上升蕴含了巨大的商机，网红行业的兴起也是其结果之一。近年来，各类社交媒体的爆炸式增长，信息的传播更加快速便捷，人们的物质追求向精神追求的转变，网红行业应运而生。

第10题：您是否赞同读书不如当网红，高考不如去整容。

表14 是否赞同读书不如当网红，高考不如去整容

选项	小计	比例
A. 完全赞同	7	1.41%
B. 大部分赞同	15	3.01%
C. 中立	66	13.25%
D. 少部分赞同	65	13.05%

（续表）

选项	小计	比例
E. 完全不赞同	345	69.28%
本题有效填写人次	498	

从表14可看出，有69.28%的同学完全不赞同“读书不如当网红，高考不如去整容”的想法，但是这498人中仍有7个人完全赞同这个看法，这也体现出网红对大学生还是存在一定的负面影响。网络红人的一夜爆红冲击着大学生传统的就业观，认为“高颜值即捷径”的价值观快速蔓延，使得大学生认为出众的外貌能带来经济效益，美貌是获取成功的捷径，高颜值可以带来高知名度、高收入，而低颜值会成为成功路上的绊脚石。

第14题：您是否认为网红存在建立虚假人设的行为。

表15　是否认为网红存在建立虚假人设的行为

选项	小计	比例
A. 完全赞同	175	35.14%
B. 大部分赞同	179	35.94%
C. 中立	106	21.29%
D. 少部分赞同	34	6.83%
E. 完全不赞同	4	0.8%
本题有效填写人次	498	

从表15可看出，有71.08%的同学完全赞同网红存在建立虚假人设的行为。网红的走红往往依托于背后推手，很多网红的形象与其实际并不相符。

第15题：您是否认为网红发表的部分言论未经验证。

表16　是否认为网红发表的部分言论未经验证

选项	小计	比例
A. 完全赞同	135	27.11%
B. 大部分赞同	181	36.35%
C. 中立	137	27.51%
D. 少部分赞同	40	8.03%
E. 完全不赞同	5	1%
本题有效填写人次	498	

从表16可看出，有63.46%的同学赞同网红发表的部分言论未经验证。在这个信息更新迅速的时代，上一秒还在热烈讨论的问题可能下一秒就被另一个热点问题所替代，因此很

多网红为蹭热度、博眼球而跟风发布一些热点话题，这些言论未经验证、具有煽动性，对社会风气造成不良影响。

5 研究结论及对策分析

5.1 研究结论

5.1.1 娱乐需求的增长体现了我国经济的发展，网红在提供娱乐需求的同时还应承担起传播正确价值观的义务和责任

改革开放以来，我国经济不断发展，人们的物质水平日益提高，对精神文明的需求日益增长。欧美国家娱乐产业非常发达，并借由娱乐产业输出欧美文化、传播西方价值观，而我们可以通过娱乐产业传播中国的社会主义核心价值观。

网红的出现在一定程度上满足了人们的精神需求，很多人争相进入这个拥有巨大潜力的行业。网红的产生并不是自发的，是网络媒介环境下网红、网络推手、传统媒体以及受众心理需求等利益共同体的综合作用的结果。网红行业的蓬勃发展也是经济发展的体现。网红在提供娱乐需求的同时还应承担起传播正确价值观的义务和责任。

5.1.2 网红应提高自身道德文化素养，为建设积极美好、正能量的网络环境贡献力量

网红作为高关注度人群时刻影响着大学生的言行举止，而在泛娱乐化的网络时代，几乎一切都可以被娱乐。无论是前段时间频繁上热搜的“Saya殴打孕妇事件”还是“陈一发儿直播调侃南京大屠杀事件”都说明国民对网红的要求不仅限于娱乐，人们对于网红在公序良俗方面有着最基本的要求。

网红的一举成名、一夜暴富冲击着大学生传统的价值观，使部分大学生形成错误的金钱观，盲目追求拜金主义。他们花大量的时间关注网红、模仿网红，影响自己的专业学习。个别大学生效仿一些带有负面影响的网红，在社交平台上发布低俗甚至裸露的图片，希望通过快速博得大量关注获取金钱。这些一味追求物质、金钱和利益的价值观念，与我们社会所提倡的个人价值与社会主义核心价值观相统一的要求相悖。

网红行业就业门槛低，部分网红三观不正，存在低俗、庸俗、媚俗的现象。部分网红本身接受的素养教育有限，他们很难对发生的事情作出全面、理智的判断，只能以吐槽式、娱乐化的方式发表自己的见解。在碎片化的阅读时代，大学生容易陷入网红传播的信息流中，不愿意深刻地去思考问题。我们需要对网红行业进行监督管理。而大众审美其实是对这一类公众人物道德底线、个人素养、知识常识的最基本要求，这不仅是网红自己的事，更是整个社会和国家的事，我们应该从多方面共同努力创建一个积极美好、正能量的网络环境。

5.1.3 网红应谨言慎行，正视失信行为，为整个社会抵制不良风气树立榜样

网红的失信行为有以下几点。

一是建立虚假人设。网红的形成背后有着巨大的利益，他们依托于背后推手，为了迎合大众需求而刻意打造符合大众审美的人物形象。然而，很多网红所表现出来的形象与其实际形象并不相符，甚至相悖，这就是所谓的“虚假人设”。

二是发布不实言论。互联网时代，信息的更新十分迅速，一个话题甚至来不及得到验

证就已经失去热度。为了博得关注吸引眼球,获取高人气,网红们纷纷转载或发表热点言论。然而,部分网红仅是为了跟风蹭热度,他们对于某一事件的看法和言论在未全面了解事实真相的情况下轻易发布。作为公众人物他们并没有意识到这是一种不诚信且不负责任的行为。

三是夸大或虚假宣传产品。例如,近期广受关注的网红食品安全问题频出,其中一些非常热卖的商品也被检验出许多问题,如"三只松鼠"的一款开心果产品在国家抽检中被检查出霉菌超标,超出国家标准 1.8 倍,而在此之前许多网红在网络平台上对此产品进行推荐。

5.2 对策分析

5.2.1 网红需努力提高自身素养

(1) 网红需要提升自身文化修养。网红必须拥有一技之长才能获得更多人的关注和喜爱,单纯通过博眼球来吸引粉丝的方法已经过时。这就要求网红不断提高自身文化素养,了解时事政治、新鲜事物,从而不断提高创新能力,传播网络正能量。

(2) 网红需要提高自身道德修养。网红要注意自身的言行举止,不能单纯为获得关注度或金钱而做出不符合社会主义核心价值观的行为。在私下也要时刻约束自身行为,为营造积极向上的社会风气树立榜样。

5.2.2 大学生要提高自身明辨是非的能力

大学生在面对网红分享的信息时,应该保持清醒的头脑,分辨虚假不良信息,有效规避风险,做到不盲目跟风,理智消费。在观看网红直播时,理性打赏,抵制低俗、庸俗的网络直播,为建立积极健康的网络环境贡献力量。

5.2.3 高校要加强对大学生价值观的正确引导

(1) 树立正能量的网红榜样。活跃于大众视野中的网红并非都是负面的,我们可以利用网红的榜样效应,在网络环境中积极培养正能量的网红榜样。高校在选择网红榜样时,不仅要结合当代社会主流价值观,还要有一定的针对性,选择不同层次的、具有优秀品格的榜样。同时,要加强对正能量的网红榜样的宣传,结合大学生应用社交软件频繁的特点,在宣传正能量网红榜样的过程中,广泛宣传积极的符合社会主义核心价值观的精神内涵,引导大学生学习并付诸实践。

(2) 强化大学生的价值观教育。高校可以通过"思想道德基础与法律修养""毛泽东思想和中国特色社会主义理论体系概论"等课程向学生输出正确的价值观,引导学生树立正确的价值观;也可以在"就业创业指导"等课程中加入对网红这一职业的客观分析,使大学生对网红拥有更加深刻的理解。

5.2.4 政府要加强对网红行业的监督及管理

政府应督促有关部门完善相关法律法规和从业准则来提高网红行业的整体素质,立法部门应该制定相关的法律和制度来规范网络行为,文化部门和网络监管部门应当及时规范和打击违反法律规范的网红经济链,将网红从业者和消费者均纳入监管和治理的范畴,必要时进行严格的惩罚和处置,进一步净化网络和文化环境。

政府应对失信网红进行清理，实行行业禁入；加大监督和管理的力度，通过拓宽监督举报的途径，完善监督管理体制；将监督执行与引导教育并重，使网红文化和网红经济持续健康发展。

参考文献

[1] 雷静.“网络红人”对大学生价值观的消极影响及对策研究[D].徐州：江苏师范大学，2018.

[2] 曲彦，林春秀.新媒体时代网红文化现象分析[J].大连干部学刊，2018(7).

[3] 敖鹏.基于“网红”现象的解读和思[J].考当代传播，2016(4).

[4] 杨玲.网红文化与网红经济[J].人民日报，2016，06(23).

[5] 侯卓沅.警惕“网络”经济对社会主义核心价值观的消解[D].秦皇岛：燕山大学，2016.

[6] 黄云峰.网络现象与大学生社会主义核心价值观的培育[D].吉林：北华大学，2018.

[7] 邱袁利.“网红”对大学生价值观形塑的影响[J].法制与社会，2018(01).

[8] 孟娟芳.泛娱乐化时代的价值观治理研究——基于对网络红人传播乱象的分析[D].广州：暨南大学，2017.

[9] 张倩.浅析网红现象对大学生价值观的影响[J].教育现代化，2018，5(29).

[10] 喻思娈，张洋.《中国互联网络发展状况统计报告》发布我国网民达 7.3 亿[N].人民日报，2017-01-23(10).

[11] 宋梓菲.新媒体环境下“网络红人”现象及发展趋势研究[D].成都：成都理工大学，2017.

[12] 王肖伊.责任伦理视角下网络红人现象的伦理问题探析[D].广州：暨南大学，2017.

[13] 邓丽.在虚拟中走红——网络红人流行成因和传播模式探析[D].武汉：中南民族大学，2011.

[14] 薛静华，薛深.网络红人低俗化现象批判[J].青年现象，2017(06).

[15] 王卫兵.网红经济的生成逻辑、伦理反思及规范引导[J].求实，2016(08).

[16] 吴双 . 3.0 时代网红现象等大学生的负面影响及对策[J].宁波教育学院学报，2018(8).

项目组员：付婧姝　孙雨婷　袁宝玲

何奕颖　袁　悦

指导教师：董万好

众筹还是“众愁”

——慈善组织互联网公开募捐信息平台规范性调查①

摘　要：本文针对当下民众对网络公益平台的社会效果存在争议的情况，探究网络公益平台的规范性，提出改进建议与可执行的方案，使网络公益平台真正做到雪中送炭、为民解忧。本文采用直接采访与间接调查相结合的方法，通过网络公益平台电话访谈以及以捐款者、第三者为问卷调查对象进行信息数据的搜集。本文从平台方面提出管理完善建议：筹款信息透明化以及个人信息安全性、保密性。从社会方面提出制度完善建议：希望完善有关法规监管和政府监督。从长远来看，网络公益的优势将随着社会公益制度的完善、网络平台自身权威影响力的巩固以及大众公益理念的跟进逐渐得以体现。

关键词：互联网；公益；众筹平台；监管；规范性

1　调查背景

随着互联网技术的飞速发展，我国的公益模式也发生了巨大转变，“互联网+公益”的模式逐渐兴起，众多网络公益众筹平台悄然走进我们的生活。网络公益众筹平台是一个以互联网为媒介，用于发布筹款项目并向不特定大众募集资金的平台。相较于传统的公益慈善机构，这一平台消除了地域界限，使求助者的信息随着一次次转发得以传播扩散，同时，它简便的操作流程也能在更短的时间内为求助人取得资金帮助。然而，伴随着这一平台的持续火热，接踵而来的却是一个又一个问题：“我捐的钱真的到了求助者手中吗？”“会不会是诈捐？骗捐？”面对种种质疑，又该由谁来监管？怎样才能规范网络公益众筹平台？这些问题都值得我们加以探讨。

2　调研对象及方法

2.1　调研对象

我们先后对357名大学生或在职人员等进行了随机的问卷调查。随后，我们又电话采访两家网络众筹公益平台，一家是目前大众较为熟悉的轻松筹，另一家是上海首家由民间发起

① 本文获得第十六届“挑战杯”上海市大学生课外学术科技作品竞赛校内三等奖。

的资助型公募基金会——联劝公益基金会。

2.2 调研方法

(1) 网上查阅资料。我们通过百度、谷歌等搜索网站了解目前网络众筹公益平台的现状、国家针对募捐平台出台的相关法律、法规及政策，以及网络众筹平台发展至今所产生的问题和网络评价。

(2) 问卷调查。问卷内容由我们结合本次的调查目的以及大众对网络众筹平台可能关心的一些问题自行设计。问卷主要采用选择题的形式。本次调查共收集到 357 份有效问卷。

(3) 电话访谈。由于地区及时间等因素限制，我们排除了实地走访的调查形式，最终采取以电话访谈作为和平台直接联系的方式。通过和平台负责人的联系和沟通，我们大致了解了部分平台目前的运营情况，平台发现的自身存在的问题和解决方案，以及对于网络众筹公益平台未来发展的期望和看法。同时，我们也将问卷调查的部分结果告知平台，以帮助网络众筹公益平台及时发现自身可能存在的问题并更好地解决完善。

3 问卷调查结果及分析

3.1 问卷调查结果

通过对回收的调查问卷的数据统计得知：本次调查对象中 16～25 岁的女性居多，大部分调查对象对于网络公益众筹平台了解一般，大约一半的人参加过一两次的网络公益众筹，而接触到网络公益众筹的途径大多是通过朋友圈或 QQ。在调查群体中，影响力排于前三的分别是水滴筹、轻松筹和蚂蚁金服。大部分单次捐赠额在 10 元以下。

3.2 问卷分析

第 1 题：您的性别？[单选题]

选项	小计	比例
男	70	19.61%
女	287	80.39%
本题有效填写人次	357	

问卷中有 80.39%的调查对象为女性。

第 2 题：您的年龄？[单选题]

选项	小计	比例
16 岁以下	7	1.96%
16～25 岁	308	86.27%
26～35 岁	7	1.96%
36～55 岁	35	9.8%

（续表）

选项	小计	比例
55 岁以上	0	0%
本题有效填写人次	357	

16～25 岁居多,55 岁以上人群没有涉及。

第 3 题:您对网络公益众筹平台的了解程度?[单选题]

选项	小计	比例
特别了解	0	0%
比较了解	56	15.69%
一般了解	182	50.98%
比较不了解	98	27.45%
完全不了解	21	5.88%
本题有效填写人次	357	

有一半的调查对象对网络公益众筹平台"一般了解",1/4 的人对此不了解。毕竟这不是大家生活必需,宣传力度也相对不大。

第 4 题:您是否参加过网络公益众筹捐款?[单选题]

选项	小计	比例
没参加过	84	23.53%
1～2 次	161	45.1%
3～5 次	91	25.49%
5 次以上	21	5.88%
本题有效填写人次	357	

有近一半的调查对象参加过一两次网络公益众筹捐款,23.53%的调查对象从未参与过网络公益众筹。这说明大家的参与度普遍并不很高,大众公益理念还不够跟进。网络公益捐赠平台或许是另一种正在升温的新兴时尚。对比第 3 题中,对于网络公益众筹完全不了解的人只占 6%,那么为何有些调查对象了解网络众筹却并没有参加,便是我们可以研究的一个方面。

第 5 题:您是通过什么途径接触到"网络公益众筹"的?[多选题]

选项	小计	比例
有影响力人物的号召	28	7.84%

（续表）

选项	小计	比例
相关新闻报道	70	19.61%
QQ或者朋友圈	287	80.39%
其他	28	7.84%
众筹平台的广告	7	1.96%
本题有效填写人次	357	

在调查接触网络众筹的途径方面，通过QQ或朋友圈接触到网络众筹的调查对象占80%以上，此外，相关新闻报道也有一定的影响力。QQ和微信几乎是当今每一个中国人的必备社交媒介，其对于信息扩散的贡献远远超出了其余媒介。很多在其他平台传播的众筹信息，如官网，受众面就很小。众筹平台的广告仅有2%的关注也是意料中的结果。

第6题：您参与过哪些网络平台的公益众筹？［多选题］

选项	小计	比例
蚂蚁金服	105	29.41%
京东公益	14	3.92%
轻松筹	161	45.1%
公益宝	28	7.84%
腾讯公益	63	17.65%
水滴筹	238	66.67%
其他	28	7.84%
未参与	42	11.76%
本题有效填写人次	357	

此题中我们罗列了6个较为常见的网络公益众筹平台。从参与人数来看，水滴筹名列第一位，其后依次是轻松筹和蚂蚁金服。而像腾讯公益、京东公益这样的大集团下属的公益平台却没有那么大的影响力。这些为我们后续从平台采集信息的参考度提供了依据。

第7题：若您参与过网络公益众筹，您的单次捐赠额是？［多选题］

选项	小计	比例
10元及以下	161	45.1%
11～50元	147	41.18%
51～100元	21	5.88%

（续表）

选项	小计	比例
101～300 元	14	3.92%
300 元以上	7	1.96%
没有捐赠过	42	11.76%
本题有效填写人次	357	

对于网络公益众筹的单次捐赠额大多数人在 10 元以下，其次是 11～50 元。对于捐赠额的考虑，除了捐赠能力，更多的是捐赠偏好。这和大众的捐赠习惯有较大关联。我国国民的捐赠意识普遍较弱，大部分人在工作单位或社区组织的募捐活动中完成捐赠，仅有少部分人通过非营利组织捐赠。

第 8 题：您是否听说过或经历过网络公益众筹相关的诈骗？［单选题］

选项	小计	比例
没有	63	17.65%
较少	245	68.63%
较多	42	13.73%
本题有效填写人次	357	

近七成的调查对象表示，较少听说或经历过网络公益众筹相关的诈骗。但也有 14%的调查对象表示听说过较多的诈骗。

第 9 题：您会根据什么确认网络公益众筹信息的真实性？［多选题］

选项	小计	比例
和受捐者确认	77	21.57%
和筹款者确认	63	17.65%
和上一级信息传播者确认	140	39.22%
通过项目中的证实人信息	154	43.14%
通过项目中的支持动态和评论	98	27.45%
不确认	105	29.41%
其他	7	1.96%
本题有效填写人次	357	

值得关注的是，有近三成的捐赠者表示并不会确认网络公益众筹的真实性，他们本着愿意信任他人的态度捐赠，而中国的网络公益众筹平台监管暂时并不完善，这一部分的捐赠者

的善款可能成为虚假网络公益筹款的牺牲品。

第 10 题:您认为目前的网络公益众筹平台存在哪些问题?[多选题]

选项	小计	比例
隐私的保密性	168	47.06%
支付的安全性	168	47.06%
筹款人相关信息的真实性	238	66.67%
平台的信用度与规模	161	45.1%
众筹款项的用途及去向	245	68.63%
法律、法规的完善	189	52.94%
其他	0	0
本题有效填写人次	357	

在调查目前网络公益众筹平台存在的问题时,调查对象的选择就分布比较均匀了。众筹款项的用途及去向、筹款人相关信息的真实性为最令人担忧的两个方面。

第 11 题:您认为最后众筹所得的钱款去向值得信任吗?[单选题]

选项	小计	比例
完全信任	14	3.92%
比较信任	119	33.33%
一般	189	52.94%
比较怀疑	35	9.8%
非常怀疑	0	0
本题有效填写人次	357	

调查结果表明,大众对于众筹钱款的去向呈现一般信任。这其实是个非常暧昧的回答。这也从侧面反映了可能大部分人对于这个问题没有什么感觉,信任度不高不低。而一个成功的众筹平台绝不是建立在这样的信任度上的。在涉及钱款的方面,大众通常特别敏感,若不能有强有力的信任度支持,筹款的效果必定大打折扣。

第 12 题:您认为我国网络公益众筹的监管完善吗?[单选题]

选项	小计	比例
非常完善	0	0
比较完善	28	7.84%
一般	203	56.86%

（续表）

选项	小计	比例
比较不完善	112	31.37%
非常不完善	14	3.92%
本题有效填写人次	357	

对于我国网络公益众筹制度的完善体验感方面，一半以上调查对象选择了一般。这其中的确存在一些需要填补的漏洞。

第 13 题：您认为对网络公益众筹最应该加强哪方面的监管？［多选题］

选项	小计	比例
法律监管	294	82.35%
政府部门	189	52.94%
众筹平台	266	74.51%
社会监督	231	64.71%
本题有效填写人次	357	

在希望网络公益众筹加强的监管方面，法律监管名列第一，占比超过八成，说明法律在人们心中的稳固地位是不可动摇的。有了强制性的法律监管，众筹便能多一份有力保障。排名第二的是众筹平台的监管，相对于法律的外力监管，众筹平台的自身监管便是从内部进行监管。

第 14 题：您希望网络公益众筹的哪些情况公布于众？［多选题］

选项	小计	比例
钱款去向	343	96.08%
募捐总金额	238	66.67%
钱款使用时间	245	68.63%
款项经办人	217	60.78%
其他	7	1.96%
本题有效填写人次	357	

对于希望网络公益众筹的哪些情况公之于众方面，钱款去向几乎是所有人都关心的方面。另外，捐款总金额、钱款使用时间以及款项经办人也是筹款的关键细节。

4 电话访谈

为了进一步深入研究网络公益众筹平台实际运营效果以及其内部规范性，我们选取了规模对比鲜明的两家平台进行电话采访，收获了一些有用信息。

4.1 轻松筹

4.1.1 简要介绍

轻松筹是由北京轻松筹网络科技有限公司率先提出的基于社交网络，面向大众的一个众筹平台。

4.1.2 平台优势

(1) 阳光链开启公益新时代。阳光公益联盟链是区块链技术在国内公益领域的首次应用。区块链是近年来新兴的互联网技术，原理是把加密数据(区块)按照时间顺序进行叠加(链)生成的永久、不可逆向修改的记录，特点是“多方记账、无法篡改”。据了解，通过阳光公益联盟链，公益中的每一个环节均可实现信息同步，任何机构和个人都无法更改，公众可以清晰地了解资金从捐赠到使用的每一个环节。利用区块链技术来保障信息的安全性，也就为公益的透明化提供了可能。

轻松筹阳光链不仅可以保证在网络抖动的情况下把交易增量数据实时同步，还可以有效容错，即使一个节点出现宕机也不会将错误信息写入，同时保障信息加密的安全性并支持查询、随机写和顺序读等功能。

(2) 多家公益组织加盟。依托于区块链的阳光公益联盟链，有望从根本上解决公益行业的透明化和信用问题，而“联盟链”是所有公益组织、慈善机构的“大联盟”。目前，首批加入阳光公益联盟链的基金会已有 6 家，包括中国红十字基金会、中国妇女发展基金会、中国医药卫生事业发展基金会、中国华侨公益基金会、中华少年慈善救助基金会、北京微爱公益基金会。

与轻松筹合作 1 年多以来，中国红十字基金会在轻松筹平台投放公益项目 184 个，筹款近千万元，其中资助大病患者资金 586 万元，救助病患 193 人，同时，轻松筹给了中国红十字基金会人道事业强有力的支持。全面引入阳光链技术，可以让基金会再也无须自证清白。

4.1.3 存在问题

许是发现了隐藏在公益众筹背后的“商机”，总有不法分子挑战道德底线，其中有骗取援助金的“求助者”，也有不规范的平台，甚至由此延伸出了一个完整的黑色行业链，而那些真正需要援助的人却在苦苦挣扎。

(1) 申请者的低标准门槛准入。据公开数据显示，在过去几年中，“轻松筹”医疗救助项目遭到用户举报上千起左右。在这些扎眼的举报数字的背后，除了关系到求助人的诚信问题，还关系到成千上万真正需要帮助者的生命。

(2) 真实案例分析。2016 年年底的“罗一笑事件”刷爆了朋友圈，仅仅几天的时间里就筹集资金超过 200 万元。可是后来，筹款的发起人却被爆出在深圳和东莞有 3 套房子，根本不缺钱。这件事也让网络互助遭到了广泛的质疑和空前的信任危机。

(3) 申请者的道德考验。虽然轻松筹有要求填写筹款人的相关信息和患者的诊断证明，但是这些东西可造假性太强，根本难不倒那些想要骗捐的不法分子，更遑论这是一个信息泄露无比严重的时代。骗捐人所需要做的，只是在平台上注册并且发起救助，然后填上未曾验证真假的信息，成功转发分享就可以了。互联网众筹公益更像是对我们道德素质的一块试金石。

(4) 平台自动制造“贫病交加”的申请者。研究者发现,轻松筹平台竟然为筹款项目提供固定的模板,诸如“高额的费用让原本不太富裕的家庭陷入了绝境”“家庭的经济实力难以支撑下去”的套话都是自动生成,以此来博取人们的同情。千篇一律的“家境贫寒”,是平台关于受助者的介绍语,它的自动生成在一定程度上纵容了想要借此牟利的不法分子。他们不用挖空心思东编西造,毕竟平台就有现成的模板,需要做的只是点击发送。公益众筹平台创立的初衷是美好的,但救援效果还能继续保持吗?

(5) 平台对申请者的审核不严。即使轻松筹被爆出了很多负面信息,可这么长时间过去了,轻松筹还是没有实质性的改进。筹款页面就明确表示,项目的真实性由筹款的发起人负责。在轻松筹互助的行动公约中,有一条“免责条款”:在出现互助申请人通过提供虚假资料和信息而获得互助的情形,轻松筹有义务代全体行动会员向互助申请人追偿;但若未能全额追偿,轻松筹无出资垫付的义务。换句话说,虽然轻松筹会进行追偿,但是没有责任保证一定能追到。众筹诈骗的成本实在是太低,而轻松筹也并不对各种“大病”和捐款的真实性进行实质性核实,无法从根本上防止发布虚假信息。

4.1.4　轻松筹平台实际调查

为了提高研究项目的准确性,研究人员抱着试试看的心态,发起了轻松筹平台的项目筹款。在填写基本资料时,选择了杜撰相关情况。令人惊讶的是,当研究人员点击确定提交信息的按钮以后,项目竟然在10分钟内通过审核,并且在朋友圈和其他社交网络平台之间传播开来。所有这一切并没有经过进一步的确认,如向求助者所在医院或者是主治医生核实,整个项目的审核程序简直形同虚设。假使有人蓄意夸大了病情,或者募集金额虚高,平台对此也无能为力。如果申请者所募集的目标金额在50万以下,那么需要填写的信息只有姓名、联系方式、身份证号码和一张证明材料,犯罪的成本极其低廉。

1) 轻松筹暗藏的玄机

(1) 轻松筹从中牟利。据悉,公益众筹平台会对受助者的收款额收取一定的费用以作日常开销,这一做法无可厚非。据了解,轻松筹平台对总金额的扣除百分比竟然高达2%,而且只对求助者提示,捐款人实际捐款时并不能了解这些。轻松筹的公关总监对此回应称其中一半的收入是用于转账服务费,而剩余的一半才是轻松筹的真正收入,用于维持公司的运营基础成本。事实究竟如何还未可知,截至2019年3月7日,轻松筹的官网显示其累计筹款已经超过了255亿元,如果乘以2%,那么轻松筹从中获利巨大。

(2) “轻松筹”平台的行为不规范。轻松筹在大病救助项目之外,还有一项“微爱大病互助行动”。“微爱大病”页面显示,任何人只要预存10元即可加入,项目可保障30种疾病,最高可获得30万元大病保障金。互助规则为每发生一次互助,费用由全体分摊,单次上限为3元。会员延续条件也很简单,只需“账户余额大于3元”。截至2018年10月,已有超过6 000万会员加入轻松互助,累计帮助超过1 306位大病会员获得互助金,累计划拨互助金总额超过2.66亿元。但页面的互助公示一栏里显示“暂无互助事件”。据知情人士透露,虽然这涉嫌非法集资,但处于法律界定的边缘地带。互联网众筹平台的乱象可以从中窥见一斑。

近年来,网络平台面对社会公众公开招募会员,约定了或早或晚的缴费义务,并公开承诺了保障责任,形成了事实上的保险保障。“网上现在出现很多所谓的互助保险、众筹保险、抱团保险等，打的都是更便宜和更方便的保险的口号。然而，这些组织全部都不接受偿付能力监督。”在知名的信息交流网页上，有人这样评价这种新出现的互助保险模式。显而易见的是，部分平台缺乏有力监管的事实亟须被全社会正视。

2）随之产生的黑色利益链

网上也有报道多次提及，现在有专门的团队协助制作假资料骗取善款，也可以把原来只需要10万元的筹款运作到20万元、30万元……如今的互联网公益众筹，已经有一条完整的黑色产业链。从病危通知单造假，到生病文案代写，再到后续的宣传营销，都可以在网上找到对应服务。如此一来，一个天衣无缝的互联网众筹诈骗案就诞生了，而且审核信息的工作人员根本无法辨别真伪，更别说被宣传洗脑的局外人了。互联网众筹平台诞生的初心是好的，可这其中出现的一环扣一环的漏洞，却是残酷的现实。

4.2 上海联劝公益基金会

4.2.1 简要介绍

上海联劝公益基金会（以下简称“联劝”）是上海第一家民间发起的资助型公募基金会，成立于2009年。

“联劝”致力于以联合劝募的方式，向企业和公众进行公益宣导，拉近公益与公众的距离，引导公众和企业支持公益。

“联劝”坚持募用分离，支持靠谱的社会服务机构发展专业，并履行监督问责制，持续地推动民间公益健康可持续发展。

2018年9月10日，“联劝”荣获第十届“中华慈善奖”。

4.2.2 调查目的

我们选取上海联劝公益基金会的初衷是寻找一家规模相对较小、知名度较低的网络公益众筹平台。在仔细筛选后，我们选中了这家知名度一般的平台。上海联劝公益基金会是上海第一家民间发起的资助型公募基金会，成立于2009年。联劝的使命是“联合劝募，支持民间公益”。在它的官方网站——联劝网上，显示截至2019年3月，累计在线募捐总额为7 462万元，累计捐款56万笔。数据下方有许多由其发起的捐款项目，如野外实地远征、社区建设、户外探索等。

4.2.3 电话采访环节

通过电子邮件预约的方式，我们获得了与联劝平台进行电话采访的机会。以下是采访内容。

问：请问联劝平台的收费项目所得款项具体去处是怎样的？

答：使用联劝网平台募捐的组织基本上分为公开性质的慈善组织和个体。慈善组织，在我们网站上发布募捐信息是不会被收取任何平台运营费用的；但是若是个体就要视情况而定了，普通的收取1.5%的平台运营费，定制化的则根据合同条款约定。

问：请问捐款人如何核实自己的捐款所用实处？

答：不同项目由不同的基金会收取款项，可以在捐款页面查询到基金会名称和联系方式。

问：请问捐款人有没有捐款证明？

答：捐款后可以提供开票服务，需要领取的，可以在个人中心进行发票申请。

问：我想具体咨询一下网站上关于2019年雷励中国远征3月筹款这个项目。我在网站上看到该项目内容包括社区建设、野外探索和环境保护。请问具体是如何进行的？

答：这个项目的报名对象是18到22岁的年轻人。活动的目的是在远征的过程中进行一些慈善项目建设筹款活动，同时进行一些宣传活动，如开展宣讲会之类的。

问：请问慈善项目建设的具体内容有哪些形式？

答：以历年的远征活动为例，有过修理小学围墙、平整操场、修整厕所、种植耐寒植物等。雷励中国的项目还包括在西部种植沙棘苗，并捐赠给当地的特困户；在鄱阳湖候鸟保护区盖建候鸟看护棚；处理塑料垃圾、修建人工湿地等。这些活动对于参加者的身体素质有一定要求，会在报名的时候注明一些基本的注意事项和健康评估信息。

问：请问除了慈善项目建设，还有其他筹款途径吗？

答：当然是有的。雷励中国远征3月筹款挑战。在规定的3个月内完成指定筹款（6 600元，包括600元预付款），如筹款失败，就不能获得参与青年营的资格，需要重新报名，重新筹款。

4.3 对比与总结

上海联劝公益基金会虽然知名度并不高，其最有名的品牌运动筹款活动如“一个鸡蛋的暴走”“小小暴走”的关注度也不高，但是通过所收集的资料和访谈内容，我们发现其内部管理十分有序，并且其组织的各类捐助活动都有正规渠道和监管途径。轻松筹相对而言在国内知名度较高，但也不乏捐款丑闻以及设计漏洞。仅从个体诈捐事件来看，两家平台丑闻的数量差距的原因之一，可能在于两家网络捐款平台在知名度上的不同，影响了个体在发起筹款时的偏好。对大众来说，在更有影响力的平台上发起筹款，其集资的效率可能更高。

5 调研结论及讨论

5.1 网络公益众筹平台的现存问题

5.1.1 捐赠人的隐私泄露

我们调查发现，许多捐赠人不希望自己捐赠的有关信息被公开，有的抱着“做好事不留名”的态度，有的害怕自己的个人隐私泄露。但与此同时，一些众筹平台为了显示自身的透明度，获取公众的信任与支持，便事无巨细地公开机构信息，其中往往涉及捐赠人的姓名、捐款额、银行账号等隐私。《公益慈善捐助信息公开指引》第二章第九条的规定，公开信息可能危及国家安全、侵犯他人权益或隐私，以及其他法律、法规规定不予公开的信息可不予公开。捐赠人和受益人等当事人不愿意公开的捐助信息，应当事先与信息公开主体进行约定。若无事先约定，相关慈善捐助信息均应公开。不予公开的信息，应当接受公益慈善组织登记管理机关的监督检查。

5.1.2 平台的监管漏洞

在平台的监管方面，大家最关心的问题有两个：一是筹款人所发布信息的真实性；二是众筹款项的去向及用途。

(1) 筹款者信息的真实性。如今，各类网络公益众筹平台层出不穷，其用户越来越多，影响力也越来越广泛，因而成了一些骗子牟取利益的手段。一些人出于博取他人同情、骗取高额救助资金的目的，故意夸大病情，甚至是虚构病情、伪造各种证明，这类行为无疑是一种诈骗行为。从刑法上看，发起人的所作所为，涉嫌诈骗罪，理应被追究法律责任。面对频频发生的恶性欺诈事件，人们对“骗捐”“诈捐”的担忧也越来越深。

（2）众筹款项的用途及去向。资金的走向在公益众筹里始终是一个令人瞩目的话题。所筹款项是否都到了求助人手中？这是捐款人最关心的。公益众筹募集钱款是通过互联网实现的，而钱款的募集过程和使用去向很难做到公开透明，因此缺乏有效的社会公众监督。目前大多数平台都在筹款提现之后，设置公示管理、发布动态等环节，用以说明善款去向，但并不强制发起人出示票据。这就很容易出现违规使用捐赠资金的漏洞，甚至有人会借此虚设项目，骗取社会捐助。公益众筹模式受到诟病与质疑，从而导致社会公益慈善事业社会公信力的下降。

5.1.3 法律、法规体系的不完善

近些年来，公益众筹网络平台如雨后春笋一般纷纷出现，我国也出台了相关法律、法规，如《中华人民共和国慈善法》《中华人民共和国公益事业捐赠法》《社会团体登记管理条例》《救灾捐赠管理办法》等，鼓励公益平台的未来发展。但是，规范网络公益平台的法律、法规体系还不完善。

（1）相关立法不全。近年来，我国出台了许多关于公益众筹的法律、法规，但在具体执行时候存在漏洞，法律规范的制定过于笼统，仅将以平台为基础的慈善性质的募捐纳入监管范围，大部分个人自媒体平台的募捐没有纳入监管范围。

（2）执法不力。虽然《互联网信息服务管理办法》《网络交易管理办法》《公开募捐平台服务管理办法》中有制定规制平台的相关法律责任，但是以股权众筹以及针对互联网金融的《关于促进互联网金融健康发展的指导意见》等法律、法规为适用基础的平台规制，具体如何将责任定性化，如何实现具体运营程序，在实践中无明确尺度。同时，我国的执法主体部门虽然多，但各个主体部门之间的执法还需进一步磨合，而执法程序的不规范，也导致了应被管制的网络公益众筹平台出现漏网之鱼。

5.1.4 诚信机制的缺位与道德品质的缺失

（1）诚信机制的缺位。我们国家诚信体系的不完善影响到经济生活的方方面面，国内并不像国外那样将个人信息中不诚信行为都记录在案，个人信息严重不透明，这给公益众筹提供了欺骗和不信任的土壤，由此导致公益众筹道德风险畸高。一方面，社会组织数据库无法与民政部门对接，另一方面，机构之间的信息也往往不互通，只能依靠受助者或其朋友描述，造成网络公益平台上受助者虚假信息的出现。归根结底，信息不对称即源于征信缺位。

（2）道德品质的缺失。互联网公益众筹平台上真伪信息混杂发布，诈捐现象屡见不鲜，导致社会公信力下降。诸如，筹款人捏造相关信息，抑或是平台私自侵吞相关资金，更甚者创立公益基金来实现集资。

5.2 对策与建议

5.2.1 重视捐赠人的隐私保护

公益众筹平台应该加强对捐款人的隐私保护，如果捐赠人不希望其信息被公开，需在捐

赠时向公益组织平台明确提出，否则往往被默认为同意。例如，新浪微公益平台为了保护捐赠人的隐私，就选择默认捐赠人信息不公开。

5.2.2 建立严格的监管机制

(1) 加强发起人的信息审核。捐赠者很难辨别求助信息的真假，要想有效解决这一问题，离不开各平台严格的监管机制。众多众筹平台已经作出了积极有效的尝试，例如，轻松筹为了防范“骗捐”“诈捐”等行为，在页面中添加了“举报”功能，一旦有人举报，平台就会暂停该项目的众筹，并采取实地走访等方法核查。除了不断完善自身审核流程，轻松筹还积极与政府管理部门及医院对接，核验筹款人所提供材料证明的真实性与可靠性。

在腾讯乐捐平台上，非公募机构或个人发起的项目，需经过公募机构审核项目的真实性、家庭情况、项目设计和可执行性等，之后才能确认是否支持。

橙心筹也设置了证实机制，有专人对筹款人的身份、情况、收款等进行核实，并且引入了公安系统的身份验证及银行信息验证，同时橙心筹还设立了证实机制和举报机制，通过筹款人身边的亲友、病友、医护等人，来对筹款进行证实。

平台的这些措施不仅在实施上有些困难，更不能完全保证筹款人所发布信息的真实性，以轻松筹平台为例，实地走访等核查方法存在着沟通不畅等问题。“除非求助者配合我们调查，否则重大疾病涉及个人隐私，我们对其进行项目验证是无规可依的。而且，现行法律、法规不支持平台对个人求助者所筹集的资金后续使用状况进行干预和审查，平台也只能通过反复劝说等方式让发起人公示后续资金使用状况，在很多情况下平台也是无能为力的。”轻松筹创始人于亮坦言。

(2) 善款的管理与公示。首先，针对筹集资金的可靠性，众筹平台应避免直接监管资金。平台有义务挑选银行或是第三方托管组织进行托管，第三方资金托管组织不直接参与公益众筹，仅实施资金存管与迁移服务。同时，资金和账户也要实施分割管理。众筹平台可申请两个账户：一个托管账户，另一个则为公益众筹平台账户。其次，对于平台的募捐数额应定期公示，每一个筹款项目结束后应向社会公众明确公示善款用途并提供相关使用明细，还应以推送、短信等特定方式告知所有捐款者，真正做到透明、全公开。

5.2.3 完善法律体系

(1) 细化法律法规。我国应细化关于公益的法律、法规和实施条例，进一步完善立法体系，让与公益相关的流程都能够有法可依，应建立公正的法制惩戒机制。通过个人自媒体平台传播的个体求捐也应该纳入法律、法规的适用范围。当然，立法也应加强针对平台的定责与处罚法规，加大惩罚力度使受害者的合法权益能够得到保障。

(2) 成立相关的公益金融监管平台。政府应成立相关的公益金融监管平台，以保障资金流向的透明公开，使捐款真正帮助到有需要的人，而不是落入了公益平台操纵者的手里，或是虚假申报信息的“受助者”手中。

5.2.4 加强诚信与道德约束

(1) 对接征信机制。只有实现征信机制与组织的对接、组织与组织之间的对接，网络公益众筹平台才能走得更远。一方面，我国应将征信体系与网络公益众筹平台对接，对信用不良的个人进行严格筛查与监督，以减少虚假诈骗的发生，提升公益平台的可信度。另一方面,通过接入征信机制,对于在公益平台上发布虚假信息的个人,征信机制也可予以记录,并对不良信用者进行惩戒。

(2) 加强自我修养与监督意识。从根源上减少互联网公益众筹诈骗的可能,使受害者加强维权意识。受害者自己也应学会监督钱款去向,从而保障自己的捐款落到实处。

参考文献

[1] 杨睿宇,马箫.网络公益众筹的现状及风险防范研究[J].学习与实践,2017(02).

[2] 柯湘.我国互联网公益众筹平台的运作及其风险自控机制探析[J].海南金融,2016(11).

[3] 葛江霞.记账 APP 助力公益透明[J].社会与公益,2015(12).

[4] 马文月,吴伟容. 我国公益众筹的现状与发展研究[J]. 现代商业,2015(30).

[5] 赵予.公益众筹五大问题亟待破解[EB/OL].[2017-03-06].http://www.jpm.cn/article-27150-1.html.

[6] 徐铭瑶,张秀英.从“互联网+公益”兴起看公益众筹平台的现状及问题[EB/OL].[2018-05-09].http://www.doc88.com/p-1915040145653.html.

项目组员:梁 爽 陈嘉健 杨婉欣 蔡冰洁

指导教师:潘瑞姣

关于新型城镇老年人养老需求的社会调研报告

——以松江新城为例①

摘　要：随着我国已进入老龄化社会，层次多样的养老需求逐渐成为焦点。而在建成不久的新型城镇中，养老需求矛盾更加尖锐，本报告将研究重点聚焦于新型城镇。在利用问卷获取样本数据后，本报告使用仿真模型，从静态和动态两个角度，研究老年人的养老需求。本报告结合现今养老服务实际情况提出政策性建议。

关键词：养老需求；新型城镇；仿真预测

1　本课题的意义、目的与创新

1.1　研究养老需求的意义

1.1.1　我国老龄化日益加剧，上海市老龄化程度高

近年来，我国老年人口数量不断增长，我国逐渐步入老龄化社会。随着20世纪50年代出生的人口进入老年期，中国迎来了第一个老年人口增长高峰。截至2012年年底，我国80岁及以上高龄老年人口达2 273万人，失能老年人口3 600万人，慢性病患病老年人口0.97亿人，空巢老年人口0.99亿人。2025年之前，高龄老年人口将保持年均增长100万人。老年人口的高龄、失能（生活不能自理）和空巢化将进一步加剧人口老龄化的严峻性和复杂性。老年人的就医难、就医贵问题，养老金不足以支持日常开支和精神文化活动欠缺等问题将进一步成为社会突出问题。

目前，上海已是户籍人口老龄化最严重的地区，33.2%的老龄化比例，远超排名第二的北京（23.40%）和第三的天津（23.35%）。截至2017年，上海市户籍常住人口中65岁及以上老年人口达到315.06万人，户籍人口老龄化率为21.8%，即平均不到5个户籍人口中就有1个65岁及以上的老人。60岁及以上老年人口数量达483.60万人，占总人口的33.2%，比上年增加了25.81万人，增长5.6%，占总人口比重增加了1.6个百分点，即每不到3个户籍人口中就有1位60岁以上的老人。全国人口老龄化比例才不过17%，上海的数值几乎是全国老龄化人口比例的两倍。上海老龄化程度可见一斑。

① 本文获得第十六届"挑战杯"上海市大学生课外学术科技作品竞赛校内二等奖。

1.1.2 新型城镇养老需求矛盾尖锐(以松江新城为例)

新型城镇人口流入量大,但是建成时间较短,基本公共服务发展不充分,老年人面临的养老供需矛盾更加尖锐。本报告以松江新城为例,松江新城规划于20世纪90年代,于2003年正式建成。松江新城面积160平方公里,包括岳阳街道、中山街道、永丰街道和方松街道。2017年年末,松江区常住人口175.13万人,外来常住人口105.95万人,松江新城人口大致为80.57万人。根据第六次全国人口普查结果,广义上松江新城常住人口为69.48万人。2017年松江新城60岁及以上常住人口大致为10万人,占全区人口的比重大致为12.4%,65岁及以上常住人口大致为4.53万人,占全区比重大致为5.62%。

(1) 松江新城户籍人口养老层次复杂。截至2016年,松江新城户籍人口老龄化程度大大超过国际标准,老龄化极为严重。根据国际标准,当一个国家或地区60岁以上的老年人口占人口总数的10%,或65岁以上的老年人口占人口总数的7%,即意味着这个国家或地区的人口处于老龄化。而松江新城户籍人口方面(见表1),本地60岁及以上的老年人口占总户籍人口的26.96%,是国际标准的2.7倍;本地65岁及以上的老年人口占到了总户籍人口的18.05%,是国际标准的2.6倍。其中,80岁及以上的老年人数量占60岁及以上老年人数量的16.17%。

表1 松江新城老年人口年龄级距人数分布表(2016年)

年龄级距	人口数量	占总人口比重
60岁及以上	8.42万人	26.96%
65岁及以上	5.64万人	18.05%
70岁及以上	3.65万人	11.70%
80岁及以上	1.36万人	4.36%
100岁及以上	28人	0.009%

(2) 外来老年人口加剧新城本地养老需求。近几年松江新城人口总体呈现快速增长趋势。据第六次全国人口普查,常住人口年增长率呈扩大趋势,松江新城常住人口比第五次人口普查时增长了169.23%,全区常住人口比第五次人口普查时增长了146.80%,松江新城人口增速远远大于全区人口增速。增加的常住人口中,相当一部分是老年人口。子女已在上海定居,不便随时照顾在外地的老人,故而将老人接到上海便成为一种普遍现象。这是新城老年人口快速增长的一个重要原因。

(3) 松江新城的养老服务存在供给缺口。养老方式可划分为居家养老与机构养老。以机构养老为例,松江新城在册登记的养老机构有23所,从内部结构来看,私人资本投资较少,其间的服务水平相差巨大。以核定床位为衡量指标,养老机构床位最少的只有40床。以整体服务水平来看,目前松江新城机构养老核定床位总数不超过5 000床,当前阶段还可维持。然而,随着老年人口不断增多,现有服务水平很难确保老年人的基本养老需求。

从以上分析来看,在松江新城,存在养老服务资源配置的不均衡。

1.2 研究养老需求的目的

1.2.1 了解松江新城老年人目前的养老现状

本报告将研究对象聚焦松江新城老年人，实地发放问卷调研老人养老现状，对于选择机构养老的老年人，进行深入访谈。本报告的基本目的是了解松江新城老年人养老需求现状，主要了解老年人选择居家养老或机构养老的原因。在中国现阶段的经济社会背景下，机构养老和居家养老都存在一定的问题及局限性。本报告立足松江新城，主要进行问卷调查和实地访谈。以老人的基本情况作为自变量，以对两类不同养老方式的选择作为应变量，对问卷数据进行模型分析与仿真模型预估，得出科学有效的结论，了解松江新城老年人养老的真实需求。

1.2.2 了解松江新城老年人未来的养老期望

本报告的目的还在于了解松江新城老年人未来的养老期望。我国进入老龄化社会的时间与其他国家相比较短，松江新城等新型城镇建成时间短，基本养老服务发展更加不充分，居家养老的老年人所在社区的服务质量也将成为老年人养老需求的主要方面。目前，松江新城社区配套服务并未达到老年人期望，有些老年人还没有享受社区服务的意识。在机构养老方面，松江新城机构养老服务水平很难确保老年人的基本养老需求。

1.3 研究养老需求的创新之处

1.3.1 研究新型城镇的养老需求

对新型城镇养老需求的研究是这次项目的创新点之一。首先，新型城镇建成时间较短，社会对新城中的养老服务发展水平尚不了解。其次，我国的城市化水平不断提高，但与其他国家的相同发展阶段相对比，仍然要低 10%左右。新型城镇中养老相对于在传统的城市养老，老年人的养老问题更加凸显。所以，我们结合目前上海市老龄化问题日益严重的现实，对松江新城开展实地调研。

1.3.2 构建预测未来养老需求情况的仿真模型

以往的学者对于养老需求关系的研究大部分集中在计量经济学领域，即运用计量模型，通过样本对总体参数进行假设检验分析从而得出结论。而我们尝试运用仿真模型，即 Netlogo。这是本报告的又一个创新点。仿真模型能够对研究对象的未来动态进行预测，在进行程序编写与样本输入后，会以时间发展为序，模拟出每个阶段的变量变化情况，同时提供清晰的图表展现发展状态。

2 文献综述

第六次全国人口普查统计，我国 60 岁以上的老年人口达 1.78 亿人，2013 年这一数据突破 2 亿人大关。我国是世界上唯一一个老年人口逾亿的国家。

在巨大的老龄化压力下，我国还面临着养老服务需求大、供需失衡等一系列问题。国内众多学者对于老年人口的养老需求及其形成的原因，如何有效配置养老服务资源进行了大量的实证分析与理论阐释。本报告仅对其中的一些文献进行综述。

首先，在养老需求方面，养老的具体内涵包括经济保障、生活照料和精神慰藉。养老方式可分为居家养老和机构养老这两大类。而居家养老又有狭义和广义之分。狭义的居家养老，类似于传统意义上的家庭养老，即依靠配偶、子女等亲属；广义上的居家养老，是指一种“家庭+社会”的养老模式，主要的养老服务由社区提供，家人陪伴老人。机构养老，则是通过福利院、敬老院等社会机构提供养老服务。对两大类的养老需求，老年人的决策变量主要是基于年龄、家庭结构、所受教育程度、健康状况、是否参与保险、个人经济状况等因子。综合来看，年龄、性别、家庭结构、健康状况这四个变量对养老类型的选择（应变量）具有显著性影响。例如，赵海林(2012)用 logit 回归模型以 sig 值与显著性水平 5%比较，得到的显著性变量是性别、家庭类型、居住地等；陈赛权(2000)等众多学者认为计划生育所带来的家庭养老功能的弱化会导致养老需求的转型（当前我国老年人选择的养老方式依然以居家养老为主）。由于三到四个变量均对养老需求有显著性影响，所以，为进一步聚焦单个影响因子，不同学者也开始对单一变量作统计分析。例如，高晓路、颜秉秋、季珏等(2012)从年龄、健康状况入手，考察老年人在由健康状况良好、可以独立生活转向独立生活有困难、需要人照料这一动态变化过程前后，老年人养老需求的转变。利用决策树这一工具，得出的结论是相对低龄的老年人口及近 50%独立生活有困难的老龄人口会选择机构养老，78.5%的健康状况良好的老年人会选择居家养老（家庭养老）。也有学者进行反向研究，以不同养老方式做自变量，应变量包括三大指标：老年人自评健康、老年人慢性病发生率、日常生活自理能力。运用卡方检验和多元线性检验，得出居家养老更有利于提高老年人自评健康程度、降低老年人慢性病发生率和提高老年人生活自理能力的结论。从以上分析不难看出，养老需求受较多因素共同影响，显著性关联变量是性别、家庭类型、年龄、健康状况。除此之外，高晓路、颜秉秋、季珏等(2012)认为分析需求不应只是静态实证，还应考虑需求转变这一动态问题，同时还要以生产性等约束条件在一定范围内对需求状况进行调控。

其次，在供给养老方面，研究如何能有效率地配置养老服务资源。前面已经提到，传统的家庭养老模式受计划生育政策以及年轻人工作压力日益增大等现实因素影响，其功能已退化。近年来，国内外兴起的主流养老模式是居家养老，即主张由社会服务来增强老人养老的幸福感。一方面，居家养老的一端是“家庭”，可以很好地承接传统的家庭养老的优势；另一方面，“空巢老人”现象应引起社会各方重视，当子女为生计奔波而在护理老人方面“缺位”时，社区要能够及时为老人提供基本的养老服务。目前，我国居家养老的基础设施建设、职能分管体系还不是很健全。张晴羽(2016)提到了社区服务不专业、资金来源渠道单一（政府）、项目单一、老年人对社区养老服务认识不够等一系列问题；张菁、卢小燕(2018)也指出了很多关于社区服务相似的问题。两篇论文直击社区服务的短板。居家养老确实是承接传统家庭养老模式的有效方式，但是它的有效建设，需要个人、社区、政府乃至第三方机构的协同努力。在老龄化压力日趋加重的现实背景下，如何解决好供需矛盾是摆在政府面前的严峻挑战。

在新型城镇化与人口老龄化的“叠加”冲击下，老年人面临的养老问题愈发复杂。例如，卢义桦、陈绍军(2018)调研发现山东省临沂市 C 社区有很多老年人居住在地下室。研究者进一步调研发现住在地下室老年人面临诸多养老困境，如生计困境、生活困境、制度困境和精神困境等。从更普遍的意义上来讲，作为国家视角下的社会工程，新型城镇化建设在一定程度上呈现出“重工程、轻社会”的特征，在搬迁安置及社区营造政策制定中忽视了群体需求的多样性。习近平总书记强调:“新型城镇化要坚持以人为本,推进以人为核心的城镇化。”显然,推进“以人为本”的新型城镇化进程就必须高度重视相关老年人的养老问题。

3 研究思路

3.1 开展实地调研

对于不同的老年人群,我们采用不同的调研方法。居家养老的老年人年龄相对较低,我们的调研方式主要是发放问卷(线下)与简短采访;机构养老的老年人年龄相对较高,我们的调研方式主要是进行详细访谈。

3.1.1 调查问卷

问卷设计方面,主要调研可能影响老年人养老需求的各方面情况。在这方面,我们借鉴了一些学者在先前研究中所得到的显著性变量。

我们对老年人基本情况的涵盖范围为性别、年龄、文化程度、主要经济来源、每月的大致收入、与亲属生活的情况、健康状况、选择居家养老的原因等。

除此之外,问卷设计的一些创新之处在于对提供的老人社区服务的调研以及老人想要有怎样的社区服务。

在问卷设计中,关于问卷的选项,若是涉及连续性变量,我们划分不同的级距。例如,当前每月收入,以 2 000 元分级。对于需要度量老年人真实想法的选项,本调查问卷借鉴里克特量表,采用了“五级分量法”,通过对不同程度的选项进行赋值,对定性选项进行定量分析。

3.1.2 实地访谈

我们以访谈形式对养老机构中的老年人进行实地调研。访谈内容基本与调查问卷的内容相仿。

3.2 仿真预测养老服务供需情况

在研究方法上,我们除了对问卷结果与访谈情况进行直接分析,还构建仿真模型对未来养老服务供需情况进行预测分析。我们选用 Netlogo 软件中的 biding modle 模型。Netlogo 软件在进行程序编写与样本输入后,会以时间发展为序,模拟出每个阶段的变量变化情况,同时提供清晰的图表展现发展状态,像动画一般的模拟过程使最后的结论更加清晰,在整个过程中,趣味性也更强。

3.3 提出政策性建议

了解老年人的基本需求,做到老年人“需要什么,政府供给什么”是最好的惠民之举。由此,我们通过调研老年人的养老需求现状,探讨现阶段政府在养老服务政策制定上的不足之处;通过调研老年人未来的养老需求,以求在不同的时间节点上,社会资源的投入领域有一定侧重,满足老年人的最大需求。

3.4 调研结果

3.4.1 问卷结果分析

本次调查问卷回收有效问卷 75 份(全部是在线下,与老人面对面交流后得到)。发放范围覆盖松江新城中部主要片区，主要包括大学城组团、核心组团、老城组团。从地域范围来看，样本具有一定代表性。

(1) 性别分布。样本中，男女比例大致为 6∶4。据第六次全国人口普查数据，松江新城男女的性别比为 106∶100，样本男女性别比略大于松江区男女性别比，不影响统计分析。

(2) 年龄分布。样本中老人的年龄段主要集中在 61～65 岁、66～70 岁阶段，与上述松江城区户籍人口的年龄分布情况相似。同时，它说明松江新城老龄化大潮尚未完全来临。

(3) 文化程度。文化程度方面，据第六次全国人口普查统计，松江新城户籍人口中大专及以上的人口占 21.23%，常住人口中初中及以下的人口比重在 50%左右。样本比较客观地体现了小学、初中以及中专文化程度的老人数量占总体新城老人人口数量比重较大的事实。

(4) 户籍。松江新城目前仍以本地户籍人口为主，但外来人口增长率不断增长。

(5) 主要经济来源。老人退休后的收入主要来自养老金；样本中有近三成的老人经常有子女赡养，但是无法确定有多少老人只依靠子女赡养、有多少老人既领养老金又有子女赡养。

(6) 每月收入。从样本数据来看，老年人的养老收入普遍不高。而且，老年人养老金与老年人退休之前的文化程度具有极强的正相关关系。

(7) 目前家庭情况。在三种主要的家庭情况中，配偶陪伴比例大大高于子女陪伴和配偶子女同时陪伴比例。在一定程度上说明了配偶之间的陪伴在老年人养老的精神需求方面占有重要作用。

(8) 健康状况。据 2013 年发布的《中国老龄事业发展报告》，2013 年，我国患慢性病的老年人口突破 1 亿人，几乎占老龄人口总量的一半。在此份样本中，患较轻慢性病与患较重慢性病的老年人总和占比已接近 50%。

(9) 养老方式。调查问卷面向的是居家养老的老年人，故此处选择居家养老老人的比例为 100%。

(10) 选择居家养老的原因。关于选择居家养老的原因，突出性因素是照顾家中小孩和可以帮子女料理家务，从实际情况看来，照顾小孩确实在老年人选择居家养老方式的决策中起到了一定作用。实际情况是，考虑到可以帮子女料理家务而选择居家养老的老年人并没有如样本反映比例那么高。

需要注意的是，在此项问卷中，主要聚焦于老年人的养老需求；子女不愿老人到养老机构养老的做法，应当予以肯定。一部分老年人受到一些传统观念影响，认为自己住进养老机构后，怕会被旁人认为是因为子女不孝敬不得已选择机构养老。选择居家养老的老年人一般都没有明确考虑自己今后的需求是否会由家庭养老转变为机构养老。有老年人告诉我们，选择居家养老明确未来不去机构养老的直接原因，是老年人养老金不足以支付养老机构费用，以及有相当一部分老年人认为养老机构服务不完善，自由度受到约束等。也有部分老年人考虑以后去机构养老，因为他们觉得将来自己老了，没有能力照顾自己，也不想麻烦子女。

(11) 社区是否提供社区服务。此处的服务并未有明确的限制，如果社区只有健身设施，也认为该老人居住的小区有社区服务。从整个问卷的整体性来看，这种做法有利于和完全没有社区服务的情况进行区分，也有利于后续进一步剖析在提供了服务的小区中，彼此的服务内容存在怎样差异的问题。

(12) 对社区服务的了解程度。老年人对社区服务内容比较了解,体现出老年人愿意参与到对自身有益的社区服务中,但提供服务的范围可能有限,直接体现了社区服务对老年人的养老福利的重要性。

(13) 服务类型。笔者在设计问卷时,开始是将服务分为基础型服务与较为综合性的服务。但是,后续调研发现,本应属于基础类的"餐饮"服务在很多小区难觅踪迹。这里提到的"餐饮"具体有两种表现形式,一种是传统意义上的食堂,即小区老人可以方便就餐;第二种类似于现在正兴起的"外卖",即老人可以通过电话或在线支付订餐(这里的"餐饮"是指由政府购买服务,餐饮部门降价后对老人提供)。

(14) 对社区服务的满意度。老年人态度相对比较保守,多数愿意选择"基本满意";样本中相对"低龄"的老年人较多,由于自身身体相对健康,对相应社区服务提供的必要性没有很深的体会。

(15) 对社区服务满意的方面。此处反映出有两成的老年人认为"有限"的社区服务使生活更加便利,从一个侧面突出了社区服务发展潜力巨大,对老年人养老需求的满足度具有极强的促进作用。

(16) 对社区服务不满意的方面。老年人对社区服务提出的意见正体现了养老服务的供需矛盾,也是目前阶段乃至今后相当长的时间内政府需要重点关注的地方。

3.4.2 综合分析

不同因素影响老年人养老方式选择情况如表 2 所示。

表 2 不同因素影响老年人养老方式选择情况

变 量	分 析	初步判断有无显著性
性别	从单纯的性别占比角度统计情况还难以判断是否有明确影响	难以判断
年龄	老年人年龄相对较低,自理能力强,没必要选择机构养老	有显著性影响
文化程度	文化程度与是否受"传统观念"影响有一定联系	有显著性影响
户籍	本地老年人对本地更加熟悉,更容易适应机构养老环境	有显著性影响
主要经济来源	单纯的"经济来源"无法判断	无显著性影响
每月经济收入	老年人的收入越高,对机构养老的支付能力越强	有显著性影响
家庭情况	老年人受到家人长期陪伴,家庭归属感更强	有显著性影响
健康状况	与"年龄"的分析逻辑大体相同	有显著性影响
照顾小孩	祖孙之间存在深厚感情	有显著性影响
子女孝顺	一方面是与子女的感情很好,不忍与子女分开;但另一方面,正是由于前述原因,父母也更不愿意拖累子女	显著性影响不明确

（续表）

变 量	分 析	初步判断有无显著性
希望得到子女更多的孝顺	来自农村的老年人受传统观念影响较深	有显著性影响
机构养老费用太高	即老人目前不具有支付水平，能够到机构养老	有显著性影响
机构养老服务不好	老人对养老服务的要求更高，在居家养老与机构养老中持动态比较态度	有显著性影响
居家可以享受社区服务	老人认为居家养老更加自由；目前社区服务并未建设到位，但如棋牌室等比较基本的服务还是比较普遍	有显著性影响

4 结论与政策性建议

4.1 社会应增加养老资源供给，满足老年人养老需求

如果一切公共产品都要政府来提供，最后的结果是效率越来越低。经济学中关于这方面的问题，主要归因于缺乏竞争。在养老方面，以社区服务为例，私人资本的进入完全是可行的。越多的私人资本进入这一领域，产品品质会不断向好发展，供给价格会平稳降低（趋向一个竞争性市场）。如此一来，会从价、质两方面极大地满足老年人的养老需求。

4.2 政府不应阻碍人口向新城集聚

松江新城的发展特色之一便是外来人口大量进入。在松江新城 2035 年规划文件中，将原来规划的 110 万人口减少为 70 万人口。这种现象在全国大中城市都有一定表现。当地政府出台相应的政策，不能简单判断其好坏。但从上述模型预估来看，集聚效应带给老年人的养老福利大大胜过平均效应。人口的集聚效应不只发生在松江新城，也不只发生在北京、上海，同样也发生在纽约、伦敦等都市。应对这种挑战最根本的做法是不断提高基本公共服务建设水平，让经济规律发挥作用。

4.3 政府应更加注重宏观调控的质量

政府在满足老年人口养老需求的过程中，扮演着重要的角色。

4.3.1 医疗保障体系应更加完善

在实地采访中，我们发现老年人对于医疗问题给予了极大的关注，具体体现在以下两方面。

首先，依然是传统的看病难、看病贵问题。一方面，这与一些老年人每月的实际收入偏低有一定关系，主要针对月收入 5 000 元左右及以下的老年人。老年人希望未来的养老医疗服务更加实惠，能够实现真正意义上的"免费医疗"；另一方面，现阶段居家养老的老年人中有一部分认为就医不方便，医院流程复杂、烦琐，期待"家庭医生"能够早日进入社区，走进家庭。

其次，当老年人能够有足够收入时，往往更注重就医质量。简而言之，老人希望用最短

的时间、做最少的检查、开最少的药、达到最好的治疗效果。

目前出现了一定的供需矛盾,需要政府财政支出进行更大程度的倾斜,在整体结构方面,服务资源也更应该向医疗方面适度集中。

4.3.2 不断缩小收入差距

收入差距也是老年人养老需求中的一个核心问题。我们所调研的老年人每月的收入来源是养老金,其中又可以大致分为城镇职工养老保险、城镇居民养老保险和农村养老保险三类。

城镇职工存在个人账户和统筹账户两个账户,退休之后领取的养老金数额明显高于之前购买城镇居民养老保险和农村养老保险的老年人。出现这一现象的根本原因是作为城镇职工,单位每月会帮职工交一部分养老金。这种情况在一定程度上形成了老年人群体间的收入悬殊。由此,如何更好地保障中低收入老人的养老福利,又是政府进行制度设计的一大难题。

在调研中,也有老人表示自己对养老金的数额表示满意。持这种观念的老年人一部分是因为自己所领取的养老金数额较高;一部分是因为自己的子女孝顺,所有的生活开销均由子女一力承担。

4.3.3 提高社区服务质量

社区服务是我们进行调研的一个重点领域,社区能够在多大程度上承接其应有的社会责任,直接影响了老人的老年福利。

调研结果表明,社区服务的巨大潜力尚未被充分挖掘。当前,松江新城老年人居住的社区中具体的服务设施仅限于健身器材与老年活动中心等,定期服务大多只限于体检,这与老年人日益增长的物质文化需要差距甚远。例如,很多老年人表示,社区应该开通送餐上门服务,目前这一服务面向的老年人群体只是针对年龄比较大(80 岁及以上)或是行动不便的老年人;家政服务的提供情况大体相同。小区组织的集体活动也有一定的范围限制,例如,只是面对党员群体等。这些现象均表明,社区服务的提供应该加快向全方面、宽领域发展。政府应该进一步加大政府购买服务力度,鼓励私人资本进入;在支出结构方面,向医疗、居家服务方面进一步倾斜。

4.3.4 真正满足外来老年人口需求

值得注意的是,在调研样本中,很多外来老年人对松江新城的基本公共服务提供情况更愿意持一种褒扬态度,即认为服务情况比较好。从全国范围来看,伴随着老年人口向发达地区的不断集聚,而能够满足老年人口养老需求的资源并没有同步得到整合。

参考文献

[1] 高晓路,颜秉秋,季珏.北京城市居民的养老模式选择及其合理性分析[J].地理科学进展,2012(10).

[2] 陈赛权.中国养老模式研究综述[J].人口学刊,2000(3).

[3] 张红,李会.不同家庭结构的农村老年人养老需求状况探讨——基于安徽省长丰县的实证分析[J].现代农业,2008(9).

[4] 张菁，卢小燕.城市社区居家养老服务存在问题及对策研究——以成都市S社区为例[J].西昌学院学报(社会科学版)，2018(3).
[5] 姚远.从宏观角度认识我国政府对居家养老方式的选择[J].人口研究，2008(2).
[6] 郑冕.供给侧改革视域下我国城市居家养老服务中的供需适配矛盾与解决对策[J].沈阳大学学报(社会科学版)，2018(4).
[7] 王延涛，王媛杰.居家养老模式与高龄老人健康研究[J].中国集体经济，2018(29).
[8] 张晴羽.辽宁省社区养老模式的实践路径研究——以沈阳市为例[J].辽宁经济管理干部学院.辽宁经济职业技术学院学报，2016(4).
[9] 王松.上海市社区居家养老服务的问题分析及对策研究[D].贵阳：贵州大学，2016.
[10] 陈宁，张悦.养老方式选择的代际差异——以山西省太谷县为例[J].齐齐哈尔大学学报(哲学社会科学版)，2018(08).
[11] 初炜，胡冬梅，宋桂荣，等.老年人群养老需求及其影响因素调查分析[J].中国卫生事业管理，2007(12).
[12] 郭文娟.中国农村养老模式研究综述——基于CSSCI期刊(2000～2013)的研究[J].山西农业大学学报(社会科学版)，2013，12(11).
[13] 赵海林.淮安市老年人养老模式选择意愿实证分析[J].南京人口管理干部学院学报，2012，28(02).
[14] 卢义桦，陈绍军.地下室里的老年：新型城镇化进程中农村老年人养老困境研究——以山东省临沂市C社区为例[J].西北人口，2017，38(06).
[15] 卢义桦，陈绍军.新型城镇化进程中农村老年人养老的变迁、困境与对策[J].湖北社会科学，2018(8).

项目组员：牛伟光　龙汝仕　杨佩珊　徐唯实
指导教师：董万好

第二部分

社会实践项目

上海地区无障碍设施使用情况及公众态度调查

——以盲道为例

1 项目概要

1.1 项目简介

“行”是日常生活的重要组成部分，近年来，随着科技的发展，盲人的生活大有改善，但出行问题却仍然困扰着他们。虽然国家针对无障碍建设出台过不少政策，还有众多盲人协会等社会机构给予盲人一定的帮助，但仍存在着许多阻碍盲人出行的问题，如盲道被占用、部分电梯按钮没有盲文、过马路不方便、公交站无报站器导致坐车困难等。

当前针对盲人出行的建议、对策较为笼统，且多数停留在理论阶段，效率低、效果差。本项目旨在通过走访各方相关机构、采访盲人及盲人家属等多种方式，从各个微小细致的方面走进盲人群体的生活，了解盲人出行现状，并在此基础上向有关部门呈送盲道设计的建筑模型、无障碍设施分布的最优模型及规制草案；同时我们试图从实践层面将科技运用到社会建设上，设计并普及利于盲人出行的辅具。

1.2 项目目的

1.2.1 发现问题

首先，通过实地走访的形式，我们与各地区盲协及盲人进行交流，深入了解盲人群体的生活现状及其诉求。据估计，在中国每100人中便有一个是盲人，但是大多数人对盲人群体的生活现状却知之甚少。在静安区、浦东区、黄浦区盲协的协调沟通下，我们采取分组上门采访的方式与当地盲人进行沟通，围绕出行问题，结合其生活状况，统计出反映最集中、需求最迫切的问题，同时听取盲人对我们项目的意见及其他改进方法，为后期提出治理路径指明方向。

其次，通过发放问卷、直接采访的方式，了解大众对于盲人出行困难的认识及态度。鉴于当前大多数盲人出行需要他人帮助的现状，我们就盲人反映较为集中的问题，如盲道占用、搭乘公交困难等，在商圈、地铁站、公园等人流密集区域统计调查大众的认识及态度，为后期提出改善盲人出行环境的建设提供依据。

最后，联系政府部门及专家学者，了解在解决盲人问题上有哪些政策及建议。政府作为改善盲人出行现状的根本力量，其相关政策，诸如盲人辅具申请、地铁绿色通道及残疾人补贴等，能给予盲人显著帮助。我们也将结合盲人自身感受，了解相关政策在落实过程中的不足之处，听取各方意见，以利提出改善方案。

1.2.2 解决问题

1）加强盲协的桥梁作用，使盲人群体和政府能更好地沟通

与大多数人印象不同，盲协并不是一个官方机构。盲协是一个群众组织，其主要职能是举办盲人群体活动和帮助落实相关政策。加强盲协的桥梁作用，一方面可以使更多盲人了解盲协、加入盲协，进而从中受益；另一方面也可以使政府真正了解盲人所需，改善服务。

2）加强公众文明意识，改善盲人群体出行环境

盲道占用是盲人反映最集中的问题，特别是当今共享单车的流行，更是加剧了盲道占用的问题，解决该问题最根本的方法就是呼吁人们关注盲人群体的出行困难，使其能够自觉将车辆停放在合理区域。同时，我们倡导人们在公交、地铁、超市等公共场合，遇见需要帮助的盲人时，主动提供帮助。

3）加强政策和制度保障，合理分担盲人出行的风险

目前各地区盲协举办的活动多以读书会等室内活动为主，尽管盲人群体有出行游玩的意愿，但是由于其出行风险分担的不明确，大多数盲协不敢组织出游活动，同时也仅有少数志愿者愿意协助盲人出远门。建立合理的风险分担机制，不仅符合盲人群体的利益，也有利于鼓励盲协和志愿者提供更好的服务和帮助。

1.3 项目背景

中国是当今世界上盲人最多的国家（盲人数量约占世界盲人总数的 1/5），有全球最长、最广的盲道。但是，中国的盲人出行问题并未因此得到妥善的解决。

盲道是盲人生活的重要部分。盲道，顾名思义，是为盲人服务的。我们发现，政府耗费了巨大资产成本与人力资源所建成的盲道的利用率并不高。它们变成了为建设而建设的“摆设”。同时，其存在的指示性差、规划不合理、被非法占用等问题，极大地降低了盲道的使用价值，也让盲人对于出行安全的顾虑大大增加。

盲道分为点状盲道和条形盲道两种。条形盲道提示盲人直走；点状盲道提示盲人转弯，道路存在支路。盲道只能提示盲人“这里有分叉路口”，而不能提示盲人关于盲道通向何方的具体信息。随着城市高速发展、道路建设日益加快，政府规划难免有疏漏，导致部分盲道建设的不合理。

非法占据盲道给盲人的出行带来极大不便，如违章停车占用盲道，既反映出部分群众对盲人群体关注意识不强，也折射出盲道使用率低下的问题。

1.4 项目意义

1.4.1 理论意义

关于盲人出行问题的研究，无论是从政策制定的方面、高科技产品研制的方面，还是盲人心理状态的方面，都存在着“想当然”的情况。本次调研将理论与实践结合，以实践优化理论。

政策制定方面，以导盲犬的申请认领为例，导盲犬作为各犬种中筛选条件最为严苛的工

作犬，其培养的平均价格在12万元到15万元，而上海政府考虑到盲人收入有限，实行的是免费认领的制度。尽管是免费认领，但是在实地调研中我们发现，大多数盲人仍表示无力接受导盲犬，其原因一方面是导盲犬数量少（全上海不过百余只），导致申请条件严苛；另一方面是即使满足申请条件，导盲犬的饮食、卫生、清洁等开销也让大多数盲人望而却步，最终导致接受导盲犬项目服务的人群是有相当经济实力的部分盲人，而不是需求最迫切的那部分盲人。

高科技产品研制方面的问题则主要体现在性价比偏低和故障率高。首先，大多数盲人一个月领取的保障金为2 000元左右，而高科技盲杖等价格则动辄上万元。即使算上政府补贴，其高科技功能的效果也并未很好地达到盲人的心理预期。其次，大多数有需求的盲人一般年龄都偏大，适应新产品的能力较差，导致误操作多，故障率高等问题。针对盲人设计的高科技产品过多地偏重了技术运用而忽视了盲人的实际使用体验。

盲人心理方面的问题则主要源于抱团现象。一部分老年盲人习惯待在家中，通过QQ、YY语音、电话等方式与其他盲人交流讯息，不太相信盲协或政府的工作。他们的信息来源主要是其他盲人，但是通过这种途径获得的信息往往不全面、不准确，而当他们用这些有瑕疵的信息向盲协提出要求的时候，盲人与盲协便会产生分歧与不信任感，以至于最后当真正有福利政策向盲人推广的时候，他们也不愿意相信会有这样的好事。

1.4.2 现实意义

本项目与盲人群体的身心健康密切相关，同时有利于社会和谐、城市设施规划与国家发展；有利于推进残疾人事业发展和营造良好社会风气，并契合大众创业、万众创新的号召。

帮助盲人解决生活问题，使盲人与其他人一样平等地享受各项权利，是我们的出发点。虽然盲人群体的数量很大，但是我们在生活中较少见到他们。我们希望通过此项目，能用现有科技解除他们生理上的一些限制，同时也使盲人群体感受到社会的温暖。

盲人群体生活质量、出行质量的提高，与我们每一个人都有关联。停车时注意不压盲道，等车时告知盲人这是几路车，许多举手之劳就能切实地解决盲人的许多问题。我们希望，这个项目也可以加强社会公众对弱势群体的关注。

在改善现有盲道设施方面，本项目针对传统盲道存在的巨大缺陷和不合理之处，建设通过现阶段较成熟的RFID技术和Arduino硬件开发系统设计一站式导盲系统，将电子标签置于盲道砖下，改进盲道，让盲人仅运用电子盲杖，便可安全可靠地到达目的地。同时，这项创新同样可以应用于公交车、医院、商场等其他场合。

2 课题调研与访谈

2.1 研究方法

2.1.1 文献研究法

本团队对国内外相关法律法规、政府具体执法措施、专家学者的观点进行分析整理、概括总结，包括背景、成因、现状、改进措施等。

2.1.2　实地调研法

本团队实地走访了上海15区1县，就各地区盲人出行方式进行调研，并对盲道等盲人专用公共设施的使用情况进行调查。通过上门走访，我们对盲人出行方式、出行时的心态、新型盲杖的使用效果等多方面进行逐一调查统计，并对调查结果进行深入分析。

2.1.3　人物访谈法

通过对盲人代表、普通大众、市政管理者、专业学者等进行采访，我们多方面了解盲人出行障碍的主客观原因，并依托学者的专业知识从社会学、心理学以及技术层面多角度探讨新型盲杖与盲道结合的合理机制。

2.1.4　比较分析法

通过文献综述、实地考察、上门采访，我们对所得数据和观点进行比较分析，例如，国内外盲道使用现状、盲人期许与普通大众实际做法、专家观点与实际操作中问题的相同点和不同点等。从比较分析中寻找方案完善的突破口，为撰写报告提供有力论据。

2.1.5　问卷调查法

对普通大众和盲人群体各设计一套问卷(为盲人设计访谈式问卷，便于沟通交流)，收集对盲人出行的现状、存在的问题与改进措施等方面的看法与建议。

2.1.6　数据统计法

在实地走访结束及调查问卷回收后，我们基于数据进行有效的统计分析，以明确盲道改进措施的方向，尽量为盲人创造更好的出行环境。

2.1.7　其他方法

我们采取网络采访等其他调研方式，弥补各类调研方式的不足，尽可能获取全面的数据使调研更科学、完整。

2.2　调研问卷

本次调研的目的是了解公众对盲道的认识与看法，调研形式采用网络问卷调查，调研软件为“问卷星”。本次调研共回收问卷340份，其中部分调研为微信朋友圈转发。为保证样本的可靠、真实以及具有广泛普遍性，一部分样本使用了“问卷星”的样本服务功能。

上海地区无障碍设施公众调查问卷

第1题和第2题属于对基本信息的了解，对受访对象的年龄和性别进行分类，以便为后面的问题做交叉分析。在性别上，男女比例基本一致。由于本调查属于网络调查，年轻人占了互联网用户的绝大多数，因此15～30岁的人居多。为了保证受众群体的普遍性，我们采用了专业公司的样本服务，对45岁以上群体做了针对性的调查。通过对不同年龄段的人分类，我们可以得到不同年龄段的人对盲道的看法。

第 1 题:您的性别。[单选题]

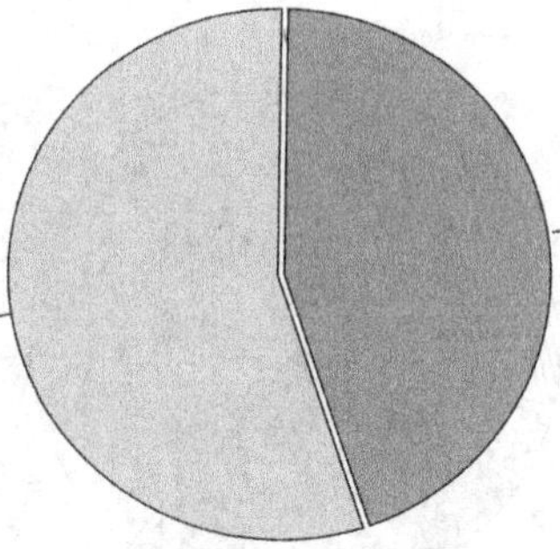

第 2 题:您的年龄。[单选题]

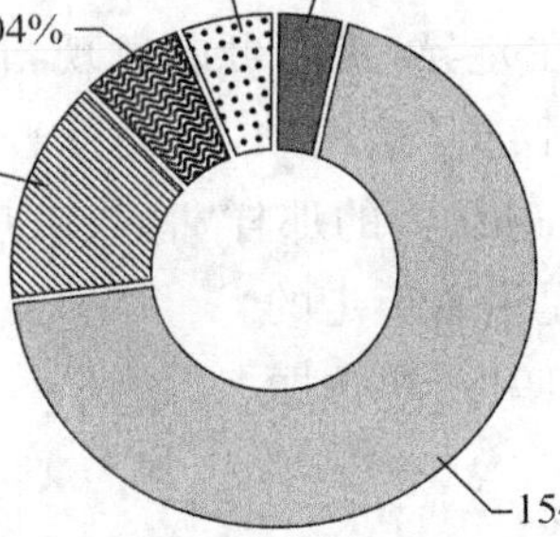

第 3 题:您在路上遇见过盲人吗?[单选题]

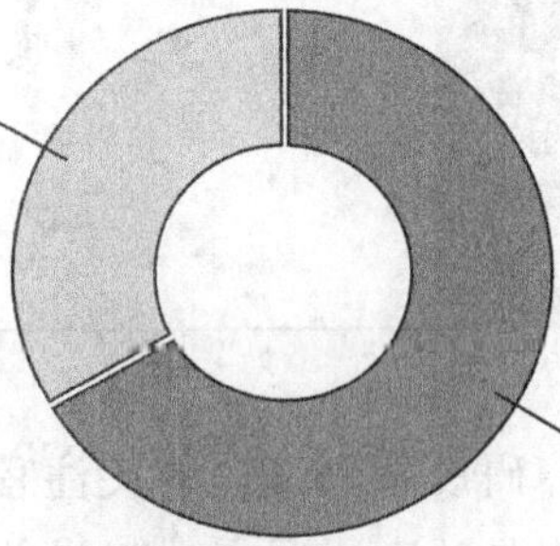

通过本题可以看到,大部分人在路上是遇见过盲人的。

第 4 题:您路上遇见的盲人是如何出行的?[单选题]

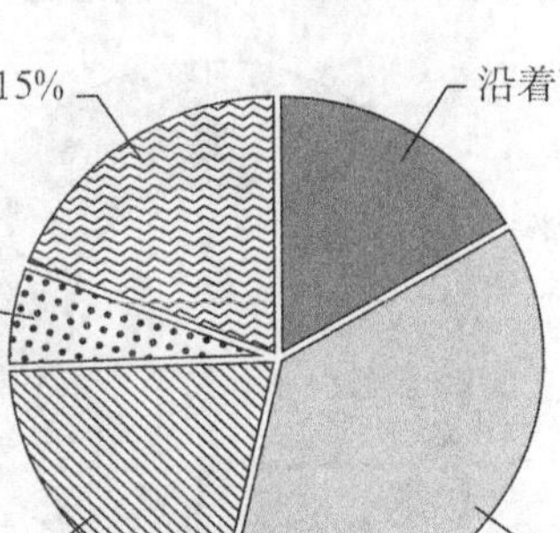

第 5 题:您认为盲人应该如何出行?[单选题]

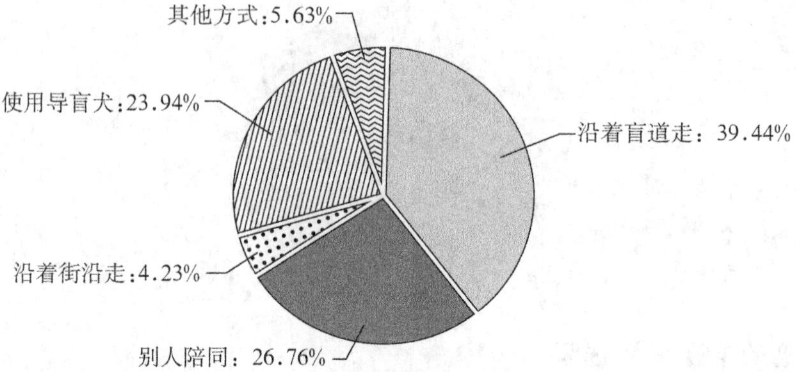

第 4 题和第 5 题分别研究盲人实际出行方式和公众认为的出行方式。公众对盲人的出行方式与盲人实际出行方式存在差异,我们可以发现,盲人的出行方式趋于多样性,但比例最高的是“沿着街沿走”和“别人陪同”这两项,而公众普遍认为的“沿着盲道走”在实际中占比不高,说明盲人并不像人们普遍认为的那样“盲人就应该走盲道”。相反,人们对“沿着街沿走”没什么概念,但盲人恰恰是沿着街走的。

第 6 题:您平时注意过盲道吗?[单选题]

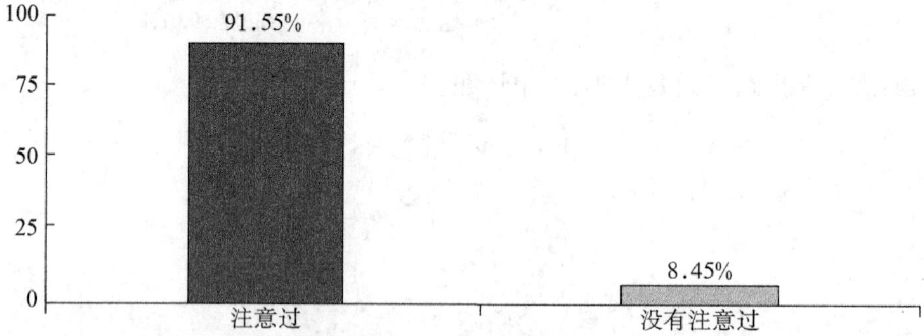

本题考查的是公众对于无障碍设施(盲道)的关注程度。大部分公众注意过盲道。这点表明,盲道建设不仅为了盲人,也是政府展现市政建设能力和社会保障能力的一个窗口。同时,它也说明了公众对盲人的同情和关注。

第 7 题:您认为盲道对于盲人来说有用吗?[单选题]

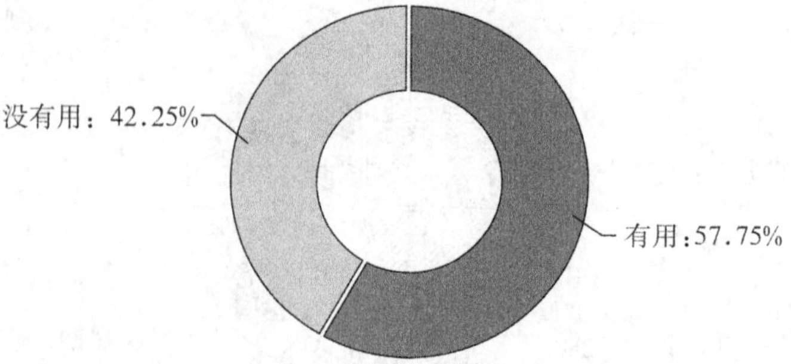

本题考查的是公众对盲道实用性的态度。认为盲道有用的人群只比认为盲道没有用的人群高了几个百分点，这与我们预测的“绝大部分人群认为盲道有用”存在巨大偏差。主要可能由于以下几个原因：

(1) 盲道设计不合理：断道，设计路线不合理。

(2) 盲道被占用：汽车，单车(共享单车)。

(3) 盲道本身就无用。

第 8 题：您停放自行车或共享单车时有注意到是否占用盲道吗？[单选题]

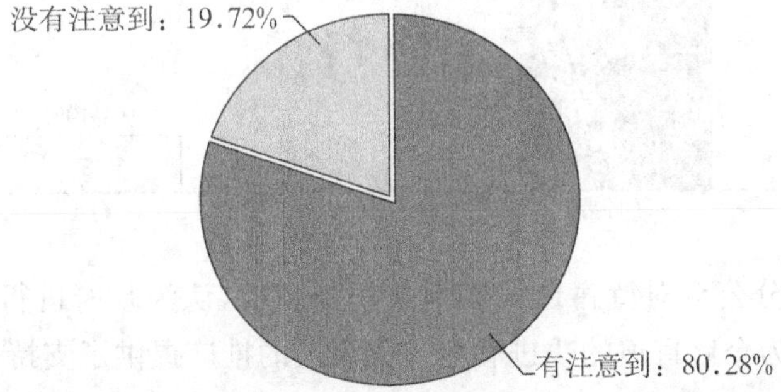

由于共享单车在城市道路上越来越多地出现，共享单车停放成了一个巨大的问题。盲道被自行车占用的现象已普遍存在，加上现在共享单车的泛滥，这种现象会日趋严重。本题旨在了解公众是否有盲道不能被占用的意识。大部分公众对盲道不能被占用具有较好的认识，在停放自行车的时候不占用盲道。

第 9 题：您平时见过盲道发生以下哪些现象？[矩阵单选题]

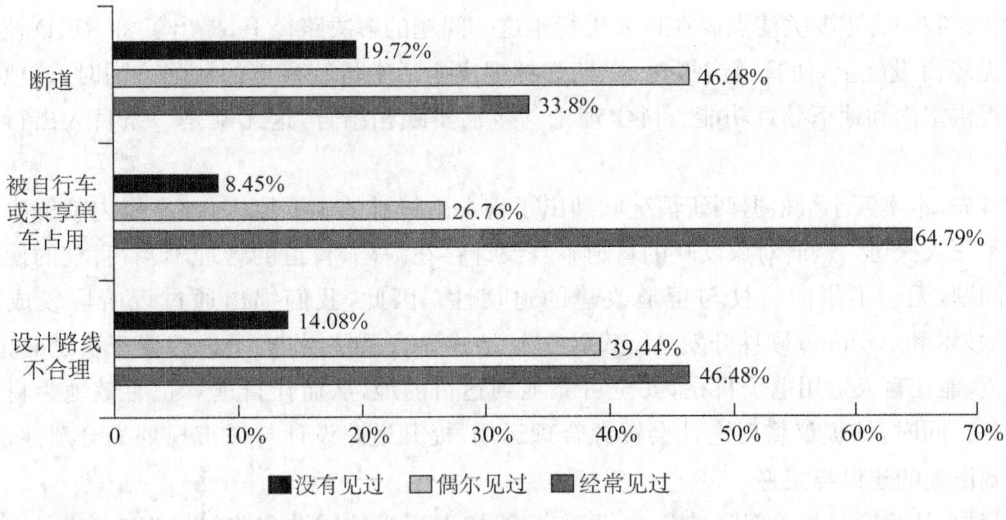

本题探究的是盲道存在的不合理或不文明的现象。调查发现，盲道“断道、被自行车和共享单车占用、设计路线不合理”这三个现象普遍存在，其中，被自行车和共享单车占用的情况最多，明显高于另外两者，说明盲道被占用的情况非常普遍，在实地调查的时候我们也发

现,盲人不能走盲道最大的问题就是盲道被占用。相反,沿街沿走时,虽然在非机动车道上十分危险,但是仍然比走盲道要安全得多。此外,盲道设计不合理的现象也比较严重,这可能和市政建设、路面更新有关。

第 10 题:您认为政府有没有必要花资金建设盲道?[单选题]

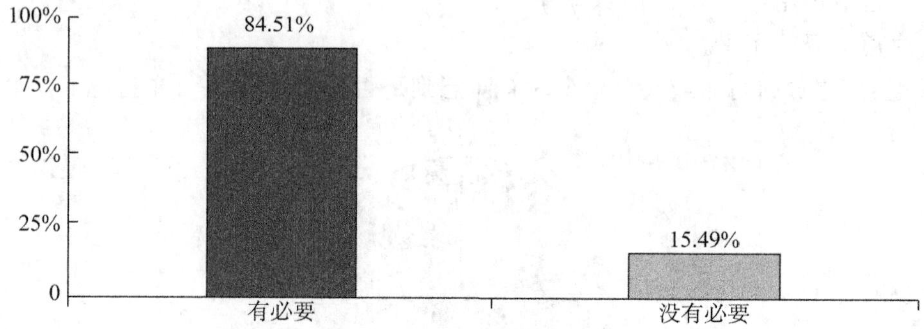

调查发现,大部分公众对待盲道仍然抱着积极态度,认为政府进行无障碍设施建设(盲道)十分合理。这也为今后盲道的改进和电子化盲道的推广提供了支持。

3 调查结果

3.1 调研报告摘要

本次调研以上海地区盲人频繁活动的地点为主要调研地,这些地方包括浦东新区盲人协会、静安区盲人协会、阳光之家、盲童学校等十数个地方,调研历时 5 个月。本次调研通过发放问卷,对盲人和盲协志愿者对盲人出行及相关内容的认知做汇总分析,总结了盲人出行的现状。我们将主要关注点放在盲人出行难这一问题的解决路径上,提出了将 RFID 技术运用到无障碍设施上,使盲道虚拟化,以期弥补现实生活中传统盲道的缺陷。同时,该项技术可以提供室内和地下导盲功能。科学理论与生活实践相结合,这无疑是一条盲人出行的新路径。

首先,本实践小组根据调研情况归纳出了盲人出行难的主要原因,并在组内就解决路径进行了深入探讨。调研对象反映的盲道本身设计存在缺陷、盲道的管理不当、盲杖的使用不便等问题,无一不指向盲杖与盲道改建的迫切性。因此,我们提出通过现阶段较成熟的 RFID 技术和 Arduino 硬件开发系统设计了一站式导盲系统,将电子标签置于盲道砖下,改进盲道,能让盲人运用电子盲杖,安全可靠地到达目的地,从而让盲道真正有效地为盲人群体服务。同时,该提议将促进社会资源合理运用,提升道路设计与城市规划的合理性,有利于基础设施的建设与完善。

其次,从政府及相关部门的角度,我们建议加大盲道的铺设和监督检查力度,在施工的各个环节上严格把关,未按照《方便残疾人使用的城市道路和建筑物设计规范》的要求进行盲道建设的,审查一律不予通过;加大宣传力度,开展盲道建设示范地区活动等措施,切实保障盲人群体的生活便利。

综上，本次调研实践将为盲人问题的解决提供新的思路与改善办法，切实促进盲人生活的改善、推动和谐社会的建设。

3.2 无障碍设施分布情况

我国当前无障碍设施主要包括无障碍通道(路)、电(楼)梯、升降平台、房间、洗手间(厕所)、席位、盲文标识和音响提示以及通信。

无障碍通道(路)包括盲道、缘石坡道以及大型公共建筑中修建了许多方便轮椅从室外进入到室内的坡道，一般位于人行道、建筑物入口。

无障碍电梯(以上海为例)主要安装在地铁站。目前上海地铁全网络337座车站，共有近700部无障碍电梯。其中近500部无障碍电梯可实现乘客自助开启(多为站外乘至站厅，进站刷卡后，在站内再乘另一部无障碍电梯下到站台)，其余则需要通过工作人员帮助才能使用。

无障碍升降平台相较无障碍电梯而言较为少见，在各个医院、社区、学校、酒店、公共场所等地可增加设立。

设有客房的公共建筑应设无障碍客房，其设施与设计要求应符合相关规定，客房位置进出方便，餐厅、购物和康乐设施的公共通道应方便轮椅到达客房。100间(标准间)以下应设2间无障碍客房、400间以下的应设2～4间无障碍客房、400间以上应设3间以上无障碍客房。

在机场、车站、医院、公园、养老院等公共场所，在卫生间区域专门设立无障碍卫生间，无障碍卫生间为不分性别独立卫生间。

3.3 存在的主要问题

存在的主要问题可以归结为两大类：一类是盲道本身设计问题；另一类是盲道以外的因素影响了盲道的使用。其中盲道以外的因素对于盲人出行的影响最大。

3.3.1 盲道设计因素

(1) 盲道颜色不醒目。盲人群体不仅包括全盲人(视力一级残疾)，也有许多半盲人(视力二级或三级残疾)。对于半盲人，他们虽然看不清东西，但是他们有一定的光感。传统盲道在路道上用醒目的黄色标志，就是为了方便半盲群体的出行。但是，现在有的地区，为了使环境颜色更和谐，擅自更改盲道颜色，给半盲群体出行造成了不小的阻碍。

(2) 盲道指引错误或不明。不少地区的盲道都存在建设不规范的问题。有的地区的盲道甚至会将盲人引导进下水沟或者是死胡同。其他比较常见的问题就是断头路。有的盲道走着走着中间会无缘无故断一截，还有的就是断了后根本找不到下一截的。这些盲道都给盲人出行造成了不少困难。

(3) 盲道分辨度不高。生活中，很大部分的盲道都是建在一块块砖头铺成的人行道上的。这些人行道如果年代久远一些，本身走起来就会有凹凸不平的感觉。这就削减了盲道本身通过凹凸形状让盲人分辨的效果，造成盲人的困扰。

3.3.2 社会因素

(1) 盲道非法占道。据有关调查显示，超过80%的民众看到过盲道被占用的情况，但仅有25%的人在看到后会进行劝阻或向有关部门反映。盲道占道问题由来已久，而如今共享单车的盛行更是加剧了这一现象。在以前，盲道占道现象主要存在于商店门口等人流量大的地方，而如今共享单车的不正规停放，使得很多小区门口的盲道上都停满了车辆，严重阻碍了盲人的出行。而且，公众自身对维护盲道正常使用的意识不强，机动车和非机动车停放时没有注意盲道位置，私自占用盲道现象频发。小部分商家为了自身利益破坏店门口盲道，或在店门口的盲道上随意堆放物品，同时又有一小部分公众不会主动帮助盲人群体，遇到盲人时选择躲避或态度冷漠。

(2) 盲道周围或盲道上建有其他设施。有些城市的广告牌会挂在灯柱上，而灯柱本身又离盲道近，这就造成悬挂广告牌的金属框架会延伸到盲道上方。盲人若是行走在这种盲道上，很容易撞得头破血流。此外，有些地区还会在盲道上设立栏杆，甚至公共厕所，严重影响了盲道的使用。

3.3.3　政策因素

(1) 政策考虑不够周全。以导盲犬的申请认领为例，导盲犬作为各犬种中筛选条件最为严苛的工作犬，其培养的平均价格在12万元到15万元。部分地方政府考虑到盲人收入有限，实行的是免费认领的制度。但是实际中，即使施行了免费认领制度，大多数盲人仍无力认领导盲犬。

(2) 部分政策缺位。据实地探访了解，目前大多数全盲人出行，仍需要有视力健全或视力残疾程度不高的人陪行。而由于当前还没有明确的风险承担制度，无论是志愿者或是盲协都不太敢帮助全盲人出行，全盲人只能依赖自己的家属或朋友帮忙；同时部分公共行业，如医院和公交，缺乏对于盲人的特殊关怀制度。医院会让盲人自己填单挂号，公交车司机不会主动告知盲人这是几路车。

(3) 对盲协的支持力度不够，导致政策推行不畅。盲协作为沟通政府与盲人群体的桥梁，其重要性不言而喻。但是在许多地方，盲协并没有固定的办公地点，许多盲协的工作人员同时也都是身兼他职，这就必然导致盲协对于盲人群体精力投入的不足。同时，由于没有明确的风险保障机制，大部分盲协不敢举办活动，这就进一步地疏远了盲协与盲人群体的距离。

4　调研结果分析

4.1　盲道问题的危害

4.1.1　造成盲人身体受伤

有关盲人在盲道上行走受伤的图片、报道屡见不鲜。

据《海南日报》2007年报道，家住海口海府路的盲人陈先生送孩子上学返家时，撞上一辆停在海府路省委附近盲道上的小货车，当场被撞得鼻血直流。

据《北京青年报》2012年报道，盲道上的井盖丢失却没有及时补上，导致盲人李先生在小区盲道上正常行走时，掉到安装路灯线路设置的深井中，造成右脚骨折，全身多处软组织损伤。

车辆、摊位占用盲道等现象已经给盲人出行带来诸多危险，除此以外，盲道本身及周边环境的危险,也让盲人群体提心吊胆。

4.1.2 给盲人出行带来诸多不便

盲道的不合理设置与占用现象,给盲人出行增添隐患,盲人外出提心吊胆;给盲人造成一定误导,导致盲人走错方向、绕路、迷路等。同时,盲道盲砖错误铺设、弯曲的路线规划等现象,让盲人出行变得更加艰辛。

4.1.3 基础设施效率低,造成资源浪费

目前中国拥有世界上最长的盲道,但是盲道的使用率却很低。

中国盲协常务副主席、秘书长李伟洪曾说,盲道没必要这么大面积地修,除非视残者对周围的情况非常熟悉,否则在陌生的地方,视残者肯定不敢随便走盲道。北京市残联研究室主任厉才茂也曾表示"北京的盲道也许建多了"。这种声音曾受到大众的指责,但却引人深思。

地方政府普遍认为盲道的作用是帮助视残者正常行走,因此越多越好、覆盖的面越广越体现对盲人的重视。盲道的覆盖率是城市是否文明的重要指标。很多城市热衷于"全国文明城市"的评选,即使在根本不适合铺设盲道的路段,也要强行铺。这种只追求数量不追求质量、只顾盲道铺设的行为,导致很多盲道无实际使用价值,浪费了巨大的财政支出,导致社会资源无法得到有效配置。

4.1.4 使盲人群体更加封闭

盲道的铺设不考虑盲人需求与真实感受,仅流于形式;盲道上乱停车、乱摆放,加剧盲人出行危险。由于视力缺陷,盲人出行本身已经十分困难,而种种障碍更让他们不愿意出门,长此以往,盲人的心理健康会蒙上阴影。

根据研究,盲人突出的心理问题表现如下:

(1) 自卑。由于生理缺陷而处于弱势,盲人群体害怕受到冷落与嘲讽而变得懦弱、敏感。

(2) 疑心。由于生活出行的不确定性,盲人群体往往对周围事物都保持不信任与防卫。

(3) 孤僻。盲人群体不愿意敞开心扉,社交群体也往往局限于盲人朋友,性格变得孤僻。

(4) 情绪极端与情绪障碍。部分盲人往往处事极端,情绪不够稳定,易出现消极情绪等。

4.2 相关对策与建议

4.2.1 法律措施

盲人出行需要法律引领。

(1) 国家有关部门应就盲人群体现状与出行生态制定相关法律、法规。制定的相关法律、法规应综合考虑目前中国国情、盲人结构和法律盲点,听取社会各方面(尤其是盲人群体)的声音,借鉴国外相关立法经验,在维护法律法规公正严肃的前提下,更多地向盲人等弱势群体体现人文关怀。

(2) 做好配套法律、法规完善工作。我们在落实《残疾人保障法》的同时,应结合《慈善法》《中医药法》《劳动法》等一系列法律、法规、办法、条例等,使法律、法规等直接相互配合、补充,从各方面帮助盲人群体得到法律的关注与照顾,让盲人群体的生活出行各方面都有法律护航,让盲人群体感受到法律的"温暖"。

(3) 保障盲人群体各方面的平等权利。制定的法律应切实有效地保障盲人群体的各种权利,让盲人朋友有自信、有尊严地选择更丰富、更有意义的生活;制止和惩罚侵犯盲人群体合法权利的行为。

① 保障盲人受教育的权利。盲人拥有和普通人一样接受教育的权利,法律应规定相关职能部门将盲人教育作为国家教育工作的重要组成部分,为盲人接受教育创造条件,加强身心补偿。一方面,做好盲人儿童入学教育的相关工作;另一方面,针对特殊情况,规定开展特殊教育、扫盲教育等制度。

② 保障盲人平等就业的权利。法律应当保障盲人享受平等参与劳动并取得劳动报酬的权利,一方面充分尊重盲人择业自由,并保障其取得报酬的权利;另一方面,完善帮助盲人获取工作机会,必要时做好相应工作分配。

③ 保障盲人平等参与文化生活的权利。通过立法完善鼓励盲人参与更加丰富多彩的文化生活,收获更健全的人格。

(4) 做好相关社会保障与福利救济法律工作。对盲人群体医疗保障、下岗补贴、劳动住房补贴、最低生活保障、保险机制、公共交通等一系列社会福利与保障制度做好法律保障与支持,保证盲人群体有效享受到社会的各项服务,为盲人生活提供基本的物质保障。

(5) 完善医疗康复相关法律完善。一方面,要求相关部门为残疾人康复创造条件,建立和完善残疾人康复服务体系,增强残疾人参与社会生活的能力;另一方面,规范医疗制度,尤其应对器官移植进行规范,帮助更多符合条件的盲人重见光明。

4.2.2 其他措施

(1) 加强对盲人的定向行走技能培训。大多数盲人虽然有盲杖,但是他们使用之前并没有受过专门技能的培训。加强对盲人的定向行走技能培训,不仅可以避免盲人磕伤、跌倒,也可以避免出行效率低下等情况。

(2) 设立固定的联系方式。据了解,目前上海的盲协基本上都没有固定的办公地点。同时,在网上也搜索不到任何一家有关盲协的联系电话(实地探访中获得的联系电话也都是私人性质的电话)。盲协可以与阳光之家等机构合作,设立固定的办公地点;同时,各街道以上级别的盲协也可以设立固定的联系电话。这样不仅可以加强外界对于盲协运作机构的了解,同时也能够方便社会爱心人士,如志愿者或大学生团体,为盲人事业献出绵薄之力。

(3) 增加出游活动的次数。目前盲协开展的活动主要是室内活动,如读书会、诗歌征文等,但同时,盲人群体更希望能多走出家门活动,呼吸新鲜空气。盲协可以通过网络、报刊等形式征集志愿者,帮助盲人走出家门,也可以采取两个半盲人带一个全盲人的方式,在人流量较少的郊区组织活动。这样不仅加强了盲协的组织领导作用,也有利于盲人群体的身心健康。

(4) 组建线上交流群。虽然盲人自发组织的QQ群或微信群有很多,但是这些群大多数都成为了盲人们发泄不满的地方。这不仅容易导致小团体、抱团现象的出现,还容易滋生对政府、对盲协的不信任。由各个街道盲协组建本街道的盲人线上交流群(QQ、微信、YY等),由盲协的工作人员担任群的管理员,这样不仅拉近了盲协与盲人群体的距离,使盲人群体的不满有合理的反映平台,同时也方便了盲协矫正视听,组织活动等。

(5) 对盲道的设计和位置进行优化,部分人行道的盲道与路肩距离过近导致自行车停放时阻碍盲道使用,部分地区盲道断层或盲道之间没有衔接。

(6) 规范人行道机动车、非机动车的停放,对占用盲道的行为进行适当处罚。

(7) 考虑为盲道加入智能化现代化元素,使盲道为盲人的出行提供更多的信息。

项目组员:陈宝麒　李亚日　许　静
余子沁　常智涵　张东晖
指导教师:何　敏

探究共享经济的治理之道

——以共享单车为主探究共享行业的发展

1 综述介绍

1.1 背景概述

2016年，共享单车成为年度热点话题，当之无愧地成为近一年来的“网红”之一。在无现金社会、信用城市、大数据、共享经济的驱动下，共享单车发展迅猛。然而，共享单车在发展过程中还存着诸多问题，尤其是管理跟不上、政府监管缺位等问题突出。如何解决这些问题是共享单车惠民与发展的重要基础，也是促进共享单车长远发展的前提。

共享单车即互联网租赁自行车，是指企业在校园、地铁站点、公交站点、居民区、商业区、公共服务区等提供自行车共享服务，是共享经济的一种新形态，也是共享经济试水的第一种规模化的产品。共享单车也是一种俱乐部产品，具有很强的正外部性。

早在2007年共享单车就已经出现，但大多是有桩单车。随着近两年移动互联网的快速发展，以摩拜(mobike)和ofo小黄车为首的互联网共享单车应运而生，更加便捷的无桩单车取代了原来的有桩单车。据有关数据显示，2016年，中国共享单车市场整体用户数量将近1 900万，某权威机构预测，2017年，共享单车市场用户规模将达5 000万。大学生作为共享单车的消费者主体，有责任和义务关注该行业的发展，为促进该行业的健康发展出谋划策。

1.2 项目目的及意义

实施本项目的意义主要体现在以下方面：①以共享单车为例探究共享经济的发展现状、具备的优势、存在的问题，对此行业存在的问题提出了一系列的解决方案，并对行业未来的发展进行了相关的分析与预测；②主要从行业内部、政府管理部门以及社会公众角度来分析共享经济的治理之道，旨在促进共享行业的不断改进，规范行业发展，达到更加亲民、惠民、便民的目的。

2 活动流程

2.1 准备阶段

2017年6月底，项目组通过查阅网上资料和咨询指导老师，全面了解共享单车行业的发展现状，从不同的角度分析它的优点，并结合经济学和管理学理论分析共享单车发展中存在的各种问题；同时收集网上有关共享单车的各种新闻报道，进行分析讨论，总结和提炼本项目实践的具体思路和实施内容。

2017 年 7 月初,小组成员根据收集的资料进行问卷设计,并请指导老师对设计的问卷进行修改完善。

2.2 执行阶段

2.2.1 一期调研

2017 年 7 月初至 7 月中旬,调查问卷设计好以后,项目组成员通过 QQ、微信、问卷星等互联网软件在网上发放问卷,了解大学生对共享单车的使用状况与评价。

通过统计调查问卷获得的数据,得出共享单车的优势主要体现在以下方面:①惠民便利;②低碳环保;③缓解交通拥堵;④经济实用;⑤带动其他产业发展;⑥鼓励创新与创业;⑦刺激投资。

2.2.2 二期调研

2017 年 7 月中旬,项目组利用暑假开展了共享单车的现场考察,进一步寻找共享单车管理中暴露出来的问题,深入地分析问题产生的原因,并提出解决方案。

实地调查发现共享单车管理中存在以下几方面的问题:①押金退还没有保证;②维护成本高;③配置存在安全隐患;④技术不够完善。

此外,共享单车的停放和管理中也存在诸多不良现象,这些现象在现实生活中随处可见。为此我们逐一进行了拍照取材。这些不良现象主要包括:①乱停乱放;②公车私用;③随意破坏车体,包括二维码被刮涂、车座丢失等;④车座竖钢针。

7 月 25 日,项目组对上海松江、闵行等部分地区实际使用共享单车的使用者进行专门采访,通过采访发现共享单车使用中存在以下问题:①87.16%的受访者认为存在乱停乱放;②53.21%的受访者认为存在交通安全隐患;③65.14%的受访者认为交通安全归责存在问题;④86.65%的受访者认为无法规避人性问题。同时,我们在网上也发现了一起比较典型的事例,为我们的调查提供了生动的案例。2017 年 3 月 26 日,上海一个未满 12 岁的男孩解开了一辆无人管理的 ofo 共享单车机械锁,在骑行路上与上海弘茂汽车租赁有限公司的客车相撞,被卷进车底最终导致死亡。就此安全归责问题,我们采访了一些市民,他们表示:有很大一部分人(尤其是学生)掌握了 ofo 车听声解小黄车的机械锁,而摩拜则没有此现象。由此可见,出现未成年人骑共享单车,原因之一在于共享单车的配置不够高,同时,家长也缺乏对小孩的管教。

在走访调查的路途中,我们发现有的小黄车坐垫被竖了钢针,虽然被竖钢针的小黄车只是少数,但是这极少数也很有可能对使用者产生极大的健康隐患。对于使用者,在使用共享单车时应用检查一下坐垫再使用。

通过项目组的实地调查探究,我们进一步补充完善了初期发现的问题,在调查中也发现了新问题,并对新问题进行了分析并提出解决方案。

2.2.3 三期调研

2017 年 7 月 8 日,我们小组三位成员来到南昌进行调研,通过调研发现,南昌的共享单车在管理方面有一些值得上海借鉴之处。

目前,南昌已有摩拜、ofo、哈罗单车等多个品牌的共享单车。根据各大共享单车提供的投放数据，超过30万辆共享单车在南昌的大街小巷“遍地开花”。有记者表示：目前，南昌全市已建成58个停车点，今年力争达到200个。通过点内停车桩智能模块的无线信号发射技术，加上精确算法，管理者可以实时掌握停车区域内单车的数量、状态、位置及各区间的流量情况等信息，为车辆投放、调度和运维提供智能指引。政府部门或者行业自治组织采取设置停车点的方法，将会很好地解决乱停乱放的情况，上海的共享单车行业自治组织或是政府管理部门可以借鉴一下。

通过对南昌市共享单车使用和管理情况的调研，结合前期问卷调查和实地调研的结果，从政府管理部门、行业自治组织（协会）以及市民的角度，我们可以获得以下启示或结论。

政府管理部门：普及共享文化、提高公民素质；加强对学生的教育，多传授文明诚信的理念；完善共享单车管理制度（如上海市静安区在沪首创共享单车“七不规范”）；出台相应的税收政策，引导共享经济的发展；制定准备金制度来保证押金退还。国家层面也已经出台了共享单车管理的指导办法，规范共享单车行业的管理和发展。2017年8月2日，经国务院同意，交通运输部、中央宣传部、国家发展和改革委等10部门联合出台了《关于鼓励和规范互联网租赁自行车发展的指导意见》（后文简称《指导意见》），肯定了互联网租赁自行车（俗称“共享单车”）发展对方便群众短距离出行、构建绿色低碳交通体系的积极作用，提出要按照“服务为本、改革创新、规范有序、属地管理、多方共治”的基本原则，鼓励和规范共享单车发展，进一步提升服务水平，更好地满足人民群众的出行需求。该《指导意见》从实施鼓励发展政策、规范运营服务行为、保障用户资金和网络信息安全、营造良好发展环境四个方面，提出了相关具体措施。

行业自律组织（协会）：应该由共享单车企业共同建立行业自律协会，促进押金流向透明化，完善管理制度，降低配置安全隐患，完善互联网租赁自行车信息技术。例如，设置智能停车点，通过大数据和红包车、信用分奖励等措施，引导用户将共享单车停放到智能推荐停车点。同时，设置市民举报乱停乱放奖励制度，从而来应对乱停乱放的棘手问题。

共享单车使用者：一方面，有关部门应加强社会主义核心价值观宣传，教育广大市民文明、诚信。另一方面，家长应加强对孩子的教育，培养孩子各方面文明诚信的观念，遵守共享单车使用规则。

共享单车是资源有效利用的一种重要形式，给大众带来了极大的便利。但只有在政府管理部门、行业自治组织（协会）、使用者的共同合理维护下，才能将这种便利传承下去，才可以为其他共享经济作出榜样。

2.2.4 四期调研

ofo共享单车自诩是共享单车的引领者和领骑者，项目组以ofo共享单车为调查对象，走上街头，对上海松江区、闵行区、黄浦区ofo共享单车的使用情况进行具体的调查访问。

2017年8月，ofo共享单车配合《神偷奶爸3》上映，ofo共享单车APP首页推出了名为“全城搜集小黄人”的活动。活动内容如下：骑行集卡兑换现金大奖。这让我们想起支付宝在过年的时候推出的集齐五福瓜分红包的活动。显然，ofo共享单车借着《神偷奶爸3》的上映，利用小黄人为ofo共享单车做宣传，扩大市场，塑造品牌，吸引新粉丝，提升影响力。而活动下方的“送给好友”“索要卡片”等活动是希望提升ofo共享单车的社交功能，通过广泛传播活动，利用微信、微博等社交软件扩大自己品牌影响力。ofo共享单车不仅结合潮流，还推出了“领养小黄车”“免费骑行周”“公安部儿童失踪信息发布”等平台活动，来巩固自己的用户基础，并进行公益事业。这也是 ofo 共享单车的未来发展趋势，通过与时下流行的娱乐、影视活动相结合，塑造品牌、提升社交功能，希望在年轻人心中树立共享单车一流品牌的形象。

以 ofo 共享单车为切入点，项目组在 8 月 11 日对 ofo 共享单车进行了市场勘察及数据分析，对共享单车的未来发展趋势进行了预测分析。

基于互联网的大数据管理将成为共享单车行业发展的核心驱动力，针对共享单车出现的车辆管理、使用管理问题，共享单车企业将利用互联网的数据去解决。科技化产品、注重用户体验和城市可持续发展的共享单车品牌将占据市场主要地位。共享单车企业还需注重加强产品升级迭代的速度与质量，合理投放车辆并完善维护措施。联合政府建立有效的智能化管理方式，提升运营效率并解决改善车辆停放、运维、安全等问题。

三、四线城市及海外市场是未来两大拓展方向，目前共享单车市场主要集中在一线及部分二线发达城市，一线及部分二线发达城市的市场容量有限，单车数量随着后续发展将会很快达到饱和点，向三、四线城市及海外市场拓展成为必然。各共享单车行业应互相借鉴，成立行业自律协会。我们在街头不仅只看到 ofo 共享单车，还有很多类似于摩拜单车、酷骑单车等各式各样的共享单车摆在路边。共享单车的平台多样，对于我们使用者而言有多样选择，对于共享单车企业而言可以产生行业良性竞争、尽可能优化用户体验。

共享单车的两大霸头无疑是 ofo 共享单车和摩拜单车，它们在占领中国大部分城市后，已经率先走出国门进行全球化布局，ofo 选择了硅谷和伦敦，摩拜首站选择了新加坡、曼彻斯特等城市。全世界都将会为中国的共享单车点赞，它不仅方便了出行，更让城市生活更美好。

2.3 总结阶段

从 2017 年 8 月初开始，项目组对收集到的信息进行整合，对相关数据绘制图表进行分析；对比访谈问卷和图表信息等内容，撰写分析报告并得出结论。项目组进行了多次讨论并询问指导老师意见，最后编写了社会实践报告书。

2.4 所遇到的挑战、困难和解决方法

在项目实施过程中，项目组成员意见会出现分歧。我们悉心听取每位成员的意见和想法，择优合并大家的意见。在实地调研和问卷调查完成后，成员们分别在不同的城市，难以聚在一起，交流不够充分，我们决定进行线上视频讨论。在调查时，会有市民不理解、不配合采访，小组成员们都会耐心向市民解释。我们还对正在使用共享单车的市民进行采访。

在调查初期我们仅进行了网上问卷发放，缺乏实际考察，小组讨论后决定进行实地调研和问卷发放，从而使数据来源更加广泛。

3 成果展示

3.1 问卷结果分析

3.1.1 问卷选择题回答情况汇总分析

(1) 你是否使用过共享交通工具?

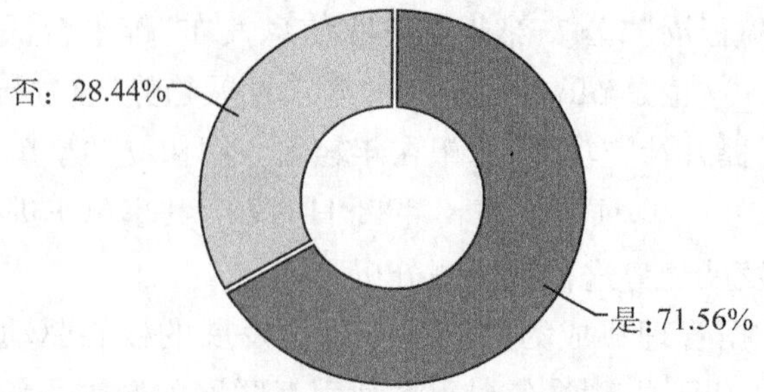

分析：大部分人使用过共享交通工具，并对此有所了解。

(2) 请问你知道的共享交通工具有哪些？（多选）

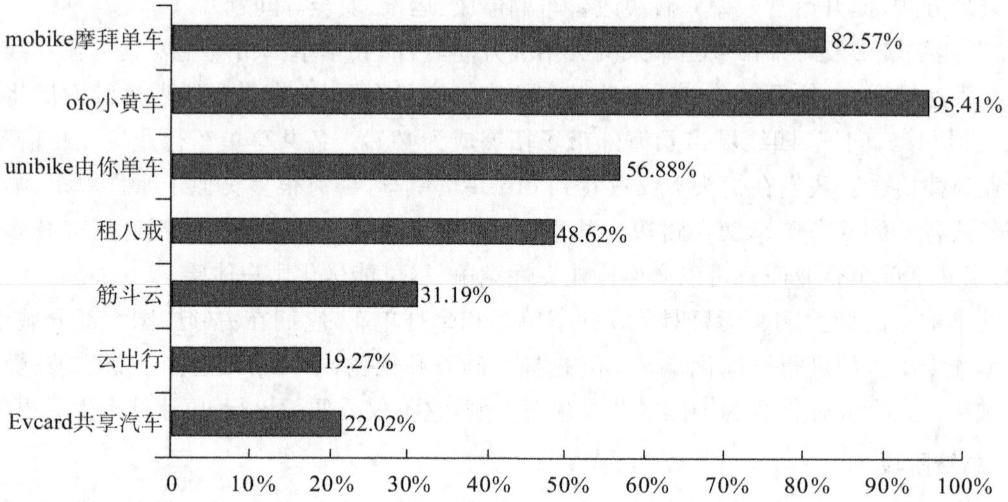

分析：大部分人对摩拜和 ofo 小黄车更为熟知。

(3) 请问你使用过的共享交通工具有哪些？（多选）

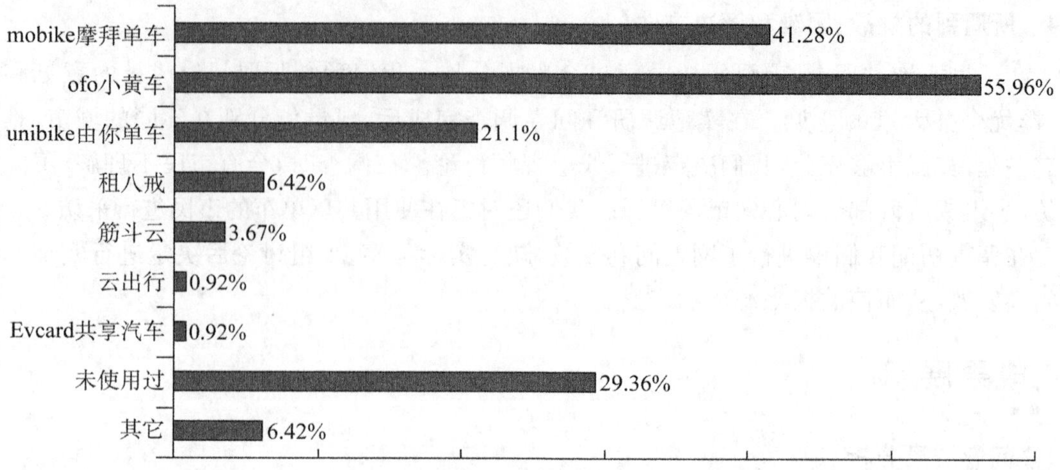

分析：大部分人使用的交通工具以摩拜和 ofo 小黄车居多。

（4）你认为共享交通工具的优势有哪些？（多选）

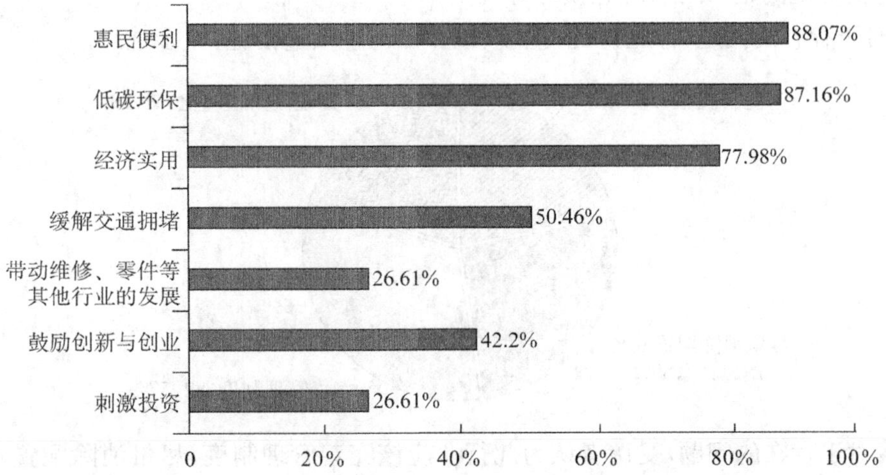

分析:受访者普遍认为共享交通工具的优势有惠民便利、低碳环保、经济实用、缓解交通拥堵等。惠民便利、低碳环保和经济实用是主要优势。

（5）从共享行业内部来看,你认为共享交通工具现在存在的问题有哪些？（多选）

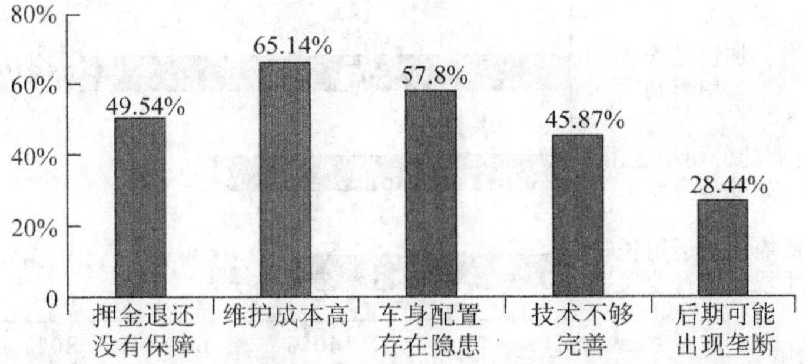

分析:受访者普遍认为行业内部存在的问题有押金退还没有保障、维护成本高、本身配置存在隐患、技术不够完善、后期可能出现垄断。

（6）从共享行业外部来看,你认为共享交通工具存在的问题有哪些？（多选）

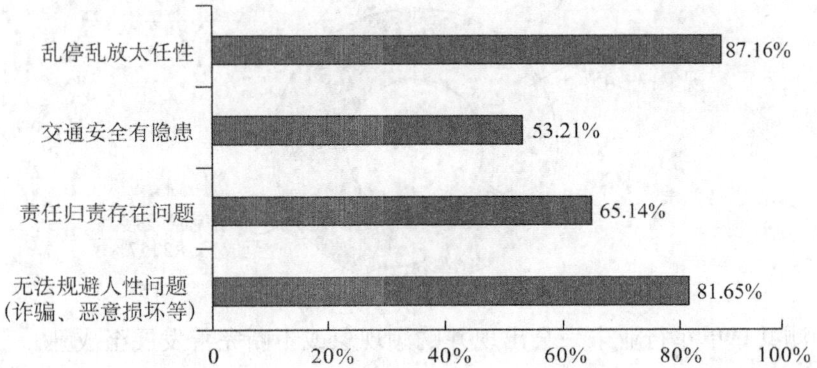

分析：据数据显示，行业外部主要存在的问题有乱停乱放、交通安全有隐患、责任归责存在问题、违反规范问题（诈骗、恶意损坏等）。

（7）对于存在的问题，你觉得此行业应该作出何种改进措施？（多选）

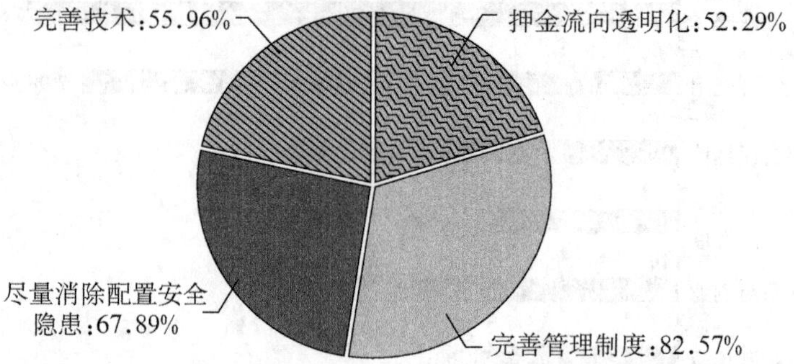

分析：对于存在的问题，受访者认为此行业应该完善管理制度、尽量消除配置安全隐患、完善技术、押金流向透明化。

（8）你认为政府应该作出什么对策？（多选）

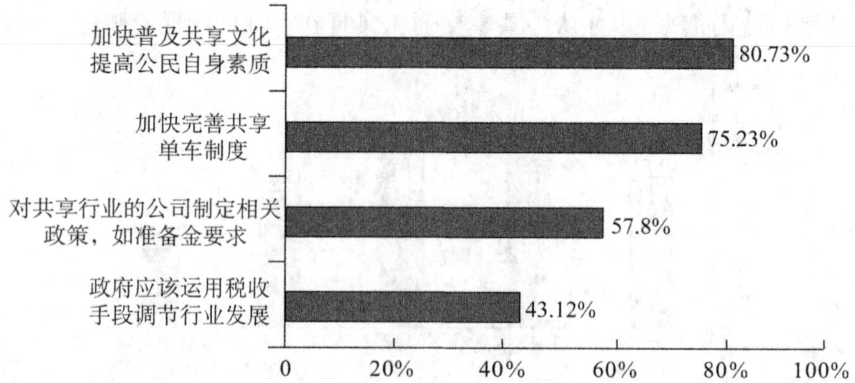

分析：据民意，政府应该加快完善共享单车制度、对共享行业的公司制定如准备金要求等相关政策、运用税收手段调节行业发展等对行业进行改进。

（9）你预测共享行业未来的发展如何？（多选）

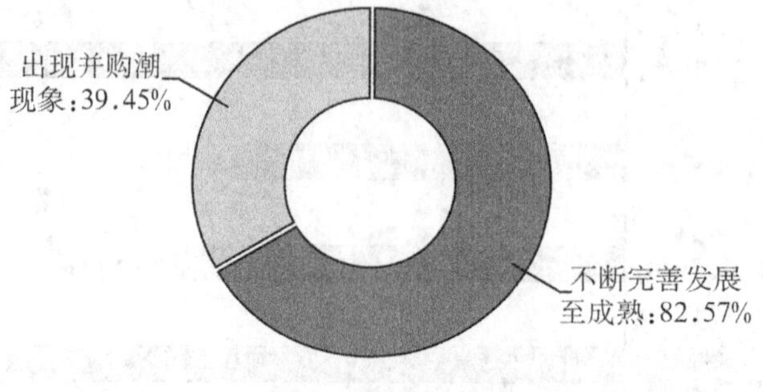

分析：预测共享单车行业未来会出现并购潮现象或不断完善发展至成熟。

(10) 请问你对共享行业还有其他的建议吗?

序号	答案文本
4	对于没有素质的人来说,共享单车就是免费送了他们一部自行车,将公有物品据为己有,需要加强管理,最好提出处罚措施
9	押金可以便宜点
19	共享行业和民众都需要相互促进其发展
33	明确责任归属问题
36	像德国一样共享汽车(不是电动车!)
39	无
46	没有意见
47	实在不放心交押金,所以从来没有用过共享单车。建议政府不断完善公民信用体系建设,引入到各项共享平台。
62	共享三轮

3.1.2 问卷主观回答情况汇总分析

1) 问卷最后的第一个问题是"为什么共享单车较共享电动车、共享汽车更普遍?"其回答主要有以下几种情况:

(1) 共享单车造价低,维护成本更低。

(2) 共享单车速度慢,更安全。

(3) 共享单车上路资格低。

(4) 共享单车解决了"最后一公里"问题。

2) 问卷的第二个问题是:"共享单车的优势有哪些?"其回答结果分析如下。

(1) 惠民便利:从问卷可得,此回答所占比例最大,88.07%的受访者认为共享单车惠民便利。①操作方便。相较于公共自行车,共享单车不用办卡,定位、借车、锁车、缴费等过程全部在手机上完成。②方便了"最后一公里"的出行。共享单车让短途出行更加方便。很多共享单车的用户反映,从家到单位开车太近,走路又感觉比较远,骑共享单车则时间正好,而且还锻炼了身体,一举两得。地铁站点和公交站点又是共享单车密集的地方,这段距离用共享单车来代步便能大大减少上班族迟到的概率,方便又快捷。③骑行方便。有些路段,由于交通拥堵,汽车、三轮车甚至电动车都无法通行,但自行车以小巧灵活的优势却能通行自如。这就导致了相同的路程,开车可能开半个多小时,骑共享单车却能在 15 分钟到达目的地。

(2) 低碳环保:共享单车在一定程度上减少了汽车的使用量。随着全球气候的变暖和环境的不断恶化,尤其是雾霾天的持续出现,低碳环保显得越来越重要,而汽车尾气是雾霾的诱因之一。共享单车的出现则在一定程度上减少了人们对汽车的依赖,对缓解空气污染起到了一定的积极作用。

(3) 缓解交通拥堵:随着经济等各方面的发展,城市拥堵已经司空见惯。共享单车在满足人们安全、快捷、舒适出行的同时，减少了人们对汽车的使用率，进而减少了机动车上路的路量，一定程度上缓解了城市的交通拥堵。

(4) 经济实用：①租车费用低廉。目前，市场上的共享单车有两种收费标准，一种是每小时出租费1元，一种是每小时0.5元。对于那些偶尔有骑车需求的人来说，选择共享单车，需要的时候只需支付1元钱便能够骑行。拿3公里之内的短途出行来说，打车的话价钱基本上在10元以上，而共享单车只要是在骑行一个小时之内，便收费1元，如果遇到活动期还能免费。对于那些到城市短期游玩的人来说，骑共享单车是最佳的一种选择。②共享单车解决了"最后一公里"的"尴尬"状态，经济又实用。

(5) 带动其他产业发展：近几年，国家和各级政府对传统产业和制造业高度重视，出台了很多扶持传统产业和制造业的政策和法规。共享单车正好切合政府的目标，带活实体经济。①带活了维修及零件行业的发展。由于各种原因，共享单车的零件等其他部分很容易遭到损坏，这便迫切地需要自行车维修行业对其进行紧急维修以及日常维护。②共享单车还重新塑造了产业链，形成新的市场格局。因共享单车市场需求量巨大，预计全国远期投放目标2 000万辆，对自行车产业形成刺激效应。单车和配件生产企业均接到大量订单，纷纷扩充产能，部分上市公司的业绩也随之改善。

(6) 鼓励创新与创业：共享单车准确地抓住了我国移动网民数量巨大和移动网络支付环境成熟的现状，体现了"大众创业、万众创新"的强大力量。共享单车作为"双创"代表，有利于智慧经济发展和经济转型升级。ofo摩拜如今家喻户晓，运行良好，给其他创业者起到引领作用，其他投资者相继涌入此行业。此外，也鼓励其他行业创新创业，不拘泥于传统的行业模式。

(7) 刺激投资。①行业对外投资。共享单车创立者以收取押金的方式进行大范围的融资，再用融资获得的资金进行投资，从而赚取收益，此方式就如无利息的借款。例如，2016年9月23日，优拜单车还未上线便宣布获得千万级别天使轮融资；随后ofo分别于9月26日和10月10日先后宣布C轮融资进展；10月8日，小鸣单车宣布完成1亿元的A轮融资；摩拜单车也宣布近日完成了新一轮融资。不到一个月的时间，先后有4家共享单车平台获得融资。②行业内部投资。千讯咨询研究员分析表示，外界看到众多投资人几乎在同一时间投资共享单车领域。例如，中信、经纬这样的投资企业，滴滴这样的互联网出行平台，还有传统的自行车企业凯路仕等，虽然它们的目的各不相同，但都纷纷向这个行业投资。

3.2　从行业内部来看共享行业存在的问题

(1) 押金退还没有保证。市场上众多共享单车都需要用户在下载APP注册为用户后，支付数额不等的押金，如摩拜押金为每人299元，ofo为99元，小鸣单车为199元，优拜单车为298元。也有部分共享单车在用户达到一定信用积分时可以免押金。用户骑车的费用，不会从押金中扣除，而是从充值的车费中扣除。虽然共享单车运营企业对押金退款都有明确路径，但却较为繁琐，如摩拜单车押金是2～7天到账，骑行费余额需通过客服电话退款；ofo用户的押金可以秒退，余额退款则需要客服协助，需要1～7天。其他共享单车品牌的退费也大同小异。此外，倘若共享单车行业资金出现紧张，政府没有出台相关制度来约束共享单车行业的押金退还，用户退还押金难以得到保证。

(2) 维护成本高。例如，摩拜的电子器件单次维修需要花费450元以上，以及两周左右的时间成本；而机械零件由于是非标件，损坏后的维修成本也在50～200元，并且必须返厂维修，需要1周左右的时间。而在实际的运营中显示，摩拜单车目前的产品故障率还比较高，基本上损耗率在10%左右，都需要修理维护，这导致摩拜的维修成本非常高。

(3) 配置安全隐患。共享单车刹车失灵，容易导致骑行者失控摔倒。例如有一位冯先生在骑行一辆ofo共享单车时，由于自行车刹车失灵，在遇到下坡时酿成惨剧，牙齿折断5颗、缺损1颗，上下唇内外及面部挫裂伤，鼻梁骨折。冯先生为此向ofo相关运营公司提出2万元的赔偿要求。这也是共享单车首例索赔案件。

(4) 技术不够完善。第一，系统故障无法租车、押金多次充值，单车平台后台对同一账号多笔押金不自动提示，以及随意中断服务无事前说明和事后无解释及补偿。第二，定位不够精准，经常出现找不到车的情况。

(5) 后期垄断：有观点认为，共享单车在2017年可能进入并购整合期。对此，普华永道中国内地及香港科技、媒体及通信行业合伙人回应《南方日报》记者提问时表示："判断共享单车行业是否进入并购期，要根据行业总体发展情况、市场饱和度以及是否出现了市场份额较大的巨头企业。目前来看，共享单车还在初创阶段，可能要到发展后期才出现并购潮，就像之前的O2O团购网站、打车软件一样，最终市场还是会集中在一两家企业。"如此发展会造成共享单车垄断，给其他投资者铸成行业壁垒，从而很可能导致共享单车行业缺乏竞争，无法惠民，发展止步。

3.3 从行业外部来看共享行业存在的问题

(1) 乱停乱放。共享单车在带给人们"无桩"理念的同时，也导致"乱占道"现象更加普遍，城市空间的管理因而变得更加困难。公交车站、地铁站堆积的上千单车影响车辆行驶，单车堆放在交通道口、人行横道线上、盲道上，给行人出行造成了困难。此外，共享单车挤爆公园、旅游景点，呈现出杂乱无序之局面。

(2) 交通安全问题。①交通安全隐患(53.21%)：儿童任性骑车事故多发，骑车意外摔倒，车篮里面载人，意外交通事故。②交通安全归责(65.14%)：发生交通事故，责任该由谁承担。例如，叶女士骑共享单车刹车时，后刹失灵，整个人飞了出去，脸部直接着地，致鼻骨骨折，右眼球挫伤。共享单车公司工作失误导致刹车问题，责任由共享单车公司承担。

(3) 无法规避的机会主义甚至违法行为问题(86.65%)。①借机诈骗：将共享单车二维码换成私人二维码，以此借机骗取钱财。②公车私用：升温的共享福利遭遇"信任冰点"，一些用户"别有用心"地给共享单车加了私锁，"囚禁"了它们。他们把车停进小区或搬进家，其他人无法使用，也很难找到，连运营人员都无法找到。③恶意损坏：暴力拆卸轮胎、坐垫、踏板，涂改车牌、二维码等，致使他人无法正常用车。

3.4 访谈内容及结果分析

我们对多名经常使用共享单车的市民进行了采访，同时附有录音文件。他们普遍认为，共享单车的总体情况较好，但是公车私用、车辆少、被损坏的情况较多。也有人看到过工作人员来收车维修，自己也会主动在 APP 上上报故障共享单车。关于政府管理部门、行业自律组织、共享单车使用者应该怎样应对共享单车面临的问题，他们认为：政府管理部门应设置单车停放点、倡导市民文明诚信地使用共享单车；行业自律组织应该加大投入，工作人员加大维修力度、实施奖惩机制；共享单车使用者应该抱有感恩的心、提升自身素质，文明使用共享单车。

4　治理之道

4.1　政府管理部门

（1）普及共享文化、提高公民素质。新事物的超常规发展，一定会暴露其基础的薄弱。共享单车的“共享”变“私有”、遭肆意破坏、被乱停乱放等事实就印证了这个道理。如果任其发展，免不了昙花一现的结局，只有各级政府管理部门加大宣传，加强监管，才能让共享单车这一新生事物在正确的轨道上越走越远。首先，加快共享文化观念的普及。“人人为我，我为人人”应该是共享经济的一个比较准确的概括。在共享经济快速成长的过程中，没有现成的经验可以借鉴，更面临着社会诚信方面的考验。这就要求我们要加快普及共享文化、提高公民素质。其次，政府管理部门应加强监管，包括对共享单车提供商的押金、使用费的监督管理，确保共享单车使用者的资金安全，押金和余额能及时退还。同时加强对共享单车的质量和维修的管理，确保上路的共享单车都有合格的质量。

（2）完善共享单车管理制度。共享单车要健康发展，离不开完善的内外部的制度支撑，这就需要各方加强监管，政府部门要不断适应发展的新形式、新业态，扶持与规范并重，提供专门的停放区域解决乱停乱放问题，对于故意毁坏、窃取单车的行为则要依法处罚，放大警示效应。例如，上海市静安区在沪首创共享单车“七不规范”，具体包括：①人行道上不骑车；②白线以外不停车；③骑车自觉不载人；④文明骑行不逆向；⑤单车共享不私藏；⑥爱护单车不毁坏；⑦绿色出行不违规。此外，由于共享单车这个新兴行业的快速发展，政府对于共享单车的公司与用户的纠纷处理没有详细的规定。因此，政府也应加快完善此方面的相关制度，以确保双方各负其责。

（3）出台相应的税收政策，引导共享经济的发展。有位税务局局长表示：“站在税务部门的角度，共享经济将带来可观的税收。这种新的业态需要更为细致的税源管理，同时纳税服务方面也要跟上。”共享单车税收征收管理还不能完全跟上，还未出台相应的税收政策，对共享经济收入的界定还比较模糊等。政府要从征管和优惠两方面入手，创新征管模式，通过多部门配合加强对共享经济的监管，对行业行为进行规范；通过低税率或相关优惠政策，鼓励产业不断做大做强，实现整个共享经济的健康有序发展。比如，政府可以合理运用税收的宏观调节作用，对于管理不当、交通事故较多的共享单车公司可以多征税，加重其税收负担，从而促使公司加强内部管理，重视本公司运营中存在的问题，从而想办法改进。对于运行良好的共享单车公司可以给予一些税收优惠政策，准予其固定资产加速折旧，以鼓励其继续发展。

（4）制定准备金制度。为保证押金退还，政府可以对共享单车公司制定准备金要求，设定一定的留存比例，防止共享单车公司将融取的资金全部用于投资，从而保证用户可以随时退回押金。这就犹如银行需要留存一些准备金以备用户支取现金。

4.2　从行业内部来看

(1) 押金流向透明化。单车市场规模的不断扩大,押金、余额形成了一个巨大的“资金池”。共享单车的押金流向哪里？这是很多共享单车用户关心的话题。对于押金的流向问题,有关人士表示:“最好的做法,是单车平台能够公开用户押金的流向,接受公共监督。”

(2) 完善管理制度。共享行业可以通过媒体大力宣传文明用车、提出黑名单管理方法,建立诚信用车的奖励机制和不当用车、无序停车的惩罚机制;加快单车软硬件技术改进与创新,不断完善管理体系,用外力促使民众爱护共享单车,降低维修成本。

(3) 降低配置安全隐患。为了抢占市场,加速融资膨胀,各共享单车运营企业不断扩大生产订单,加速市场覆盖,却忽视了对用户的使用舒适度、便利度以及单车本身的智能化水平和使用性能,因此要及时处理问题单车,规范单车停放问题,要求用户交押金的同时交保险费。

(4) 完善共享单车信息技术。一个产业的兴起,只有在制度、文化和技术创新都不断发展的情况下,才能避免昙花一现。共享单车在保证单车质量的同时,要不断创新,才能在这个竞争激烈的互联网时代越走越远。

(5) 组织行业自律协会。共享单车行业成立协会,制定整个行业需要遵循的基本制度,并制定相关的惩罚制度,对于不遵守的或出现重大错误的公司,给予相关的惩罚,从而做到行业自律。

4.3　从公众角度来看

(1) 培养公民诚信意识。“种树者必培其根,种德者必养其心”,我们从部分市民违规使用共享单车的表象可以看出文明诚信教育仍是我们的必修课。共享单车作为一种共享资源,的确给市民带来了便利,但也出现了很多不文明用车的现象,文明本应该是这场共享运动的基石,企业基于对市民的信任投放单车,市民也应该对这份信任给予等量的回馈,而不是去破坏这种信任感。

(2) 树立公众的文明观念。“资源共享是前提,资源共建是保证资源共享的‘发动机’。”我们要有共同体的担当精神,共建城市向上向善的大气候。我们作为优秀文化和社会主义核心价值观的继承者和传承者,要把诚信时刻铭记在心,别给诚信上锁,文明诚信是共享单车的正确解锁方式。我们要践行核心价值观,为构建和谐社会作出贡献。

4.4　共享单车行业未来发展的预测分析

(1) 随着互联网+时代的迅速发展,共享单车这个新兴行业也会不断地改进完善。以共享单车为代表的共享经济新兴行业受到了资本的青睐,融资热度不减。有观点认为,共享单车在 2017 年可能进入并购整合期。对此,普华永道中国内地及香港科技、媒体及通信行业合伙人回应《南方日报》记者提问时表示:“判断共享单车行业是否进入并购期,要根据行业总体发展情况、市场饱和度以及是否出现了市场份额较大的巨头企业。”目前来看,共享单车还在初创阶段,可能要到发展后期才出现并购潮。共享单车行业中的适当并购有利于行业的规范与发展,但过度的并购会造成行业垄断,加高行业壁垒,从而使共享单车行业内部缺乏竞争,很有可能使共享单车的惠民作用彻底变为牟利工具。

(2) 基于互联网的大数据管理将成为共享单车行业发展的核心驱动力。针对共享单车出现的车辆管理、使用管理问题，共享单车企业将利用互联网的数据去解决。科技化产品、注重用户体验和城市可持续发展的共享单车品牌将占据市场主要地位。共享单车企业还需注重加强产品升级迭代的速度与质量，合理投放车辆并完善维护措施。联合政府建立有效的智能化管理方式，提升运营效率并解决改善车辆停放、运维、安全等问题。

(3) 三、四线城市及海外市场是未来两大拓展方向。目前，共享单车市场主要集中在一线及部分二线发达城市，一线及部分二线发达城市的市场容量有限，单车数量随着后续发展将会很快达到饱和点，向三、四线城市及海外市场拓展成为必然。

(4) 随着企业不断布局与发展，共享单车将会走出国门，启动海外布局。北京海淀区国税局总经济师王宝杰说，该局正在积极关注情况，下一步将在一般纳税人认定、税收优惠政策落实、"走出去"企业纳税帮扶等方面及时跟进。在具体纳税服务方面，税务机关紧跟发展不落后。针对摩拜这样增收潜力巨大的创新型公司，海淀区国税局积极采取多项举措加强服务：一是派出专业团队深入分析企业情况，提出税务建议，引导企业调整经营模式，适应高新企业标准，尽快取得高新企业认定资质，节约纳税成本；二是对企业的发票使用情况进行规范和辅导，指导企业建立规范的增值税核算体系，有效降低企业税负和涉税、涉票风险；三是针对该公司海外发展计划进行税收政策研究和辅导，引导企业充分享受税收协定待遇等政策红利，增强走出去的底气和动力。在政府税收优惠的支持下，共享单车将不仅仅能在国内长久惠民，也很可能大步走出国门，在国外闯出自己的风采。

(5) 关于共享单车行业发展的建议。共享单车是移动互联网和租赁自行车融合发展的新型服务模式，是城市绿色交通系统的组成部分，是方便公众短距离出行和公共交通接驳换乘的重要方式。对于正外部性极强的共享单车，我们应大力弘扬。惠民服务的共享单车仅靠政府的支持是不够的，经济发展的驱动、道德素质的提升、相关法律和规范的制定可以比作自行车的轮子，如果不能够并驾齐驱、和谐前进，只能是某个时代里短暂存在的符号。因此，共享单车要想长久运行，需要该行业内部、政府和民众三者从不同角度共同改进。此外，在数据化、电子化的时代，共享产品将会引领潮流，更多其他的共享产品将会一涌而出。共享单车作为共享经济试水的第一种规模化的产品，足以为后续其他共享产品提供极有价值的参考。

(6) 社会实践体悟。社会实践活动给生活在都市象牙塔中的大学生们提供了广泛接触社会、了解社会的机会。"千里之行，始于足下"，这短暂而又充实的实习，对我们走向社会起到了一个桥梁的作用、过渡的作用，是人生的一段重要的经历，也是一个重要步骤，对将来走上工作岗位也有着很大帮助。

项目组员：黄文娇　谭　翠　刘倩倩
王智超　王　宸
指导教师：彭锻炼

互联网移动支付对上海市民消费行为的影响调查

1 综合介绍

1.1 整体概述

互联网移动支付，是一种允许用户使用其移动终端，对所消费的商品或服务进行支付的一种消费服务方式。消费者通过移动设备、互联网或者近距离传感直接或间接向银行金融机构发送支付指令产生货币支付与资金转移行为，从而实现移动支付功能。移动支付将终端设备（手机、PDA、移动 PC 等）、互联网、应用提供商以及金融机构融合，为用户提供货币支付、缴费等金融业务。

在移动支付业务中，支付宝、微信支付等第三方支付平台的业务贡献了主要力量。2016 年，我国非银行类支付机构累计发生网络支付业务 1 639.02 亿笔，暴增 99.53%；支付金额的增长率更是超过了 100%，达到 99.27 万亿元。

移动支付有诸多优势。移动支付具有随身携带的移动性，方便快捷，消除了距离和地域的限制。它不受时间地点的限制，信息获取及时。用户可随时对账户进行查询、转账或进行购物消费。它以手机为载体，运营商可以将移动通信卡、公交卡、地铁卡、银行卡等各类信息整合到以手机为平台的载体中进行集成管理。最重要的是，手机操作界面简单，账户交易更方便。如今，越来越多的商场、饭店、超市等各式各样的服务场所都支持互联网移动支付，开通了第三方支付平台。如今，越来越多的人出门不带钱包，只要带着一只手机就能快速、便捷地解决消费支付的问题。

移动支付在国内的发展始于 1999 年，中国移动与中国工商银行、招商银行等金融部门合作，在广东等一些省市开始进行移动支付业务试点。

2002 年，中国移动在广州开始小额移动支付的试点。2004 年，银联也逐渐开展手机和银行卡绑定的移动支付合作。

2006 年，中国移动在厦门启动近场支付的商用试验。

2008 年，近场支付试点扩大到长沙、广州、上海、重庆。

2010 年，银联联合工商银行、农业银行、建设银行、交通银行等 18 家商业银行，中国联通、中国电信两家电信运营商，以及部分手机制造商共同成立“移动支付产业联盟”。

2011 年 6 月，央行下发第三方支付牌照，银联、支付宝、银联商务、财付通、快钱等获得许可证。

2012 年 6 月 21 日，中国移动与中国银联签署移动支付业务合作协议，标志着中国移动支付标准基本确定为13.56 MHz。标准统一，阻碍移动支付发展的技术分歧消除。

随后，三大运营商纷纷成立了移动支付公司：中国联通于2011年4月组建了联通沃易付网络技术有限公司，中国移动于2011年7月成立了中国移动电子商务有限公司，中国电信于2012年3月成立了天翼电子商务有限公司。2011年12月，三大运营商移动支付子公司同时获得央行颁发的支付业务许可证，运营商在开发移动支付产品和推广上的积极性得到提升。

2011年，中国移动支付市场发展迅速，全年交易额规模达到742亿元，同比增长67.8%；移动支付用户数同比增长26.4%，达到1.87亿户。

2011年之后，移动互联网和移动电子商务的普及率提高，不仅为移动支付提供广阔的商用平台，更培养了用户网上支付的消费习惯，是移动支付市场发展的重要催化剂。

随着互联网的发展，人们已经开始习惯将日常生活中的消费、交易通过移动支付来实现和完成。移动支付有效地刺激了消费者的消费行为，拉动了消费增长。当下，移动支付发展势头仍然迅猛，是潜在的未来经济的增长点，因此，移动支付的发展趋势被众人所关注。

1.2　项目的作用和意义

现代化移动支付给人们的生活带来了便捷的消费方式，改变了人们的消费观念，一定程度上节约了交易成本；解决了小金额的零散支付，减少了小额纸币的流通，实现了“无纸化交易”。

移动支付刺激着消费者的消费行为，拉动了消费水平的增长，并与经济密切关联，经济增长需要各种类似移动支付的创新手段来带动。移动支付存在的问题以及移动支付如何推动新型产业的发展，促使我们开展了此项调查研究，以使其更好地发挥自身的作用，为人们生活提供便利。

1.3　文献综述

在社会实践接近尾声时，我们整理并分析了此次调查的数据。为了加强对互联网移动支付的了解，我们参考了王宝辉的《基于互联网支付视角的移动支付研究》，该研究对于移动支付转型中突显的问题进行了阐述。

1.3.1　移动支付转型中突显的问题

在互联网支付向移动支付转型的过程中，随着产业链条、行业标准、技术手段以及用户习惯的改变，一些新问题相继出现。这些问题包括行业标准不统一导致市场竞争混乱、产业链各方缺乏合作意识、新技术应用的改造成本高、移动终端支付安全存在漏洞以及用户习惯有待培养等。在众多的问题中产业链之间的协作以及移动终端支付安全问题的解决成为移动支付发展的关键。

(1) 移动支付安全问题的变化。经过多年探索，互联网支付安全体系已经趋于成熟，形成了一个完善的生态系统。产业链中的各方，包括银行、商户、用户、安全厂商、第三方支付企业以及公安机关已经成为防范互联网金融支付危机的产业联盟。用户PC端作为互联网支付安全体系的中心，通过数字安全证书、外界动态口令卡、电子密码器、U盾并配合手机验证码，加上银行和支付企业的风险控制系统，已经能够很好地保护互联网支付的安全。而移动支付安全问题涉及的方面还有很多(见表1)，并且发生了新的变动，使得安全问题的解决更加棘手。

表 1　移动支付安全问题

利益方	问题
监管部门	移动支付属于新兴产业，监管政策不健全，行业标准不完善
硬件制造商	手机、平板电脑、芯片、路由器等制造商产品存在缺陷和漏洞
软件提供商	和 Windows 系列统一发布升级补丁和修补漏洞不同，安卓系统没有统一的应用商店，加上系统的升级都是由各个生产厂商来完成，这就为病毒和木马的入侵提供了温床
服务商	电信运营商监管漏洞导致诈骗短信频发，第三方支付公司密保存在问题，手机银行客户端数字证书不完善
安全厂商	支付环境复杂，木马病毒猖狂，尤其是二维码技术给病毒传播创造了温床
用户	用户将账户和手机绑定，如果手机丢失，账户将存在巨大风险；用户对移动支付新方式缺乏了解，防范意识比较弱

移动支付安全问题可归纳为如下几个方面：

首先，移动支付产业链比互联网支付更加复杂，安全问题不再是孤立的存在。移动支付的自身特点使其更需要产业链各方加强合作。

其次，移动支付的场景更丰富，安全危机加大。互联网支付应用最大的场景就是网络购物。在 PC 时代，因为支付便捷、兼容性强和应用场景丰富，很多电商网站都采用支付宝技术，支付宝成为主流的支付工具。只要支付宝的安全防范措施得到解决，用户基本上就可以放心在网上支付。然而移动支付的应用场景更加丰富多样，伴随而来的是支付企业的大量涌入，支付 APP 不断开发更新，支付技术趋于多元化。大量企业涌入移动支付市场，支付安全因为多方开发自己的支付应用而变得碎片化，解决起来更加困难。移动支付场景丰富的同时支付方式开发也变得多样化，扫码支付、声波支付、NFC 支付、红外线支付等进入用户视野。在新支付技术中，用户订单信息、支付链接、个人账户都容易被他人截取乃至篡改。

最后，移动支付安全问题还体现在用户自身支付上，许多用户缺乏支付安全意识并且在对支付安全的认识上存在误区。用户安全意识淡漠集中体现在对手机的使用。许多用户不设置屏锁密码，如果手机发生盗窃或丢失，他人很容易进入手机绑定的个人账户，家中孩子也很容易打开手机进行操作，这些都会造成严重的后果。一些用户为了图方便或者省钱，在支付的时候连接公共 WiFi，这些公共 WiFi 之中蕴含着很多的危机，处在同一网络之下的用户信息更容易被黑客盗取。为了保护手机支付安全，用户会安装手机安全软件，但用户对手机安全软件的认识存在误区。现在大多数的安全支付软件功能比较泛化，由安全防护的功能扩展到全面的手机管理。用户更多的是使用手机安全软件清理手机垃圾，给手机加速以及管理应用软件。一般在支付过程中很少会主动打开手机安全防护，只是偶尔作为应急手段使用。这就导致了用户注意力分散，稀释了用户使用安全功能的频率。

(2) 移动支付产业链问题显著。在分析支付安全问题时我们发现，移动支付拥有较长的产业链，面对移动支付错综复杂的局面，如果利益各方不密切合作，移动支付的发展也将难以为继。我国移动支付产业链各方面存在很多问题，集中表现在对产业主导权的争夺。另外，在基础设施改造以及商业模式构建上面也存在许多问题。

面对巨大的移动支付市场，电信运营商、银行体系以及第三方支付企业等都想争夺行业的主导权。电信运营商拥有广大的手机用户，提供移动通信通道，并获得了支付牌照，发展移动支付具有很大的优势。而商业银行则掌握着用户的银行卡账户，在风险控制、信用体系方面有着成熟的经验。银联作为线下收单市场的霸主，利用支付通道唯一提供者的身份掌握的POS机资源加快了在移动支付行业的布局。第三方支付企业更是借助互联网支付时代的品牌影响力和黏性较大的用户资源向移动支付领域开展业务。各方都想争夺行业的主导权，导致恶性竞争和资源浪费。中国移动和中国银联为了获取移动支付入口，搭建各自的TSM平台，这种各自为战的局面不利于移动支付的普及。

移动支付运用的技术手段更加丰富先进，如二维码支付、声波支付、红外线支付以及NFC支付等。新的技术手段对支付设备有更高的要求，需要对传统的终端设备进行改造，而由于各方的掣肘导致移动支付基础设施改造速度很慢。移动支付中的NFC支付方式需要对现有的基础设施进行全面改造，普通SIM卡需要更换为NFC-SIM卡，POS机需要添加NFC支付芯片以及手机也要搭载相应的模块。手机卡的更换由电信运营商负责，POS机的改造属于中国银联的业务范围，手机终端搭载NFC模块主要由手机制造厂商联合芯片制造商来完成。在NFC行业标准统一前，中国移动和中国银联各自主导不同的标准，导致对POS机和手机卡的改造方案迟迟不能统一。而在行业标准制定中制造商话语权比较弱，银联和电信运营商对移动终端的改造也难以进行。基础设施改造的缓慢严重阻碍了移动支付普及速度。

移动支付处于发展初级阶段，成熟的商业模式还没有建立起来。移动支付涉及的利益方比互联网支付更加广泛，因此不能照搬互联网支付商业模式。现在参与的各主体在移动支付产业链的位置还比较模糊，利益如何分配也是难题。而主要矛盾集中在由谁来主导行业发展，掌握核心利益，由谁来直接面对客户，提供移动支付入口。商业模式的不完善导致参与的各方不能保证自己在产业链的核心利益，投入的力量也就十分有限，移动支付市场的进一步扩大变得不容易。

1.3.2　移动支付问题的解决

(1) 移动支付安全问题的解决。PC端更多的是支付宝与银行的竞争，而移动支付产业链更为复杂，牵扯面比较广。要解决移动支付的安全问题，产业链上下游的各方就要突破障碍，紧密合作。一方面，要把自己分内的工作做好，手机制造商需要防范终端设计的漏洞，系统开发商保证系统和应用的安全，并且要制定行业规划，统一软件的开发、审核、下载安装标准；支付企业要加强支付安全监控体系建设，加大对用户安全意识的培养；监管部门要完善监管政策，规范各主体的行为。另一方面，第三方支付企业、银行体系、运营商以及各制造商应紧密合作，形成安全支付联盟；加快制定行业标准，明确各方支付理赔应负责任，在此基础上形成支付安全保障的闭环。移动支付产业链各主体只有真正实现开放共享、紧密合作，才能把移动支付安全行业提升到新的高度。

移动支付行业现在缺少的是行业标准和专门的法律、法规。立法部门需要完善法律法规，加快移动支付专门立法，统一行业标准，规范企业行为，防止恶意竞争。监管部门要及时监督支付企业的发展动向，掌握新技术、新情况，提前做好监督维护市场安全的工作。支付企业则要遵守行业标准，在没有行业标准的情况下应向监管部门报备。专业领域的领导企业则要为行业提供参考标准,引导其他支付企业采取统一标准,维护市场秩序。

移动支付过程中风险事件频发,用户要增强防范和自我保护意识,养成良好的使用习惯,选择可信的服务提供商,确保移动支付各类产品和服务的安全可靠性。用户要保证手机终端的安全,比如设置密码,尽量不要越狱和手机 root,下载正版应用,安装正版的手机安全软件;注意妥善保管好敏感信息,移动支付的便捷性导致个人信息很容易被窃取;保管好银行卡号、身份证号以及手机验证码,谨慎输入密码;注意尽量避免所有账号采用同样的密码,加强密码强度并定期更换密码。

只有移动支付产业链各方密切合作以及用户自身提升安全意识,才能把移动支付行业安全提升到新的高度。

(2) 移动支付产业链问题的解决。由于移动支付的产业链过长,其整合难度巨大。这就意味着,要培养用户的移动支付习惯,需要巨大的资金和人力物力的支持,单靠一方的努力不足以覆盖整个产业。因此产业链各方需要加强合作,减少内耗,合理分配利益,打造新的商业模式。日本的移动支付发展模式最为成熟,其成功之处在于整个产业链的协调合作。由于日本运营商的实力比较强,日本的移动支付产业是运营商主导的商业模式。电信运营商作为主导者却能放低姿态,只是作为移动支付通道的提供商,负责手机支付业务的推广。手机支付获得的收益归银行发卡方,运营商收取银行服务费。另外,运营商通过注资银行,增强对银行业的话语权,将变革阻力留在公司内部。我国移动支付产业链问题的解决可以参考日本的发展经验。

在我国国情下,银行体系和运营商都没有绝对实力主导移动支付产业,适合我国移动支付行业的商业模式应该是银行体系和运营商共同主导的模式。因此,运营商和银行体系应该加强合作,保证其他参与方的核心利益,共同拓展移动支付市场。两者应放弃各自搭建移动支付入口的做法,实现移动 TSM 平台与银联 TSM 平台互联互通,吸引更多的传统行业加入到移动支付的改造中来。

各方应明确自身在移动支付产业链的位置,发挥自己的优势以保证核心利益。其中,银联主要负责 POS 机改造,解决移动支付技术难题,并保证支付通道的顺畅;银行作为银行卡账户的提供者应完善手机银行客户端的改造,加入更多便民的功能,并且加快与第三方支付虚拟账户的互融互通建设;电信运营商主要负责手机和 SIM 卡的改造,利用自己的渠道大力推广移动支付方式,利用 SIM 卡搭建开放平台,通过向第三方提供空间、账户租赁和服务获取收入;有关部门给予终端设备制造商专项补贴,帮助应用开发商拓展市场。

银行体系和电信运营商作为移动支付行业的共同主导者,通过规范移动支付入口的搭建,集中资源创造移动支付平台,将更多的行业吸引到移动支付行业中来;打造能够合理分配利益的商业模式,整合产业链各方资源,充分保障各方的利益核心,整个移动支付产业才可以健康发展。

2 项目流程

2.1 项目准备阶段

在小组讨论并与老师交流沟通之后,我们最终确定了选题为“互联网移动支付对上海市民的影响”的项目。在确定选题之后，我们通过各个渠道查询移动支付的相关资料，关注与之相关的社会热点。之后，撰写项目申请书并交指导老师修改，在反复认证项目的可行性之后，我们完成了项目申请报告书。

在确定项目的方向之后，我们开始进行项目基础工作——设计问卷。在问卷的问题选择方面，我们对想要了解的内容进行了汇总，并对提出的问题进行了筛选。此后，我们又拟定了各种答题选项，尽量做到全面。

2.2　项目实施

2.2.1　发放问卷

2017 年 7 月 1 日，我们通过微信、QQ 等方式发放电子问卷，征集上海市民填写调查问卷。通过对问卷数据的汇总并分类整理，我们对填写问卷的市民使用移动支付的情况有了较多的了解，也对此次社会实践取得了数据上的支持。

2.2.2　四期简报

在项目的不断推动进行中，小组成员制作简报反映项目成果，简报分为四期。第一期内容是小组成员的介绍和项目分析。第二期内容是问卷调查结果分析和下一步工作阐述。第三期内容是对上海市民的访问。由于移动支付的普及，各式各样以移动支付为基础的业务迅速开展。采访结果显示，人们对“无人商店”表现出了极大的兴趣，于是项目小组结合对受访者的访问以及资料的查询，对“无人商店”进行了讨论分析。无人商店宛如雨后春笋般兴起于国内一、二线大城市，极大地便利了消费者的日常消费需求；对于商家，这减少了人工成本。由此可知，互联网移动支付的发展，对当前经济的发展具有促进作用，相信未来互联网移动支付带来的经济效益将会是 GDP 新的增长点。第四期内容揭示：在问卷调查以及实地调查过程中，受访者们表达了对于移动支付安全问题的担忧。央行宣布从 2018 年 6 月 30 日起，类似支付宝、财付通等第三方支付公司涉及银行账户的网络支付业务，都必须通过“网络支付平台”处理（见图 1）。

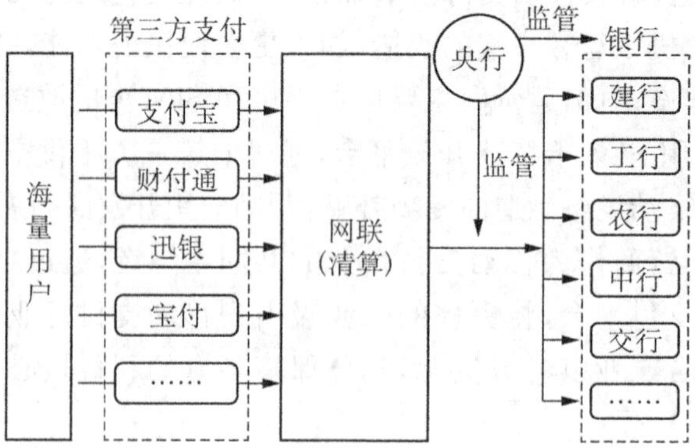

图 1　监管模型

2.3　中期检查表

在中期，我们提交了中期检查表。中期检查表对项目进展情况进行了说明，对项目取得的阶段性成果进行了整理报告。

我们实地走访校园、地铁站、百货商场、超市、步行街等人流量大的地点，对不同年龄、不同社会群体的人员进行录音录像、采访，并将情况如实记录。

采访结果显示：①移动支付是目前比较流行的一种商品交易支付方式，使用频率高。②移动支付第三方平台的自身缺陷问题会影响消费者的最终支付手段（退款迟缓，需流量方可支付等）。③老年人群不受用。

2.4 访谈稿

在街头调查时，我们发放了纸质调查问卷。在采访过程中，征得受访者同意，对采访内容进行了录音、视频拍摄、拍照等方式的记录。在深层次调查（一对一）过程中，我们也进行了拍照等方式的记录，并撰写了访谈稿。

3 问题的解决

3.1 问题分析

(1) 问卷对象以大学生群体居多，普通上班族的问卷答题较少，得出的结论年龄层较狭窄单一。

(2) 缺乏相应的专家和业界人士对调查进行指导和建议。

(3) 调查地点多为学校、商场、超市、步行街等地，忽略了菜市场、路边流动摊、水果摊这些中年年龄层的群体常去的地点。

(4) 在问卷调查以及实地调查过程中发现关于移动支付的问题后没有找出解决方案。

3.2 解决方式

(1) 加大采访力度，问卷对象增加了大学生以外的普通市民、上班族。

(2) 利用互联网查找相关专家对互联网支付的见解和看法。

(3) 寻找对调查结果有促进作用的对策。

(4) 对以上提及的未调查地点进行实地调查走访。

(5) 咨询指导老师，查找互联网相关论文，找出合适的解决方案。

3.3 汇总阶段

在此阶段，我们对电子问卷以及纸质问卷进行全面回收，对问卷的各项结果进行细致的分析。我们对采访录音中所涉及的问题进行了记录。视频采访方面，我们已将整理好的视频上传至"腾讯视频"（网址：https://v.qq.com/x/page/s0530idzayy.html）。

3.4 项目结项

根据指导老师的指导意见，我们完成了本次调查的整理收尾工作，完成结项报告书并交指导老师指导修改。

4 成果展示

4.1 问卷调查

我们共计收回电子网络问卷 289 份，其中大学生占比 91.42%，上班族占比 7.56%，老年人占比 1.02%。绝大多数经常使用移动支付的人群锁定在 18～35 岁。多项选择结果显示，人们主要使用支付宝和微信两大第三方支付方式进行付款，其中支付宝占比 95.45%，微信占比 87.88%，支付宝还是略胜一筹。

在问卷中我们最关注的问题仍是人们在使用移动支付时受阻的原因。在多选题"对于目前的移动支付，您不满意的地方"中，"安全机制不健全，交易风险高"一答以 75.76%位居第一；而在"针对安全问题，你认为移动支付存在哪些隐患"一题中，"个人信息泄漏"一答以 84.85%排在首位。通过综合电子问卷和实地采访，我们认为消除使用移动支付时存在的安全隐患将是移动支付首先要解决的问题。

问卷数据分析如下。

第 1、第 2 题是对调查对象基本信息的了解，通过数据不难发现本次社会实践被调查人群集中于大学生及少数上班族和老年人，约 88%的受访者集中在 18～24 岁，其他年龄段的仅为少数。为弥补问卷发放的缺陷，我们在面对面采访中侧重其他几个年龄段。

第 1 题：您的职业？［单选题］

选项	小计	比例
大学生	264	91.42%
上班族	22	7.56%
退休在家的老年人	3	1.02%
其他	0	0
本题有效填写人次	289	

第 2 题：您的年龄？［单选题］

选项	小计	比例
14～18 岁	10	3.46%
19～24 岁	254	87.89%
25～30 岁	13	4.50%
30～40 岁	9	3.11%
41～60 岁	1	0.35%
60 岁以上	2	0.69%
本题有效填写人次	289	

第 3、第 4 题主要了解当下人们使用移动支付的频率，特别关注移动支付对于老年人的影响。约 80%的受访者每天都使用移动支付，60%的受访者家中长辈偶尔使用移动支付，接近 30%的受访者经常使用，也存在从未使用过的人。综合两题及受访人群我们可以得知，移动支付对当代社会年轻一代人群影响极深，已成为日常生活必不可少的一部分；对于老一辈人也有影响，但影响程度远不及年轻人。

第 3 题:您使用移动支付的频率是多少?[单选题]

选项	小计	比例
每天都使用	228	78.79%
一周使用 2~3 次	44	15.15%
基本不用	17	6.06%
本题有效填写人次	289	

第 4 题:请问您家里的长辈们使用移动支付的频率是多少?[单选题]

选项	小计	比例
经常使用	79	27.27%
偶尔使用	179	62.12%
从未使用过	31	10.61%
本题有效填写人次	289	

第 5 至第 7 题通过调查移动支付的主要用途,了解其给民众生活带来了哪些便利。我们了解到,当下的移动支付覆盖了出租车乘车、餐馆用餐、停车场和收费站缴费、商场购物、零售店、自动售卖机、购买公园和电影院门票、面对面手机支付收款还款,手机在线支付(缴水电费、还信用卡、网购、话费充值等)等方面,为人们的出行与购物提供了极大便利。其中,出租车乘车,零售店、自动售卖机,购买公园、电影院门票,面对面手机支付收款还款均达到了 50%,商场购物、餐馆用餐甚至达到了 80%以上。有了移动支付,人们出门无需携带现金,可以随时随地转账且无需找零,这与现代人快节奏的生活方式是一致的。90%左右的人使用新一代的移动支付平台,如支付宝与微信(且更多偏爱支付宝),仍有 25%的人使用网银,极个别人使用财付通及银行 POS 机。可以说,科技与互联网支持下的这些新兴移动支付平台已经给现代社会生活带来翻天覆地的变化,并且影响力仍在进一步加深。

第 5 题:您曾经在什么情况下使用过移动支付?[多选题]

选项	小计	比例
出租车乘车	158	54.55%
餐馆用餐	232	80.3%
停车场、收费站收费	22	7.58%
商场购物	24	80.3%
零售店、自动售卖机	149	51.52%
购买公园、电影院门票	166	57.58%

（续表）

选项	小计	比例
当面手机支付收款、还款	145	50%
手机在线支付（缴水电费、还信用卡、网购、话费充值等）	92	31.82%
所有可以使用移动支付的情况	61	21.21%
其他	13	4.55%
本题有效填写人次	289	

第6题：您认为移动支付给生活带来了哪些便利？［多选题］

选项	小计	比例
出行（网上预订火车票、飞机票等）	258	89.39%
网购（足不出户就可以买到心爱的物品）	271	93.94%
随时随地转账	233	77.27%
出门不用带现金	254	87.88%
支付方便快捷，不用找零	245	84.85%
其他	0	0
本题有效填写人次	289	

第7题：您一般用什么方式进行移动支付？［多选题］

选项	小计	比例
支付宝	276	95.45%
微信	254	87.88%
财付通	9	3.03%
网银	75	25.76%
银行 POS 机	26	9.09%
其他	4	1.52%
本题有效填写人次	289	

高速发展的移动支付背后，仍存在不小的问题及隐患，我们在第8至第10题对此进行了调查。当前的移动支付存在信息服务费用高，个人隐私受到威胁，安全机制不健全、交易风险高，可以支付的场所少，系统响应速度慢，延迟支付等问题。其中个人隐私受到威胁、安全

机制不健全这两个方面的问题尤为严重。65%以上的人认为移动支付平台存在个人信息泄漏、个人账户容易被黑客入侵、出现问题时没有相关法律约束等安全隐患。80.3%的人因安全及个人隐私问题而对移动支付的使用深感担忧,但也存在城镇以下地区尚未完全普及或者不习惯使用等因素。

第8题:对于目前的移动支付,您不满意的地方是?[多选题]

选项	小计	比例
信息服务费用高	52	18.18%
个人隐私受到威胁	215	74.24%
安全机制不健全、交易风险高	219	75.76%
可以支付的场所少	79	27.27%
系统响应速度慢	48	16.67%
延迟支付	44	15.15%
其他	26	9.09%
本题有效填写人次	289	

第9题:针对安全问题,您认为移动支付存在哪些隐患?[多选题]

选项	小计	比例
个人信息泄漏	245	84.85%
个人账户容易被黑客入侵	197	68.18%
出现问题时没有相关法律约束	193	66.67%
其他	4	1.52%
本题有效填写人次	289	

第10题:目前阻碍您使用移动支付的因素是?[多选题]

选项	小计	比例
担心安全问题,手机被盗、中病毒风险	232	80.3%
担心个人隐私泄露	232	80.3%
乡镇以下地区尚未普及,使用场所少	166	57.58%
不习惯使用	18	6.06%
其他	22	7.58%
本题有效填写人次	289	

4.2　访谈稿

互联网移动支付对上海市民的影响采访(采访街头市民、上班族)

采访日期:2017年7月20日

被采访者:上海市民、普通白领刘女士

采访者:王敏、郭薇

(以下内容中,A代表采访者,B代表被采访者)

A:您好,我们是上海的大学生,我们在做一个有关于互联网移动支付对上海市民的影响的社会实践调查。请问能占用您一些时间吗?我们想了解一下市民的移动支付使用情况,有几个关于日常使用移动支付的问题想问您。

B:可以。

A:谢谢,请问您日常使用移动支付的频率高吗?

B:挺高的,现在购物一般都是使用手机支付,很少使用现金了。

A:那么,一般都会用在哪些方面?

B:日常的吃喝住行都能接触到吧,最多的还是在吃东西这一块,很多商店都可以微信或者支付宝支付,已经不需要带太多现金了。

A:除了您本人,您家里的孩子或者老人有没有使用移动支付?

B:有的呀,我们家的小孩也是大学生,经常使用微信、支付宝。

A:您觉得移动支付的影响范围大吗?

B:还是挺广泛的。

A:你对移动支付有没有不满意的地方呢?

B:还是有的,比如安全问题。绑定了银行卡之后,万一手机丢了,这将会引起失窃的风险,而且,在扫码支付的时候担心密码被盗。

A:那您知不知道最近兴起的无人商店呢?有了解过吗?

B:听说过的,无人商店需要顾客自觉买单,而且移动支付的居多。

A:那您觉得这种销售方式可以接受吗?

B:可以接受。一是靠顾客自觉买单,二是使用移动支付。

A:那您觉得移动支付的未来发展趋势会如何?

B:总体来说还是看好的。毕竟以后科技发达了,人们生活节奏加快了,而移动支付带给我们的就是购物和日常消费的便利。只要是安全问题搞好了,它还是有很大的发展空间的。

A:好的,我们的采访就到此结束了,谢谢您的配合,非常感谢。

5　归纳总结

5.1　面临的难题

(1) 相关法律、法规不够完善,目前还没有针对互联网移动支付出台的相关法律、法规。现在移动支付已经改变了人们的出行和生活,相关的技术设备、配套设施也要尽快跟上。

(2) 与移动支付有关的部门,并没有加入移动支付日常管理活动中,让消费者不太放心。

(3) 消费者的个人信息安全容易被泄露，隐私保密工作不够完善。

(4) 移动支付大部分通过手机进行，手机病毒、手机丢失会导致使用者财产受到损失。

(5) 移动支付 APP 占用的内存过大。

(6) 移动支付的普及度还不够，宣传力度也不够，如二、三线城市的普及度不高，老人的使用度也不高。

5.2 相应的解决方案

(1) 通过立法来对消费者权益进行保护。目前，中国人民银行已开始对第三方软件进行监管，从 2018 年 6 月 30 日起，类似支付宝、财付通等第三方支付公司涉及银行账户的网络支付业务，都必须通过网络支付平台处理。希望未来国家能出台移动支付的法律、法规，通过立法对使用者权益进行保护，对移动支付行为进行约束。

(2) 增加移动支付工具实名制验证，这样方便软件管理人员进行管理，使用户信息更加的安全。

(3) 有关部门出台相应的保障措施来保障由于手机丢失、中病毒而带来的威胁，如保险公司可以就这一问题开发相应保险险种，对这些情况进行投保，让使用者安心，当这些情况不幸发生之后，将遭受的损失降到最低；软件公司可以针对移动支付开发相关软件，让使用者在支付时隔离手机病毒。

(4) 第三方支付软件公司不断优化 APP，使之占用内存变小。

(5) 应扩大移动支付覆盖地区，更多地在北上广以外的城市普及，更大范围地向农村地区发展，完善交易平台；对于老人，可以组织志愿者服务给老年人讲解如何使用移动支付。

(6) 增加简单、多样化的支付方式，目前使用最多的是密码支付与指纹支付，加入其他支付方式会使支付更加便利（如刷脸支付、语音支付）。

(7) 第三方软件绑定手机号，每次收入、支出之后都会给手机发送短信并告知余额。

(8) 加大移动支付使用的优惠力度，吸引更多的人使用（如消费一定额度，使用移动支付时会给予打折等优惠）。

(9) 与现金交易相互联系（如在一些公共场合设计除 ATM 机以外的换取现金的机器），让使用者在偏远地区或一些不能使用移动支付的地方也能较为方便地进行消费。

参考文献

[1] 王宝辉.基本互联网支付视角的移动支付研究[D].兰州：兰州大学，2015.

项目组员：李雨思　郭　薇　王　敏
蒋琦璐　郑如月
指导教师：谭郁森

践行控烟新政　倡导“无烟校园”

——控烟条例实施后上海高校学生吸烟现状及控制对策的调研

摘　要:2017年3月1日,新修订的《上海市公共场所控制吸烟条例》正式实施后,要求上海的室内公共场所、室内工作场所、公共交通工具内禁止吸烟。无烟上海是一个必然的选择,也是中国作为一个大国的责任。而大学校园和大学生群体又是城市文明的标杆和先锋,应该努力践行控烟条例。本文就问卷调查、参观学习、控烟志愿等方式所获得的相关调查研究结果进行了系统阐述,陈述上海在校大学生对控烟条例的认知和评价,总结开展控烟志愿服务的经验和困难,探索在大学校园实行控烟的可行办法。本文旨在倡导大学生践行控烟条例,努力树立控烟、拒烟意识;推动控烟工作的开展,培育和践行大学生社会主义核心价值观,提高大学生文明素养和城市文明程度。

关键词:控烟条例;吸烟现状;控烟对策;无烟校园;控烟志愿

1　综述介绍

1.1　整体概述

烟草危害是当今世界最严重的公共卫生问题之一。中国吸烟人数3.16亿,7.4亿不吸烟者受二手烟危害,国家经济的可持续发展也受到严重挑战。

控烟是全球发展的趋势,吸烟有害健康。上海也是继北京之后,第二个室内公共场所完全禁烟的城市,力度比其他城市要大得多。无烟上海是一个必然的选择,也是中国作为一个大国的责任。

我们大学生有责任和义务关注社会热点,关注控烟举措的实施与进展,并努力作出我们的贡献。

1.2　项目背景、目的、研究方法及意义

1.2.1　项目背景

(1) 吸烟历史及危害简述。烟草在中国仅有三四百年的历史,但自从16世纪下半叶至17世纪初的明朝万历年间传入中国,烟草就长盛不衰。伴随着烟草业的繁荣,禁烟的活动也一直都从未停止过,明、清时期都发布过严厉的禁烟令。

经过长时间的社会发展,中国人逐渐认识到香烟的危害。2010年5月,由中国疾病预防

控制中心控烟办公室发布的《2010 年中国控制吸烟报告(性别与烟草——抵制针对女性的市场营销)》中指出，截至 2010 年我国吸烟人数已超过 3 亿，而每年死于烟草导致疾病的有 100 多万人。2002 年调查结果显示，在我国成年男性吸烟比例已经达 52.9%，15 岁以上人群有 35.8%的人吸烟，同时数据显示吸烟者初次吸烟的年龄提前。

(2) 上海市控烟主要活动及成就。

1993 年，上海率先积极推进中小学校开展创建“无烟学校”，开展“拒吸第一支烟，做不吸烟新一代”活动。

2005 年起，上海开展创建“无烟医院”活动，倡导医务人员做控烟表率。此外，在全市积极创建“无烟单位”。

2007 年，上海在医院试点建设戒烟门诊工作。

2013 年起，上海于每年世界无烟日期间举办的“无烟集体婚礼”主题宣传活动，得到良好的社会反响和宣传效果，为进一步倡导无烟环境建设打造良好的社会氛围。

2010 年，上海出台《上海市公共场所控制吸烟条例》，对公共场所控烟进行立法，并向社会各界广泛征求修改意见。2010 年，上海世博会被世界卫生组织认定为首届“无烟世博”。

2017 年 3 月 1 日，新修订的《上海市公共场所控制吸烟条例》(以下简称《条例》)实施，该《条例》被坊间称为此间“最严控烟令”。即日起，上海的室内公共场所、室内工作场所、公共交通工具内禁止吸烟。

上海是国际化大都市，是中国最重要的城市之一，正如世界卫生组织驻华代表施贺德多次强调的，无烟上海是一个必然的选择，也是中国作为一个大国的责任。高校学生应该为控烟工作作出应有的贡献。

1.2.2　项目目的

(1) 践行控烟条例，树立控烟、拒烟意识，宣传控烟，培育大学生社会主义核心价值观，提高大学生文明素养和城市文明程度。

(2) 采集控烟相关资料，分析上海市大学生吸烟情况，为日后《条例》的进一步修订提出合理的建议，并提出“无烟校园”可行方案。

(3) 参与控烟志愿者活动，参加控烟宣传工作。

1.2.3　项目研究方法

(1) 文献综合法。通过查阅文献来获得资料，了解以往控烟条例以及其实施的基本情况，与现状进行比较、思考并提出自己的观点和想法。

(2) 问卷调查法。通过发放问卷的形式进行调查，了解大学生对于新条例的知晓度和认可度，以及大学生的吸烟情况，并对数据加以分析评估。

(3) 模型模拟法。根据调查问卷数据，构建适当的数据模型，制作表格和图表，更直观地体现数据之间的内在联系，帮助我们更准确地深入问题，找到解决方案。

(4) 经验总结法。参加控烟志愿者服务活动，为推行“无烟校园”提出可行方案。

1.2.4　项目意义

控烟是保障公众健康的重要手段。它关系到保障人民福祉的大事。控烟立法做得怎么样，关系到“健康中国”“法治中国”能否顺利实现。控烟在社会共治方面的探索，也将为政府行政体制改革积累重要经验。大学校园和大学生群体应该是城市文明的标杆和先锋，应该努力践行控烟条例，树立控烟、拒烟意识，宣传控烟，践行社会主义核心价值观，提高大学生文明素养和城市文明程度。

2　活动流程

2.1　前期准备阶段(2017 年 6 月 13 日至 7 月 9 日)

2.1.1　计划方案

(1) 确定项目题目及调研方向，明确组内分工。

(2) 与指导老师进行项目调研内容的沟通，建立项目调研基础方案。

(3) 通过专业文献网站和大数据网站，查阅相关资料和数据，为项目调研实践提供参考依据。

2.1.2　完成情况

针对控烟主题，我们项目小组对 2017 年 3 月 1 日实施的新修订的《条例》进行了深入的学习，明确条例的禁烟范围和处罚措施等，讨论如何在大学生中开展控烟工作，寻找调查研究切入点。

2.2　中期调研阶段(2017 年 7 月 10 日至 8 月 17 日)

2.2.1　计划方案

(1) 按调研方向和问题，设计调查问卷，在线上线下向大学生发放调查问卷进行填写。

(2) 前往上海市卫生和计划生育委员会(以下简称"市卫计委")参加控烟项目研讨会，与卫计委健康促进处老师进行项目讨论和对接。

(3) 前往中国烟草博物馆进行参观学习，重点参观考察馆内"吸烟与控烟"展馆。

(4) 查阅更多项目相关文献，与前阶段获得的资料和数据结果进行比较分析，发现问题，探讨问题。

(5) 联系上海市控烟志愿者项目负责人，加入控烟志愿者的行列，亲身实践控烟宣传工作。

(6) 前往松江大学城，着重对立信校园控烟标志张贴等进行了实地考察。

2.2.2　完成情况

(1) 线上投放问卷，调查新政实施情况(7 月 10 日至 7 月 20 日)。

我们项目小组在本阶段按调研方向和归纳的问题完成了调查问卷的设计工作。问卷逻辑严密、层次分明，问题丰富而全面，问卷内容主要包括大学生吸烟现状、新《条例》施行成效和无烟校园建设等。该问卷通过"问卷星"线上调查平台发放，方便有效。

通过问卷调查的方式，我们了解大学生对新条例的知晓度和认同度，了解大学生执行《条例》的情况。

(2) 参加控烟会议，改善项目方案(7 月 21 日至 7 月 31 日)。

7 月 25 日，在团市委的组织和牵线下，我们项目小组成员张远东和金梦婕前往市卫计委参加控烟项目研讨会，与卫计委健康促进处老师进行项目讨论和对接。

会上，团市委和卫计委领导就开展暑期控烟社会实践活动提出要求。之后，与会领导、老师对本项目申报书内容进行审阅，项目负责人在会上就项目申报书内容作了详细的介绍，并汇报了社会实践的任务进度，反映了实践过程中遇到的问题。

与会领导、老师对本组的项目规划和发展表示认可与支持，同时也提出了存在的问题，并给出了解决办法和建议。会后，我们小组对问卷内容作了最后的修改调整，重新投放、回收样本。

(3) 参观烟草博物馆，延伸背景层次(8 月 1 日至 8 月 10 日)。

8 月 5 日，项目组成员前往坐落于上海市杨浦区长阳路、通北路交会处的中国烟草博物馆进行参观学习。博物馆内馆藏丰富，陈设整洁，多姿多彩，具有较高的收藏和研究价值。烟草博物馆通过珍贵的文物、文献、模型、场景、真人蜡像以及照片、多媒体等形式，生动展示出中国烟草文化的历史，诠释了烟草文化的丰富内涵。

我们重点参观考察了馆内“吸烟与控烟”展馆，了解控烟知识和背景，了解控烟工作的进程，获得了对控烟的基本认识。

通过参观中国烟草博物馆，我们对中国烟草发展史有了进一步的了解。

(4) 参与控烟志愿，总结控烟经验(8 月 11 日至 8 月 17 日)。

在市卫计委健康促进处及浦东爱卫办老师的协助安排下，8 月 15 日，项目小组一行人前往上海市浦东新区塘桥街道进行控烟志愿体验。我们参与控烟宣传工作，向其他控烟工作者开展控烟工作的难处，获得开展控烟工作的直接经验，对推行“无烟校园”提出可行方案。

8 月 16 日，我们前往松江大学城，对立信校园控烟标志张贴等问题进行了实地考察并在校园内厕所门口、走廊等处张贴了一些禁烟标志和海报。

2.3　后期结项阶段(2017 年 8 月 18 日至 8 月 25 日)

2.3.1　计划方案

(1) 梳理总结研究结果，组内分析讨论，撰写完成调查报告。

(2) 整理调研过程中获得的文献资料、照片和影像等，以备后期答辩。

(3) 撰写个人志愿服务感想和社会调研感想。

2.3.2　完成情况

我们对影响大学生吸烟的因素和影响控烟工作开展的因素进行分析，深入探讨其原因，总结开展控烟工作的困难和经验，对控烟工作的有效开展提出可行性方案，对解决大学生吸烟问题提出相应对策。我们汇总项目实践中的调研结果、分析和建议，完成调研报告。

我们在整理调研过程中获得了一定数量的文献、照片和影像资料。

3　成果展示

3.1　问卷调查

进入项目中期调研阶段，项目小组通过“问卷星”在线问卷调查平台设计并投放问卷，截至 8 月 22 日，共回收问卷 347 份。

3.1.1　问卷综述

问卷共有 4 个调查部分，分别为个人信息调查、大学生吸烟现状调查、控烟条例相关调查和无烟校园相关调查。大学生吸烟现状调查又分为吸烟情况和对吸烟危害知识的了解两部分的调查内容。问卷从性别、年级、吸烟与否等角度进行分析，获得全面的调查分析结果。

3.1.2　数据分析

1）个人信息调查。

第 1 题至第 3 题为个人信息调查，对调查对象进行身份（即是否为上海高校大学生）、性别和年级的调查。

第 1 题：您是否是上海高校学生（包括专科、本科、研究生）？[单选题]

根据回收问卷的情况来看，在 347 名调查对象中，有 272 名上海高校学生，占总调查对象的 78.39%，另有 75 名调查对象非上海高校学生。

第 2 题：您的性别？[单选题]

在 272 名接受调查的上海高校学生中，男生 120 名，占 44.12%，女生 152 名，占 55.88%，男女性别比为 1∶1.27。

第 3 题：您的年级？[单选题]

在 272 名接受调查的上海高校学生中，大一学生 131 名，大二学生 97 名，大三学生 31 名，大四学生 10 名，其他学生 3 名，各年级比为大一∶大二∶大三∶大四∶其他＝43.67∶32.33∶10.33∶3.33∶1。在此处需要说明的是，局限于在线投放问卷的不可控性，以及项目成员的能力有限制，本问卷的投放未能采取分层整群抽样的专业方法，导致获得的样本数据中，各年级学生数量相差较大，大一学生占 48.16%，而大四、其他学生分别只占 3.68%和 1.1%，可能导致数据结果存在一定偏差。

2）大学生吸烟现状调查。

(1) 吸烟情况。

第 4 题至第 11 题为吸烟情况调查。我们对上海高校大学生进行吸烟现状调查，对吸烟学生的吸烟动机、吸烟场所等进行调查，对不吸烟学生对吸烟行为的态度进行调查，全面反映目前上海高校学生吸烟情况。

第 4 题：您是否吸烟？[单选题]

272 名上海高校学生中，吸烟者 27 名，不吸烟者 245 名，吸烟率为 9.93%，情况较为乐观。

第 5 题：您从何时开始有吸烟习惯？[单选题]

在 27 名吸烟的上海高校学生中，11 名吸烟大学生自大学阶段开始有吸烟的习惯，13 名自高中阶段开始，2 名自初中阶段开始，另有 1 名自小学阶段起便开始吸烟。

第 6 题：您吸烟的动机是什么？[多选题]

在所列出的吸烟动机中，27 名吸烟大学生作出了选择。17 名受情绪影响，13 名因社交需要，9 名受同学影响，4 名因自己好奇，选择“其他”的同学反映是由于“被迫吸二手烟，然后开始抽烟”。可见，上海高校学生选择开始吸烟受情绪影响和交往环境影响较大。

第 7 题：您是否会在校园内吸烟？[单选题]

在 27 名吸烟大学生中，19 名学生会在校园内吸烟，占 70.37%；不会在校园内吸烟的有

8 名，占 29.63%。可以得出，大多数吸烟大学生有在校园内吸烟的习惯，上海高校吸烟学生校园吸烟情况较为严重。

第 8 题：您会在校园哪些场所吸烟？［多选题］

对会在校园内吸烟的 19 名大学生进行调查，发现有 18 名学生选择会在厕所吸烟，人数占比高达 94.74%；7 名会在操场吸烟，占 36.84%；另有少数会在体育馆、教室等场所吸烟；选择"其他"选项的学生反映会在楼道走廊吸烟。

第 9 题：您会在大学城内哪些场所吸烟？［多选题］

对 27 名吸烟大学生进行调查，发现在学生公寓、公交候车区、网吧和 KTV 吸烟的人数较多，分别为 19 名、13 名、12 名和 10 名，在学生公寓占 70.37%，在公交候车区占 48.15%，在网吧占 44.44%，在 KTV 占 37.04%。以上场所均应是禁烟场所。

第 10 题：您的同学对您的吸烟行为所持的态度如何？［单选题］

通过 27 名吸烟大学生的反映，他们的同学对他们的吸烟行为有近 7 成持中立态度，有 25.93%选择赞成，会一起吸烟，而其中仅有 3.7%的同学持反对态度，并会加以劝阻制止，由此可见，同学间的互相影响是导致吸烟大学生增加以及影响控烟工作的因素之一。

第 11 题：若您的室友、同学吸烟，您对他的吸烟行为所持的态度如何？［单选题］

在对 245 名不吸烟上海高校学生的调查中发现，他们对于同学吸烟行为的态度有近 7 成持反对意见，支持者占 10.61%。

(2) 对吸烟危害知识的了解。

第 12 题至第 13 题为上海高校学生对吸烟危害的知识的了解情况调查。

第 12 题：您了解吸烟的危害吗？［单选题］

在 272 名调查学生中，166 名对吸烟危害知识较为了解，占 61.03%；十分了解的有 82 名，占 30.15%；超过 9 成的调查学生对吸烟危害知识有足够的了解，仅 1 人对吸烟危害知识完全不了解。可见，吸烟危害普及工作在上海高校学生中的良好成效。

第 13 题：您了解二手烟的危害吗？（二手烟：吸烟的人所呼出的气体和香烟本身燃烧时的烟雾的俗称）［单选题］

本题问卷情况如图 1 所示。

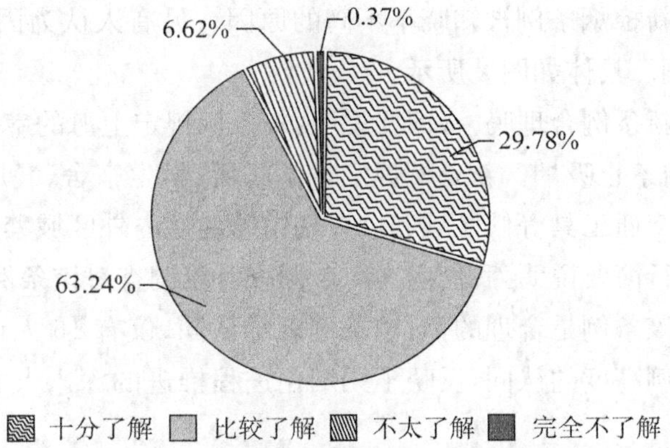

图 1　上海高校学生二手烟危害认知情况

该题数据结果与上题结果近似，都反映了上海高校学生对吸烟危害知识的认知度较高。

3）控烟条例相关调查

第 14 题至第 25 题为控烟条例了解程度的调查，通过对接受问卷调查的 347 名调查对象进行细致的调查，得到条例知晓率、认同度等数据结果，反映控烟条例的实施情况及民意支持度。

第 14 题：您是否了解 2017 年 3 月 1 日起开始施行的新修订的《上海市公共场所控制吸烟条例》？［单选题］

347 名调查对象中，190 名了解新控烟条例，占 54.76%，157 名不了解新控烟条例，占 45.24%。

第 15 题：您是通过什么渠道了解到新条例的？［多选题］

在 190 位了解新控烟条例的人中，通过电视媒体了解到新条例的人占绝大多数，可见电视媒体在控烟宣传上起着巨大作用；76 位从社区宣传获得了解；另有通过公共场所禁烟标志和家人朋友告知等渠道。

第 16 题：您认为自己不了解新条例的原因是什么？［多选题］

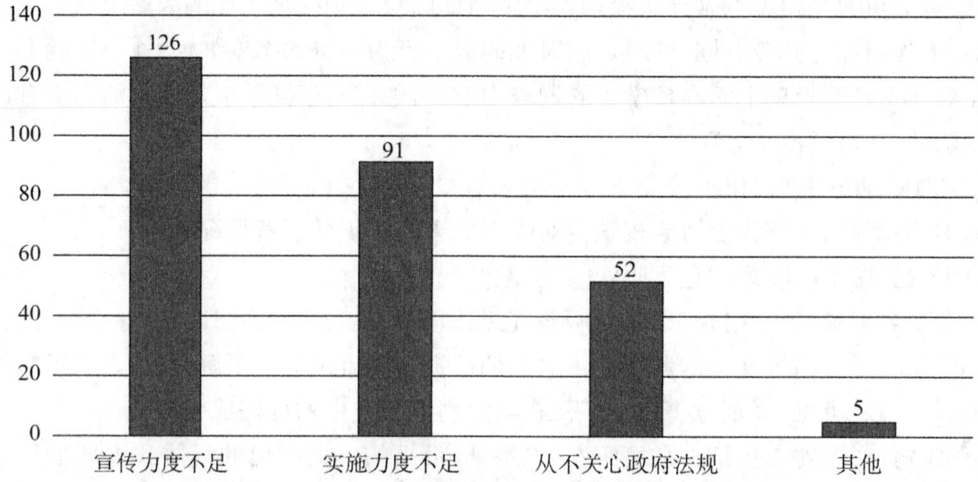

图 2　不了解新条例的原因调查

该题结果反映了新控烟条例被知晓率不高的原因。另有人认为因为自己和身边人不吸烟，故不关注该类条例。具体如图 2 所示。

第 17 题：您认为新条例合理吗？（简要说明：新条例规定上海的室内公共场所、室内工作场所、公共交通工具内禁止吸烟。新条例规定教学场所、学生宿舍、餐厅等室内区域禁烟，并规定人群聚集的公共交通工具等候区域和体育场馆等的室内外区域禁烟等。）［单选题］

通过对新条例进行简要说明，我们向 347 名调查对象调查对该条例的认同情况。结果表明，95.39%的人认为该条例是合理的，对该条例表示认同；仅有 16 人认为条例不够合理，占 4.61%。民众对新条例高度的认同，反映了无烟化进程推进的深入人心，是社会发展的必然选择。

第 18 题：您认为新条例不合理的理由是什么？［多选题］

在认为条例不合理的16人中，认为禁烟范围界定仍不够细致明确的人最多，有9人；认为条例禁烟范围太大，过于严苛，处罚措施不好落实以及范围不全面的各有8人，认为罚金太高的仅2人。

第19题：您是否会遵守新条例？［单选题］

347名调查对象中仅7名表示不会遵守新条例，而97.98%的人表示愿意遵守新条例。遵守理由如下。

①遵守国家政府颁布的法律法规是每个公民应尽的责任和义务；②二手烟危害极大，在公共场所，吸烟者不应影响他人；③新条例的出现必定有其合理性，虽然自身不吸烟，但如果自己有吸烟的习惯，也会因为新条例而改变自己。

第20题：您是否会因为新条例的施行而选择戒烟？［单选题］

对27名吸烟大学生的调查表明，大多数吸烟大学生不会因为新条例的施行而选择戒烟。可见，新条例对于引导吸烟大学生戒烟的能力较低，难以有效地控制吸烟人数。

第21题：若您尝试劝阻过他人在禁烟场所的吸烟行为，对方的反应如何？［单选题］

通过347名调查对象的问卷结果反映，39.48%的吸烟者在受到别人劝阻自己在禁烟场所的吸烟行为后会选择离开该地，去别处吸；31.12%的吸烟者会马上停止吸烟行为；23.63%的吸烟者仍会不听劝继续吸烟，可见控烟工作开展有一定难度。

第22题：您认为目前阻碍控烟的主要因素有哪些？［多选题］

根据调查结果显示，在347人中，243人认为目前阻碍控烟的主要因素是控烟执法力度不够，214人认为是由于公民本身拒烟意识差，133人认为是由于控烟宣传不到位。三个影响因素都有很多人选择，可见，要更好地开展控烟工作，这些都是必须克服的难点。也有人认为条例不够完善和处罚轻等。

第23题：对于公共场所控烟立法，您关注哪些方面？［多选题］

根据调查结果显示，在347人中，对于公共场所控烟立法，关注其禁烟场所的明确和范围扩大以及吸烟惩处方式的明确这两方面的各有214人和218人，可见这两方面对于完善控烟立法和开展控烟工作起作用，也有151人关注禁烟宣传工作的落实及追责。

第24题：在新条例中，并未将大学的室外公共场所列入禁烟名单，您认为在禁烟条例修订中是否应该新增对于大学校园及大学城的禁烟控制条款？［单选题］

在347名调查对象中，有285名建议条例新增大学校园及大学城的禁烟控制条款，占82.13%，17.87%的人认为不应增加。理由如表1所示。

表1　是否新增大学校园及大学城的禁烟控制条款

支持理由	反对理由
大学校园内不乏吸烟的人，明确具体的条款有助于杜绝此类现象	只要不影响别人，抽不抽烟是自己的自由
大学校园属于公共场所，不该例外	室外公共场所应该不算
以学生带动人民的意识	对他人影响小

（续表）

支持理由	反对理由
学校吸烟有一定引起寝室火灾的可能性，所以要禁烟	吸烟人群不该受到歧视，应该设置吸烟区
大学生是社会的未来，沾染一丝恶习，会影响身体，也会影响他人	室外不影响
大学生吸烟者，应该尽早戒烟	只要不在室内抽烟就好，室外还是可以的
校园不控烟，不利于文明大学环境建设	有吸烟习惯的人应该有一定的空间
大学生容易染上吸烟习惯，更加应该关注这一问题	室外不应该有太多规矩
大学是学习的地方，而非吸烟的地方	范围过大的社会规范、规则，很可能本末倒置
吸烟没有任何益处	吸烟是个人的自由
可以设立一个吸烟区，别的地方全面禁烟	大学是较为自由的地方
在大学城开始实施禁烟，能有效从源头减少吸烟的现象	

第25题：对《上海市公共场所控制吸烟条例》的施行和今后的继续修订完善，您有哪些意见和建议？［填空题］

受访人对控烟条件的意见和建议，如下：

①保障烟民权利的基础上再控烟；②如何从根源上禁烟才是最重要的；③加强监管，加重处罚；④加大对青少年宣传，特别是创建无烟校园；⑤加大吸烟宣传和管制的力度；⑥加大执行力度，且确保持久性；⑦相关部门要加强监管力度；⑧先试点后扩散，边做边学，并参照国内外经验；⑨精良明细，问责到人；⑩各方监督到位；⑪加大执法力度、宣传力度；⑫可以逐渐减少吸烟场所；⑬建议政府要求学校多多强调此事。

4）无烟校园相关调查

第26题至第32题为无烟校园相关调查，就大学城二手烟重灾区、大学生控烟作用因素及建设无烟校园的支持度进行基础调查。

第26题：您认为大学的室外公共场所可以吸烟吗？［单选题］

对272名上海高校学生的调查结果显示，48.16%的学生认为不可以吸烟，他们认为吸烟有害健康，公共场所不分地点，人口密集处都应禁烟；40.07%的学生认为可以吸烟，一是因为新控烟条例并未对大学室外公共场所吸烟行为进行限制，二是因为室外吸烟对他人影响较小，吸烟是他人自由，只要不影响他人就可以；11.76%的学生对此不表示态度。理由如表2所示。

表2　大学的室外公共场所是否可以吸烟

可以	不可以
室外人少的地方可能对人的影响比较小，人多的地方应该禁烟	公共场所也有人，会影响他人
在人群密度较小的地方	公共场合不分地点，都应该禁烟

（续表）

可以	不可以
没办法，有些人实在控制不住	吸二手烟的人们很无辜
室外不影响	应该在专门吸烟的地方吸烟，比如机场的吸烟室
可以专门设置吸烟场所	影响校容
受二手烟影响的概率几乎不存在	不管是在大学内还是大学外都不文明
这是个人的自由，没理由干涉	吸烟不仅仅是一个人的事，公共场所吸烟也会危害其他人的健康
如果吸烟合法，那当然可以，但是不能以牺牲其他人的健康为代价	人口密集处不应吸烟

第 27 题：下列哪些场所是大学城二手烟重灾区？［多选题］

根据调查结果显示，网吧、厕所、寝室、餐厅等均是大学城二手烟重灾区，认为网吧和厕所是大学城二手烟重灾区的人多达 74.63％和 72.79％，可见问题严重。

第 28 题：您认为下列哪些控烟活动有助于开展校园控烟？［多选题］

根据调查结果显示，认为播放控烟宣传片，张贴公益广告、海报的控烟活动有助于开展校园控烟的人最多，其次为控烟专题讲座、健康教育讲座、控烟志愿活动等。但我们在实践活动中发现，大学城禁烟标志、禁烟海报等张贴都较少或不明显，应加强改善。

第 29 题：您认为校园控烟活动的宣传内容应该包括哪些？［多选题］

根据调查结果显示，认为应该包括吸烟危害、政府政策、控烟措施的占多数，分别为 221 人、198 人和 186 人。可见，控烟宣传应该继续加强吸烟危害知识普及，并强调政府的控烟政策和措施。

第 30 题：您认为下列哪项对大学生控烟起着最重要的作用？［单选题］

272 名上海高校学生中，认为自我约束对大学生控烟起最重要因素的占 59.93％，认为法律规范最重要的占 21.32％，舆论压力和旁人监督占少数。可见，要推进大学生控烟首先需要培养大学生群体的拒烟意识。

第 31 题：您是否支持学校将禁止吸烟引入校规并以此作为处分依据？［单选题］

根据调查结果显示，有超过 6 成的上海高校学生支持学校将禁止吸烟引入校规并以此作为处分依据，36.76％的学生表示反对。理由如表 3 所示。

表 3　是否支持学校将禁止吸烟引入校规并作为处分依据

支持	反对
为吸烟者的健康也为他人的健康着想	大学生已经成年，学校无权限制其不对他人造成影响的行为
没有处罚措施就不具有其威严性	吸烟个人自由，可以限制区域，不应禁止行为
加强对大学生吸烟的管制，以强制手段保障学生的身体健康	不支持，这种处罚应当只作为即时办法，并非记入档案那种

（续表）

支持	反对
学校作为学生的直接管理者，执行效果会事倍功半	毕竟还是个人行为，至少目前还未列为禁烟场所，那么一定有其合理性，学校不应因为吸烟而随意处罚学生
可以有效控烟	大学生有自我判断的能力和承担后果的勇气
控制青年吸烟	人家吸烟也没有违法，戒烟应该还是挺难的
大学生应当规范自身行为	自觉是最重要的，就怕有些敏感的同学认为这是约束他们的自由，会适得其反
禁止吸烟也是为学生好	

第32题：对"践行控烟条例，倡导无烟校园"，您有哪些意见和建议？［填空题］

受访人的意见和建议如下：

①首先在于自己的控制，其次是他人的监督；②惩罚措施明确，且具体落实；③开辟吸烟室，杜绝室外吸烟；④一般的活动都没有太大影响，以处罚为主；⑤加强宣传工作；⑥通过宣传让吸烟的学生意识到其危害；⑦校园创新宣传；⑧辅导员、学生干部可以多多督促学生；⑨学校可对校园吸烟者作出合适的惩罚。

3.1.3　交叉分析

两两问题的交叉分析能够让我们看到因素与因素之间的相互联系。

(1) 不同性别上海高校学生吸烟率比较(见表4)。

表4　不同性别上海高校学生吸烟率比较

性别	调查人数(人)	吸烟人数(人)	吸烟率
男	120	20	16.67%
女	152	7	4.61%

本次调查结果显示，男性上海高校学生吸烟率16.67%，女性上海高校学生吸烟率4.61%，男生吸烟率明显高于女生吸烟率，这与朱梓嫣、郑频频针对上海大学生的调查结果(男生吸烟率11.10%和女生吸烟率0.95%)和子华明针对大学生吸烟的调查结果(男生吸烟率41.23%和女生吸烟率3.06%)一致。

(2) 不同性别上海高校吸烟学生校园吸烟率比较(见表5)。

表5　不同性别上海高校吸烟学生校园吸烟率比较

性别	调查人数(人)	校园吸烟人数(人)	校园吸烟率
男	20	16	80.00%
女	7	3	42.86%

特别地，本次调查还针对不同性别的上海高校吸烟学生进行校园吸烟率比较，结果显

示，男性吸烟学生校园吸烟率为80.00%，女性吸烟学生校园吸烟率为42.86%，男性吸烟学生校园吸烟率接近女性吸烟学生校园吸烟率的2倍。

(3) 不同年级上海高校学生吸烟率比较(见表6)。

表6　不同年级上海高校学生吸烟率比较

年级	调查人数(人)	吸烟人数(人)	吸烟率
大一	131	7	5.34%
大二	97	13	13.40%
大三	31	5	16.13%
大四	10	2	20.00%
其他	3	0	0

本次调查结果显示，上海大一学生吸烟率为5.34%，大二学生为13.40%，大三学生为16.13%，大四学生为20.00%，其他学生未调查到吸烟者。总体上看，年级越高，呈现的吸烟率越高，为递增趋势，这与芮光来的调查结果(大一14.16%，大二25.00%，大三27.31%，大四36.60%)以及贺兆涛等的调查结果(毕业生42.57%，新生19.65%)相一致。

(4) 不同年级上海高校吸烟学生校园吸烟率比较(见表7)。

表7　不同年级上海高校吸烟学生校园吸烟率比较

年级	调查人数(人)	校园吸烟人数(人)	校园吸烟率
大一	7	5	71.43%
大二	13	9	69.23%
大三	5	4	80.00%
大四	2	1	50.00%
其他	0	0	0

本次调查还针对不同年级的上海高校吸烟学生进行校园吸烟率比较，结果显示，大一吸烟学生校园吸烟率为71.43%，大二为69.23%，大三为80.00%，大四为50.00%，其他学生未调查到吸烟者。

(5) 吸烟学生与不吸烟学生控烟条例了解情况比较(见表8)。

表8　吸烟学生与不吸烟学生条例了解情况比较

是否吸烟	调查人数(人)	了解人数(人)	了解率
吸烟	27	17	62.96%
不吸烟	245	130	53.06%

调查结果显示，吸烟学生对控烟条例的了解率为62.96%，不吸烟学生对控烟条例的了

解率为 53.06%，吸烟学生的控烟条例了解率高于不吸烟学生，可能是因为吸烟学生会更多地关注控烟举措，控烟条例限制了吸烟学生的吸烟行为。

(6) 吸烟学生与不吸烟学生控烟条例认同情况比较(见表 9)。

表 9　吸烟学生与不吸烟学生条例认同情况比较

是否吸烟	调查人数(人)	认同人数(人)	认同率
吸烟	27	19	70.37%
不吸烟	245	239	97.55%

调查结果显示，吸烟学生对控烟条例的认同率为 70.37%，不吸烟学生对控烟条例的认同率高达 97.55%，吸烟学生的控烟条例认同率较不吸烟学生略低。

(7) 吸烟学生与不吸烟学生对新增大学控烟条款支持情况比较(见表 10)。

表 10　吸烟学生与不吸烟学生对新增大学控烟条款支持情况比较

是否吸烟	调查人数(人)	支持人数(人)	支持率
吸烟	27	10	37.04%
不吸烟	245	205	83.67%

调查结果显示，对于在控烟条例中新增大学控烟条款，吸烟学生支持率仅为 37.04%，不吸烟学生的支持率为 83.67%，不吸烟学生的支持率明显高于吸烟学生。

(8) 吸烟学生与不吸烟学生对禁烟引入校规的支持情况比较(见表 11)。

表 11　吸烟学生与不吸烟学生对禁烟引入校规支持情况比较

是否吸烟	调查人数(人)	支持人数(人)	支持率
吸烟	27	7	25.93%
不吸烟	245	165	67.35%

调查结果显示，吸烟学生对禁烟引入校规的支持率为 25.93%，不吸烟学生支持率为 67.35%，不吸烟学生支持率高于吸烟学生。但在同对在控烟条例中新增大学控烟条款支持率的比较中发现，无论是吸烟学生还是不吸烟学生对禁烟引入校规的支持率较之都有一定的下降，原因可能是由于两类学生群体都认为禁烟引入校规并据此进行处分的做法有些偏严重。

3.2　控烟志愿实践

在市卫计委健康促进处及浦东爱卫办老师的协助安排下，8 月 15 日，项目小组前往上海市浦东新区塘桥街道进行控烟志愿体验了解。

在控烟工作老师的带领下，我们来到了塘桥街道社区党建服务中心参观学习，对服务中心内的禁烟标志张贴进行查看。老师为我们介绍了新控烟条例颁布后禁烟标志的改动变化，讲解部分条例内容，并回答了我们提出的相关问题。

我们发现，服务中心电梯内禁烟标志未做更换，对照新旧禁烟标志，可见新标志较旧标志增加了投诉电话、罚款标准和管理单位。更加具体的禁烟标志有助于市民了解控烟详情，明确禁烟的意旨。

另外，我们还前往了塘桥街道办事处等地参观。之后，我们来到大街上对沿街商铺的标志张贴和吸烟情况进行检查。其中，重点检查了上次检查情况欠佳的网吧。我们进门便可闻到的烟味，我们向网吧管理人员提出了意见，并向他们发放了新禁烟标志和海报。

8月16日，项目小组成员又前往松江大学城，对立信校园控烟标志张贴等问题进行了实地考察。

我们发现大学城内商铺等室内公共场所禁烟标志普遍已换新，并张贴在显眼位置，而校园内则少见禁烟标志，且禁烟标志与新标志改动要求不符，未进行更新。

3.3　实践调查结论

3.3.1　上海高校学生吸烟率较低

根据调查结果显示，目前上海高校学生吸烟率为9.93%，该吸烟率低于子华明针对大学生吸烟的调查结果（大学生吸烟率为22.15%）和丁书姝等对某城市大学生吸烟率的调查结果（大学生吸烟率为21.9%），相较我国及其他城市大学生吸烟率，上海高校学生吸烟率明显较低，且更低于2015年中国15岁及以上成人的现在吸烟率（27.7%），我们认为的原因如下。

（1）上海市大力推进控烟工作开展。近年来，上海市政府一直处于开展控烟工作的前列。上海市人大常委会于2009年12月10日通过了《上海市公共场所控制吸烟条例》，自2010年3月1日起施行，确保了上海市承办的世博会实现了“无烟世博”的目标。而随着《烟草控制框架公约》在我国的有效实施，控烟条例的修订被摆到议事日程。2016年11月11日，上海市人大常委会表决通过了新修订的《上海市公共场所控制吸烟条例》。上海市人大在此次修法过程中坚持了“从严从紧控制吸烟的导向”，坚持了室内公共场所、室内工作场所、公共交通工具全面禁烟，进一步扩大了室外公共场所的禁烟范围，确保社会公众免受“二手烟”的危害，保护了公众健康。控烟工作的大力推进必然对减少上海市吸烟人数、降低吸烟率起到极大的促进作用，故上海高校学生吸烟率要低于我国大学生吸烟率及多数城市大学生吸烟率。

（2）上海市卫生健康宣教落实有效。要想有效控制青年吸烟，就必须加强烟草危害的宣传教育，加大无烟校园的创建力度。而上海市政府一直以来都通过全方位、多角度的宣教方式，对青少年学生加强吸烟危害知识的教育，着力推进中小学校园无烟化建设。烟草危害知识的宣教，有效降低了上海高校学生的吸烟率。

（3）上海高校学生受教育程度较高。上海高校学生受教育程度较高，形成了良好的价值观，有良好的自律性，不容易受吸烟诱惑，对于吸烟危害知识也多有了解，自觉形成拒烟意识。

（4）上海的文化、娱乐场所等较多。调查显示，多数大学生因受不良情绪影响而染上吸烟的恶习。上海市文化设施、娱乐场所较多，在一定程度上消化了大学生的不良情绪，降低了吸烟率。

3.3.2　上海女性大学生吸烟率较高

调查结果显示，目前我国上海高校女性学生吸烟率为4.61%，这一结果高于子华明的调查结果（女生吸烟率3.06%）。《中国控制吸烟报告》曾指出，我国吸烟者中约有1 500万青少年，其中15～24岁女性吸烟率呈上升趋势，实际吸烟率为3.9%。近几年，在我国特别是在大城市的女性吸烟率也在显著上升。而本次调查上海女性大学生吸烟率偏高的结果正反映了目前年轻女性吸烟率上升的不良趋势。

3.3.3　上海高校吸烟学生校园吸烟率高

调查结果显示，近7成吸烟学生有在校园吸烟的习惯，这必将造成校园二手烟暴露率处于高位。有调查结果表明，上海市高校大学生的校内二手烟暴露率为63.5%，校内二手烟暴露形势严峻，学校应当建立起完善的禁烟制度，推进无烟校园的创建。而在校内吸烟场所中，厕所等禁烟区域是大学生主要的吸烟场所，也是校内二手烟重灾区，对此控烟监管和学校等部门应该引起足够的重视，对这样一些违反条例的行为实施严格的监管处罚，减少校园二手烟危害。

3.3.4　大学阶段吸烟人数大量增长

调查结果显示，近9成的上海高校吸烟学生是从高中和大学阶段开始吸烟的，我国吸烟者吸烟初始年龄平均为(16.46±4.73)岁，75%集中在15～20岁，有学者对中美两所类似大学生对比调查研究发现，中国大学生初次吸烟的时间要早于美国大学生，其他多项研究也发现学生初次吸烟年龄基本集中在16～21岁。中国疾病控制中心控烟办公室副主任姜垣在第十届全国青少年控烟会议上指出，中国吸烟者有一半是在20岁之前开始吸烟。因此，高中阶段和大学初期是开始吸烟的高峰时期，也是干预、控制、降低吸烟率的最佳时期。

3.3.5　新控烟条例被知晓率不高

调查结果显示，了解新控烟条例的人并不多，仅刚刚过半，而上海高校学生对条例的了解率更低，他们认为是由于条例宣传和实施力度不够导致自己对条例的不了解。实际情况是，电视媒体、新闻报刊等对控烟条例都做了大量的报道宣传，社区街道也积极响应，严抓条例的宣传落实。我们认为，导致新条例被知晓率不高的原因一是由于多数人不吸烟，对于该控烟条例自然缺乏关注；二是由于上海高校学生获取外界信息存在一定滞后性。

3.3.6　大学城内控烟工作落实不到位

多项调查结果显示，有大量的吸烟大学生会在禁止吸烟场所吸烟，比如学校室内、公交候车区、网吧、KTV等，而以上区域的禁烟标志、宣传却很少，又由于大学城的区域独特性，控烟监管较少。据了解，大学城内控烟处罚案例几乎为零。

3.3.7　新控烟条例实施民意支持率高

调查结果显示，认为条例合理和愿意遵守条例的人分别占95.39%和97.98%，新控烟条例实施获得了极高的民意支持率。上海控烟条例基本符合世界卫生组织《烟草控制框架公约》要求，对保护上海2 000多万公民的健康、推进健康上海建设起到了重要作用。也有少数调查对象认为，条例存在禁烟范围部分界定不够明确或者禁烟场所不够全面等问题，这些也确实是条例存在的问题，例如，对于寝室这一类可公可私的室内场所难以明确界定。

3.3.8　新条例正确引导吸烟者效果不佳

调查结果显示，仅11.11%的人会因为新条例的实施而选择戒烟，低于2010年旧条例实施后上海市民20.4%的戒烟率，而多数被劝阻在禁烟场所吸烟的吸烟者面对劝阻表现为继续吸烟或到别处去吸。这从一定程度反映了新条例引导吸烟者正确行为的能力及效果不佳。

3.3.9　普遍支持在控烟条例中新增大学(城)禁烟条款

调查结果显示,82.13%的调查对象支持在控烟条例中新增大学及大学城的禁烟条款。可以说,全面推进控烟工作已成为多数人的共识,又因为目前校园二手烟暴露率高,大学全面禁烟应该需要被提上日程。

3.3.10　将禁烟引入校规支持率过半

调查结果显示,有超过6成的上海高校学生支持学校将禁止吸烟引入校规并以此作为处分依据。大家普遍认为这样做既有利于大家的身体健康,更有助于全市的控烟工作。

3.3.11　吸烟者的权利也需要有所保障

在推进控烟工作的同时,吸烟者的权利也需要有所保障,而不能采取“一刀切”形式。控烟工作的推进落实不是一蹴而就的,吸烟行为的减少也不是一夕就成的。调查中,无论是吸烟者还是不吸烟者都有人反映需要给吸烟者一定的空间。

3.3.12　控烟志愿工作开展关键及困难

(1) 工作开展的关键。

① 控烟志愿工作以宣传、监管为主。控烟志愿工作应以禁烟宣传、劝阻吸烟和监管实施为主,要确保人流量大的室内公共场所都贴有禁烟标志,确保网吧等单位无人吸烟、无烟味并于醒目处张贴禁烟标志和海报,让更多人了解并遵守条例,创建健康无烟环境。

② 禁烟标志在控烟工作开展中十分重要。

新条例实施后,禁烟标志也随之换新。新禁烟标志的张贴成了是否落实控烟工作的首要标志,要确保其大量出现在人流密集的室内公共场所醒目处,对于网吧等吸烟重灾区更要加大张贴量。

(2) 工作开展的困难。

① 控烟志愿者人数较少且趋于老龄。经过相关部门老师反映,目前上海市控烟志愿者人数虽相较之前有了增长,但其总体人数仍旧偏少,且参与控烟志愿工作的志愿者以老年人居多,对今后上海进一步推进控烟工作存在不利影响。

2017年5月31日,全国大学生控烟志愿者联盟在清华大学成立,8月21日,全国青少年控烟大会召开,发表《全国青少年控烟志愿者宣言》,倡导“不吸烟　我健康　我时尚”科学观,远离烟草,推动建设无烟校园,呼吁更多的青少年加入控烟志愿者队伍,积极参与社会控烟,做不吸烟的新一代。

② 被监管单位或个人不愿配合工作。在突击检查网吧控烟工作的过程中发现,网吧管理人员对上网者在厕所吸烟的行为无法有效管理,以及对张贴新的禁烟标志及海报有所推脱。

③ 禁烟场所难以全面监管到位。控烟工作者人数少、吸烟人数多、禁烟场所范围大等,这些都造成禁烟场所的监管困难。控烟工作者称只能实行“抓现行”和“放任务”的方式来开展控烟监管工作,主要还是要靠吸烟者的自觉性。

3.4　高校控烟及推进无烟校园对策

3.4.1　学校制定严格的禁烟校纪校规

调查结果显示,禁烟校规支持率过半,但以此作为处分依据在吸烟学生中可能产生极大的不满情绪。

学校可以把是否吸烟作为个人评“奖学金”“三好学生”以及享受其他优惠政策的参考条件，作为班级评定“优秀集体”时的参考条件，这样可以给吸烟学生一定心理压力，对不吸烟者也起到一定警示作用，由小范围到大范围，人人无烟班级到无烟院系，创办无烟大学。

3.4.2　学校应该紧跟政府控烟措施

学校要多在校园内开展控烟志愿活动，进行控烟宣传，实施吸烟劝阻，加强违纪监管。实践活动中发现，大学禁烟标志张贴存在数量少、未更新、形同虚设的问题。若在大学校园禁烟场所张贴足够多醒目的禁烟标志，相信多数大学生在看到禁烟标志后会自觉不吸烟。另外，可以设立“禁烟督察队”，不定时进行监督检查，对被查违纪学生进行相应处罚。

3.4.3　控烟应纳入高校健康教育课程

健康教育是高等教育的重要组成部分，而控烟教育理应成为重中之重。控烟教育应面向全体青少年，应该从小学开始抓，而又不能止于大学，防止青少年对吸烟的尝试和起步，杜绝烟民的滋生和增长。

青少年进入大学后吸烟率大幅增加表明，大学的控烟教育存在很大程度的缺失，应该加大力度宣传吸烟与被动吸烟的危害。

3.4.4　开展丰富多彩的业余文化生活

学校通过丰富业余文化生活，从一定程度上消化大学生的不良情绪，控制大学生吸烟情况。同时，大学生要积极锻炼身体，坚持慢跑或选择跳绳、游泳、爬山等体育锻炼项目，培养良好的健身爱好。

3.4.5　成立心理咨询机构以及控烟帮助中心

学校针对大学生个性心理特征展开心理咨询和辅导，塑造健康、向上的人格和品质。学校可以成立控烟帮助中心或戒烟俱乐部，设立“校园无烟日”，定期举办健康知识讲座或竞赛，为希望戒烟者提供药物、器械和精神疗法，帮助吸烟者彻底戒除烟害。

4　社会反响

4.1　团队成员本身能力的提高

经过社会实践，我们加深了对烟草知识和控烟工作的认识，增加了见识。我们还因为社会实践，学会团结，学会相互合作，收获了深厚友谊。

4.2　控烟工作者的大力支持和认同

本项目自开展以来，受到上海市卫计委的高度关注，他们对我们利用暑假开展控烟调查表示赞赏，并对我们的项目给予支持。我们项目的开展一直受到市卫计委健康促进处、浦东爱卫办基层街道控烟工作者的支持和帮助。

4.3　被调查对象的积极配合

我们发放问卷的过程，就是一次控烟宣传，相信我们的调查能为控烟工作作出一些贡献。

参考文献

[1] 朱梓嫣，郑频频.上海市大学生烟草使用现状及影响因素分析[J].上海交通大学学报(医学版)，2017，37(2).

[2] 子华明.大学生吸烟行为影响因素分析与干预对策研究[D].上海：华东师范大学，2013.

[3] 芮光来.某医学院大学生吸烟行为现况调查[J].中国学校卫生，2002，23(3).

[4] 贺兆涛，丛中，张峰.大学生吸烟行为调查分析[J].中国行为医学科学，2000，9(3).

[5] 丁书姝，李太顺，魏明伟，等.大学生吸烟现状及其对烟草相关知识态度行为的调查[J].环境与职业医学，2013，30(10).

[6] 中国疾病预防控制中心.2015中国成人烟草调查报告[R].北京：中国疾病预防控制中心，2015.

[7] 中国疾病预防控制中心.2010年中国控制吸烟报告[R].北京：中国疾病预防控制中心，2010.

[8] 朱梓嫣，郑频频.上海市高校大学生校内二手烟暴露现状及其影响因素分析[J].环境与职业医学，2017，34(4).

[9] 李建军.中美大学生吸烟状况比较[J].中国健康教育，2004，20(4).

[10] 史慧静，安爱华，王萍萍，等.青春期性发育对青少年吸烟行为的影响[J].中华流行病学杂志，2002，23(4).

[11] 王泉海.豫北地区大学生吸烟行为现状[J].中国学校卫生，2007，28(5).

[12] 徐继英，陈涛，吴凡，等.2010年上海市居民控烟现况调查[J].环境与职业医学，2012，29(10).

项目组员：张远东　谢晨楠　季佳楠　金梦婕

指导教师：王　洁

融会传统诚信文化，构建现代诚信社会

——关于传统文化在践行社会主义核心价值观过程中的价值研究

摘　要：诚信是中国优秀传统美德，是社会重要的基础之一，诚信更是社会主义核心价值观的主要内容。习近平总书记指出“中国传统文化博大精深，对树立正确的世界观、人生观、价值观很有益处。”经过历代学者的发扬和统治者的改造，儒家思想逐渐形成完整的体系，成为中国传统文化的主流。其博大精深的文化品格，在世界文化史上具有重要影响，对当今社会仍具有重要的现实意义。儒家思想是中国传统文化的精髓，儒家思想中的“信”更是其重要的支柱。为更好传承诚信文化，我们走访参观位于孔子故乡曲阜的三孔古迹。为了解社会诚信情况，我们在青岛、济南、上海等地，走进社区、学校、企业开展相关实践调研活动，以弘扬诚信文化，彰扬诚信精神，培育和践行社会主义核心价值观。

我们从诚信纳税着手，分析我国目前诚信纳税情况、企业诚信文化、学校诚信建设、社区诚信宣传。我们分析“传统诚信文化”与“社会主义核心价值观”的关系和作用。结合调查数据及查阅的相关材料，我们发现公民对社会主义核心价值观的了解不够。本文就此提出了相应的对策。

关键词：诚信；社会主义核心价值观；中国传统文化；儒家思想；诚信纳税

1　调研概述

1.1　调研目的

中华民族历史悠久，传统文化灿烂多姿，在世界历史发展过程中呈现出傲视群雄的姿态。其中，儒家文化是中国优秀传统文化精华。在中国共产党的领导下中国人民践行社会主义核心价值观，建设和谐社会，为实现中国梦而努力奋斗。

本项目将优秀传统文化与宣传社会主义核心价值观结合，深入探讨当前社会诚信缺失的根源，深入探讨儒学诚信思想与当代诚信体系建设的内在关系，赋予传统诚信思想新的时代内涵，为更好地宣传社会主义核心价值观提出建议。

1.2　调研对象

本项目特选取“孔子故乡”曲阜以及青岛、上海等地，追溯诚信文化起源，并以诚信文化宣传为切入点，走进企业、学校、社区，开展相关实践调研活动，弘扬诚信文化，彰扬诚信精神，践行社会主义核心价值观，使诚信理念深入人心。

我们对前去三孔景区、黑虎泉公园、五四广场游览的游客进行问卷调查，通过问卷调查了解不同年龄人群对传统文化及社会主义核心价值观的了解程度、公民纳税意识及诚信纳税情况。

除此之外，我们参观了海尔集团，感受企业诚信文化；实地考察青岛市市南国家税务局，与青岛市市南国家税务局总会计师、纳税服务科科长、政策法规科科长共同就营改增政策效果、诚信纳税推广等税收有关信息进行讨论交流；走进青岛大学，开展校园诚信文化交流活动，两校师生分别展示诚信教育成果，分享经验；走进松江居民社区，向市民弘扬诚信文化，宣传诚信纳税。

1.3 调研方法

(1) 文献资料法：通过查阅史料及收集相关文献资料的方法进行研究，旨在更全面详细地了解儒家文化中的“信”的来源及意义。

(2) 网络搜寻法：鉴于网络搜寻的快捷性、大容量、全面性、包容性，本项目组查阅相关权威网站（数字图书馆、新浪等）的相关数据与资料，旨在更广泛地了解优秀传统文化与社会主义核心价值观的内在联系，发掘优秀传统文化在社会主义核心价值观宣传教育中的价值作用。

(3) 问卷调查法：向各个景区发放 260 份调查问卷，针对不同年龄人群对传统文化、社会主义核心价值观的了解程度及关于公民纳税意识及诚信纳税情况进行调查，并进行系统的数据分析，完善调查报告。

(4) 访问调查法：对问卷过程中身份较为典型的人员（如教师、景点讲解员等）进行相关的访谈，了解他们对传统文化的认识，同时通过对比分析得出具有规范性的结论。

(5) 历史分析法：分析传统文化在历史长河中的变化，在分析和解决问题时试图提出更符合实际的解决方法。

1.4 调查的主要内容

(1) 儒家文化中“信”的内涵。

(2) 诚信文化的继承与发展。

(3) 社会主义核心价值观的内涵及意义。

(4) 传统诚信文化与社会主义核心价值观的内在联系。

(5) 公民诚信纳税意识及现状。

(6) 社会主义核心价值观在推进过程中存在的问题。

(7) 传统文化与社会主义核心价值观如何结合。

2 儒家传统文化中的“信”

2.1 儒家思想中“信”的内涵和实质

儒家文化是中国优秀传统文化之中的精神支柱之一，而诚信是儒家的一个重要伦理道德范畴。《说文·言部》提道："信，诚也。"而《字汇·人部》说："信，慤实也。"儒家始终重视"诚信"。孔子还将"信"作为教学的主要内容之一，与"文、行、忠"一同教授。《论语·述而》称："子以四教：文、行、忠、信。"孔子学说的核心概念是：仁、礼、中、和，它包含仁、义、礼、智、恭、宽、信、敏、惠、勇、毅、廉、耻等。孟子把孔子提出来的若干德行归纳为"仁、义、礼、智"四德。董仲舒把"信"加到孟子的四德中，就成了仁、义、礼、智、信五德，就是历史上的"五常"。

也有人将儒家诚信思想分成三个维度：

(1)"诚信为本，立国立人"。儒家将诚信视为安身立命的根本，"民无信不立"(《论语·颜渊》)。在孔子看来，信誉是人的第二生命，一个人如果没有信誉，将无法立足于社会。政府的信用与个人的信誉二者关系密切，前者是后者的先导，后者则是前者的基础。

(2)"内诚于心，真实无欺"。所谓"诚"，就是真诚、真实的意思。在儒家看来，这是个人内心修养的一种境界。孟子指出："反身而诚，乐莫大焉。"真诚是自我的完善，也是一切事物的发端和归宿。一个真诚的人，能发挥自己的本性，就能发挥众人的本性；能发挥众人的本性，就能发挥万物的本性；能发挥万物的本性，就可以帮助天地培育生命；能帮助天地培育生命，就可以自立于天地之间了。

(3)"外信于人，言行一致"。首先，人之所以成为人，是因为能够言语。言语是人与人之间沟通的媒介，也是人之为人的外在标志。其次，言语之所以有意义，是因为能够表达承诺。如果言而无信，言语再多也没有意义。最后，信誉之所以可靠，是因为符合道义，如果不符合道义，那么言语和信誉也就没有价值了。

因此，"信"在儒家文化中至关重要，孔子将它视为立人立国的根本。"信"既是儒家实现"仁"这个道德原则的重要条件之一，又是其道德修养的内容之一。

2.2　诚信文化的继承与发展

曲阜是中国古代伟大的思想家、教育家、儒家学派创始人孔子的故乡。世界儒学研究与交流中心孔子研究院也在曲阜。儒家文化深入影响这座城市。著名的三孔景区中的孔庙、孔府、孔林更是被列入联合国《世界遗产名录》，是国家5A级旅游景区。

习近平总书记在纪念孔子诞辰2 565周年国际学术研讨会暨国际儒学联合会第五届会员大会开幕式上的讲话中提道："中国优秀传统思想文化体现着中华民族世世代代在生产生活中形成和传承的世界观、人生观、价值观、审美观等，其中最核心的内容已经成为中华民族最基本的文化基因，是中华民族和中国人民在修齐治平、尊时守位、知常达变、开物成务、建功立业过程中逐渐形成的有别于其他民族的独特标识。中国人民的理想和奋斗，中国人民的价值观和精神世界，是始终深深植根于中国优秀传统文化沃土之中的，同时又是随着历史和时代前进而不断与日俱新、与时俱进的。"文化需要发展，传统文化需要与现当代大环境所结合，这样传统文化才不会仅仅存在于书本中，而是深入我们的生活，展现出它的当代意义。

3　传统诚信文化与社会主义核心价值观的关系

3.1　社会主义核心价值观的内涵

党的十八大报告强调指出："倡导富强、民主、文明、和谐，倡导自由、平等、公正、法治，倡导爱国、敬业、诚信、友善，积极培育和践行社会主义核心价值观。”这一论述明确了社会主义核心价值观的基本理念和具体内容，指出了社会主义核心价值体系建设的现实着力点，是对社会主义核心价值体系建设的新部署、新要求。

“富强、民主、文明、和谐”，是我国社会主义现代化国家的建设目标，也是从价值目标层面对社会主义核心价值观基本理念的凝练，对其他层次的价值理念具有统领作用。“自由、平等、公正、法治”，是对美好社会的生动表述，也是从社会层面对社会主义核心价值观基本理念的凝练。它反映了中国特色社会主义的基本属性，是我们党矢志不渝、长期实践的核心价值理念。“爱国、敬业、诚信、友善”，是公民基本道德规范，是从个人行为层面对社会主义核心价值观基本理念的凝练。它覆盖社会道德生活的各个领域，是公民必须恪守的基本道德准则，也是评价公民道德行为选择的基本价值标准。

社会主义核心价值观是社会主义核心价值体系的内核，体现社会主义核心价值体系的根本性质和基本特征，反映社会主义核心价值体系的丰富内涵和实践要求，是社会主义核心价值体系的高度凝练和集中表达。

3.2 社会主义核心价值观的意义

面对世界范围内不同文化交流、交融、交锋的新态势，积极培育和践行社会主义核心价值观，对于巩固马克思主义在意识形态领域的指导地位、巩固全党全国人民团结奋斗的共同思想基础，对于促进人的全面发展、引领社会全面进步，对于集聚全面建成小康社会、实现中华民族伟大复兴中国梦的强大正能量，具有重要现实意义和深远历史意义。

从适应国内国际大局深刻变化看，我国正处在大发展大变革大调整时期，面对当今思想意识多元多样多变的新特点，我们需要积极培育和践行社会主义核心价值观，扩大主流价值观念的影响力，提高国家文化软实力；从推进国家治理体系和治理能力现代化要求看，我们需要解决好价值体系问题，提高整合社会思想文化和价值观念的能力，掌握价值观念领域的主动权、主导权、话语权，引导人们坚定不移地走中国道路；从提升民族和人民的精神境界看，我们需要积极培育和践行社会主义核心价值观，以其为精神支柱、行动向导，铸就自立于世界民族之林的中国精神；从实现民族复兴中国梦的宏伟目标看，我们需要持续加强社会主义核心价值体系和核心价值观建设，巩固全党全国各族人民团结奋斗的共同思想基础，凝聚起实现中华民族伟大复兴的中国力量，以更好地实现中华民族伟大复兴的中国梦。

3.3 传统诚信文化与社会主义核心价值观的内在联系

3.3.1 传统诚信文化的精髓是社会主义核心价值观的思想来源

社会主义核心价值观属于社会意识的范畴，是在特定的民族文化环境中发展起来的。在马克思主义看来，任何时代的社会意识，都和以前时代的社会意识有着联系，以前人所积累的思想材料作为前提。而中国传统文化历史悠久，在迂回曲折的前进中，取精华去糟粕，内容丰富，内涵浓厚，是现代人类社会的优秀文明成果。因此，社会主义核心价值观就是在传统文化精髓的基础上发展和建立起来的，社会主义核心价值观也是传统文化的当代体现。

孟子有言：“诚者，天之道也；思诚者，人之道也。”诚信即诚实守信，是人类社会千百年传承下来的道德传统，也是社会主义道德建设的重点内容，它强调诚实劳动、信守承诺、诚恳待人。在当代中国,面对各种文化的冲击和思潮的碰撞,我们必须认真汲取中华优秀传统文化的思想精华和道德精髓,坚持"诚信至上"的正确思想,使中华优秀诚信文化成为涵养社会主义核心价值观的重要源泉。

3.3.2　社会主义核心价值观是对传统诚信文化在当代价值的凝练

社会主义核心价值观中,既有社会主义先进文化的成分,也有传统文化的成分,两者缺一不可。从人类历史发展的脉络来看,近百年来,东西方文化不断地碰撞和交融,形成了现代人类社会共有的优秀文明成果。因此,传统文化需要适应当代的发展和社会进步,人类由此形成的思想也需要同步。我们必须否定守旧排外,注重优秀传统文化的开放与融合,把中国优秀传统文化融入社会主义核心价值体系的构建中。只有这样,优秀文化才可以与时俱进,社会主义核心价值观才能对国家文化软实力保持持久性的贡献。

诚信作为中华民族的传统美德,是社会文明的基石,是个人的立身之本,更是一个国家和民族软实力的重要体现。改革开放以来,在社会转型过程中,城市化、工业化对社会的传统价值观念、思想文化观念产生着剧烈冲击。随着各类舞弊案件和诚信危机的出现,诚信文化在新形势下的建设显得尤为重要。我们应大力实践传统文化上的诚信,将诚信文化推广至各行各业,积极落实当代社会主义核心价值观的信用制度框架内的诚信。

3.3.3　社会主义核心价值观与传统文化是相互融合、不可分割的

经过千百年的积淀,传统诚信文化不断适应时代需要,发展成为符合当代社会主义核心价值观中"诚信"要求的文化源泉。社会主义核心价值观从传统文化中汲取养分,帮助人们适应社会转型过程中的价值观念、思想文化观念,革故鼎新,与时俱进。

社会主义核心价值观的提出以深厚的传统文化为基石,具备扎实的理论基础和充盈的实践潜能。传统文化随着时代发展不断去其糟粕,取其精华,不断变化以逐渐适应新时代的要求。社会主义核心价值观正是以适应时代要求,符合社会环境的传统文化为思想源泉。传统文化中丰厚的历史底蕴和与时俱进的传承创新,为社会主义核心价值观提供了理论层面的支持和实践层面的后备力量。

传统文化可以加快对社会核心价值观的制度化和日常化。传统文化作为中华民族传统美德,国人从小深受各类诚信故事的教育。在这种背景下,以社会主义核心价值观为引领,传统诚信文化有助于把社会主义核心价值观转化到社会诚信建设中,转化到人们的日常行为准则中,渗透到生活的各个方面。人们能够随时随地感受"诚信"二字的具象体现,潜移默化中不断深化对社会主义核心价值观的理解和认同,从而更好地践行诚信,发扬诚之大美。

4　对社会主义核心价值观认知的调查

4.1　受访者的学历、职业、政治面貌和文化程度

本次受访者的学历以大学本科居多,也反映了社会整体的学历普遍地提高,在职业方面我们选取了多样职业,有教师、门店经营者、学生、商人、警察,另外也包括了自由职业者等。调查对象的政治面貌,非党员居多,占到了六成,而党员占据了四成。

4.2 对社会核心价值观的了解情况

据调查统计,绝大部分听说过社会主义核心价值观,少部分学生刚刚听说或者没听说过。由此可见,社会主义核心价值观宣传取得了较好的成果,但仍然存在漏洞与不足,应该继续加大宣传力度,努力做到人人皆知。

4.3 了解核心价值观的途径

据调查统计,学生通过报纸、学校课堂了解社会主义核心价值观的占到半数以上,通过其他媒介的占一小部分。在互联网高度发达的时代,我们要利用好网络这一便捷快速的渠道,同时也要做好其他媒介的宣传工作,多方面、多层次、多角度地进行宣传社会主义核心价值观。

4.4 学校对学生的社会主义核心价值观教育的重视程度

社会主义核心价值观教育关乎中国特色社会主义大学的性质、办学方向与办学目标。高校肩负着培养中国特色社会主义事业建设者和接班人的重大任务。坚持弘扬和践行社会主义核心价值观,贯彻落实其基本精神和内在要求,是高等教育坚持中国特色社会主义共同理想和共产主义崇高理想。本次调研人群以"比较重视"和"非常重视"这两项居多,一定程度上反映了学校对"社会主义核心价值观"的教育力度较强,重视程度较高。

4.5 学校现在开设的各类德育课程对学生社会主义核心价值观的教育作用

调查数据显示,学校开设的德育课程对学生社会主义核心价值观的教育起到了较大作用。多数受访者表示,通过学校开设的德育课程、专题讲座,以及课下相关的主题活动和线上宣传等多种方式,学生对社会主义核心价值观有了越来越深入的理解,能够认清自己的历史使命,自觉地把自己的价值同国家的前途联系在一起。

4.6 您怎样看待中国传统文化

该问题主要调查受访人群对中国传统文化的看法,约有25.6%的受访者认为中华文化博大精深,现代人应该多加吸纳学习。中华民族五千年的文化长河源远流长,长久以来一直滋养着中华儿女,北大教授陈晓明在博客里写道:"传统文化是中国生存发展的精神底蕴,它存活在中国人的心里,存活在中国人日常生活的言行中,存活在人们的精神信念和价值关怀中。"

有69.8%的受访者认为,对待传统文化应取其精华,弃其糟粕。传统总是一个特定时代的反映,是在一定历史背景下形成的,必然具有局限性,从来都是精华与糟粕并存的,保护传统文化的过程从本质上说是一种扬弃,是一个取其精华、弃其糟粕的过程。比如封建伦理道德中的三纲五常、忠孝观、节烈观等只不过是维护封建统治秩序的工具而已。这种极不平等的道德制度严重束缚了人的自由和发展,像这样的中国传统文化的糟粕,我们应当毫不犹豫地抛弃。也有4.6%的受访者表示,传统文化过于落后,应该摒弃。近百年来,中国传统文化遭到了史无前例的压制和废弃。外国的文化入侵,使当今的少年儿童大多沉浸于超人等个人英雄主义之中,却忘了传统文化中"侠之大者,为国为民"的天下情怀。对于这种漠视传统文化的思想,我们应该坚决摒弃。

4.7 您觉得是否开展宣传学习中华优秀传统文化的必要

该问题主要想了解公民对传统文化的认同性。从收集的数据来看,约有84%的受访者认为有必要开展宣传、学习传统文化，冯友兰曾说："中国人最关切的是中国文化和文明的继续和统一。"我们的智慧或可超然于文化之外，而我们的最终命运又必然统摄于文化之中。因此，理性发展中国传统文化是中国人的不二选择。我们不能任其自然推移，我们要求有中国本位的文化建设。也有8.9%的受访者认为传统文化过于陈旧，不需要开展宣传、学习活动。随着现代化进程的加快，传统文化发展的空间被压缩了。这其中有诸多因素的影响，但传统文化本身应对不灵活、缺乏创新能力也是一个重要原因。我们有些人，一方面固步自封、不求变革而落伍于时代；另一方面则身在宝山而不自知，优秀的文化财富没有得到充分开发利用。另有7.1%的受访者表示不确定。

4.8　受访者是否了解社会主义核心价值观与中国优秀传统文化的关系

本次调研人群以"了解"这一项为多，一定程度上反映了社会主义核心价值观的宣传普及力度较强，也产生了深入人心的效果，但更深层的了解仍需加强。在全社会大力培育和弘扬社会主义核心价值观，提高整合社会思想文化和价值观念的能力，有利于掌握价值观念领域的主动权、主导权、话语权，引导人们坚定不移地走中国道路。

4.9　您觉得中国优秀传统文化是否能有效推进社会主义核心价值观的实践

本题旨在调研受访者对中国优秀传统文化对有效推进社会主义核心价值观实践作用的看法，由调查结果可以看出，绝大多数受访者认为"非常符合当代发展的趋势"。社会主义核心价值观不是凭空而来的，其立足的根基就是优秀的传统文化，是对中华优秀传统文化的承接。追寻中华民族生生不息的根，对于传承优秀传统文化，不断涵养社会主义核心价值观，培养人们高尚的道德情操，增进幸福感和社会和谐，建设民族共有的精神家园有重要意义。

4.10　对在大学生群体中开展"中华文化及社会主义核心价值观"教育的看法，当代大学生对"中华文化及社会主义核心价值观"认识

调查数据显示，现过半数受访群众认为，大学生群体对于中华文化及社会主义核心价值观的认识不够充分，不能深入地理解中华文化及社会主义核心价值观。各校及社会各层面都应在原有的基础上丰富宣传模式，大力推广中华文化及社会主义核心价值观教育。

4.11　中国优秀传统文化对培养学生社会主义核心价值观的作用

超半数受访人群肯定了中国优秀传统文化对培养学生社会主义核心价值观的重要意义，并对其社会现实意义给予肯定。近半数受访人群认为中国优秀传统文化为学生社会主义核心价值观的培养提供了重要的思想源泉。这在一定程度上也反映了中国优秀传统文化及社会主义核心价值观值得到宣传与弘扬，可以引导学生践约守信、诚实做人。

5　关于公民纳税意识及诚信纳税的调查分析

5.1　公民纳税意识现状

1）公民对参与税法制定的期望

该问题主要想了解公民对税法制定其参与期望程度。约有38.4%的受访者认为公民不应该参与税法的制定，其原因是公民对于税收知识的不了解，税法这一关系国计民生的重要

法律,更应该由专业的经济学家进行制定。有53.8%的受访者认为,税法的制定公民应该参与其中,这更能体现立法的民主性,使决策更被人们理解。随着公民受教育程度的不断加强,他们参与政治生活的热情也不断提高。也有7.6%的受访者表示不确定。

2) 公民对税收法定原则的了解情况

该问题是调查受访者对税收法定原则的了解情况,因为这一问题偏专业性,所以只有34.6%的受访者表示他们了解这一原则,他们中的多数为财经专业或从事相关职业的人员。65.4%的受访者表示他们不了解。税务部门应该加大对公民财经知识的宣传力度,让公民们了解税法的基础概念。

3) 纳税人履行义务的状况

该问题是了解纳税人履行义务的状况,有70.8%的受访者表示我国的公民纳税意识很强,这和公民素质教育程度的提高有着很大的联系,相关部门的宣传,更增强了公民对于税收的理解和对国家的支持程度,了解了税收取之于民用之于民的性质。然而,也有24.3%的公民认为当今纳税人的纳税意识仍旧薄弱,他们认为很多人认为税收是一种负担,对其有一种抵制情绪,相关部门仍旧需要加强宣传力度。5%的受访者表示不知道,主要原因是他们不太关心实事,所以对纳税人纳税意识的高低不太知道。

4) 对于"每一位公民都应该依法且诚信纳税"这句话的看法

数据显示,一大半的人对于公民都应该依法且诚信纳税的观点是完全赞同的。这说明公民对于税收的认识是正确而且对诚信纳税具有高度的自觉性。还有一部分人不知道什么是依法纳税。

5) 对于身边人"诚信纳税"行为的评价

调查数据显示,大多数人践行诚信纳税,非常诚信的占比超出了预料。从中我们可以看出我国的纳税诚信体系基本完善,但还是存在不诚信纳税的行为。

6) 假如不纳税也不会受到法律的制裁,您是否还会纳税

统计结果显示,当纳税没有了法律强制性的要求,大多数人对是否会主动纳税给出了模糊的答案,从这一结果我们可以看出,现在纳税对于大部分公民来说还只是一项法定的强制性义务,而非自发承担的责任。

7) 您对目前"诚信纳税奖励政策"的评价

对于"诚信纳税奖励政策"的评价,大部分人选择了不满意和不太满意,其余少数选了满意和基本满意。大部分人对"诚信纳税奖励政策"持消极态度,探究大家消极评价的原因,首先可能是"诚信纳税奖励政策"的普及度不高,并没有被大众熟知,其次政策实行还没有全面覆盖到个人,"诚信纳税奖励政策"需要进一步贯彻于全体纳税人之中。

8) 您对税务机关的满意度如何

该问题是了解纳税人对于税务机关的满意程度。调查结果显示,10.2%的受访者对税务机关十分满意,他们认为税务机关在不断地创新,现在很多业务都能够通过电子设备解决,为纳税人和企业的税务人员带来了很大的便捷。56.3%的受访者对税务机关比较满意,他们认为税务机关的服务还有提升的空间。28.6%的受访者对税务机关满意程度为一般,他们认为有些程序太过复杂,且需要准备的材料要求也不具体,导致多次前往税务局,大大

降低了工作效率。4.9%的受访者对税务机关不满意，他们认为税收过重，税收优惠政策普及率太低。

9）税务机关的优质服务是否能够增强您的诚信纳税意识

该问题是了解纳税人对于税务机关的认可度。其中 99.8%的受访者表示优质服务能够增强他们的诚信纳税意识，而 0.2%的受访者称自己已经是一名十分诚信的纳税人，没有增加诚信纳税意识一说。

10）纳税人的权利及诚信纳税意识如何加强（见表 1）

表 1　纳税人的权利及诚信意识如何加强

选项	小计	比例
加强对税收和税法政策的宣传	110	84.85%
加强税收监督	88	68.18%
加强税收队伍建设	86	66.67%
其他	2	1.52%
本题有效填写人次	130	

（1）表 1 中我们可以分析得知，84.85%的人认为政府应该加强税收政策的宣传，因为税收政策变动得非常快，普通的民众无法非常及时获取税收变动信息，即使知道了最新的税收政策，可能由于自身水平限制，对政策无法理解。这就需要相关部门及时对税收政策进行宣传和解读。

（2）从加强税收监督和加强税收队伍建设两项来看，受访者认为纳税人纳税意识的提高与诚信纳税是税务部门与纳税人共同努力的结果。加强税收监督有利于依法征税、纳税；加强税收队伍建设是要求税务部门的税收服务更加专业、便捷、亲民。

（3）还有一部分人提出不同看法，如完善中国当前的税收制度、降低税负等。

5.2　如何改善公民纳税意识

5.2.1　加大税法宣传力度，转变公民税收观念

依法治税包含两个方面，即税务机关的依法治税和纳税人自觉依法纳税，为此，加大税法宣传力度要重点抓好三个方面的工作：一是我们要突出对税收重要性的宣传，提高和增强公民的纳税意识，使广大公民认识到，社会的发展、民族的进步、国力的增强都离不开税收。依法纳税是为国聚财、为国分忧的政治性问题。二是我们要突出税法严肃性的宣传，要注意分析纳税个人或企业法人正反两方面的典型事例，对守法、依法纳税户要进行广泛的宣传表彰；在办税大厅或税务网站上对税务违法者公开曝光，同时还可以利用广播、电视进行曝光，充分体现税法的强制性和严肃性，使全社会早日形成一种依法纳税是义务、偷逃税收是犯罪的共识。只有这样才能全面有效地增强公民的纳税意识，促进税收征管工作，更好地为经济建设服务。

5.2.2　健全法制，全面推进依法治税

我国目前的税收程序法——《中华人民共和国税收征收管理法》，是 2001 年修订的，其

充分考虑了税收对经济发展和社会进步的影响，将促进经济发展和社会进步作为一个立法宗旨。税务部门在实践中也存在一些问题，仍需要不断改进和完善，尤其是在税收执法的规定上可操作性不强，执法随意性较大，执法困难的现象仍将普遍存在。我国应当加强税收立法，健全税收法律体系。

5.2.3　利用现代化设备，加快交税流程

税务现代化是指特定区域税务部门的现代化，包括税收业务、税务人员、组织文化等内容现代化，还包括税收法制、全民纳税意识、信息系统支撑等外部环境的全要素的现代化。现代税务信息技术的投入及使用，为方便、优质、高效地服务纳税人提供了先进的手段，不仅提高了税收征管工作的质量和效率，促进了税务工作效能的提高。

5.2.4　突出加强诚信教育与诚信文化建设

(1) 把诚实守信作为道德建设的重点，培育诚信意识、弘扬诚信文化。诚信价值观植根于中华民族深厚的文化土壤之中，而文化又是传播诚信观念的重要载体。文化的熏陶和浸染有助于使外在的诚信规范内化为社会成员的道德品质；在社会各领域进行诚信教育，帮助人们形成正确的价值观；广泛开展以诚信文化为主题的宣传活动，树立诚信道德典型；积极发挥媒体优势，建立诚信文化公共交流平台、搭建公共舆论空间，与诚信纳税相结合，吸引更多的社会成员参与诚信文化建设。

(2) 加强诚信教育，践行社会主义核心价值观。我们要强化诚信建设，培育诚信的土壤，从基础教育抓起，将诚信建设渗透到各种学科、各类教学当中，使各个文化层次的人们都能够潜移默化地接受诚信教育，这样才能够使诚信建设覆盖全社会各个领域，使诚信教育深入人心。

6　社会主义核心价值观在推进过程中存在的问题

6.1　宣传机制亟待完善

1) 表现形式单一，宣传手段落后，未能适应形势发展的需要

随着科学技术和网络传媒的发展，传统的宣传教育方式已不能满足现代人们对受教方式多元化的要求。目前在很多地方社会主义核心价值观宣传依然停留在拉横幅、贴标语、出专栏等老做法，少有贴近群众思想实际、形式新颖、群众乐于接受的创新尝试。除此之外，有些地方热衷弘扬主旋律，传播正能量趋同化严重，缺乏地方特色，表现形式单一。这些老做法在当今资讯发达、思想开放、文化多元的社会显得苍白无力，已不能满足现代人们对受教方式多元化的要求。社会主义核心价值观宣传教育要树立开放观念，增强社会主义核心价值观宣传教育的广度和深度。我们要通过丰富宣传表现形式，适应不断发展变化的形势，发挥宣传手段应有的弘扬实社会主义核心价值观精神、推进伟大中国梦实现的作用。

2) 宣传大多没有很好地与中国传统文化的宣传教育相结合，深层次的挖掘不够，缺乏时代创新

毛泽东同志曾说："任何国家的共产党，任何国家的思想界，都要创造新的理论，写出新的条件，写出新的著作，产生自己的理论家，来为当前的政治服务。单靠老组织是不行的。"

将中国传统文化结合社会主义核心价值观来进行教育宣传，能够更有效地激起人们的精神共鸣。社会主义核心价值观是对中国传统文化传统的概括、总结和提升。中国传统文化为社会主义核心价值观的培育提供了大量丰富的思想资源，社会主义核心价值观与中国传统文化相结合的宣传，应该要吐故纳新，采取的宣传方法和形式应该与时俱进，能够为当代人所接受和理解，有吸引力和感染力。

6.2　宣传意识与体制方面存在不足

1）弘扬宣传社会主义核心价值与中国优秀传统文化宣传教育相结合的意识还不够

从整体上看，社会大众及政府对弘扬宣传社会主义核心价值观与中国传统文化宣传教育相结合的意识还不够。各级政府没有突出弘扬宣传中国传统文化在社会主义核心价值观宣传教育中的重要意义，调动当代青少年学习社会主义核心价值观积极性的措施较少、力度不够，对相关宣传教育基地的建设、保护力度欠缺，导致青少年对社会主义核心价值观内涵意义认识不够深刻。

2）对中国传统文化对社会主义核心价值观的价值认识不足

我们并没有深刻认识到社会主义核心价值观应当与中国传统文化相结合。中国传统文化对于社会主义核心价值观的推动力并没有在宣传、诠释之中获得体现。践行社会主义核心价值观，我们应当将中国传统文化与之相结合。

7　传统文化在社会主义核心价值观宣传教育中作用的重要性

7.1　弘扬中国优秀传统文化有利于培养人们对社会核心价值观的认同度

（1）以中华民族优秀传统文化为立足点弘扬社会主义核心价值观是推进中国特色社会主义文化建设的重要方法。传统文化中承载着先辈的道德规范和价值理念，其中的优秀部分是当前我们学习中华民族传统美德、进行文化建设的重要内容。发挥传统文化价值，以更贴近生活、更接地气的方式弘扬社会主义核心价值观是我们做好该项工作的重要方法。

（2）中华优秀传统文化是我们民族文化的精神标志，体现了民族生生不息的精神追求，是民族精神不断延续的命脉。文化中有丰厚的思想道德资源，有所扬弃地继承，汲取精华，实现传统文化古为今用，对弘扬民族精神和时代精神有重要意义。社会主义核心价值观不是凭空而来的，其立足的根基就是优秀的传统文化，是对中华优秀传统文化的承接。倡导社会主义核心价值观，对于认识传统文化，扩大社会价值认同，在多元中形成思想共识，不断巩固和传播社会主流思想有重要意义。

7.2　传统文化的继承和发展有利于弘扬社会主义核心价值观

（1）构建社会主义和谐社会具有深厚的中国传统文化底蕴，和谐社会历来是中国人孜孜以求的社会理想，弘扬中国传统文化是构建社会主义和谐社会题中应有之意。中国优秀传统文化为构建社会主义和谐社会提供了丰富的思想文化资源和深厚的历史文化背景，具有重大的理论意义和作用。

（2）和谐社会的形成和发展需要和谐的文化为其提供坚实的精神基础。社会主义和谐社会建设根植于中国传统文化，中国传统文化的内在精神和显著特征就是“和”，中国传统文化中有着非常丰富的关于融合、和谐、和睦、平和的思想和观念。这种以“和”为内在精神的中国传统文化，对形成和谐社会的政治生活、经济生活、道德文化生活和贯穿三者之中的价值观念有着极大的价值。

(3) 传统文化的继承与发展使社会主义核心价值观融入人们生产、生活和精神世界。我们要按照社会主义核心价值观的基本要求，健全各行各业规章制度，完善市民公约、乡规民约、学生守则等行为准则，使社会主义核心价值观成为人们日常工作生活的基本遵循；要建立和规范一些礼仪制度，组织开展形式多样的纪念庆典活动，传播主流价值，增强人们的认同感和归属感；要把社会主义核心价值观的要求融入各种精神文明创建活动之中，吸引群众广泛参与，推动人们在为家庭谋幸福、为他人送温暖、为社会作贡献的过程中提高精神境界、培育文明风尚；要利用各种时机和场合，形成有利于培育和弘扬社会主义核心价值观的生活情景和社会氛围，使核心价值观的影响像空气一样无所不在、无时不有。

7.3 弘扬和培育社会主义核心价值观必须立足中华优秀传统文化

(1) 习近平总书记在中央政治局第十三次集体学习时发表重要讲话中指出，社会主义核心价值观是文化软实力的灵魂、文化软实力建设的重点。这是决定文化性质和方向的最深层次要素。一个国家的文化软实力，从根本上说，取决于其核心价值观的生命力、凝聚力、感召力。培育和弘扬核心价值观，有效整合社会意识，是社会系统得以正常运转、社会秩序得以有效维护的重要途径，也是国家治理体系和治理能力的重要方面。历史和现实都表明，构建具有强大感召力的核心价值观，关系社会和谐稳定，关系国家长治久安。

(2) 培育和弘扬社会主义核心价值观必须立足中华优秀传统文化。博大精深的中华优秀传统文化是我们在世界文化激荡中站稳脚跟的根基。中华文化源远流长，积淀着中华民族最深层的精神追求，代表着中华民族独特的精神标识，为中华民族生生不息、发展壮大提供了丰厚滋养。中华传统美德是中华文化精髓，蕴含着丰富的思想道德资源。对历史文化特别是先人传承下来的价值理念和道德规范，要坚持古为今用、推陈出新，有鉴别地加以对待，有扬弃地予以继承，努力用中华民族创造的一切精神财富来以文化人、以文育人。

7.4 以传统文化为契点阐释社会主义核心价值观

(1) 广泛开展道德实践活动。我们要加强思想政治学科研究探讨，以诚信建设为重点，加强社会公德、职业道德、家庭美德、个人品德教育，形成修身律己、崇德向善、礼让宽容的道德风尚；大力宣传先进典型，评选表彰道德模范，形成学习先进、争当先进的浓厚风气，在国家博物馆设立英模陈列馆；深化公民道德宣传日活动，组织道德论坛、道德讲堂、道德修身等活动，加强政务诚信、商务诚信、社会诚信和司法公信建设，开展道德领域突出问题专项教育和治理，完善企业和个人信用记录，健全覆盖全社会的征信系统，加大对失信行为的约束和惩戒力度，在全社会广泛形成守信光荣、失信可耻的氛围。

(2) 深化群众性精神文明创建活动。各类精神文明创建活动要在突出社会主义核心价值观的思想内涵上求实效。推进文明城市、文明村镇、文明单位、文明家庭等创建活动，开展全民阅读活动，不断提升公民文明素质和社会文明程度；广泛开展美丽中国建设宣传教育，开展礼节礼仪教育，在重要场所和重要活动中升挂国旗、奏唱国歌，在学校开学、学生毕业时举行庄重简朴的典礼，完善重大灾难哀悼纪念活动，使礼节礼仪成为培育社会主流价值的重要方式；加强对公民文明旅游的宣传教育、规范约束和社会监督，增强公民旅游的文明意识。

(3) 发挥优秀传统文化怡情养志、涵育文明的重要作用。中华优秀传统文化积淀着中华民族最深沉的精神追求，包含着中华民族最根本的精神基因，代表着中华民族独特的精神标识，是中华民族生生不息、发展壮大的丰厚滋养。我们要建设优秀传统文化传承体系，加大文物保护和非物质文化遗产保护力度，加强对优秀传统文化思想价值的挖掘，梳理和萃取中华文化中的思想精华，使之与中国特色社会主义相适应，让优秀传统文化在新的时代条件下不断发扬光大；重视民族传统节日的思想熏陶和文化教育功能，丰富民族传统节日的文化内涵，开展优秀传统文化教育普及活动，培育特色鲜明、气氛浓郁的节日文化。增加国民教育中优秀传统文化课程内容，分阶段有序推进学校优秀传统文化教育。开展移风易俗，创新民俗文化样式，形成与历史文化传统相承接、与时代发展相一致的新民俗。

(4) 发挥重要节庆日传播社会主流价值的独特优势。开展革命传统教育，加强对革命传统文化时代价值的阐发，发扬党领导人民在革命、建设、改革中形成的优良传统，弘扬民族精神和时代精神。挖掘各种重要节庆日、纪念日蕴藏的丰富教育资源，利用五四、七一、八一、十一等政治性节日，三八、五一、六一等国际性节日，党史国史上重大事件、重要人物纪念日等，举办庄严庄重、内涵丰富的群众性庆祝和纪念活动。利用党和国家成功举办大事、妥善应对难事的时机，因势利导地开展各类教育活动。加强爱国主义教育基地建设，形成实体展馆与网上展馆相结合、涵盖各个历史时期的爱国主义教育基地体系。推进公共博物馆、纪念馆、爱国主义教育基地和文化馆、图书馆、美术馆、科技馆等免费开放，积极发展红色旅游。

参考文献

[1] 中国共产党第十八次全国代表大会文件汇编[M].北京：人民出版社，2012.

[2] 宋惠昌.社会主义核心价值观专题解读[M].北京：中共中央党校出版社，2010.

[3] 周中之，石书臣.社会主义核心价值体系教育探索[M].上海：上海人民出版社，2007.

[4] 李培湘.构建中国特色社会主义核心观的探索[J].科学社会主义，2009(5).

[5] 张利华.中国特色社会主义核心价值体系的结构与内涵[J].中国特色社会主义研究，2007(4).

[6]《党史文苑》编辑部.习近平：把培育和弘扬社会主义核心价值观作为凝魂聚气强基固本的基础工程[J].当代广西，2014(5).

[7] 田海舰.浅论社会主义核心价值观[J].思想政治工作研究，2007.

[8] 冯留建.社会主义核心价值观培育的路径探析[J].北京师范大学学报(社会科学版)，2013.

[9] 王泽应.社会主义核心价值观之本质规定性及路径选择[J].湖南师范大学社会科学学报，2007.

[10] 张亚东.青年要自觉践行社会主义核心价值观[J].政协天地，2014.

[11] 张远新，何煦.社会主义核心价值体系与当代大学生核心价值观教育[J].思想教育研究，2007(10).

[12] 王蕾.儒家诚信思想及其现代价值[D].桂林：广西师范大学，2005.

[13] 唐贤秋.道德的基石：先秦儒家诚信思想论[M].北京：中国社会科学出版社，2004.

[14] 董艳艳，陈晓英.儒家诚信思想及其当代价值[J].河北联合大学学报(社会科学版)，2010，10(1).

[15] 吴哲.儒家诚信思想及其现代价值探析[J].燕山大学学报(哲学社会科学版)，2009，10(2).
[16] 韩作珍，陈俊亮，王翠英.儒家诚信思想及其现代转型探析[J].长沙大学学报，2008，22(1).
[17] 张月娥.儒家诚信思想与企业诚信形象塑造[J].龙岩学院学报，2006，24(5).
[18] 刘书正.儒家诚信思想对构建社会主义和谐社会的启迪[J].福州党校学报，2006(3).
[19] 刘晓黎，任志萍.儒家诚信思想在当代大学生诚信教育中的价值[J].林区教学，2010(11).
[20] 刘书正.儒家诚信思想与社会主义和谐社会的建构[D].曲阜：曲阜师范大学，2007.
[21] 肖琴.中国传统文化与社会主义核心价值观关系再探讨[J].湖湘论坛，2014，28(5).
[22] 邢海玲.孔、孟、荀诚信思想之比较及价值意义探析——先秦儒家诚信思想渊源[J].赤峰学院学报(哲学社会科学版)，2010，31(9).
[23] 吕俊藏.诚信纳税缺失原因[J].税务研究，2004(6).
[24] 于凤丽.优化环境：诚信纳税的必由之路[J].税务研究，2004(4).
[25] 张琳，杨渺，杨代若.试论引导纳税人诚信纳税的有效途径[J].税务与经济，2003(2).
[26] 徐练军.建立诚信纳税机制[J].税务研究，2005(8).
[27] 王景涛.诚信纳税激励机制研究[J].经济研究参考，2004(80).

项目组员：陈怡琳　叶楚沄　刘坤宇　郑丁鑫
王思嘉　白　婷　胡梦婷
指导老师：王　洁

高校诚信教育创新与实践：以我校诚信货架为例

摘　要:诚信是社会有序与社会和谐的基础,既是国家治理的环境要素,也是每一位公民必须具备的道德品质。在当今社会,频发各类诚信缺失事件,这些不诚信现象,使社会和谐发展的环境遭到了一定的破坏。在高校开展诚信教育意义非凡。上海立信会计金融学院以"立信"为校训,十分重视校园诚信精神的传承与发展,推出了一系列创新性诚信教育实践。为深入推进对大学生以诚信主题的社会主义核心价值观的教育,更好地探索诚信教育的新载体,诚信货架团队秉承理念、实践相融合的思想,在校园内开设诚信货架,引导正确价值观和自主自觉的诚信行为,将诚信文化精神在校园传扬,争取在校园以及其他高校进一步推广诚信货架,扩大其社会影响力,扬诚信之风。

关键字:校园;诚信教育;实践;诚信货架;创新

1　调研概述

1.1　调研目的

习近平总书记指出,要"深入挖掘和阐发中华优秀传统文化讲仁爱、重民本、守诚信、崇正义、尚和合、求大同的时代价值"。本次社会实践调研活动正是为了深入贯彻习近平诚信文化和诚信建设的讲话精神、弘扬诚信文化和立信精神而开展,具体研究目的如下:

(1) 建设诚信货架,对其经营情况和运营数据进行分析,反映日常生活中的诚信问题,让诚信走进高校、贴近生活;改进诚信货架的经营管理模式,更好地服务于同学们的日常学习生活;推出诚信货架的创新模式,突破现有格局,在反馈与探索中提出新的展望。

(2) 对诚信货架项目进行研究,为推进高校诚信教育提供丰富的资源,充分发挥其在诚信教育中作为创新型载体的作用,进一步宣传诚信文化,彰扬诚信精神,推进信扬天下、诚信育人工作进程,加强大学生思想政治教育,推动文明的校园环境建设,传承诚信传统文化。

(3) 将诚信货架进一步辐射到社会,带动当今城市和社会的诚信风气,播种诚实守信的精神,弘扬社会主义核心价值观,对社会诚信建设提出切实可行的建议,产生有益的社会影响。

1.2　调研对象

为了能更全面地调查关于诚信货架运营及经营模式的情况,我们对上海立信会计金融学院松江校区及浦东校区的学生进行了问卷调查，并在走访其他高校时对其大学生进行了随机采访。接受调查的大学生范围涉及多个高校，大一至大四学生均有。

1.3 调研方法

(1) 网络搜寻法。鉴于网络搜寻的快捷性、大容量、全面性、包容性，本项目组通过查阅相关权威网站(数字图书馆、新浪、雅虎等)的相关数据与资料，旨在更广泛地了解当代高校大学生诚信教育相关内容。

(2) 问卷调查法。我们针对校内及其他高校的大学生发放共480份调查问卷，其中有效问卷471份。调查学生对诚信货架的看法并建议，以及对诚信教育的认知。随后进行系统的数据分析，完善调查报告。

(3) 访问调查法。我们寻找相关项目的负责人进行访谈，了解不同背景下人员对诚信的理解。

1.4 主要调查内容

(1) 受访者对诚信货架的看法。

(2) 受访者认为诚信货架有何需要改进之处。

(3) 受访者对诚信教育的态度和认知。

(4) 有关其他诚信项目的建议。

2 诚信货架运营模式现状

2.1 诚信教育的必要性及诚信货架创建的原因

诚信体系建设总体上属于社会道德建设范畴。当下我国社会诚信的严重缺失，已成为道德领域亟须治理的突出问题之一。建设“与社会主义市场经济相适应、与社会主义法律规范相协调、与中华民族传统美德相承接”的社会主义思想道德体系，是新阶段全面推进中国特色社会主义伟大事业，建立社会主义现代化国家的必然要求。诚信文明的校园环境反映了一个学校的文明程度和精神面貌，对形成良好道德风尚、全面推进和谐校园建设，具有十分重要的理论意义和实践意义，有利于社会主义精神文明建设。

(1) 诚信教育是提高大学生综合素质的必然要求。科学发展观的核心是“以人为本”，高校应突出“以学生为本”的大学生的主体地位。开展诚信教育，有利于大学生养成良好的诚信品格，提升其人格魅力。开展诚信教育活动，促进大学生之间以诚相待，使人际关系达到和谐，引导大学生之间以信相交，达到相互信任。在市场经济优胜劣汰的竞争法则下，从业者具有的团队互助的精神、忠诚合作的态度、和谐共事的立场是个人健康成长、事业成功的重要条件和保证。开展诚信教育非常必要，有了诚信道德的支撑，大学生的综合素质才能得以提高。

(2) 诚信教育是构建社会主义和谐社会的主要内容。发展社会主义市场经济，构建和谐社会，迫切需要加强诚信道德建设，诚信是构建社会主义和谐社会的道德基础和必备要素。大学生是青年中知识层次高、素质好的群体，肩负着建设和谐社会的历史重任，加强大学生诚信教育是时代发展的必然要求。对大学生开展诚信教育，有利于促进社会主义精神文明建设，不断巩固和谐社会建设的精神支撑。一个和谐的社会，必然是一个诚信友爱的社会，如果和谐社会是用道德与法律来维系的，其中道德的核心便是诚信友爱，这是构建社会主义和谐社会的内在要求，也为诚信教育提供了理论基础。可以说，大学生诚信教育是坚持“以人为本”，构建和谐社会的需要和主要内容。

（3）大学生诚信教育是丰富高校思想政治教育内容的现实需要。大学生诚信度的高低、诚信质量的好坏直接影响其思想、政治素质和其他品德的提高、深化和稳固。大学生诚信教育要以马列主义、毛泽东思想、邓小平理论、“三个代表”重要思想、科学发展观和习近平新时代中国特色社会主义思想为指导，通过各种学习、讨论、实践，坚定其诚信意志，强化其责任感，加深大学生对诚信的理性认识，使其理论化、系统化，促使大学生诚信行为习惯的养成。大学生诚信教育既能直接反映思想政治教育的成效，又能有效促进思想教育、政治教育、品德教育成效。从大学生思想政治教育管道、方式和效果来看，诚信教育是思想政治教育的有效途径和现实需要。

2.2　诚信货架经营管理模式阐述

诚信货架由上海立信会计金融学院财税与公共管理学院学生会公关部经营管理，诚信货架项目团队成立于 2017 年 5 月，团队固定成员为 20 人，由负责人按小组分工，每天晚上 8 点各小组定时前往诚信货架进行每日盘货与补货，并相应登记库存待售商品以及货架上商品的增减变动。最后，团队管理人员统计销售数据并登记热门商品，分析经营状况。

为了减少亏损，周五晚小组成员会撤下货架商品，统一清点以核对数目，汇总一周销售情况，根据存货及数据及时调整和改进下周销售策略。周日晚商品重新上架，开始新的一周。

我们严格把握了诚信货架的运营理念，加强监督引导，货品均由正规管道供应，同一商品货比三家，分别从京东自营、天猫旗舰店、线下正规超市等购买矿泉水、饮料、餐巾纸、零食等商品，对货品的质量、种类等有着严格的要求，实时记录购买金额和数量，并运送至仓库储存，以备团队成员的每日补货与点货，给广大师生提供最实惠的价格、最高的质量。

此外，货架上会放置留言本，项目管理人员定时查看留言并进行回复，与同学们互动，根据每一条留言总结同学们的喜好，根据反馈调整商品种类，不断改进运营方式。货架是公益性质，不以盈利为目的，学生们按己所需，开展自我服务和自我教育，以发挥诚信货架在学生诚信教育中的作用，更切实地为同学生活带去便利，积累经验，改进销售方式，尽可能在满足同学们基本需求的同时实现诚信货架设立的初衷。

2.3　诚信货架发展现状

在诚信货架专项活动中，我们对诚信货架运营数据进行了整理和分析，包括诚信货架的销售额、实收金额、利润、成本、盈亏、诚信率等几个方面的数据。诚信货架设立至今，因其便利性备受欢迎，微信公众号的相关推送阅读量很高，货架商品供不应求，每日货架基本售空，而诚信率也一直维持在 87%左右，少部分可以接近和达到 100%，这说明诚信货架运营状况良好，绝大多数同学遵守购买规则，十分具有自我约束力。但是从数据中我们也可以发现存在着一些不诚信行为，有极个别天数的盈亏为负，当天的诚信率也仅仅只有 60%左右，说明有将近四成的人没有坚持诚信付款，无视了诚信货架设立的初衷。这暴露出一些不诚信现象，如部分同学在选购商品时因无人看管，直接拿走货物不付款或假装付款等，我们只能以微薄的利润填补亏损。

诚信货架与校园超市货架的最大区别是用“诚信”来买单，无人监督，自助购物，自我约束管理，让同学们真正体验“诚信”的可贵。诚信货架项目得到了学校及学院领导的重视，项目团队被给予了充分的信任与鼓励，获得了广大师生的好评。该项目也曾代表财税与公共管理学院参加“诚信”项目体验展示活动，受到了来自其他学校的老师和同学们的热烈关注。诚信货架有望在未来增加其他试点发展货架的规模，推动诚信货架的持续稳步发展。

3 其他高校诚信教育实践案例参考

3.1 华北电力大学诚信书屋项目

华北电力大学诚信书屋始建于2006年，诚信书屋所提供的全部书刊来自大学毕业生捐赠，每年毕业季图书馆专门抽调老师进行捐赠书刊的登记、整理和上架。所赠书刊内容涉猎广泛，主要包括文化、科学、教育、政治、军事、天文地理及各专业类书刊和工具书等。书屋管理采用独特的“开放式无人管理”方式，书架是全开放式，如需要借出阅读，则将书刊、读者、借阅时间等信息进行登记，归还时再登记注销，提高学生讲诚信的意识。10多年来，诚信书屋始终保持环境整洁，秩序井然，实现了学生自我管理的目的。针对馆藏面积紧张、书架短缺等情况，华北电力大学图书馆始终坚持留出充分的空间给诚信书屋，并积极投入人力做好此项工作，累计登记整理了146 942册书刊，年均14 000余册，年复一年，一届接一届，把讲诚信这种精神在校园里传承下去。经过10多年的坚守，学生手里的知识资源得到了充分利用，经济困难的学生生活上也得到了帮助，使诚信精神得到升华，华北电力大学在教书育人的同时始终秉承以诚为本，以信至上的精神，培养学生讲诚信、树新风，延续中华民族的传统美德，为学生创造了一个互相帮助、讲诚信的平台。

3.2 福建农林大学“诚信自助花摊”项目

诚信自助花摊的创始人是福建农林大学2012届毕业生刘海盛，创建花摊时他还是学生。因为平时要上课，没时间看店，他就请兼职一起照看。他拿了一个蓝色小猪储钱罐放在花架上，并贴了一张卡片，上面写道，“卖花的去上课了，买花的同学请按盆栽上的标价，把钱投到蓝色的‘猪’里”，每天卖出去的花的钱都在储钱罐里面。此后他试着将这个模式在福州的校园里进行推广。毕业前，他就在福州两所大学的3个校区里经营了6个这样无人看管的诚信自助花摊。花摊可以识人，它考验着每一个经过花摊的人的本心。

与其他高校的项目团队一样，我们坚信诚信商店的模式不仅是对大学生诚信的测验，更能在潜移默化中提升大学生的诚信素养。这样的诚信教育比一般的诚信宣传、讲座容易让人接受，在潜移默化中就会形成了一种浓厚的诚信氛围，比起一般超市消费行为，在此类以诚信为导向的商铺中购买商品是一种具有崇高道德感、仪式感的体验，是对自我价值的认同。

4　诚信货架项目实践分析

4.1　销售数据及问卷调查结果分析

数据往往能最直观、最有效地反映问题。诚信货架小组在实践中获得了大量数据，其中包括调查问卷、随机采访以及每日盈亏与诚信率等运行数据。通过数据所呈现的结果，我们可以全面地了解到经营状况和同学们对诚信货架的期望，这将为诚信货架经营的改造与进步起到极大的作用。

4.1.1　销售数据统计结果(部分)

从统计数据可以看出，诚信率的高低和时间并没有一定的规律，每天的销售数据之间也没有规律。我们截取的 18 天销售数据中仅有 4 天达到完全诚信，商品无丢失，剩余 14 天都发生了不诚信行为，诚信率平均为 84.7%。

4.1.2　问卷调查结果(部分)

本次调查问卷中涉及有关日常运营管理的改进和诚信相关问题的探讨。

我们选取调查结果中有关诚信问题的变量部分进行分析，具体如下。

参与问卷调查的人员性别：

选项	小计	比例
男	111	23.57%
女	360	76.43%

男女人数差异较大的原因主要是因为我校男女人数不均衡，但性别并不是本次调查研究的变量之一，影响不大。

参与问卷调查的人员年级分布：

选项	小计	比例
大一	135	28.66%
大二	225	47.77%
大三	78	15.92%
大四	33	7.01%

参与调查的同学分布于各个年级。

平时前往诚信货架的购买频率：

选项	小计	比例
很高，几乎每周五天	11	0.64%
较高，在附近教学楼上课时就会去	27	5.73%

（续表）

选项	小计	比例
一般，路过或有需求时会考虑购买	264	56.05%
很少，除非急需	129	27.39%
没有，从来不买	40	10.19%

可以得知大部分参与问卷调查的对象（56.05%）前往购买的频率都比较可观，对诚信货架有一定的了解。

是否有了解或亲眼见到在身边发生的有关诚信货架的不诚信行为：

选项	小计	比例
有，直接拿了东西就走	45	9.55%
有，扫码后没有付款	33	7.01%
有，实际付款金额小于购买金额	27	5.73%
从来没见过或听说过	366	77.71%
其他	18	3.82%

绝大多数同学表示从来没见过或听说过，但也有小部分同学（22.29%）有听说过或见到过不同情况的不诚信行为，包括直接拿走商品、扫描二维码但没有付款、实际付款金额小于购买金额以及其他情况，其中直接拿走商品的占比最大。这与86.6%的诚信率基本匹配。

目前诚信货架运营数据反映的不诚信行为的原因：

选项	小计	比例
校外人员私自违反运营规定	51	10.83%
部分师生不自觉付款	291	61.78%
经营管理人员记录数据有误	18	3.82%
我不知道，或其他	111	23.57%

大部分同学（61.78%）都认为是校内师生不自觉履行义务付款。

解决不诚信问题有效改进措施：

选项	小计	比例
取消诚信货架	15	3.18%
在附近安装摄像头	120	25.48%
安排人员定时监督	48	10.19%

（续表）

选项	小计	比例
改用自助贩卖机模式	210	44.59%
改变货架的摆放位置(具体到)	0	0%
我不知道,或其他	78	16.56%

近半数的同学(44.59%)建议改用自主贩卖机模式,也有一部分同学建议在附近安装摄像头。

4.2　类似案例及线下访谈

4.2.1　类似案例

前不久,在中国高校传媒联盟针对大学生做的一项关于校园诚信商店的调查中,67.9%的人认为"这一模式是对大学生诚信的一种考验"。关于诚信的"实验"已经在各大高校兴起有些时日了,这些项目也正在逐渐"走红"。

西北农林科技大学机化专业的刘宗在学校创办了一家诚信商铺,经营矿泉水及各类文具。开业1年多以来,这家"无人看管"的小店销售额已突破10万元,盈利高达3万余元。

华侨大学的诚信矿泉水驿站项目也办得红红火火,月盈利额也稳定在2 000～3 000元。

还有很多其他高校也在这方面有所摸索。因此,为了更好地学习和借鉴,我们除了使用问卷调查的形式,还联系了其他高校的同学进行了线下访谈,与其相关负责人交流诚信教育实践项目开展情况,分享诚信货架的管理模式和经验,并有效地选取了诚信商店运行或类似诚信项目方面的数据信息,与我们自身的运行方式进行了简单的对比。

4.2.2　线下访谈实录

与燕山大学同学访谈实录:

Q:你好！请问你们学校重视诚信教育吗?

A:当然重视,在以诚信为本的当代社会里,大到高校,小到个人,生活里的各处细节都是离不开诚信的。

Q:那你们学校有些什么诚信教育实践活动呢?可以分享一下吗?

A:我们学校经济管理学院和学生工作处共同出资设立了诚信小站,这是一个无人看守的购物平台,也是一个检验诚信的平台,诚信小站的主要作用便是为大家提供瓶装矿泉水、零食、文具和纸巾等常用的生活小物品,大家根据标价自觉地把钱放入箱子里就可以拿走所需物品,每个诚信小站都设有留言板,每天公布销售情况和诚信率。

Q:那这样一个纯自主购物小站出现过不诚信行为吗?

A:诚信小站成立到今天,确实有过不诚信的行为发生,这是不可避免的,但是诚信率却是处于上升的趋势,从最初的60%到现在的80%左右,可见同学们的诚信意识在不断提高。课间总会有同学在小站享受便利,留下诚信,同学们经常在小站的留言板上留下温暖的话语。

Q:是的,诚信小站是一座沟通的桥梁,传递着相互的温暖和信任,谢谢你的分享！

与华北电力大学同学访谈实录:

Q：你好！我们了解到你们学校有诚信小摊创业项目，这个项目的初衷是什么呢？

A：是因为我们觉得能够方便大家的生活，给同学们提供一定的帮助，在诚信意识高度受重视的校园里，这样的活动项目也会有一定的市场。

Q：目前经营规模多大呢？

A：在不同的教学楼设立了9个诚信货架。

Q：那经营过程是怎样的呢？

A：主要就是同学们自取自拿，自觉付款，我们负责平时日常的补货进货。

Q：现在的经营状况方便说一下吗？

A：没有太大的盈利，因为这本来就是一项为了给同学们带去便捷的项目实践，不以追求利润为目标，标价不高，有时候还会因为同学们的不诚信行为出现一些小的亏损。

Q：不诚信现象是否经常发生呢？

A：曾经丢失过一次钱箱。这些事情不经常发生。总体来说，同学们的诚信度还是蛮高的，况且，诚信度也处于上升趋势，从最初的70%达到了现在的80%。

Q：下一步将会有什么发展呢？

A：和学校宿管、后勤物业联系过之后，我们决定将小摊推广到宿舍区域，也会多放一些零食、小吃，方便大家购买。

Q：这种自取自投、无人售卖的方式确实是对诚信意识的一种呼吁，也是学校自觉自律的校风建设里一项重要的内容，感谢你的分享！

5 诚信货架前景、趋势以及运营模式的创新

5.1 诚信货架前景及发展趋势

随着诚信文化在我国现代化进程中的不断普及，其最终必将渗入人们生活的方方面面，而诚信货架作为高校广泛落实诚信实践活动的重要助力，在未来必然会迈向新的台阶。

(1) 扩张货架规模，进一步便利同学们的日常学习生活。诚信货架有望在校园内增加试点，发展货架规模，如松江校区3号楼考研教室和自习教室旁，以及四、五号教学楼之间等。

(2) 成立货架管理小组，扩大影响力，联合各部门共促发展。货架商品的补货与进货过程中需要耗费大量人力，这也对团队的规模与人员分工提出了难题。成立诚信货架的学生管理小组，扩大诚信货架的影响力，可考虑采用勤工俭学的方式招募小组人员。该管理小组可以作为老师和同学们沟通的枢纽，及时反馈问题，在一定程度上为各项服务内容能更有效地应对学生需求提供了解决方法。此外，诚信货架管理小组还可以联合其他部门为各类活动提供物资支持，利用双方影响力实现互利共赢，促进共同发展。

(3) 诚信货架项目始终坚持诚信原则，同时反馈社会。在现代社会，经济的市场化和国际化、政治的民主化和法制化以及文化的多元化和交往方式的现代化，无不凸显诚信的价值。一旦背离了诚信的原则和精神，则脱离了设立“诚信货架”的初衷。我们要立足于校园，进一步推动校园的诚信文明建设，必须始终坚持诚信原则。同时，项目团队将有计划地将销售收入用于爱心捐助等，帮助社会上那些需要帮助的人。

5.2　诚信货架运营模式的创新性探索

诚信货架作为上海立信会计金融学院财税与公共管理学院的一个诚信试点项目，在将近1年半的时间里，诚信货架在宣传诚信意识，发扬立信校风方面起到了不可忽视的贡献。但我们统计出的大数据也告诉我们一个信息，诚信货架的运行方式仍然是存有漏洞的，也存在着不少改进的空间，如何减少不诚信问题的产生是一大难题。在经历了两个月有关于诚信货架经营模式探索的课题研究后，我们认为诚信货架未来总体上还是应当保持自主购买、无人监管的模式，不应该采用监控摄像头或由工作人员监督，这样能最大限度地体现“诚信货架”设立的初衷。

我们诚信货架项目团队就如何减少不诚信问题的发生有以下几点想法：

(1) 公开每日诚信率，采取一票否决清零制。诚信货架的数据由诚信货架负责人掌握，并不对外公开。我们将坚持统计每日商品销售、资金流动，并按照公式(实际收入/总销售额)计算出当日的学生诚信率，作为诚信购物指数，并于第二天在显著位置公开显示，以约束不诚信行为，培养同学们的诚信意识。

若诚信购物指数不断攀升或完全诚信，并持续一周，我们团队可以采取一些奖励措施，如在下一周购买货架上的部分商品即可享受折扣。但如果有一天出现了不诚信行为，诚信购物指数清零，重新开始计算。这可以让学生们了解到诚信购买的意义与好处，并且鼓励学生们进一步践行诚信。

(2) 汇报盈亏情况，公开资金去向。诚信货架应该公开盈利和亏损的情况，汇报资金的流转运动，接受大家的监督，建立一种互相监督的新型经营管理模式。

团队还计划将“诚信货架”所得的利润用于爱心捐赠，如用于关怀老人与残障儿童、购买爱心午餐、救助灾区等，通过回馈社会弘扬诚信之风。团队还应公示资金去向明细，让同学们意识到自己购买商品产生的利润都流向了社会上那些需要帮助的人，将诚信汇聚的爱与美好品德继续发扬。

(3) 鼓励全民参与，勤工俭学重诚信。诚信货架日常经营存在着人手不足的问题，我们可以在全校范围内招收有意向加入诚信货架团队的同学，采用勤工俭学的方式，用销售利润补贴参与管理的人员，形成相互监督、相互影响的效应。

我们力求在诚信货架项目中锻炼和培养自己脚踏实地、认真细致的做事能力。诚信货架自始至终都将诚信精神贯穿于项目之中，以信任为基础，必将有利于我们自身人格的完善和崇高精神的塑造。

(4) 借鉴微商模式，充分利用微信平台。随着“互联网+”时代的到来，微商以一种全新的营销思维和管理经营模式冲击着传统的零售方式。我们诚信货架项目团队与时俱进，开通诚信货架微信个人账户，不仅仅是用于二维码收款，还向全校师生宣传诚信货架的微信号，引导大家将诚信货架加为好友。团队负责人负责“诚信货架”微信号的日常回复，定期更新朋友圈发布信息，如公布诚信货架运营数据及诚信率，宣传上架新品等。同学们对于货架商品出现的任何问题都可以直接通过微信联系，有希望货架上增添的商品可以留言，也可以对我们的工作进行评价。

6 感悟与总结

6.1 实践感悟

经营货架之细碎繁杂不亚于经营一个小超市。我们没有货车,靠一辆小推车一遍又一遍地运送。整整齐齐的商品摆放,看似平淡无奇,其中包含了许多管理人员的脑力和体力。“诚信货架”的经营,周周复始,月月更迭,但我们对待诚信货架的情感深藏于心。在问卷调查中我们了解到许多同学对货架的支持和理解,同学们体贴的留言时常让我们很感动。

6.2 当代高校大学生诚信教育创新实践展望

大学生是目前最有希望的群体,作为大学生诚信教育的主体的高等院校应了解大学生的诚信现状,其一,目前大学生诚信现状的确不容乐观;其二,导致大学生诚信缺失的原因是多方面的。对大学生进行诚信教育不仅是当务之急,而且是一项非常复杂而艰巨的系统工程。

(1) 要发挥高校教育在大学生诚信教育中的主导作用。大多数的社会成员都出自学校,今天校园的所有学生,明天都将走向社会,成为社会的新生力量,他们的诚信程度如何,直接决定了未来社会的整体诚信水平。因此,高校教育在大学生诚信教育中的主导作用是时代发展和社会进步的需要。搞好学校诚信教育,对整个社会的诚信教育有非常重要的作用和借鉴意义。要真正发挥诚信教育作用,高校组织就应该首先明确大学生诚信教育的内容和意义,转变传统的教育理念,把德育工作放在突出地位,用社会主义荣辱观统领高校大学生诚信教育,树立“以人为本”的道德教育理念,优化大学校园诚信理念环境,开展例如诚信主题演讲活动、征文活动、签名活动等,不断熏陶诚信理念,提高大学生的诚信意识,寓教于理,引导学生从他律走向自律。为充分发挥教师在诚信教育中的示范和导向作用,教师自身也必须具备并加强自己的诚信道德修养,与学生建立互信关系,通过日常的一言一行,潜移默化地将诚信理念根植学生心中,身教重于言教,再好的约束也替代不了教师的身体力行。另外,教师的课堂教学也要随时注重诚信教育,课堂是教师教书育人的主阵地,一定要充分发挥其育人的强大功能,把诚信教育落到实处。

(2) 大学生应当增强诚信自我教育的意识和能力。我们要努力提高自己的诚信认知水平,对“诚信”进行自我教育要以主动学习为主,不应该局限于课本,更应该明白诚信的真正含义。当代大学生知之不少,但行动脱节现象严重,这也是诚信缺失的重要原因之一,因此大学生要根据自己对诚信的正确认识,坚持信念,从生活中点点滴滴做起,讲诚守信。随着高校素质教育的逐步推行,学生的素质不断提高,拥有了一定自我教育、自我管理、自我评价的能力,各种组织、团体蓬勃建立,为学生自我诚信教育打下了良好的组织基础。在学生自我教育中强调诚信道德建设,就要引导学生、干部及其组织认识诚信和诚信道德建设的重要性,建立诚信自育的基础;引导学生干部、学生组织和学生党团员发挥模范作用,把诚信认识化为诚信情感,变为诚信行为。

(3) 创新大学生诚信教育的方式。高校教育一定要紧跟时代步伐,利用网络开展教育与沟通工作,运用现代化的传播媒介和手段,广泛收集大学生日常道德行为规范方面的信息,多方面地对大学生进行立体的诚信教育。大学生通过诚信实践，可以从中真切地感受到诚信对社会对自己的影响，进而自觉地做到诚实守信。推进大学生诚信教育与时俱进，必然要求教育者的教育理念同步更新，充分利用微博、微信等新媒介的优势，实现大学生诚信教育由传统媒介向新兴载体的跨越，将传统平台与网络平台有机衔接，在教育形式上推陈出新、化繁为简。大学生诚信教育者应树立创造性、开放性的教育新理念，畅通师生微信、微博、QQ等沟通交流管道，增强敢用、会用、善用网络平台开展诚信教育的主动性、自觉性。

（4）加强大学生诚信教育制度建设。教育的影响力和制度的规约力是相互渗透、相辅相成的。高校的诚信教育，要围绕提高学生的素质全面展开，通过制度创新来为"诚信"创造一个良好的制度环境。

现如今，高校诚信建设普遍采用的是教育类型的讲座，但是如果单单凭借讲座等口头上的说教，学生仍然无法意识到诚信的重要性，唯有实践出真知。在诚信缺失问题的今天，立信学子借鉴历史经验，同时又独辟蹊径，以诚信货架来叩问学子们的道德底线。诚信货架被赋予了非常美妙的教育意义，它把外在的规则演化成内在的良心准则。给予他人以信任，让大家主动选择，这种无人监督的道德考量以一种无声的方式教育了大家，更让人们反思传统的"说教式"教育方式。类似"诚信货架"这样的诚信教育比一般的诚信宣传、讲座容易接受得多，在潜移默化中就会自发形成一种诚信氛围。

亚里士多德说："德行是一种习惯，而习惯的养成是环境熏陶的结果。"校园是传授人类优秀文化知识成果的地方，校园环境对于一个人的成长也尤为重要，学校在传授文化知识的同时，应大力开展校园诚信教育活动。

各项诚信教育活动的开展，首先应针对大学生的需求特点，在团日活动中加入以"诚信"为主题的创新趣味活动，引导学生积极践行诚信精神，深入贯彻落实诚信教育理念，让诚信之树扎根校园，在丰富校园文化的同时，逐步增强学生的诚信意识；其次，应将诚信知识渗透到专业教育之中，通过潜移默化的教育方式，使学生在进行专业学习的同时，不断提高自己的诚信意识，可以建立专门的诚信网站或者诚信微博，向学生广泛普及诚信知识。最后，在校园里悬挂有关诚信的名言警句，讲解关于诚信的案例，营造浓厚的诚信氛围。

诚信意识说到底是一种文化自觉，文化体现的是一种精神文明和内在修养，文化自觉也不是能够在短时间一蹴而就的，但我们仍应该"由人化文，以文化人"，文化是"人化"与"化人"相统一的一体化进程，人们在改造世界创造道理的同时也能够通过讲道理的方式来感化和影响他人。我们团队希望诚信货架项目能够在未来继续对学校的诚信教育、大学生信用产生积极的促进作用，追求进步与创新，培养学生的自我约束能力、诚实守信的意识和诚于中形于外的精神风貌，建设诚信文明的校园环境，保持现有的步调和态势，坚持在诚信的道路上前行！

项目组员：牛晓璐　朱月明　何瑞珩　黄膺潞
周奕雯　白　婷　张远东
指导教师：杨陆锋

“全面二孩”政策下育龄妇女生育意愿分析

——基于上海的实地调查

摘　要:在“全面二孩”政策公布后,育龄妇女的生育意愿是否会因为该政策的颁布而得到提高。通过实地调研,本文研究“全面二孩”政策下,上海市“80后”育龄妇女的生育意愿及其影响因素。运用SPSS软件中的卡方分析、二元logistic回归分析等统计学方法来分析二孩生育意愿的影响因素及其显著性情况。结果显示:仅36.96%的被访者表示,如果政策允许,会生育二孩;63.04%的被访者表示,一定不生二孩。造成不愿意生二孩的原因主要有:增加经济负担(81.55%)、增加对儿女的时间投入(74.76%)、工作或升职的压力(53.4%)。回归结果显示,年龄、教育水平、目前拥有的孩子数量、已有孩子的性别、夫妻双方独生状况是影响生育意愿的主要因素。

关键词:全面二胎;生育意愿;影响因素

1　引言

党十八届五中全会将“全面二孩”政策提上了议程,并于2016年1月1日起正式实施。“全面二孩”放开后,总和生育率已达平衡状态,但是却难以改变低生育的趋势,特别是对于生育观念产生本质变化的“80后”和“90后”。生育政策的转变较预期想要达成的效果还相差甚远,人口无法适应经济新常态。因此,本文将基于上海的实地调查,分析上海市“80后”育龄妇女在“全面二孩”放开后的生育意愿,并以此提出完善生育和鼓励生育政策的一些改进措施。

2　上海市人口现状分析

2.1　近年来上海市人口出生状况

2004年“双独二胎”开始试点,人口出生率迅速从4.85‰上升到6‰。2013年“单独二孩”政策的颁布,不断提升了人口出生率及自然增长率,2015年又开始下降,直到“全面二孩”放开后,人口出生率及自然增长率才得以提升,2016年分别达9‰和4‰,然而在快速上升之后,2017年又开始回落,仅为2.8‰,这与《“十三五”发展规划》中年均自然增长率为6‰左右的一个目标还相差甚远。详见表1。

表 1　2000—2017 年上海人口出生率及人口自然增长率(‰)

时间	人口出生率	自然增长率
2000	5.30‰	−1.90‰
2001	5.02‰	−0.95‰
2002	5.41‰	−0.54‰
2003	4.85‰	−1.35‰
2004	6.00‰	0
2005	7.04‰	0.96‰
2006	7.47‰	1.58‰
2007	9.07‰	3.04‰
2008	8.89‰	2.72‰
2009	8.64‰	2.70‰
2010	7.05‰	1.98‰
2011	6.97‰	1.87‰
2012	9.56‰	4.2‰
2013	8.18‰	2.94‰
2014	8.35‰	3.14‰
2015	7.52‰	2.45‰
2016	9.00‰	4.00‰
2017	8.1‰	2.8‰

资料来源：国家统计局，http://www.stats.gov.cn/。

2.2　上海市人口老龄化程度

第一个迈入老龄化行列的上海，在 2017 年时其老龄化率就高达 31.6%。上海以其总量规模大、发展异常迅猛等特点，在老龄化程度方面，列居全国第一，远超北京、广州。相关数据显示，2017 年，上海低龄老人（60～80 岁）比上年增加 37.6 万，达 539.12 万。高龄老人（80 岁及以上）数量增长也很快，2017 年时便高达 82.77 万人，比 2016 年增加 1.29 万人。① 详见表 2。

① 上海统计局，上海人口老龄化现状和预判，2018.5，http://www.stats-sh.gov.cn/html/fxbg/201805/1002033.html。

表 2　上海、北京、广州老龄化程度

年份	上海	北京	广州
2010	22.5%	18.1%	13.26%
2011	23.4%	19.6%	—
2012	24.5%	20.5%	—
2013	25.7%	21.5%	16.03%
2014	27.1%	22.6%	16.75%
2015	28.8%	23.6%	17.27%
2016	30.2%	24.5%	17.76%
2017	31.6%	24.8%	18.03%

资料来源：各市统计局官网，统计年鉴。

2.3　上海老年人口抚养比

上海市老年人口抚养比在2004—2014年这10年间，不同程度地下降，直至2015年才回升，在出生率下降的同时，老年抚养比却有增无减，这意味着上海现阶段面临的迫切任务便是加快人口结构的改变，通过多种措施鼓励生育、增加出生人口、提高自然人口的增长率。从人口学理论上来说，要实现上一代人和下一代人的平衡，总和生育率应为每对夫妇拥有孩子数为2.1个，但是总和生育率在目前仅仅为1.624个（2016年），远低于2.1个孩子。详见表3。

表 3　2002—2017 年上海老年人口抚养比

年份	老年人口抚养比
2002	17.7%
2003	21.9%
2004	20.3%
2005	15.1%
2006	18.6%
2007	18.3%
2008	16.5%
2009	18%
2010	—
2011	9.4%

（续表）

年份	老年人口抚养比
2012	10.9%
2013	13.3%
2014	12.1%
2015	16.5%
2016	16.8%
2017	18.8%

资料来源：国家统计局，http://www.stats.gov.cn/。

3　文献综述

“全面二孩”政策颁布后，部分学者认为该政策遇冷，期望得到的人口增长并没有实现；部分学者认为该政策的实施，确实产生了一定的效果，生育率在提高；当然也有学者认为目前的状况还难以判断实施效果，还需更长的时间验证。许多国内外的学者对其做了全面细致的研究、分析。其中国内的基本情况及研究结果如下：李芬基于生命历程理论，认为生育给女性带来的影响远超男性（李芬，2018）；王广州等人认为，生育率并没有因为二胎的全面放开而提升，职场上的歧视依旧存在。生育和工作之间不可调和的矛盾，使女性不得不放弃二孩计划（王广州、周玉娇、张楠，2018）；风笑天认为，传统的“为家庭生孩子”转变成为“为孩子寻找伴侣”（风笑天，2018）；张伟认为，现在人们用更加理性的态度去看待生育这件事情，因此在短期内，二胎的放开不会造成人口的增多（张伟，2016）；田艳平等人依据湖北宜昌的调查数据，发现工作与母亲的角色产生冲突，这种冲突致使女性不得不减少生育来维持高层级的工作（田艳平、徐玮、顾贾能，2018）；依据马克思两种生产理论，秦美珠、吉雨童研究发现，两种生产之间越不平衡，女性的地位也随之越低。女性因参与社会劳动，而引发的生育与工作之间的双重矛盾被“全面二孩”政策加重了（秦美珠、吉雨童，2018）。

国外在生育意愿方面的研究情况如下。莱宾斯坦在《经济落后与经济增长》中，首次提出成本与效用理论，认为随着经济的发展，对大多数家庭而言，收入越高，希望生的孩子就越少，因此，减少生育是由经济导致的；加里贝克尔的“孩子数量和质量相互影响”理论，将生育意愿影响因素归于家庭收入、孩子数量偏好和养育孩子的成本等。

4　研究设计

4.1　调查对象

本文选取的调查地点是上海市（包括城镇和农村），作为全国特大型城市以及科技、贸易、信息、金融和航运中心，上海具有很好的代表性。我们选取虹口、黄浦、浦东、宝山等人流量较大的大区发放问卷。调查对象以“80后”育龄妇女为主，作为生育二胎主力军的“80后”，相比“90后”而言，基本都已结婚，且育有一孩；在年龄方面，比“70后”和“60后”相对较小，高龄生育风险的概率也相对较低。我们以随机的调查问卷法为主，以对部分育龄妇女的个别访谈法为辅来收集研究所需的一手数据，调查问卷一共发放了103份，实际收到92份有效问卷，其中11份为无效问卷，问卷的回收率为89.3%。

4.2 研究方法

调查问卷的基本内容如下：家庭及个人的基本情况（育龄妇女的年龄、户籍、最高教育水平、目前的职业类型、家庭最近1年的年收入、配偶双方的独生状况），目前拥有的孩子数量及性别，有多少目前仍需赡养的老人，祖辈是否对孩子提供帮助和支持及何种支持，长辈对生育孩子数量及性别要求，理想的孩子个数及性别，对子女就读的幼儿园、托儿所的卫生保健的满意状况，夫妻双方的工作单位提供妇幼保健方面的福利状况以及对目前产假时间、妇幼保健方面的满意状况。该项调查是一项自愿调查，采用匿名的方法。

4.3 统计分析

我们从103份问卷中除去乱答、填答不完整等无效问卷，筛选出92份有效问卷，将问卷统计出来的结果量化，经过量化的数据结果，利用中文版SPSS19.0进行统计学分析。首先，运用卡方分析方法，分析不同组别人群的生育意愿；其次，用二元logistic向前逐步回归分析法，分析二孩生育意愿的主要影响因素；最后筛选出上海“80后”育龄妇女生育意愿中具有显著性的自变量。

5 研究结果

5.1 调查对象基本情况

受访者都为“80后”，平均年龄34.80岁，全部来自上海，其中有16.5%的来自郊区，来自市区的有83.5%。受访者中人数最多的是来自企事业单位的女性职工，占比34.78%，农、林、牧、渔等从事的人数很少，仅占3.26%。家庭年收入为8万～15万元的最多，占45.65%，15万～30万元次之，占18.48%。有81.52%的受访者已经生过一个孩子，仅18.48%的受访者虽然已经结婚，但还没有生孩子。夫妻双方全是非独生家庭的比例最高，占32.60%，夫妻双方全来自独生家庭的次之，占比26.08%。详见表4。

表4　样本基本情况分布表

变量	人数	变量	人数	变量	人数	变量	人数	变量	人数
年龄		户籍地				最近1年家庭年收入		受教育程度	
30～33岁	43	城镇	75	未就业或失业	8	3万以下	22	小学	1

（续表）

变量	人数	变量	人数	变量	人数	变量	人数	变量	人数
34～36 岁	26	农村	17	国家机关、党群组织	9	3 万～8 万	24	初中	5
37～39 岁	23			企、事业单位	32	8 万～15 万	21	高中或中专、职业院校	20
				农、林、牧、渔等生产	3	15 万～30 万	18	大专或本科	56
				生产、运输等	9	30 万～100 万	3	硕士	9
				军人	0	100 万以上	4	博士	1
				其他	31				

资料来源：自制问卷统计结果。

5.2　生育意愿的调查情况

大多数被访者理想的孩子性别为 1 男 1 女，占 34.95%，希望将来的孩子数是两个女孩的被访者，仅占比 0.97%，20.39%的被访者表示并不在乎孩子的性别。可见“儿女双全，凑成一个好字”还是目前大多数家庭所期望的。详见图 1。

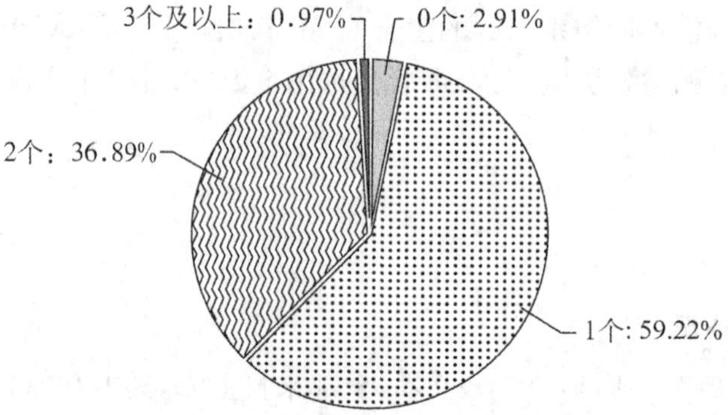

图 1　育龄妇女理想子女数

资料来源：自编问卷调查统计结果。

在生育二孩意愿方面，明确表明不会生育二孩的受访者，占比高达 59.22%，她们纷纷认为一个孩子足矣；37.86%的受访者表示如果政策许可的话，她们会生育两个孩子；2.91%的受访者表示目前仍不确定是否会生育二孩。明确不生二孩的受访者中，81.55%的被访者觉得，生一个孩子就已经需要很多的成本，生第二个的话，经济会承受不起；74.76%的被访者认为，生第二个孩子，自己就需要花更多的时间在这个孩子身上。53.4%的受访者觉得二孩的出生，会使自己的工作、晋升受到阻力；38.83%的被访者因为身体情况不是很好，而无法再生育二孩。二孩的出生给平淡的家庭增加一点快乐，无疑是那些明确有二孩生育意愿的妇女生育二孩的最主要原因，占比 31.07%。详见图 2。

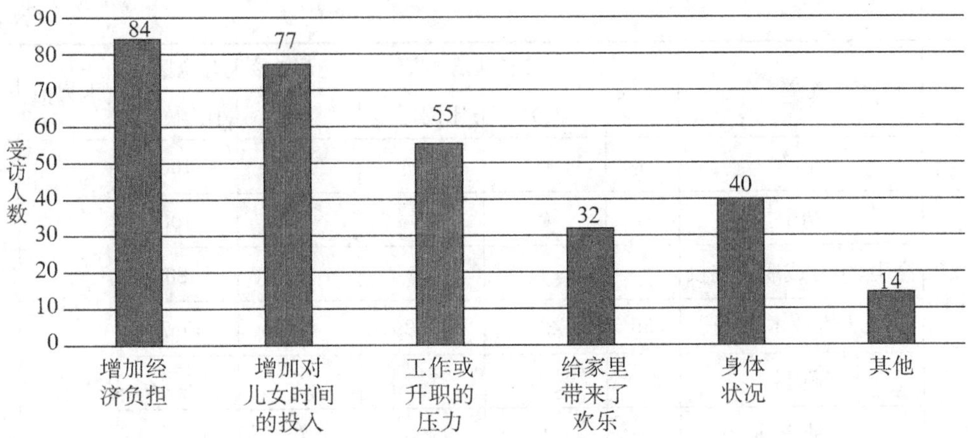

图 2　二孩育龄妇女带来的影响因素

资料来源：自编问卷调查统计结果。

5.3　生育意愿的影响因素

5.3.1　卡方分析

我们通过卡方分析可以发现，将不同教育水平、最近 1 年家庭总收入、目前拥有的孩子数量、孩子的性别、照顾和陪伴孩子的时间的育龄妇女生育意愿进行比较，差异具有统计学意义（$P<0.05$），而不同年龄组、户籍性质、职业类型、夫妻双方独生状况、目前需要赡养的老人数量、祖辈是否提供支持、祖辈对生育子女数量的要求、政府补贴与育龄妇女二孩生育意愿无关，即 $P>0.05$。随着教育水平的上升和家庭年收入的增加，二孩生育意愿越来越强烈。夫妻双方都来自非独生家庭（36.36%），更想生育二孩。这可能是因为夫妻双方从小都生活在有兄弟姐妹的家庭，感受到兄弟姐妹之间的彼此照顾，相互陪伴，故也希望自己的孩子也能有一个伴，不会太孤单；而且政策初期想要生育二孩的限制很大，要求很严格，有二孩生育资格的家庭少之又少，现在二孩政策放开了，因此都不是独生子女的家庭因为政策的调整，而使二孩的意愿从理想转为现实，故他们的二孩生育意愿最高。其中女方为独生，男方非独生二孩生育意愿最低，仅为 0；对于父母都是独生的家庭而言，可能因从小就独自一人生活，相对于非独生家庭而言更孤单，希望自己的孩子可以有兄弟姐妹的陪伴，故夫妻双方都是独生家庭的二孩生育意愿也相对较高（34.04%）。已有孩子且性别是女孩的家庭二孩生育意愿（54.29%）约为已有孩子且孩子性别为男孩的（25%）两倍，可见，有一个男孩依旧是传统思想影响下的家庭所普遍希望的。详见表 5。

表 5　卡方分析结果

变量	分类	人数	有二孩生育意愿		无二孩生育意愿		卡方值	P 值
			人数	比例(%)	人数	比例(%)		
年龄	30～33 岁	43	18	41.86	25	58.14	1.635	0.441
	34～36 岁	26	10	38.46	16	61.54		
	37～39 岁	23	6	26.09	17	73.91		

（续表）

变量	分类	人数	有二孩生育意愿		无二孩生育意愿		卡方值	P 值
			人数	比例(%)	人数	比例(%)		
教育水平	小学	1	0	0	1	100	14.259	0.014
	初中	5	0	0	5	100		
	高中、中专或职业院校	20	4	20	16	80		
	大专或本科	56	22	39.29	34	60.71		
	硕士	9	7	77.78	2	22.22		
	博士	1	1	100	0	0		
户籍	城镇	75	31	41.33	44	58.67	3.337	0.057
	农村	17	3	17.65	14	82.35		
职业	未就业或失业	8	0	0	8	100	5.489	0.359
	国家机关、党群组织	9	3	33.33	6	66.67		
	企、事业单位	32	13	40.63	19	59.37		
	农、林、牧、渔等	3	1	33.33	2	66.67		
	生产、运输等	9	4	44.44	5	55.56		
	军人	0	0	0	0	0		
	其他	31	13	41.94	18	58.06		
家庭年收入	3万以下	22	6	27.27	16	72.73	14.178	0.015
	3万～8万	24	5	20.83	19	79.17		
	8万～15万	21	12	57.14	9	42.86		
	15万～30万	18	6	33.33	12	66.67		
	30万～100万	3	1	33.33	2	66.67		
	100万以上	4	4	100	0	0		
目前孩子数量	0个	17	5	29.41	12	70.59	10.601	0.005
	1个	62	29	46.77	33	53.23		
	2个	13	0	0	13	100		
	3个及以上	0	0	0	0	0		
孩子性别	没有孩子	17	0	0	17	100	7.381	0.025
	男孩	40	10	25	30	75		
	女孩	35	19	54.29	16	45.71		

(续表)

变量	分类	人数	有二孩生育意愿		无二孩生育意愿		卡方值	P 值
			人数	比例(%)	人数	比例(%)		
夫妻独生状况	双方都是	47	16	34.04	31	65.96	5.115	0.164
	女方是,男方不是	7	0	0	7	100		
	男方是,女方不是	16	5	31.25	11	68.75		
	双方都不是	22	8	36.36	14	63.64		
需赡养的老人数	0个	3	0	0	3	100	0.491	0.974
	1个	4	2	50	2	50		
	2个	24	7	29.17	17	70.83		
	3个	23	9	39.13	14	60.87		
	4个	38	11	28.95	27	71.05		
祖辈是否提供支持	提供支持	71	24	33.80	47	66.20	2.019	0.121
	没有提供支持	21	5	23.81	16	76.19		
祖辈对生育数量要求	有,至少一个	56	16	28.57	40	71.43	1.203	0.548
	有,至少两个	2	0	0	2	100		
	有,三个及以上	0	0	0	0	0		
	没有	34	13	38.24	21	61.76		
政府补贴	会提高	18	6	33.33	12	66.67	2.066	0.356
	不会提高	47	12	25.53	35	74.47		
	不确定	27	11	40.74	16	59.26		
照顾孩子的时间	没有时间	15	3	20	12	80	9.455	0.024
	只有下班有空	55	21	38.18	34	61.82		
	可以边工作边照料	12	5	41.67	7	58.33		
	全职照料	10	0	0	10	100		

资料来源:SPSS数据分析结果。

5.3.2 二元 Logistic 回归分析

将育龄妇女的生育意愿设定为因变量 Y,$Y=0$ 表示没有二孩生育意愿,$Y=1$ 表示有二孩生育意愿。自变量 X 为年龄、最高教育水平、目前拥有的孩子数量、孩子的性别、夫妻双方的独生状况、户籍性质、职业类型、家庭最近1年年收入、目前需要赡养的老人数量、祖辈是否提供支持、祖辈对生育子女数量的要求、政府补贴以及照料和陪伴孩子的时间13个变量。变量名称、变量符号和解释含义详见表6。

表 6　解释变量及其说明

变量名称	变量符号	含义
年龄	$X1$	30～33 岁＝1;34～36 岁＝2;37～39 岁＝3
教育水平	$X2$	小学＝1;初中＝2;高中、中专或职业院校＝3 大专或本科＝4;硕士＝5;博士＝6
户籍性质	$X3$	城镇＝1;农村＝2
职业类型	$X4$	未就业或失业＝1;国家机关、党群组织＝2;企、事业单位＝3; 农、林、牧等＝4;生产、运输设备等＝5;军人＝6;其他＝7
家庭收入	$X5$	3 万以下＝1;3 万～8 万＝2;8 万～15 万＝3; 15 万～30 万＝4;30 万～100 万＝5;100 万以上＝6
目前拥有孩子数	$X6$	0 个＝1;1 个＝2;2 个＝3;3 个及以上＝4
孩子性别	$X7$	没有孩子＝1;男孩＝2;女孩＝3
夫妻独生状况	$X8$	双方都是＝1;女方是,男方不是＝2; 男方是,女方不是＝3;双方都不是＝4
需要赡养老人数	$X9$	0 个＝1;1 个＝2;2 个＝3;3 个＝4;4 个＝5
祖辈是否提供支持	$X10$	提供支持＝1;不提供支持＝2
祖辈对子女数量要求	$X11$	有,至少一个＝1;有,至少两个＝2;有,三个及以上＝3;没有＝4
加大妇幼服务的给予力度	$X12$	会提高生育意愿＝1;不会提高生育意愿＝2;不确定＝3
照顾孩子的时间	$X13$	没有时间＝1;只有下班时间有空＝2;可以边工作边照料＝3; 全职照料＝4

通过向前逐步法,我们筛选出影响上海市“80 后”育龄妇女二孩生育意愿中具有显著性的自变量。变量的纳入概率为 0.05,变量的剔除概率为 0.1,最后得出上海市“80 后”育龄妇女生育意愿模型的变量。通过二元回归分析我们可以发现,年龄、教育水平、目前拥有的孩子数量、孩子的性别以及夫妻双方的独生状况进入方程,是影响上海市育龄妇女生育意愿的主要因素。而户籍、职业类型、家庭最近 1 年年收入、目前需要赡养的老人数量、祖辈是否提供支持、祖辈对生育子女数量的要求、政府补贴以及照料和陪伴孩子的时间这些变量被剔除,未能进入方程。

通过表 7 可以看出,年龄和目前拥有的孩子数量这两个变量,与生育意愿呈负相关,即年龄越小,越不会出现因高龄而引起的妊娠困难,故年龄越小,越倾向于生育二孩,她们的身体较高龄产妇更健康,在照看孩子方面也有更多的精力;目前没有或仅有一个孩子的受访者二孩生育意愿比较强烈,远远超过已育有多个孩子的被访者。文化水平、已有孩子的性别、夫妻双方是否独生这些因素与二孩生育意愿呈正相关。拥有高教育水平的被访者所从事的工种多为白领、公务员等,这类职业稳定性好,可替代率低,因此随着教育水平的上升,二孩生育意愿也越来越强烈。

表 7　方程中的变量

变量	B	$S.E.$	$Wals$	df	$Sig.$	$Exp\ (B)$	$EXP(B)$的 95% $C.I.$	
							下限	上限
年龄	−1.073	0.432	6.163	1	0.013	0.342	0.146	0.798
教育水平	2.494	0.722	11.927	1	0.001	12.105	2.940	49.837
目前拥有孩子数	−2.780	1.009	7.594	1	0.006	0.062	0.009	0.448
孩子性别	2.628	0.690	14.501	1	0.000	13.843	3.580	53.529
独生状况	0.757	0.264	8.216	1	0.004	2.133	1.271	3.579
常量	−10.520	3.285	10.256	1	0.001	0.000		

资料来源：SPSS 数据结果。

6　对策与建议

据统计，虽然有 49.51%的被访者不认为产假时间短，但仍有 24.27%的被访者认为目前的产假时间较短；除去 20.39%的被访者尚无子女入托之外，36.89%的被访者表示子女目前就读的幼儿园或托儿所的卫生保健状况一般，16.5%的受访者表示不是很满意；当在问卷中询问到夫妇双方的工作单位是否会为女职工提供保健方面的福利，除去 8.74%的被访者失业之外，33.98%的被访者表示工作单位从来没有为女职工提供保健方面的福利；有 48.54%的被访者表示孩子在幼儿园的费用一般，30.1%的受访者认为费用还是太高；33.01%的被访者认为目前政府对儿童照料的支持性政策较少，仍有 17.48%的被访者对目前政府对儿童照料的支持性政策没有任何的了解；在政府还需提供哪些支持性政策来提升二孩生育意愿问题上，78.64%的被访者表示希望政府能够为女性的工作提供支持，66.99%的被访者表示希望政府增强托幼服务，64.08%的被访者表示希望政府加大幼儿卫生保健服务，57.28%的受访者希望产假时间可以延长。详见图 3。

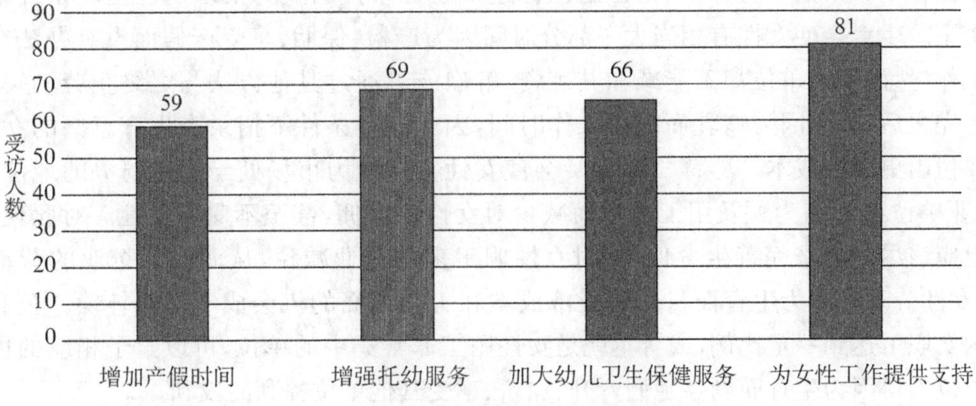

图 3　希望政府提供的支持性政策

资料来源：自编问卷调查统计结果。

基于调查问卷的统计情况，我们为完善生育政策、鼓励生育提供一些改进的对策和措施。

6.1　加强生育保障，完善生育政策

全方位地对育龄妇女从生产前到生产结束，直到回到工作岗位进行保障，以此使育龄妇女可以把想生育二胎的想法真正切实地转变成生育行为。有很多育龄妇女有生育二孩的想法，也希望可以给自己的孩子添一个弟弟或妹妹，然而基于各种主、客观原因，并未将此意愿付诸于实际。通过建立基金统筹机制，逐步解决人们能否“生得起”的问题，生育所需的相关费用分摊到个人、用人单位和政府，三方共同负担，把养育孩子的一部分责任从单个家庭转向社会，使生育孩子所需的费用可以社会化。对育有二孩的夫妇进行适当税收减免的优惠，对二孩的九年制义务教育及医疗费用给予优惠，减轻人们养育二孩的后顾之患。

为那些已经生育二孩的女性职工，设计相对弹性的工作时间，如在上午 8:30—9:30 到单位的都算作正常出勤，下班时间也可以随之弹性，对于产后的女性职工而言，除了给予她们每天哺乳的时间，还可以适当缩短她们的工作时间。宽松、自由的弹性工作时间对于女性劳动者而言更适合照顾和抚养孩子，对于每多生一个孩子的女性职工，就应该增加她们相应的母乳喂养孩子的时间。

低学历的女性就业者从事的普遍都是一些简单、机械的工作，替代性极强，对于这部分社会地位较低的女性劳动者而言，她们的权益更应该被保障。那些想生第二个孩子的人群中，不乏相当多的高龄群体，因此，那些具有或者潜在生育危险的高龄产妇，应大力宣传科学备孕，提供生育前的咨询服务。高龄产妇的生育不仅对产妇自身的身体造成危险，生育出有缺陷的孩子的概率也会随之增加，加强优生优育的宣传工作变得不可或缺。有关部门积极开展再生育指导，科学评估高龄育龄妇女的生育力，通过产前全方位的筛查，使婴儿出生缺陷的发生率得到有效降低，提高出生人口的素质。

6.2　保障女职工平等的就业权

很多育龄妇女拖延生育时间来保全自己的工作，最终因年龄不断上升，错失了生育最好的时机。我们采访过一位想去社区居委会就业的育龄妇女，她表示自己虽然已婚，但因未生育孩子而在面试中处于劣势，因为已婚已育这个硬性条件已成为很多单位招聘条件中公开的秘密了。生育会使女性有相当大一部分时间因为产检、保胎、享受产假而没有办法在工作单位工作，然而用人单位却不能减扣其工资、解雇或者通过其他方法与之终止劳动关系，女性生产完之后，还会因为哺乳而减少工作时间，因此同等条件下招录有生育意愿的女职工，单位要付出更多的成本。养育二孩无疑会使女性在劳动力市场处于更加弱势的地位，很多企、事业单位都会因为顾及用工成本而减少对女性的雇佣，甚至不雇佣女性。对此现象，全社会更应该尽全力来完善生育保险，对女性职工多的企业减税，从而降低企业的劳动力成本，为女性劳动者因为生育而付出的经济成本和工作方面的机会成本作出补偿。企业如果招收的女职工达到一定比例，或者本就是女性用工非常集中的单位，可以给予相应的税收优惠。单位不得因为生育而剥夺她们晋升、加薪、享受其他单位福利的权利。

6.3　完善托幼公共服务体制

许多家长反映幼儿园的教育费用相比于义务教育的中小学而言普遍偏高，每月都需为

孩子缴纳千元以上学费,因此,我们建议将托幼教育纳入义务教育。政府增加对学前教育的投资,对自行出资设办托儿所和幼儿园的企、事业单位通过税收优惠等给予适当的政策倾斜;逐步完善幼儿园教师的待遇,吸引更多的大学生选择幼教专业,加入幼师行业,增加托幼教育资源的投入,让所有达到法定入园年纪的学龄前儿童都能就近上幼儿园,将中小学不需要的场地进行资源整合,改造成托儿所、幼儿园。

6.4 加强妇幼健康保障

生育不单单是育龄妇女一个人的事情,可以说是全社会共同的一项事业,政府应发挥作用。适当增加产科、儿科的床位数量,进一步加大妇婴保健服务方面的医疗资源的供给。医院为那些有紧急情况的孕产妇以及婴幼儿设置绿色通道,同时要确保该绿色通道畅通,而非形同虚设。对一些经济能力不错的家庭来说,签约家庭医生是一种可以为妇幼的健康提供保障的新兴方式。对于经济困难的育龄妇女,政府应对她们在医院里检查、生产等所需要的费用进行专项补贴。对于那些患有不孕不育疾病的育龄夫妇,他们的诊疗费用以及人工受精、试管婴儿等手术费用可以纳入医保范围,降低他们的生育成本。

低学历的女性就业者从事的普遍都是一些简单、机械的工作,替代性极强,她们的权益更应该被保障。那些想生第二个孩子的人群中,不乏存在相当多的高龄群体。高龄产妇的生育不仅对产妇自身的身体造成危险,生育出有缺陷的孩子的概率也会随之增加,加强优生优育的宣传工作变得不可或缺。有关部门要积极开展再生育指导,科学评估高龄育龄妇女的生育力,通过产前全方位的筛查,使婴儿出生缺陷的发生率得到有效降低,加强出生人口的素质。

6.5 加强二孩政策宣传力度

从 1982 年计生政策实施至今,已有近几十年的时间,只生育一个孩子已经成为大多数家庭固有的观念了。我们可以通过各种媒介,如各类报纸杂志、电视网络等来宣传“全面二孩”的生育政策,加深人们对新生育政策的了解,使“生育二孩”的社会文化环境能够潜移默化地形成,逐步使育龄妇女形成一种不同于计生时代的新的生育观念和生育文化。“全面二孩”政策和每一个人、每一个家庭都息息相关,它是中国立足于长远发展和社会全局而作出的具有战略性的决策。

参考文献

[1] 李彦霞,邱红燕,王俏荔.家庭经济收入对生育意愿的影响因素分析[J].中国市场,2018(28).

[2] 王书月,王晶晶.“全面二孩”政策对家庭生育意愿影响的现状与对策[J].全科护理,2018,16(30).

[3] 白鸽,王胜难,戴瑞明,等.全面二孩政策下上海市居民生育意愿调查[J].医学与社会,2018,31(11).

[4] 杨舸.尽快取消生育限制,探索多种政策形式鼓励生育[J].中国发展观察,2018(18).

[5] 李芬.二孩政策下生育对女性职业发展的瘢痕效应——基于全国十二城市的实证研究[J].河北学刊,2018,38(06).

[6] 王广州,周玉娇,张楠.低生育陷阱:中国当前的低生育风险及未来人口形势判断[J].青年探索,2018(05).

［7］风笑天.影响育龄人群二孩生育意愿的真相究竟是什么[J].探索与争鸣,2018(10).
［8］张伟.基于理性选择理论角度的二胎生育意愿和生育行为分析[J].理论观察,2016(03).
［9］田艳平,徐玮,顾贾能.女性职业发展、家庭地位与二孩生育意愿[J].人口与社会,2018,34(05).
［10］秦美珠,吉雨童.全面二孩政策下女性生育与就业矛盾及其解决——以两种生产理论为视角[J].山东女子学院学报,2018(06).
［11］周心怡,沈桂香,曹鲲.全面放开二孩政策下的适龄妇女生育意愿调查——基于无锡、扬州、淮安三地的比较[J].农村经济与科技,2018,29(17).
［12］劳雅红,祝志娟,赵叶芳,等."全面二孩"政策下绍兴地区育龄妇女生育意愿及影响因素分析[J].中国医院统计,2018,25(03).
［13］王思宇.全面二孩政策对城市育龄妇女生育意愿的影响——基于西安市的调查[J].新西部,2018(32).
［14］风笑天.给孩子一个伴:城市一孩育龄人群的二孩生育动机及其启示[J].江苏行政学院学报,2018(04).
［15］刘婷婷.阻力与助力:工作—家庭冲突对城市职业女性二孩生育意愿的影响[J].河北学刊,2018,38(06).
［16］朱荟,崔宝琛,陆杰华.新时代生育政策配套体系建构的内涵、挑战及顶层设计探究[J].中共福建省委党校学报,2018(10).
［17］张琳.职业女性二孩生育意愿及其影响因素研究[J].调研世界,2018(08).
［18］周斌.全面两孩政策下江西省育龄妇女生育意愿及影响因素分析[J].西北人口,2018,39(06).
［19］王蓓.全面"二孩"政策下女职工的生育意愿和法律保障实证研究[J].东方法学,2018(04).
［20］穆光宗.我国人口新形势及应对建议[J].中国党政干部论坛,2018(06).

项目组员:张丽诗
指导教师:洪　娜

税收优惠政策对大学生创业的影响

摘　要:现阶段,我国经济发展的主要制约因素仍是创业活力不足。大学生创业工作已受到国家和各级地方政府高度关注,并给予一系列优惠政策支持。对大学生创业予以一定税收优惠,可以激励大学生创业,但从创业现实看,大部分大学生对于创业兴致不高。那么,影响大学生是否创业的选择因素是什么?我们应如何提高大学生的创业意愿?这些都是本文所要研究的问题。

本文采用问卷调查的方式,向松江大学城7所学校在校学生随机发放问卷。回收样卷之后,利用Eviews对数据进行分析,将风险偏好、家庭状况、学历专业、税收政策作为新变量加入模型中,从而分析对大学生创业态度和创业意愿的影响。

通过实证分析,得出了以下结论:税收优惠政策强化大学生创业意愿的作用因大学生的个人情况、家庭情况而有所差别,如性别差异、家族因素。研究发现,对于家族内部能提供大额启动资金的大学生,优惠的创业税收政策会更显著地强化创业意愿。为推进大学生创业,有必要进一步为大学生的创新创业活动减免税收;对于家族提供创业初始资金的,可按资金额度减免一定税收,以鼓励更多家庭支持子女创业。

关键词:大学生创业;税收优惠政策;创业意愿;个人;家庭

1　鼓励创业的税收优惠政策

“大众创业、万众创新”已经成为人们生活中耳熟能详的一个热点,而创业,也逐步出现在大众的视野中。我们根据不同的纳税群体来分析创业的税收优惠政策。

1.1　小微企业的税收优惠政策

小微企业是税收优惠政策的重点对象,也是创业者创业的首要选择。在众多的创业形式中,小微企业因其成本低、流转速度快、风险小备受创业者青睐。国家为提高创业者的创业热情,降低创业者的成本,自2015年开始,我国逐步加强小微企业的税收减免政策,以保护创业者的利益。具体如表1所示。

表 1　增值税的创业优惠政策

优惠享受主体	优惠享受条件		优惠内容
个人以及个体工商户	按月纳税	5 000～20 000 元/月的销售额	凡是其销售额未达到优惠享受条件的起征点个人以及个体工商户，政府准予免征增值税
	按次纳税	300～500 元/次的销售额	
企业或者是其他单位	小规模纳税人		凡是销售额未达到 2 万元/月的企业或者是其他单位，政府准予免征增值税
小型微利企业	工业企业		2017 年 1 月 1 日至 2019 年 12 月 31 日，对年应纳税所得额低于 50 万元（含 50 万元）的小型微利企业，在缴纳企业所得税时，适用低税率的 20%
	其他企业		
小微企业	月销售额少于等于 10 万元		免征地方性财政收入
	季度销售额少于等于 30 万元		

资料来源：国家税务总局。

1.2　重点群体创业税收优惠

以创业带动就业，以创业来自主择业。大学生、退伍士兵、长期失业人员作为就业的重点群体已经成为政府解决就业问题的重中之重，而这些重点群体有着极大的创业潜能。大学生有着良好的文化素养和创新理念，退伍士兵有着强大的心理素质和吃苦耐劳的品质，他们成为创业税收优惠政策的重点群体。表 2、表 3 为税收扣减和税收免征的创业税收优惠。

表 2　税收扣减的创业税收优惠

优惠享受主体	优惠享受条件	优惠内容
自主就业的退役士兵	从事个体经营	同针对"重点人群"的税收优惠政策
	正常退役士兵	
吸纳退役士兵就业企业	街道社区具有加工性质的小型企业实体	同针对"服务类加工企业"的税收优惠政策

表 3　税收免征的创业税收优惠

优惠享受主体	优惠享受条件	优惠内容
跟随部队的亲人家属	持师以上机关出具的身份证明 本项税收优惠政策每人限一次	3 年内家属提供的应税服务免增值税
		3 年内家属免征个人所得税
为安置跟随部队的家属就业而成立的小企业	雇佣的员工必须占工人总数 60%	3 年内小企业免征增值税
	持师以上机关出具的身份证明	
	本项税收优惠政策每人限一次	

1.3 创业就业平台税收优惠

随着创业者创业热情不断高涨，创业平台也如雨后春笋般涌现，在高新技术工业园区的创业企业孵化器和大学的科技园渐渐遍地开花，数量逐渐增多，逐渐形成规模。它们为众多创业者提供了更好的平台和机会，连接了创业者与投资者，促进了彼此的信息交流，也减少了效率的流失。政府也为这些创业就业平台提供了税收优惠政策，以推动它们更好地为创业者服务，具体如表4所示。

表4 创业就业平台的税收优惠

优惠享受主体	优惠享受条件	优惠税种
科技企业孵化器（下面简称“孵化器”）	符合国家级科技企业孵化器条件	2016年5月1日起，对“孵化器”所提供孵化服务的收入，免征增值税、企业所得税
国家大学科技园（下面简称“科技园”）	符合国家大学科技园条件，在国家大学科技园名单上	“科技园”专门为孵化企业出租场地、房屋以及提供孵化服务的收入，免征增值税

1.4 创投企业税收优惠

表5为按比例抵扣的创业税收优惠，表6为分期缴纳的创业税收优惠。

表5 按比例抵扣的创业税收优惠

优惠享受主体	优惠享受条件	优惠税种
创业投资企业	投资时间长达2年以上 投资企业为高新技术企业	该类企业应按照其投资额的70%，在当年抵扣该创业投资企业的应纳税所得额；凡是没有足额抵扣的，可以结转下一年抵扣
公司制企业	在中国境内注册成立的创投企业	
天使投资人	天使投资人	

表6 分期缴纳的创业税收优惠

优惠享受主体	优惠享受条件	优惠税种
以非货币性资产对外投资的居民企业	以非货币性资产对外投资的企业实现非货币性资产转让收入，经过评估后所能确认非货币性资产转让所得	不超过5年期限内，分期缴纳企业所得税
以非货币性资产对外投资的个人	个人以非货币性资产投资，经过转让后确认的非货币性资产转让收入	对非货币资产转让所得可在不超过5年期限内缴纳个人所得税

2 大学生目前的创业就业分析

2.1 数据来源

我采用问卷调查的方式，对大学生的创业现状进行调查，向松江大学城7所学校（包括上海立信会计金融学院、上海外国语大学、上海对外经贸大学、东华大学、上海工程技术大学、上海视觉艺术学院、华东政法大学)的在校学生随机发放问卷。我们以随机投放的形式，在7所学校校园的随机地点，如大学食堂、公共教学楼、教育超市、图书馆、操场等各个场所，向随机选择的各个年级的大学生随机抽样。据后来整理统计，问卷共投放300份，回收的有效问卷为265份，回收率为88.33%。现对问卷结果进行分析。

问卷结果显示，在接受调查的同学中，男大学生有158人，所占比例为59.62%，女大学生有107人，所占比例为40.38%(见图1)。

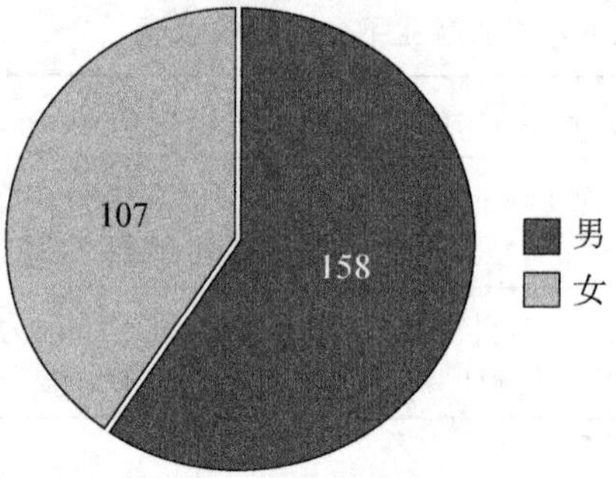

图1　样本性别比例

专业类别，工科为63例，占比23.77%，理科为98例，占比36.98%，人文社会学科为74例，占比27.92%，其他为30例，占比11.32%(见图2)。

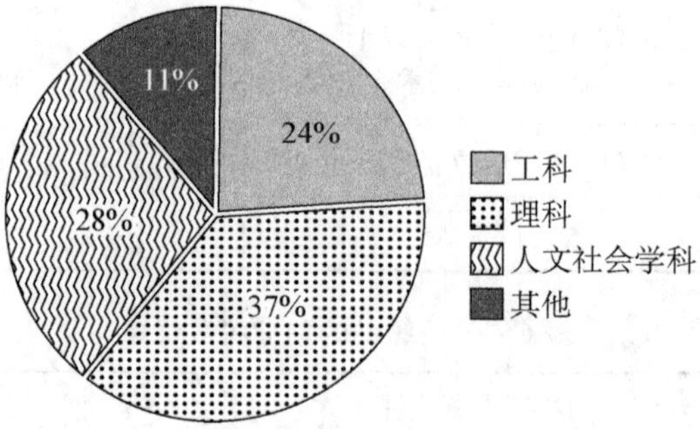

图2　样本专业比例

学历状况，按一、二类本科和研究生分类。其中本科学生为226例，占比85.28%，其中一类本科有101例，占比38.11%，二类本科为125例，占比47.17%，研究生有39例，占比14.72%(见图3)。

以上便是问卷调查的样本基本信息，接下来所有的分析，便是依照上述样本展开的。

2.2　样本的调查结果统计

上述样本的统计结果统计如下：

(1) 对创业的看法。非常认同178人，占比67.17%；认为还可以的选择85人，占比32.08%；反对的只有2人，占比0.75%。说明“大众创业、万众创新”的意识已经潜移默化地

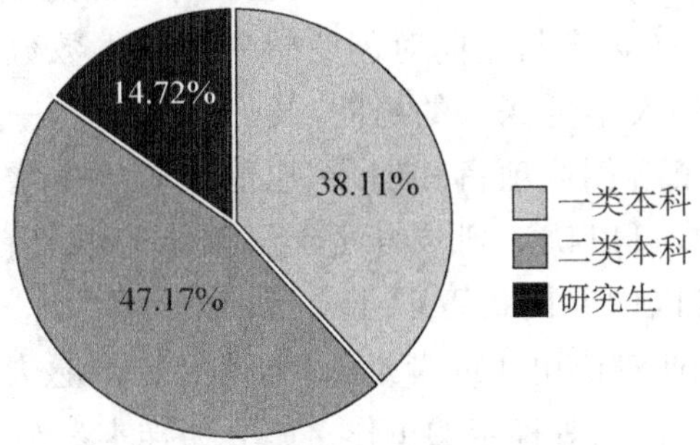

图3 样本学历比例

影响了新一代大学生，通过网络的联通，创业已经成了新常态经济的重要组成部分，而大学生在这样的大潮流中也逐渐接受了这种新式就业方式。信息化已经成为我们大学生生活的常态。所以，创业成为不少大学生一条优选之路。“90后”大学生往往眼界更加开阔，对创业的理解和认可度普遍很高。图4为样本对创业这一选择的态度。

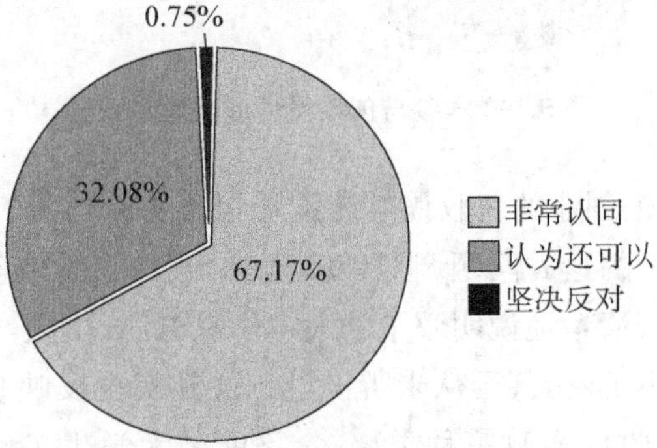

图4 样本对创业这一选择的态度

(2) 对创业的感兴趣程度。就“对创业的感兴趣程度”而言，结果是与上一问题大相径庭，样本所采访的大学生中明确表示很有兴趣的只有70人，占比26.42%；态度表现得模棱两可的尤其多，有133人，占比50.19%；而之前明确认可创业，但表示自身完全对创业不感兴趣，以后绝对不去创业的同学居然有62人，占比23.40%。这种情况看似矛盾，但经过深入采访，便有了合理的解释。这一类同学表示，创业不可否认，是一个很好的选择，但是，自己的性格特点，如内向、腼腆、懒散、不愿与人沟通等方面，使得自己不会去选择创业这一条道路。另外，如果创业成功，当然很好，但一旦失败，担心自己接受不了压力。因此，这类同学表示，绝对不会去创业。每个人都知道创业是什么，也明白创业自己当老板是很好的事情，但创业远远未成为当代大学生的就业考虑必选项。可以说，大学生的就业选择中，找工作依然是首选。

(3) 参加过几次创业类讲座或培训。关于“请问你参加过几次创业类讲座或培训”的问题，大学生的回答也值得深究。回答参加了两次以上的大学生有87人，占比32.83%；参加了一到两次的大学生有 106 人，占比 40%；而一次也没有参加过创业类讲座或培训的大学生有 72 人，占比 27.19%。这个数字与之前对创业感兴趣的人数数据相类比，是有些相似的。通过对部分参与样本调查的大学生深入的提问，我们发现参与一定次数的创业类讲座或培训能够让大学生更深入地了解创业项目和前景，也能让大学生增加对创业的兴趣。一些同学表示，在这些创业讲座中，可以认识到与自己年纪相仿的创业有志青年，可以结识一些有经验有人脉的学长前辈，可以向专门负责创业指导的老师学习。一些对创业不感兴趣的人坦言，就算学校专门开设创业宣讲讲座或者是论坛，他们也不愿去听，因为在他们眼中，比起创业，他们更倾向于公务员、白领等稳定的工作。图 5 为样本参与创业类讲座或培训次数。

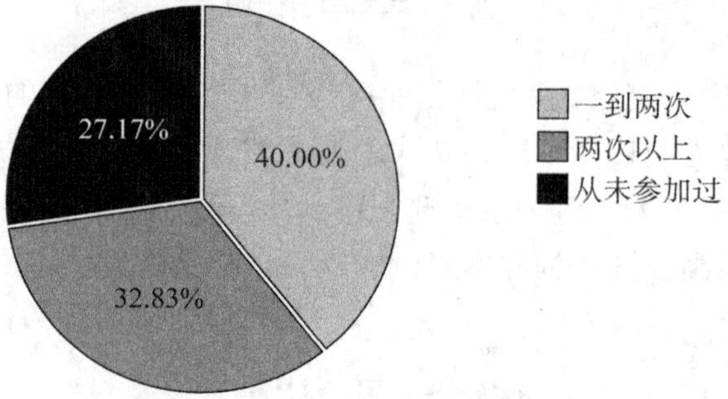

图 5　样本参与创业类讲座或培训次数

(4) 是否了解对大学生创业的税收优惠政策及相关法律。关于“你是否对大学生创业的税收优惠政策及相关法律”的这一问题调查，发现大学生对大学生创业税收优惠政策及相关法律普遍不了解，能够比较清楚地说明政策的大学生只有 36 个人，其中大多数是正在创业的大学生，更多的人是完全不了解，甚至从未听说过。这其实也反映政府的税收优惠政策的普及有所缺失。毕竟创业税收优惠政策种类繁多，不能被大学生了解就不能有效发挥创业税收优惠政策对大学生创业意愿的促进作用。

(5) 大学生认为的创业的最佳时间。关于“请问你认为的大学生创业的最佳时间”问题，有 52 人认为在校期间创业是比较好的，占比 19.62%；有 101 人认为应该先工作，后创业，占比 38.11%；有更多人认为工作是第一选择，找不到工作后万般无奈之下才会去选择创业，共计 112 人，占总人数 42.26%。图 6 为样本认为的创业最佳时间。

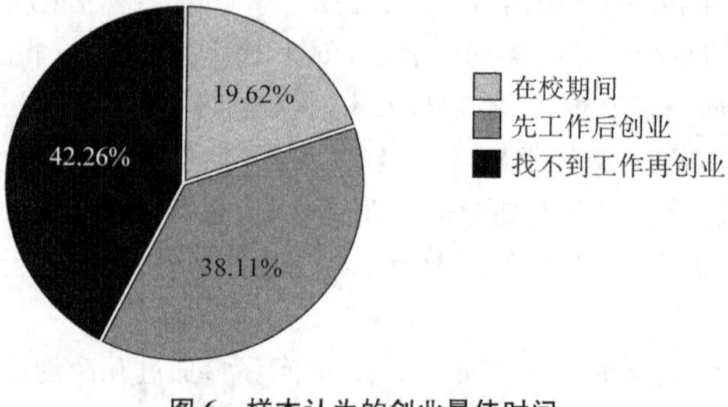

图 6　样本认为的创业最佳时间

2.3 关于创业的行为模型研究

大学生从事创业活动的最直接影响因素便是自身的创业意愿。是否有创业意愿是大学生决定是否创业的直接原因,大学生创业意愿的强弱也是本文作出计量分析时不容忽视的关键影响因素。

中西方经济学家公认的两大创业研究理论是 1982 年 Shapero 和 Soko 的创业事件理论模型以及 1991 年 Ajzen 研发的机会行为理论模型,后来的几十年间,中西方的经济学家纷纷对其进行研究整合,最终现代行为经济学中采用的模型为整合式的行为模型,它由 Krueger 于 2000 年提出。这个模型简单来说分为三个概念,分别是感知行为控制、主观规范、创业态度。现在具体解释一下这三个概念。

首先,感知行为控制。它是指调查的样本个体在特定情况下采取某种行为的原因,也就是这个决定个人行为结果的原因。

其次,主观规范。这个规范指的是行为人个体在采取行动前和行动过程中所能受到他人的影响。这些周围的人可能是家人,可能是朋友和导师,还有可能是更外层社交圈的人,他们有意无意地会影响到个体的价值观与选择判断。

最后,创业态度。要解释创业态度,先要解释行为态度。行为态度是指行为人在作出一种行为之后会产生的看法。如果你偏好某样行为,那么你在采取这项行动来达成这项行为目的时的主观感受便是积极的;反之,如果你厌恶某样行为,那么你在采取这项行动来达成这项行为目的时的主观感受便是消极的。而行为态度由个人的信念来决定,如果你愿意达成这项行为的信念越强,你越表现出对其的偏好,你对采取这项行为的看法越积极。因此,我们可以由此来推断,大学生对创业的看法便是大学生对创业的态度。

因此,依据上述理论,在本文的大学生创业行为模型中,有三个重要的因素构成了大学生的创业意愿:大学生创业的态度、大学生创业主观规范以及大学生创业态度,如图 7 所示。

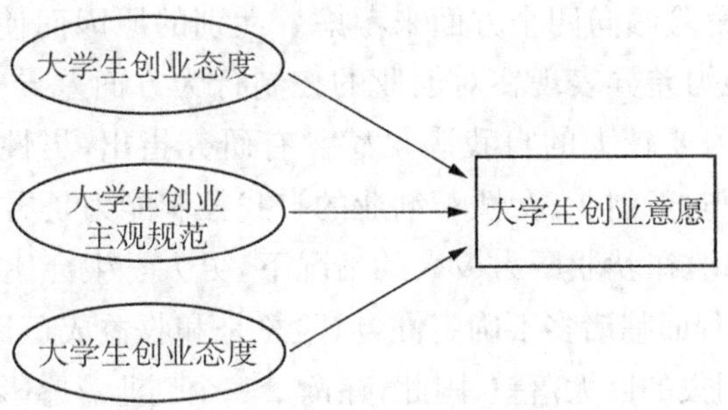

图 7 大学生创业意愿模型

3 大学生创业与税收优惠的激励的相关性分析

3.1 变量选取及模型构建

3.1.1 变量选取

根据上述问卷调查结果与中外近现代的经济学家研究分析,我们可以知道大学生的创业意愿与大学生性别、税收政策、风险偏好和家庭状况等多因素有重要联系，如图 8 所示。这是基于计划经济理论中的行为模式来设定的。为了进一步验证这些因素的真正影响，我在问卷让大学生根据自己的情况如实回答，然后对数据进行整理，再进行计量经济的分析。

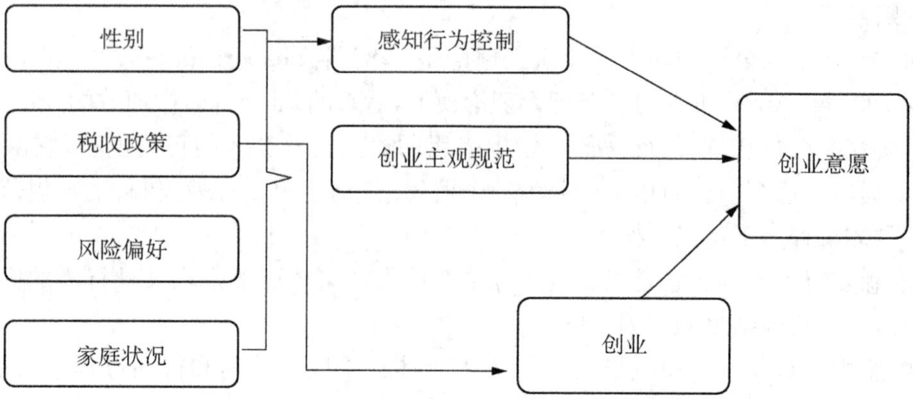

图 8　模拟创业意愿因素模型

调查发现，在当前庞大的就业压力下的情况下，用人单位更倾向于雇佣男大学生。由于性别是样本区分的基本因素，我们在分析创业意愿时将性别作为一个影响因素。性别对创业态度的关系假设如图 9 所示。

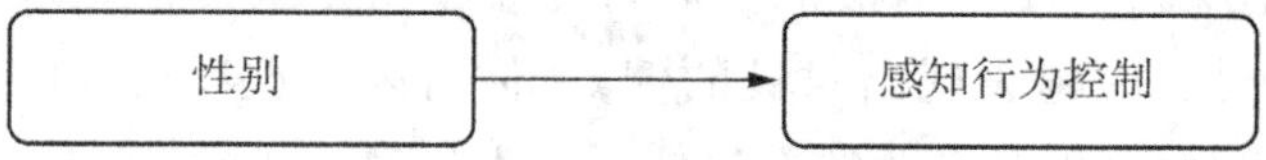

图 9　性别与感知行为控制

中外创业研究表明，创业者会因为自身不同的特质而选择不同的创业项目，可从个人需求、创业动机、自控性和冒险倾向四个方面来考虑。性别的原因而使得大学生表现出明显的特质差异，而这种特质能力差异表现在对创业的控制行为方面差异是明显的。比如，男大学生可能更倾向于风险和需要较大的自我满足感。有研究指出，男性比女性具有更多的成为创业家的潜能，从而更倾向于创业；女性对创业的自我控制能力是男性的 5 倍，意味着女性在投资的时候更理性。因此，在就业压力极大的情况下，男大学生会比女大学生更倾向于创业。

另外，由于创业的过程面临诸多不确定性，风险总是和收益成正比的关系，越偏向于风险，就越容易有高收益与高损失的巨大落差，因此，在衡量一个创业意愿影响因素时，我将风险偏好列入成为影响大学生创业决策的一个重要因素。此外，在行为经济学中，已有理论证明，越偏好风险的个体越可能成为创业者，越厌恶风险的个体越不会选择创业。因此，一直以来，研究者们都支持“往往是那个偏向于巨大风险的家伙会有高额的创业利润回报”的结论。

除了以上的种种因素，我们不能忽略家庭的影响。大学生的行为模式受其所成长的家庭环境的巨大的影响。自古以来，成长环境对人格特质形成有潜移默化的作用。从现代行为学的角度来说，除了容貌、财富，父母的工作性质对儿女的工作也有着代际传递效应，举例来说，父母是工薪层的大学生受税收政策的激励相对较小，而父母是创业者，或是家族有人创业的大学生的创业意愿相对更高;另外,家庭所在地域也与大学生的创业意愿有着相关联系,东部沿海城市的大学生往往更偏向于创业,如浙江义乌的创业传统,但中西部地区的大学生思想普遍没有东部大学生思想开放,也缺少创业的环境。

3.1.2 变量设置

在整理问卷调查信息时,我将模糊的创业意愿以李克特(Likert)量表题的形式来量化,每一组问题都有5种回答,将受访者的认可度"你是否同意"从1到5逐渐提高,每个被调查者的数字便是他对于这个问题的认可情况。比如,在调查中,当问到对创业的态度时,"非常同意""同意""不一定""不同意""非常不同意"五种回答,分别记为1,2,3,4,5,用Eviews录入数据,找到相关性。

设大学生创业意愿为被解释变量 Y_i,税收优惠政策为解释变量 X_1[税收优惠程度是多少,以李克特(Likert)量表题的形式来量化。"税收优惠程度"的由强到弱,分别记为1,2,3,4,5, $X_1=1$,说明税收优惠政策力度非常大, $X_1=5$,说明税收优惠力度非常小],性别变量为 X_2($X_1=1$ 时样本为男大学生,$X_1=2$ 时样本为女大学生),风险偏好为 X_3[风险偏好程度是多少,以李克特(Likert)量表题的形式来量化。偏好程度的由强到弱,分别记为1,2,3,4,5,$X_3=1$,说明该名大学生是风险趋向性的偏好类型,$X_3=5$,说明这位大学生是典型的风险规避型偏好],家庭中的因素为 X_4[家庭收入情况 $f=1,2,3,4,5$,由1到5收入水平逐渐递减],创业意愿为Y[创业意愿的认可程度由1到5逐渐降低]。

3.1.3 模型构建

设定回归模型为:

$$Y_i=\beta_0+\beta_1 X_1+\beta_2 X_2+\beta_3 X_3+\beta_4 X_4+\mu_i$$

应用Eviews,数据如表7所示。

表7 应用Eviews数据

	X_1	X_2	X_3	X_4
β_i	0.650 1	−0.147 1	0.165 3	−0.065 7
t-Statistic	0.844 7	−3.463 3	8.921 5	−1.443 1
β_0	0.308 0			
F-Statistic	939.201 0			

得估计的回归方程为:

$$\hat{Y}=0.3080+0.6501X_1-0.1471X_2+0.1653X_3-0.0657X_4$$

经济意义检验:

大学生创业意愿与税收优惠政策、性别、风险偏好、家庭背景的关系都具有一定的相关性,$\beta_1=0.6501$,表明大学生创业意愿随着税收优惠政策力度的增加而增加,并且介于0到1之间,且系数与实际生活的经验值相符合;$\beta_2=-0.1471$,这说明从1到2,即从男大学生专为女大学生,大学生创业意愿随着性别转换而减弱,说明男大学生比女大学生具有更强烈的创业意愿；$\beta_3=0.1653$，表明大学生创业意愿随着风险的偏好力度的增加而增加，风险偏好越强，容易冒进，追求暴利，这类的大学生就越偏好进行创业；$\beta_4=-0.0657$，表明大学生创业意愿随着家庭收入的减少而减弱，家庭的经济情况也是大学生创业选择的重要考虑因素，大学生进入社会的初期，主要还是靠家庭的经济支撑，大学生创业的融资渠道，主要也是来自家庭，如果家里经济困难，很难拿出较大金额的投资，那么大学生也不会执意去创业，相反，如果家庭富裕，甚至有从商的家庭人脉，那么大学生创业的选择则是合情合理的。

3.2　多元线性回归分析

3.2.1　统计意义检验

$\hat{\beta}_1=0.6501$，表示大学生创业意愿随着税收优惠政策的加强而会加强，并且介于 0 到 1 之间，因此该统计结果符合现实情况，$\hat{\beta}_2=-0.1471$，这说明男大学生比女大学生的创业意愿要强得多，这符合计划行为理论和当前调查情况。$\hat{\beta}_3=0.1653$，这说明风险偏好型大学生的创业意愿往往比风险厌恶型的大学生要强，“往往是那个偏向于巨大风险的家伙会有高额的创业利润回报”的理论在本次调查中是成立的。$\hat{\beta}_4=-0.0657$，说明家庭对大学生创业的影响确实存在，但绝不是关键性的，家庭收入越高，父母的创业教育越多，确实对大学生的创业有着重要的帮助。

3.2.2　回归方程的显著性检验(F 检验)

回归方程的显著性检验定义为：探究整体变量线性相关的一种统计检验。

提出检验的原假设：$H_0=\beta_1=\beta_2=\beta_3=\beta_4=0$

从 Eviews 输入得到 F-Statistic＝939.2010

对于给定的显著性水平 $\propto=0.05$，从 F 分布百分位数表($\propto=0.05$)查出分子自由度为 4，分母自由度为 260 的 F 分布上侧分位数 $F_{0.05}(4,260)=2.37$，因为 F-Statistic＝939.2010，总体回归方程中存在显著的线性关系，即大学生创业意愿与税收优惠政策、性别、风险偏好、家庭背景之间的线性关系是显著的。当然，从大学生创业意愿与税收优惠政策、性别、风险偏好、家庭背景之间的线性关系是显著的，无法得出大学生创业意愿与税收优惠政策、性别、风险偏好、家庭背景之间的每一个变量都是显著的，但这说明，大学生创业意愿与税收优惠政策、性别、风险偏好、家庭背景之间的存在着一定的线性关系。

3.3　t 检验

回归方程的显著性检验定义为：将多元因素分开进行检验的一种统计检验。由 F 检验可知，在大学生创业意愿与税收优惠政策、性别、风险偏好、家庭背景之间的存在着一定的线性关系。但是，对于多元线性回归模型，总体回归方程的线性显著性并不意味着每一个解释变量 X_1、X_2、X_3、X_4 对被解释变量 Y 的影响都是显著的，因此如果要分析税收优惠政策的解释变量 X_1 对大学生创业意愿的显著性影响，以及性别、风险偏好、家庭背景的显著性影响，就必须进行解释变量的显著性检验，即 t 检验。

3.3.1　税收优惠政策与大学生创业意愿的 t 检验

提出检验的原假设：

$$H_0:\beta_1=0$$

从 Eviews 输出数据 $t_1=0.8447$

对于给定的显著性水平$\propto=0.05$，从 t 分布百分位数表($\propto=0.05$)查出分子自由度为4，分母自由度为 260 的 t 分布双侧分位数$t_{0.05/2}(260)=1.96$，因为$t_1=0.8447<1.96$，所以不否定 $H_0:\beta_1=0$，即可以认为税收优惠政策对大学生的创业意愿没有显著影响。这说明政府的税收优惠政策对于大学生在选择是否创业的作用并不大，事实上，政府的税收优惠政策对于创业者只起锦上添花的作用，在大学生考虑是否创业的因素中，资金、人脉才是重中之重，而税收的作用相比之下是很小的。

3.3.2　性别与大学生创业意愿的 t 检验

提出检验的原假设：

$$H_0:\beta_2=0$$

从 Eviews 输出数据 $t_2=-3.4633$

同上，因为 $t_2=3.4633>1.96$，所以否定 $H_0:\beta_2=0$，即可以认为性别因素对大学生的创业意愿有显著影响。这与我们之前的行为模型分析是相一致的。

3.3.3　风险偏好与大学生创业意愿的 t 检验

提出检验的原假设：

$$H_0:\beta_3=0$$

从 Eviews 输出数据 $t_3=8.9215$

同上，因为 $t_3=8.9215>1.96$，所以否定 $H_0:\beta_2=0$，即可以认为风险偏好对大学生的创业意愿有显著影响。

3.3.4　家庭因素与大学生创业意愿的 t 检验

提出检验的原假设：

$$H_0:\beta_4=0$$

从 Eviews 输出数据 $t_4=-1.4431$

同上，因为 $t_4=1.4431>1.96$，所以否定 $H_0:\beta_2=0$，即可以认为家庭对大学生的创业意愿有显著影响。

3.4　结论

实证研究结果表明：政府的税收优惠政策对大学生创业意愿的影响确实存在，但绝不是关键性的，税收优惠政策力度也影响着大学生的意愿强弱，但并非显著性的。除此之外，性别、风险偏好、家庭收入同样影响着大学生的创业意愿。就样本结果分析而言，男性、风险趋向型、家庭中有经商人员的大学生的创业意愿要比女性、风险厌恶型、家庭中没有经商人员的大学生要高。经济学家 Rebeca 的研究指出，男性比女性具有更多的成为创业家的潜能，从而更倾向于创业。Chiller 和 Crewson 发现，女性对创业的自我控制能力是男性的 5 倍，意味着女性在投资的时候更理性。因此，在就业压力极大的情况下，男大学生会比女大学生更倾向于创业。同样，风险趋向型的大学生会更看重创业带来的利好情况而非风险，所以会偏向创业。家庭成员有从事创业的大学生会在潜移默化中受到创业氛围的感染，也会得到家庭成员经济和精神上的支持，而父母在公务员、务农的岗位上，会期望孩子更稳定，在这种成长环境中成长的大学生并不会将创业当作自己的最好选择。

4　鼓励大学生创业税收优惠的不足及建议

4.1　鼓励大学生创业税收优惠的不足

总体而言，我国的创业税收优惠政策力度较弱，且没有针对大学生的专项税收优惠政策，这对于大学生中倾向于创业且正在准备创业的同学来说是不利的，且这样并不利于政府推动创业带动就业的“双创”号召，因此，我们建议加大税收创业优惠政策的力度，最好制定专为大学生量身定制的税收优惠政策，如走出校园的资金问题、人脉问题以及落户问题。

让财税优惠政策发挥出真正的优惠作用，除了不断减免税收外，政府可出台一些详细的小规模的扶持细则，如创立一些小型民间基金，发放低息贷款，这些细则看似作用不大，但是对于创业者来说，弥足珍贵。基金的本质，说到底还是创业资金的问题，除了政府发放贷款外，各大高校也可创立创业基金，实行创业补贴。这些举措，往往被大学生视作价值选择的风向标，也是潜在创业大学生的一个标杆。

4.2　完善大学生创业税收优惠政策的形式建议

一味地降低税率，鼓励所有大学生创业是不可取的，很难有效地达到鼓励大学生创业的目的，由实证分析结果可知除了财税优惠政策外，政府在制定促进大学生创业率方面的政策时可以注意性别、风险偏好、家庭与创业意愿。

4.2.1　重视性别差异

上文的计量经济学分析显示，性别因素对大学生的创业意愿影响是较为显著的。这符合行为经济学的理论研究，他们认为性别与和创业意愿具有积极相关性。在同等条件下，男大学生比女大学生有着更强的创业意愿。有的认为男性在行动方面的控制力要高于女性，他们比女性更有冒险意识。创业，通常要有着强大的心理素质、极强的自我控制力，也更需要冒险精神，在这些方面，男大学生比女大学生更具先天条件优势。虽不排除由于后天影响，或天赋异禀的因素，但通常情况下，男大学生比女大学生具有更高的创业意愿。

上述的实证结果分析可以得出，女大学生比男大学生更倾向于找稳定的工作，一个非常重要的原因在于，女大学生在创业中并不占很多优势，她们为了稳定，往往不愿意去创业。政府和大学可以采取一些积极的措施，比如，开展一些针对女大学生创业的课程和培训班，提供针对女性创业的合理项目，同时在精神和物质上给予女大学生一些积极的支持，给予其良好的创业环境。

4.2.2　重视风险偏好的影响

经研究表明，风险偏好对大学生的影响是较为重要的，因此，在政府执行税收优惠政策时，可有选择地对风险趋向型的大学生积极引导，既不让他们因盲目追求成功而功亏一篑，也不可打压他们的创业热情。而对于风险规避型的大学生，由于他们本身的风险偏好并不会因外在事物轻易改变，因此，我们不必对他们过于苛求。

高校的创业指导中心的创业就业指导老师会带着有创业意愿的大学生学习、考察，这对大学生的创业非常有帮助。政府要创造更加宽松的创业环境，只有当创业风险没有那么高或预计利益高于成本时，才会有更多的大学生产生创业兴趣和更大的创业意愿。

4.2.3 重视培养大学生的创业意识

大学生的创业意识往往与所接受的学校教育、家庭熏陶关系密切，从学校的角度出发，一方面，学校可开展一些人文讲座，如大学生创业培养课程或创业指导活动，有意识地培养大学生的创业意识，在潜移默化中不断地拓宽大学生的知识面与社会实践的视野，这对于大学生创业的积极影响是不容忽视的。

参考文献

[1] 姜红仁.我国大学生创业支持政策研究[D].武汉：武汉大学，2014.
[2] 魏娴.我国大学生创业政策研究[D].郑州：郑州大学，2010.
[3] 赵鑫.财税优惠政策对大学生创业的影响[D].太原：山西大学，2016.
[4] 张永宾.众创背景下大学生创业意愿影响因素研究[D].合肥：安徽大学，2017.
[5] 李路路.我国大学生创业政策研究[D].郑州：郑州大学，2016.
[6] 宁德鹏，葛宝山.我国大学生创业政策满意度分析——基于全国百所高校的实证研究[J].社会科学家，2017(05).
[7] 许生丽.大学生自主创业税收优惠政策建议[J].合作经济与科技，2016(16).
[8] 肖敏.小环境视角下北京市大学生创业政策的优化研究[J].价值工程，2017(36).
[9] 牟可光，徐志，钱正平，等.对我国创业创新税收优惠政策的探讨[J].经济研究参考，2017(09).
[10] 幸秀，陈伟江，李建利.浅析大学生自主创业税收优惠制度的问题及其完善[J].经营管理者，2013(05).
[11] 任志霞.大学生创业税收优惠政策请收好[N].山西日报，2017-07-14.
[12] 李颖.促进就业创业的税收激励机制研究[J].税务研究，2017(10).
[13] 张红玲.浅谈支持大学生自主创业的税收优惠[J].时代金融，2015(21).
[14] 大学生创业持证享税收优惠[J].劳动保障世界，2015(05).
[15] 赵志威.大学生创业税收优惠政策有优化空间[N].中国税务报，2016-11-02.
[16] 张春.大学生创业政策执行过程中的变异及矫正[J].当代教育科学，2013(09).
[17] 郑艳琪.基于创业偏好下大学生创业扶持政策研究[D].南宁：广西大学，2016.
[18] 刘志侃，唐萍萍.农村生源大学生返乡创业意愿与影响因素研究——基于陕西省 10 所高校的调查分析[J].调研世界，2014(07).

项目组员：杜姝睿
指导教师：王晓玲

第三部分

创新创业项目

“手印”助残志愿校园义卖平台[①]

1 执行总结

1.1 缘起

（1）一些非营利性助残福利机构，为体现残障人士自身价值和维持自身组织运转，会组织残障人士制作工艺品或者烘焙饼干等食品去销售。但是他们缺乏一定的销售渠道和宣传平台，导致产品大量滞销。此类计划难以很好实施，不能保证可持续发展。

（2）助残福利机构员工自身工作繁忙，难以再抽调专业人员运营销售平台。

1.2 组织简介

“手印”助残志愿校园义卖平台创业团队是一个非营利性公益组织，团队致力创建的“手印”助残志愿校园义卖平台，在与社会残障人士开展志愿活动的同时，为社会残障人士制作的手工艺品等产品提供线上线下的销售渠道与宣传。

团队以“让助残公益不只是口号，而是可持续的切实帮助”为宗旨，与助残福利机构、校园爱心社团合作，对该类助残福利机构的社会残障人士制作的产品进行线下义卖；与此同时，在团队建立的微信公众号“助残志愿校园义卖平台”上发布义卖产品及其他志愿衍生品的销售推送，帮助助残福利机构售卖产品。在义卖结束后将收益以爱心基金的形式返还给助残福利机构，义卖销售的其他产品获利部分用于捐赠，部分用于维持并扩大组织规模和团队设计的义卖公益产品的可持续生产。

1.3 市场简述

“手印”助残志愿校园义卖平台现在的主要受众为松江七校大学生，据不完全统计，松江大学城约有学生 72 500 人，加上教职人员等，保守估计 73 000 人，其中约有 70%（即 51 100人）每年最少参加一次慈善公益活动。假设每人每年从义卖平台处购买一件 10 元的小商品，则每年创造总销售额为 511 000 元。

据调查，目前松江七校中虽然有类似的公益组织，但数量不多且形式单一，只在学院或者校内有宣传，因此，义卖平台的市场潜力巨大。

1.4 组织与工作

（1）团队联系助残福利机构，并达成售卖协定，代售残障人士制作的工艺品。团队还将联合爱心社团，获得其他产品支持。另外，团队本身将售卖自己制作的志愿服务衍生品和其

---

① 本文获得 2018 年“创青春”大学生创业大赛校级三等奖。

他附属商品。

(2) 开展线上线下售卖活动。线上利用"助残志愿校园义卖平台"微信公众号的网络影响力进行线上销售;线下与爱心社团合作,开展爱心工艺品与相关志愿服务衍生品、附属商品等产品的义卖活动。

(3) 定期统计售卖收益,成立爱心基金,按时将义卖收益返还给福利机构,并将收益明细与资金流向在微信公众号公布。制作产品的义卖收益部分用于捐赠,部分用于扩大团队规模和产品生产。

1.5　核心竞争力与发展战略

核心竞争力:

(1) 国家政策扶持。

(2) 以松江七校的大学生作为目标群体。

(3) 大学生群体中公益宣传效果显著。

(4) 有良好的价值导向,能够激起参与者热情。

发展战略:

初期:我们以公益创业为导向,以公益循环模式针对在校大学生制定公益策略,通过社会实践、爱心义卖等手段进一步扩大活动范围、组织规模、受益群体。

中期:进一步扩大宣传,寻求与更多福利机构、爱心社团、公益组织开展合作的机会,扩大项目的范围、规模以及受益群体。

长期:我们团队希望通过创办公益项目的形式诠释对"公益"的理解、对志愿服务的坚持,拉近公益活动与大学生的距离,号召更多大学生关心公益、投身公益,做乐于助人、服务社会的社会主义合格建设者。

1.6　营销策略

前期营销策略:

(1) 产品(Product)策略:助残福利机构提供精美而有一定实用价值的产品,通过平台售出,发挥校园公众号的影响力,拓宽其销售渠道,增加销量,从而为团队的运转获取更多的资金,为残障人士送去更多的切实帮助。

(2) 价格(Price)策略:前期通过较低的价格,扩大慈善相关及慈善平台占有率,提高平台知名度。

(3) 渠道(Place)策略:B2C 模式(商家对客户)、C2C 模式(客户转销)。

(4) 促销(Promotion)策略:新品促销、关系促销、活动促销、连锁服务促销。

1.7　财务状况介绍与分析

平台目前财务状况良好,第一次线下义卖实现净收入 644.45 元。

本次义卖商品包括由助残福利机构提供的手工艺品与团队自行购入的气球。手工艺品销售率不高,有滞销的现象,原因可能在于产品形式、价格不符合大学生群体的需求。

2 组织概述

2.1 总体介绍

组织名称:"手印"助残志愿校园义卖平台。

组织平台:微信公众号及校园义卖合作。

组织定位:非营利性公益组织。

组织宗旨:让助残公益不只是口号,而是可持续的切实帮助。

"手印"助残志愿校园义卖平台创业团队是一个非营利性公益组织,组织名来源于"赠人玫瑰,手有余香",同时团队希望将真心传递给更多人,希望更多人的手上都能留下公益的印记,希望更多的残障人士、弱势群体的手上都能留下被关爱的印记。

2.2 组织管理与文化

组织为公益性质,秉持"奉献、友爱、互助、进步"的精神,希望通过创办公益创业项目的形式诠释对"公益"的理解、对志愿服务的坚持,以切实的公益行为满足受助群体的需求,拉近公益活动与普通同学的距离,号召更多大学生关注公益、投身公益、奉献爱心,使受助者、爱心助人者、平台组织者三方均有所收获。

"手印"助残志愿校园义卖平台创业团队将动员高校乃至社会各界力量,关心帮助残障人士等弱势群体,切实解决他们生活中的困难。组织注重总体发展战略,鼓励成员各展所长,充分发挥个体主观能动性,同时以科学的管理方法使组织达到更高的工作效率。

团队组成与合作。组长张远东,组员牛晓璐、殷睿萍、王真、陈永玲、郑子莹、谢晨楠、詹晨新、张思哲。团队人员有较强的组织能力、创新能力与执行能力,热心公益,且多名成员都有志愿服务与爱心义卖经验,有公众号运营与管理、文案编辑的突出能力。

专业优化。团队人员来自审计学、税收学、财政学、绩效评价专业,具备财务、管理等经济管理类专业学科知识。

3 市场分析

3.1 市场吸引力

我们使用 PEST(总体环境分析法)分析义卖平台的吸引力(见图 1):

3.1.1 Polity(政策扶持)

2014 年 12 月 18 日发布的《国务院关于促进慈善事业健康发展的指导意见》提出鼓励和支持社会公众通过捐款捐物、慈善消费和慈善义演、义拍、义卖、义展、义诊、义赛等方式为困难群众奉献爱心;动员社会公众积极参与志愿服务,构建形式多样、内容丰富、机制健全、覆盖城乡的志愿服务体系;广泛设立社会捐助站点,发挥网络捐赠技术优势,方便群众就近就便开展捐赠。2016 年 9 月 1 日施行的《中华人民共和国慈善法》进一步确立了国家对公益组织的政策扶持,明确了慈善组织、捐赠人、受益人三类慈善活动主要参与主体,享受税收优惠的权利;明确了对开展扶贫济困的慈善活动要实行更特殊的优惠。这使我们在建立义卖平

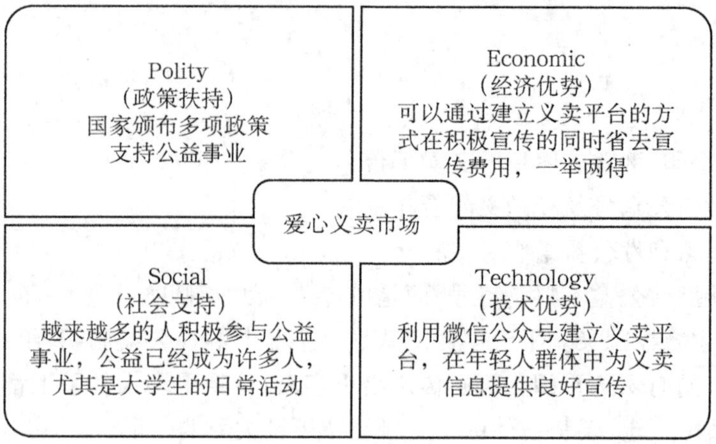

图1 总体环境分析法

台时有了更多的政策基础。

3.1.2 Economic(经济优势)

一般来说，销售商品的主要成本有商品成本、仓储费用、销售场地租金、销售人员人工费用、商品宣传费用，而我们的平台组织在这些方面都有巨大的优势。

(1) 商品成本。义卖的商品主要是助残福利机构提供的手工艺品及其他成本较低的小商品。

(2) 场地及仓储费用。对爱心义卖各高校都有政策扶持。我们团队免费获得义卖场地与存储场地。

(3) 人工费用。参与义卖过程的成员都是志愿者，人工费用为零。

(4) 宣传费用。利用微信公众号作为宣传平台，定时发送推文，推文由小组成员制作，宣传费用几乎为零。

由此可知义卖所得利润相比一般商品要高。

3.1.3 Social(社会支持)

统计数据显示：近七成的受访人群每年至少参加一次慈善活动，从性别看，女性比男性参与公益慈善活动的频率稍高；从教育背景看，参与慈善活动的频率与学历高低总体成正比关系。

3.1.4 Technology(技术优势)

微信是年轻人社交工具的首选。微信公众号作为新兴的宣传渠道，拥有及时快捷的明显优势，在年轻人尤其是大学生群体中享有非常高的人气。我们的平台采用线上宣传、线下组织义卖的形式能被广大年轻人群体接受且可将宣传费用最小化。

总的来说，我们小组的爱心义卖平台在市场上有较强的竞争力与技术可行性。

3.2 目标群体

目前我们平台的主要目标群体是松江大学城的学生，未来将推广至各大高校学生以及社会爱心人士。

4 财务状况分析

4.1 组织义卖物品来源用途

4.1.1 义卖物品来源

手工艺品:由助残福利机构提供。

售卖气球:团队成员购自淘宝商家。

4.1.2 义卖物品用途

义卖物品通过定期举行的线上、线下义卖活动售卖,售卖所得金额定期统计。我们成立的爱心基金,将获得收益返还给福利机构,并将收益明细与资金流向公布于微信公众号。义卖销售的其他产品获利部分用于捐赠、部分用于维持并扩大组织规模和义卖公益产品的再生产。

4.1.3 义卖物品销售途径

(1) 举行校园线下义卖活动,售卖相关物品。

(2) 通过微信公众平台发布、推送物品,进行线上售卖。

4.2 单次线下义卖活动义卖物品销售情况

4.2.1 义卖物品销售情况(见表1)

表1 义卖物品销售情况

销售物品名称	销售数量(件)	销售单价(元)	销售收入(元)
小挂件	6	18	108
萌萌哒挂件	15	18	270
小狗玩偶(小)	1	43	43
小熊玩偶	1	63	63
爱心收纳盒	2	30	60
防烫杯垫	4	8	32
气球	43	3	129
总计			705

4.2.2 单次线下义卖活动收益情况(见表2)

表2 单次线下义卖活动收益情况

销售收入(元)	705
销售成本(元)	60.55
销售收益(元)	644.45

5　风险分析及应对

5.1　机会风险

机会风险是指创业者在选择创业项目时能否作出正确的决定，把握正确的方向。如果对机会把握不准或者推理偏误，会使创业在开始就面临方向错误的风险。

应对：

政府、社会、学校等多方面扶持，利好公益项目创业，团队仍然需要明确创业方向；在创业的同时，分配好花在创业和学习上的时间和精力。

5.2　资金风险

资金风险是指因资金不能适时地筹集和供应而导致创业失败的可能性。可以说，资金风险贯穿在整个创业活动的过程中，如果没有足够的流动资金，很可能会在创业初期就遭遇失败。同时，团队的公益项目主要以义卖为主，售卖结束后筹集到的相关销售款将归还福利机构，捐款者有资金流向的知情权。

应对：

以线下校园爱心义卖、线上公众平台爱心手工艺品售卖为主，售卖商品由各非营利性福利机构无偿提供，成本低，商品的变现能力强，资金周转速度快；与校园爱心社团及其他福利机构合作，利用校园影响力较大的线上平台帮助售卖。由专门的人员管理资金，避免财务纠纷或者账目不清晰。

5.3　技能风险

团队成员都是在校大学生，他们大多还缺乏创业必备的知识和能力，不太了解相关政策、法规。

应对：

我们可以寻求辅导员老师以及有经验的相关公益组织工作者的帮助，弥补我们在社交、技能、专业性等方面上的不足；在创业过程中，我们总结经验与教训，不断完善成员们自身各方面的素养，在实践中学习、进步。

5.4　管理风险

我们不熟悉经营管理的“游戏规则”，又缺乏实践经验，将会遇到各种不可预见的问题。

应对：

我们可以向相关公益组织工作者学习，请教有关公益创业的经验和意见；利用我们依托高校资源背景的优势，积极与社区协商，获得更多的支持；专门聘用相应的顾问老师，保证团队遇到问题能及时、有效、合理地解决。

5.5　环境风险

环境风险是指在创业过程中由于宏观环境变化而给创业带来的问题。这一风险在创业的中、后期表现得尤为突出，一旦发生，可能给组织带来致命的打击。

应对：

团队应在巩固线上平台售卖和校园义卖的影响力之外，积极拓展创新全新的业务和公益项目，使目标群体不仅仅局限于松江七校，更要拓展至全上海市的高校甚至整个社会。我们要了解政策倾向的变化和市场发展的趋势，以助于改进现有的公益项目以及增加更贴合社会环境的公益项目。

项目组员：张远东　陈永玲　王　真　谢晨楠　詹晨新
　　　　　郑子莹　殷睿萍　牛晓璐　张思哲
指导教师：王　洁

回收旧衣物　实现生态循环

1　项目介绍

1.1　项目背景

现代化是人与自然和谐共处的现代化，既要创造更多物质财富和精神财富以满足人民日益增长的美好生活需要，也要提供更多优质生态产品以满足人民日益增长的优美生态环境需要。同时，提倡废旧物品的回收与利用，节约资源、促进资源合理分配迫在眉睫。

随着我国人民生活水平不断提高，流行风尚快速变换，时尚潮流不断更迭，服装的款式面料更新越来越快，会产生大量旧衣物。如果将废旧衣服作为普通垃圾处理掉，不仅会造成可回收利用资源的大量浪费，而且衣物成分中的聚酯纤维、腈纶等化学材料的大量焚烧会给环境带来严重的污染。回收旧物，既减少了废旧纺织品垃圾，也减少了焚烧废旧衣物时产生的碳排放量。

经过市场分析和调查，我们认为本项目可以经过服装厂降解、获取原料后生产出新商品，对废旧物进行再生产改造，使其能够循环使用，节约资源，实现可持续发展。

1.2　项目意义

本项目以党的十九大报告提出的"加快生态文明体制改革，建设美丽中国"目标为背景，从节约资源、回收循环利用废旧衣物出发，分析研究在建设现代节约型社会过程中的资源浪费现象，为避免资源浪费提供一种思路。资源的循环利用，大大减少了生活中普通垃圾的焚烧量，降低了对空气环境的污染。旧衣物焚烧产生的黑烟遮天蔽日，异味刺鼻，衣物中含有的聚酯纤维、腈纶、涤纶等化学成分的焚烧还会产生致癌物质，对人体的危害也很大。实现企业对旧衣物的原料降解后进行再生产，不仅有利于资源的可持续发展，也利于人民的身体健康。这种项目模式实现了生活废旧物品无害化、减量化、资源化可持续发展的处理，并且创造了经济、社会、文化等多方面的价值。

1.3　项目优势

(1) 经营模式：本项目通过回收利用废旧衣物，实现了零成本利用资源的再开发模式，促进生活废旧物品的无害化、减量化。

(2) 战略理念：本团队始终坚持"节约资源，循环再生，促进可持续发展"的战略目标，志存高远，每一位成员都具备强烈的生态环境保护意识与资源循环再生的理念。

(3) 团队合作：团队成员由上海立信会计金融学院财税与公共管理学院的 4 名成员组成，每位成员都具备丰富的社会实践经验，热心生态环保创业项目，拥有共同的目标，在生活中相互了解并彼此熟悉，能够互相帮助，共同进步。

2 产品与服务分析

2.1 产品分析

（1）旧衣物处理。我国每年产生的废旧衣物大约 3 500 万吨，再利用率也很低，不足 20%，绝大部分废旧衣物只能和普通垃圾一起被掩埋或者焚烧，对环境污染产生了很大的影响。BIR 机构 2008 年在瑞典哥本哈根大学进行研究，表明每循环使用 1 千克的废旧衣物，可以减少 3.6 千克的二氧化碳排放量，节约 6 000 升的工业用水，减少 0.3 千克化肥和 0.2 千克农药的使用量。现在，城市人日均生活垃圾产生量呈现逐年递增的趋势，而废旧衣物在生活垃圾中所占的比重较大，因此，废旧衣物的再回收循环利用对于保护环境意义重大。

（2）旧衣物分类：收集到的所有废旧衣物首先都将进入分拣工厂进行分类处理，工作人员根据旧衣物的新旧程度、面料、材质、厚薄、款式等对旧衣物进行分类处理。

如果废弃服装处于生命周期的使用前期，几乎无损耗或者损耗很小，则可以直接二次使用，不需要进行降解、提取原料处理。这类废旧纺织衣物可以集中洗涤、消毒、包装，达到国家捐赠的基本条件之后通过慈善机构、红十字会等组织，捐赠给需要的地区或者投放二手市场。

本项目的目的之一是改变人们对废弃服装处理的认知，积极宣传“废旧衣物经过降解、提取原料后再生产出来的生活用品是卫生安全的”观念，让大家对于旧衣回收有更加客观的认识，让旧衣回收能够合理、合法、持续发展，推动服装行业的健康发展。

（3）旧衣物降解再生过程：废旧衣物除了作为衣服本身的用途以外，经过降解设计处理还可以转化为生活用品。例如，可以把能够用于再生的棉毛、棉纶、涤纶类生产的废旧衣物交给专门的工厂进行破碎、除去拉链纽扣等硬质的配饰，清洗烘干后再通过物理、化学方法进行开松、分离等操作，加工成农业保温材料、建筑和工业的隔音材料、填充材料、无纺布以及其他化学合成材料，或者生成再生纤维、聚酯原料、再生棉帆布等，重新用于纺织品的生产。

2.2 服务分析

（1）公益捐赠服务：本项目可以在初次衣物分类环节挑选出符合捐赠标准的衣物（较新、质量较好、较干净），进行清洗和消毒工作后，再捐赠给有需要的贫困山区、公益组织或个人。

（2）工艺再造服务：本项目可以将能够再次方便利用的废旧衣物布料通过手工艺做成地毯、拖把、玩偶、手提包、零钱包、坐垫、茶杯垫等，使衣物本身发挥更多的价值，同时增添生活乐趣，赋予其情感价值。

从长远来看，废弃服装回收再利用，无论是从资源的再生、减少环境污染和有利于生态平衡来看，都是最可行的方法。尽管废弃服装再利用拥有丰富的资源和广阔的发展空间，但是我国废弃服装的回收再利用因技术和管理模式尚未成型，仍然在试验阶段。

废弃服装回收再利用可以减少固体垃圾，实现低碳环保，是创建生态文明的重要抓手，是绿色环保体系中的重要组成部分。我国应该加快推进废弃服装的回收再利用，特别是要加强相关法律、标准的制定和政策支持，建立畅通的回收渠道，鼓励再利用技术创新。

3　市场分析

3.1　背景分析

目前,快速淘汰的旧衣物成了一种新的消费垃圾。如果旧衣物未能很好地循环利用,水质、土壤、空气等都会受到污染。如果这些废旧衣物全部通过焚烧处理,所产生的物质含有致癌成分,如果按垃圾填埋处理,由于棉质易腐烂,化纤难降解,对土壤和地下水会产生污染。废旧衣物都可以通过回收、处理、加工,成为再生资源,进行二次利用,变废为宝。目前很多国家已将废旧衣物回收利用作为循环经济的一项重要产业门类,已初步形成良性循环,市场潜力不断增大。

3.2　问卷调查

有效问卷调查显示,衣物闲置的主要原因是衣物的款式过时、不太合身以及衣物破旧。对旧衣物的处置方式,高达 69.63%的人选择将衣物闲置,59.81%的人选择将衣物丢弃,而 41.59%的人会将旧衣物捐赠。虽然旧衣服回收利用产业在国内已经存在已久,但其真正兴起是在 2013 年以后,相对其他的传统行业,竞争不激烈,成功率比较高。

后附问卷调查数据。

3.3　前景分析

废旧衣物回收利用的前景非常广阔。以上海为例,上海每天产生的旧衣物多达数百吨。1 年下来,需要处置的旧衣物总量达到 13 万吨之多,约占上海全部生活垃圾的 3 成。如何妥善处理这些废旧衣物,处理后如何重新流入市场都是需要研究的问题。

当前,旧衣回收模式主要分为三类:一是慈善机构通过募集的方式;二是环卫系统通过垃圾分类的方式;三是回收企业依托政府循环经济类项目开展旧衣回收的方式。国内的旧衣服的回收较多,每吨回收成本在 2 000 元以内,而工厂出口到国外价格达到上万甚至更多,利润可观。在非洲、东南亚等市场,对旧衣服的需求量非常大,除了从中国进口,每年还从欧美等其他国家进口,年进口量是国内产量的 3.5 倍。

作为环保产品的旧衣服不论什么品质,大部分都被出口到不同需求的国家和地区,其中以非洲为主,非洲大陆近 12 亿人口,仅次于中国,旧衣服产品是该地区近 1/6 人口的刚需,市场供不应求。

(1) 经济可行性。废旧衣物回收再利用是一个低投入、低风险的商业项目,在硬件上的要求只有存储仓库和交通工具。其回收渠道的建立可以与现成的废品回收渠道进行商业嫁接。此外,庞大的市场客户基数和低成本的回收渠道建设,可以让旧衣物回收利用项目可持续经营的风险降低。因此,废旧衣物回收再利用在经济上是可行的。

(2) 销售渠道的可行性。为促进可持续发展与资源的再生利用,旧衣物加工处理企业纷纷成立。这些企业将回收的旧衣物进行加工处理,生产出可以供人们再次使用的产品,也给旧衣物回收利用提供了多种渠道。

(3) 目前市场状态。低碳生活作为一种全新的生活理念正被越来越多的人接受,而废旧衣物的回收利用恰恰顺应了这一潮流。废旧衣物的基数较大，旧衣物回收市场具有很大的潜力。废旧衣物循环再利用能够解决旧衣物的处置问题，还可以顺应低碳生活，项目运营市场前景广阔。本项目不仅致力于低碳环保、生态循环，同时也是在为环保事业贡献一份力量。废旧衣物的回收利用将会成为一种潮流，并有助于本项目的推广。

综上所述，我们的旧衣物回收项目符合当代人低碳消费、低碳生活的追求，是很有发展前景的。

3.4　竞争分析

目前，国内多地已初步建立城市废旧衣物回收体系，探索资源化利用途径，而旧衣回收箱正是一种具体表现，有助于实现旧衣物的零抛弃。旧衣的回收分类处理，不仅减少了环境污染，也更有利于资源节约型社会的建立。资源化利用解决旧衣物的出路，目前尚处在起步阶段，市场竞争并不激烈。要想真正实现旧衣物的回收利用，我们还需要做更多的努力，一方面，要在校内校外加大旧衣物回收的宣传；另一方面，要对旧衣物流向进行必要的规范和监督。

4　创业团队介绍

我们成功组建的这支团队，不仅有创业者所具备的素质，而且我们的成员具有专业知识、训练有素、凝聚力强。

团队成员介绍：

CEO，真昕瑜，女，财税与公共管理学院，税收学专业，曾为学院实践部成员，多次组织开展志愿活动与爱心义卖，性格开朗，善于表达，拥有较强的管理能力和领导统筹能力。她在团队中负责组织与分工，能有效地与组员进行沟通，具有强烈的责任感。

创业顾问，黄膺澔，女，财税与公共管理学院，税务师专业，曾为学院实践部成员，现任学院科创部副部长，多次组织各大宣讲会与讲座，创新能力强，有计划性，在团队中负责营销策划，对市场定位及市场分析独有见解。

人事公关经理，王筱韵，女，财税与公共管理学院，税收学专业，曾为学院公关部成员，多次参与筹办校级晚会及管理学校诚信货架，有一定社会实践经验，拥有一定的人脉资源，敢于尝试勇于挑战，外语能力强，在团队中负责调查问卷制作分析及项目宣传。

财务经理，倪宁，女，财税与公共管理学院，国际税收专业，辅修会计学，多次参加社会实践活动，号召力强，信用度高，做事严谨，注重细节处理，有一定的财务分析能力和熟练的计算机操作能力，在团队中负责分析经济动向，管理资金。

整个团队是创新与经验、战略与细节、沟通与实务、协作与独立的高效组合。每个月，团队都会定期组织团建活动，充分发挥和调动团队所有成员的集体智慧，集合团队成员之间的优秀点子，产生团队精神。

5　组织战略

5.1　组织目标

在5～10年内成为旧衣改造市场的领头羊。

5.2 团队使命

遵循可持续发展观，促进资源合理分配，创造经济、社会、文化等多方面的价值，实现资源循环与经济效益的高效统一。

5.3 战略理念

节约，循环，环保，高效，可持续。

5.4 发展战略

5.4.1 初期(1～3 年)

我们的主要产品为旧衣物消毒降解并再造为生活用品(包括手套、杯垫、桌垫、拖把)，建立自己的品牌，提升知名度，收回初期成本并进一步扩大规模，初步占领市场。

产品进入市场，展开宣传，加强环保、可持续理念的推广。

建立网站，开通微信公众号、新浪微博，便于广大网友尤其中青年人对企业及品牌的了解。

建立淘宝、微店等线上运营店，扩展销售方式，建立线上线下的销售网络。

(1) 市场占有率计划达到 15%左右。

(2) 计划上市。

5.4.2 中期(4～6 年)

(1) 加大宣传力度，进一步推广环保理念，增加广告投入(明星环保宣传、室外电子屏外放、拍摄环保宣传片、纪录片)。

(2) 增加设备投入，扩大生产规模。

(3) 进一步完善和健全销售网络，升级网页及公众号设计，增强网店经营能力。

(4) 启动周年感恩回馈活动，举办促销活动及公益扶贫(捐赠再造物品与销售所获资金)。

(5) 增加产品种类，扩大市场(生活用品升级至装饰物、布艺品、文化用品)。

(6) 市场占有率达计划至 50%左右。

5.4.3 长期(5～10 年)

(1) 研发新的技术与方法，进一步提高降解标准及改造成功率。

(2) 提高实用与美观的结合度。

(3) 以可持续发展理念参与全球性的国际竞争与合作，走可持续发展道路。

5.5 资本战略

(1) 宣传环保理念，引进环保组织、知名企业的资本投入。

(2) 持续、低成本投入资本，逐步扩大资金积累。

5.6 人才战略

(1) 以团建形式增强团队协作的质量与效率，提升公司凝聚力。

(2) 加大人力资源资本投入，广纳贤才，为公司提供更多有创意的想法，提升公司在市场的地位。

(3) 建立绩效评价制度,建立与知识经济相适应的现代分配制度。

(4) 调整人才的专业结构和能力结构,提升人才素质。

(5) 制订年度学习与培训方案,储备更多技能知识与理念知识。

6　经营管理

6.1　生产管理

(1) 生产组织:合理选择加工厂址,布置工厂,合理分区,组织生产线。

(2) 生产计划:编制有效的生产计划,制定日加工改造量计划及周计划、月计划、季度计划、年度计划。

(3) 生产控制工作:控制生产进度,实现低库存,控制生产成本等。

6.2　质量管理

(1) 坚持按标准组织生产:根据清洁标准、消毒标准、降解标准、再造缝纫标准、包装标准等,严格对收来的旧衣物进行清洁、消毒并进一步降解、改造。

(2) 强化质量检验机制:对原材料、半成品、成品多次检验、鉴别并剔除不合格产品,保证不合格的原料不投产,不合格的半成品不进入下一道工序,不合格的成品不进入市场,并对发现的质量问题及时改进改正。

(3) 设置质量控制点:对生产改造程序中的关键点及薄弱环节进行实时控制管理监督。

6.3　人力资源管理

(1) 人力资源规划:对各职位、环节进行职能性策划,保证人尽其才。

(2) 培训与开发:设置有效的培训制度与培训流程。

(3) 绩效管理:管理者与员工定期共同参与绩效计划制订、绩效考核评价,提升个人、部门、组织的绩效。

(4) 薪资福利管理:薪酬制度设计、薪酬管理、劳资关系管理及福利管理。

6.4　风险管理

(1) 计划编制风险:旧衣改造市场尚未完全成熟,生产计划、销售计划可能达不到目标,应加强对领域的了解与主动拓展。

(2) 市场风险:随着环保产业发展,竞争者涌现,消毒不全面、质量不合格的产品对公司的产品和品牌有影响,应加强品牌建设力度。

(3) 销售风险:顾客对产品的可用性、实用性的怀疑和销售人员对公司产品促销、分销技巧的把握。

(4) 组织和管理风险:管理层应加强对项目组织的积极性,降低失误率。

7　财务分析

7.1　资金需求说明

创业资本为 150 万元人民币,其中 60 万元来自投资者,股东出资 50 万元,合作商出资

40 万元。

7.2 资金投入计划

(1) 市场拓展:建立品牌形象、加大推广力度、增大市场份额等。

(2) 产品开发:线上线下平台建立、物流运输及配送等。

(3) 资源整合:团队建设、新项目开发等。

7.3 营业费用预算

营业费用预算表见附录表 1。

预计第一季度利润表见附录表 2。

7.4 现金流量表

预计第一年资产负债表见附录表 3。

预计第二年资产负债表见附录表 4。

从以上的财务报表我们可以看出:起初 150 万元投资完全是根据市场行情来确定的,并且是从会计的角度分列出各项财务指标,作为我们投资的依据。

7.5 盈亏平衡分析

根据市场适应能力预计,本项目在投资当年即可实现盈亏平衡,并可实现一定规模的利润。预计融资回报率为 20%。

8 项目实施的风险分析及对策措施

项目从开始筹划到进入原料市场再到消费者市场,这些过程中存在着各种各样的风险,主要包括经济政策风险、市场风险、财务风险、经营管理风险、生产风险和团队内部风险等,面对这些风险我们必须未雨绸缪防患于未然,提前制定出一套完整的企业风险防范对策,争取将企业的损失控制到最小。

8.1 经济政策风险

经济政策风险是指在建设期或者经营期内,由于所处的经济环境和经济条件的变化,使实际的经济效益与预期的经济效益相背离。其中,经济环境和经济条件的变化,宏观上是指国家经济制度的变革、经济法规和经济政策的修改、产业政策的调整及经济发展速度的波动。从本项目来看,企业面临着一般企业共有的经济政策风险,包括国家宏观调控政策、货币政策、税收政策等风险,这些风险可能对项目的运作产生不利影响。

对策:

(1) 公司将在国家各项经济政策和产业政策的指导下,汇聚各方信息,制订最佳方案,合理确定公司的发展目标和战略。

(2) 加强内部管理,提高服务管理水平,努力提高经营效率,增强抵御政策风险的能力。

8.2 市场风险

市场风险是指由于某种全局性的因素引起的投资收益的可能变动,这些因素是公司无法控制和回避的。我国目前旧衣物回收利用的市场刚刚起步，竞争将不断增强。因此，若遇到强有力的竞争对手，本项目可能面临回收的衣物供应不足或者负责再生的服装工厂生产的产品实际销售价格与预测发生偏离而引起产品滞销、待销等。

对策：

(1) 全面收集、整理、分析经济和财务数据，在项目初期做好充分的市场调查，比如，市场供求关系，减少项目的盲目性。

(2) 优化内部管理，实现对流程中各环节的优化和控制，提高管控水平，提升自身实力。

8.3　财务风险

财务风险是指企业由于不同的资本结构而对企业投资者的收益产生的不确定影响。财务风险来源于企业资金利润率和借入资金利息率差额上的不确定因素以及借入资金与自有资金的比例对比。对于本项目而言，财务风险主要体现在前期。

对策：

(1) 拓宽融资渠道，为企业的资金供应建立稳固的渠道，为企业发展输入资金。

(2) 使项目尽快产生效益，提高资产盈利能力，降低投资风险。

(3) 加强对业务收入、业务支出、日常现金等管理，在保持较高流动性的基础上，减少资金占用，为公司投资扩大现金流。

(4) 加强对资金运行情况的监控，最大限度地提高资金使用效率。

(5) 为避免因发生意外及其他各种不可抗拒因素可能给企业造成损失，将在财务预算中拨出专款，购买相应保险以规避可能遇到的风险。

8.4　经营管理风险

经营管理风险是指公司的决策人员和管理人员在经营管理中出现失误而导致公司盈利水平变化从而产生投资者预期收益下降的风险。该风险可能表现为人员较少，办事效率较低；团队成员皆为在校大学生，较为缺乏经营管理经验，负责人管理不善，造成运营受阻，成员不能紧密合作、协调等。

对策：

(1) 建立储备基金账户。

(2) 健全管理机制，加强奖惩制度。

(3) 健全团队成员经营管理方面的知识，培养团队人才。

8.5　生产风险

生产风险主要发生在本项目需要接洽的服装加工厂。团队成员需要找到可靠的服装加工厂，并提供旧衣物作为原材料交与服装厂。生产过程发生在工厂内部，因此，生产风险包括了该工厂的技术风险等。

对策：

团队成员应共同努力，在众多厂家中挑选出最合适的服装加工厂。该厂需要具备精湛的生产技术，保证不在生产环节出现问题。

8.6　团队内部风险

团队内部风险表现为团队内部矛盾。团队成员的人数较少，团队成员相互熟悉且互帮互助，若在讨论项目问题中出现矛盾，要及时解决，否则会大大影响项目的进展。此外，团队成员皆为在校大学生，在项目实施过程中可能缺乏领导力、经营管理能力等。

对策：

(1) 要求团队融为一体，成员之间密切配合，以更好地推进项目的实施。

(2) 针对团队中成员的不同角色，采取相应的知识技能培训，进行自我提升。

综上所述，项目风险管理的目标是控制和处理项目风险，防止和减少损失，减轻或消除风险的不利影响，以最低成本取得项目安全保障。

9　风险投资的回报与退出

风险投资者并不是要长期持有公司股份，而是要在适当的时候退出，并取得收益。本项目把投资者在退出时的资本最大化增值放在重要的位置，始终坚持企业价值最大化的经营目标。

投资者退出的方式主要有IPO、出售、清算或破产。其中IPO是最成功的退出方式，根据公司的发展战略规划争取在3年内上市，使风险投资家成功退出。

附录

表1　营业费用预算表　　单位：万元

公司创办费合计	41
公司店面装潢	30
网站开发	10
证明、证书和执照	1
办公设备购买合计	10
购买计算机	2
购买其他办公设备	8
管理费用合计	15
包括管理人员直接人工费、福利费费用，水电费用等	15
宣传费用合计	30
包括广告费、活动费用	30
流动资金合计	50
初期营业网站的运营费用	50

表 2 预计第一季度利润表 单位:元

项目	本期发生	累计发生
一、营业收入	15 000	50 000
减:营业成本	10 000	20 000
减:营业税金及附加	0	0
减:销售费用	20 000	40 000
减:管理费用	10 000	30 000
减:财务费用	5 000	5 000
二、营业利润	−30 000	−45 000
加:营业外收入	0	0
减:营业外支出	5 000	10 000
三、税前利润	−35 000	−55 000
减:所得税	0	0
四、净利润	−35 000	−55 000

表 3 预计第一年资产负债表 单位:元

资产	期初数	期末数	负债和所有者权益	期权数	期末数
流动资产:			流动负债:		
货币资金	1 500 000	250 000	短期借款		
应收账款		20 000	应付账款		200 000
预付账款			应交税费		−20 000
存货		400 000	其他应付款		
其中:原材料		250 000	流动负债合计		180 000
成品		150 000			
流动资产合计		670 000	非流动负债		
非流动资产:			非流动负债合计		
固定资产原值		400 000	负债合计		180 000
减:累计折旧			股东权益:		
固定资产净值		400 000	实收资本	1 500 000	1 500 000
无形资产			未分配利润		−610 000
非流动资产合计		400 000	股东权益合计	1 500 000	890 000
资产总计	1 500 000	1 070 000	负债和股东权益合计	1 500 000	1 070 000

表 4　预计第二年资产负债表　　单位:元

资产	期初数	期末数	负债和所有者权益	期权数	期末数
流动资产:			流动负债:		
货币资金	250 000	600 000	短期借款		
应收账款	20 000	100 000	应付账款	200 000	450 000
预付账款			应交税费	－20 000	－20 000
存货	400 000	300 000	其他应付款		
其中:原材料	250 000	200 000	流动负债合计	180 000	430 000
成品	150 000	150 000			
流动资产合计	670 000	1 000 000	非流动负债		
非流动资产:			非流动负债合计		
固定资产原值	400 000	400 000	负债合计		430 000
减:累计折旧		50 000	股东权益:		
固定资产净值	400 000	350 000	实收资本	1 500 000	1 070 000
无形资产			未分配利润	－610 000	－150 000
非流动资产合计	400 000	350 000	股东权益合计	890 000	920 000
资产总计	1 070 000	1 350 000	负债和股东权益合计	1 070 000	1 350 000

与回收旧物有关的公民生态意识的调查

第 1 题:您的年龄阶段是?[单选题]

选项	小计	比例
10～20	134	62.62%
21～30	55	25.7%
31～40	7	3.27%
40～50	15	7.01%
50～60	3	1.4%
本题有效填写人次	214	

第 2 题:您的性别是? [单选题]

选项	小计	比例
男	61	28.5%
女	153	71.5%
本题有效填写人次	214	

第 3 题:您是否支持物品的多重利用? [单选题]

选项	小计	比例
赞同	194	90.65%
一般	18	8.41%
不赞同	2	0.93%
本题有效填写人次	214	

第 4 题:您多久处理一批旧物? [单选题]

选项	小计	比例
1 周到 1 个月	39	18.22%
1 个月到 3 个月	43	20.09%
3 个月到半年	47	21.96%
半年到 1 年	45	21.03%
1 年以上	40	18.69%
本题有效填写人次	214	

第 5 题:您是否接受使用改造过的旧物? [单选题]

选项	小计	比例
接受	150	70.09%
不接受	18	8.41%
无所谓	46	21.5%
本题有效填写人次	214	

第 6 题：您是否有待处理的旧物？［单选题］

选项	小计	比例
很多，并为此感到烦恼	34	15.89%
有，希望得到处理	119	55.61%
不多，感到无所谓	55	25.7%
没有	6	2.8%
本题有效填写人次	214	

第 7 题：您的旧物主要是［多选题］

选项	小计	比例
闲置衣物	169	78.97%
闲置旧书（教科书、辅导书、小说、杂志等）	161	75.23%
电子产品（手机、录音机、电子阅读器等）	77	35.98%
化学物品（药品、化妆品等）	33	15.42%
生活用品（被子、毛绒玩具、水杯等）	83	38.79%
其他	28	13.08%
本题有效填写人次	214	

第 8 题：您对旧物的处置方式［多选题］

选项	小计	比例
闲置	149	69.63%
丢弃	128	59.81%
捐赠	89	41.59%
廉价出售	60	28.04%
以物换物	23	10.75%
其他	23	10.75%
本题有效填写人次	214	

第 9 题:您觉得衣物闲置的主要原因[多选题]

选项	小计	比例
不合身	110	51.4%
款式过时	137	64.02%
破旧	106	49.53%
冲动购物	76	35.51%
其他	32	14.95%
本题有效填写人次	214	

第 10 题:您最能接受的改造后的旧物是下面哪一种?[多选题]

选项	小计	比例
闲置衣物	59	27.57%
闲置旧书(教科书、辅导书、小说、杂志等)	161	75.23%
电子产品(手机、录音机、电子阅读器等)	59	27.57%
化学物品(药品、化妆品等)	8	3.74%
生活用品(被子、毛绒玩具、水杯等)	43	20.09%
其他	23	10.75%
本题有效填写人次	214	

第 11 题:您对旧物回收处理有什么看法?[多选题]

选项	小计	比例
有利于生态循环	167	78.04%
希望可以建立系统的处理机制	151	70.56%
没什么看法	15	7.01%
多次回收利用不利于卫生	38	17.76%
其他	7	3.27%
本题有效填写人次	214	

第 12 题：您愿意进行旧物回收处理的动机是什么？［多选题］

选项	小计	比例
节能环保，生态循环	170	79.44%
为了获得经济效益	67	31.31%
帮助他人	87	40.65%
没什么动机	26	12.15%
处理闲置物品，节省生活空间	141	65.89%
其他	6	2.8%
本题有效填写人次	214	

项目组员：王筱韵　黄膺澔　真昕瑜　倪　宁
指导教师：李永刚

大学生实习信息平台

——“专注上海实习”①

1 执行总结

当今社会上已经有了一些与实习相关的网站，但存在问题较多，并不能真正解决大学生和企业之间存在的信息不对称问题。而我们的项目致力于消除上海市实习市场的这种信息不对称，建立一个服务大学生的微信公众平台——“专注上海实习”。通过对信息的收集和整理，我们在平台上发布面向大学生的实习、兼职信息。大学生可在此平台上了解职场和企业动态，交流实习和就业心得。

我们的团队成员有黄豆豆、王立彬、陆惟劼、过雨彬、曲翼、曲思宇。校内指导教师为李佳坤讲师、董万好副教授。校外合作人为 fesco 实习生项目负责人张雪和五牛股权投资基金管理有限公司财务部总经理陈汝。

目前我们已经有了两个合作伙伴——fesco 集团和旺旺集团大陆事业总部。它们是我们实习信息的稳定来源。

2 产业背景

2.1 背景

随着就业形势的变化，不少用人单位都提出了“要求有工作经验”的招聘条件，而大学生缺的就是工作经验。近几年，大学生实习困难重重，实习机会难寻、实习单位难找，即使勉强被单位接收，也因实习内容过于简单，导致实习效果难以保证。实习变得名不副实，徒有虚名。实习难甚于就业难已成为制约学生素质提高和顺利就业的关键因素。我们项目的出发点就是切实帮助大学生提高就业能力。

2.2 竞争环境

从市场竞争环境方面来看，目前与我们的项目类似的网站和平台还是有的，但不是很多，而且我们有自己的特色与优势。

2.3 项目说明

为破解大学生“实习难”，政协委员刘建平开出的“处方”是：政府、社会、企业、高校和学

① 本文获得 2018 年“创青春”大学生创业大赛校级优胜奖。

生多方的共同参与和持续发力。其中，他特别提出要建立多方协同合作的长效机制，强化大学生实习的公共服务，比如设立大学生实习服务机构，免费向大学生提供实习政策咨询、供求信息等方面的服务，为大学生实习搭建公共平台。

我们的项目就是致力于消除上海市实习市场的信息不对称，建立服务大学生的微信公众平台。通过对信息的收集和整理，我们在平台上发布面向大学生的实习、兼职信息，分为本科和硕博两大类。我们尤其关注金融、财会，如会计师事务所、银行、投行、证券等的实习信息。另外，我们还设了企业专访、谈实习、"涨姿势"三个专栏，大学生也可在此平台上了解职场和企业动态，交流实习和就业心得，还能通过实习信息下的访客留言的方式将自己的问题、疑惑和建议告诉我们。我们也会及时回复，与他们互动，帮助他们解答疑惑，满足他们的要求。

3　市场调查和分析

3.1　定位

我们的平台可以作为大学生与企业之间的桥梁，帮助大学生高效率地找到自己心仪的实习岗位，也帮助企业单位宣传推广招聘信息，解决两者之间信息不对称的问题。

3.2　竞争分析

在前期准备中，我们调研了现在市场上的实习信息平台：网站中有 51job、实习僧、大街网、实习吧、拉勾网等；微博上也有各种发布实习信息的博主；与我们所要建立的公众号相类似的公众号也有一些，如上海实习、Hi 实习；我们学校也有专门的发布实习信息的公众号。据我们的观察和反复研究，发现它们存在如下共同问题：

① 实习信息滞后。

② 不提供简历投递邮箱。

③ 实习质量参差不齐。

④ 充斥广告，营利性很强。

实习类公众平台是本文探讨的一大重点方向，我们作为"专注上海实习"的平台运营者，纵向比较了许多同类平台，挑选出包括实习僧、offer 先生、趣实习、同济实习 KING 在内的多个平台进行分析，发现实习市场确实是一块有极强发展空间的领域，在短期就可以吸引到众多用户关注，其商业化模式也较为稳定成熟，各个平台都具有自己独有的发展规划及特色。

市场上的实习类公众平台主要分成三大方向，一是由实习僧、同济实习 KING 带头的提供 500 强名企优质实习的平台，这类企业极其专注品牌实习的含金量。二是由实习派、趣实习、专注上海实习为代表的全方位多岗位实习信息发布平台，其中专注上海实习突出上海的本土化特色，将范围精确到上海。三则是以 offer 先生为代表的实习服务类平台，侧重实习教育培训。发展方向的不同也决定着各自的商业模式及特色有所区分。表 1 纵向对比了这些实习类公众平台运营现状及特点。

表1 实习类公众平台运营现状及特点

公众平台	成立时间	地点	是否大学生创业	商业模式	所有者	运营特色
实习僧	2014	成都	否	衍生周边产品服务	成都萌想科技有限责任公司	重点发布名企实习信息,同步建设实习僧网站,提供线下宣讲、简历制作、实习经验分享,旗下产品多样
Offer先生	2015	成都	否	流量变现、电商营销、衍生周边产品服务	成都先胜信息科技有限公司	在线求职教育平台,实习干货推送,提供职业培训及内推,60w+粉丝基础
趣实习	2016	上海	否	众筹打赏,衍生周边产品服务	迈才(上海)信息科技有限公司	Ios、安卓客户端app建设,公众号推送已停止,现在主要负责向趣实习网站及app上的引流工作。发布多企业实习信息,提供导师求职解疑服务。支持手机端投递职位及获取面试通知
同济实习KING	2016	上海	是	软文推广	同济大学学生团体	搜狐、今日头条多平台入驻。每日更新多条高含金量名企实习信息,范围覆盖多领域
专注上海实习	2017	上海	是	软文推广	上海立信会计金融学院学生团体	每日精选2~3条,准点推送,提供上海企业多岗位实习信息。同步提供实习经验分享,后台互动

实习类自媒体微信平台的成立时间基本都在2015年以后,2014年成立的实习僧抢占了部分市场,它的成功发展引起了更多人对实习自媒体市场的关注,2016年、2017年两年可谓是实习类微信平台发展的高速时期,众多同类型平台涌入微信市场想要从中分得一杯羹。其中,同济实习KING和专注上海实习两家公众号自媒体显示出与其他同类平台的不同之处,相较于其他平台重商业化的运作模式,同济实习KING与专注上海实习作为大学生创业项目,拥有校内外的两大实习信息资源库,注重实习的数量及质量,从学生利益出发,每日推送多条实习信息供求职者参考,且能满足在职实习生寻找继任的诉求。同时,大学生创业平台也显露出了商业化的不足,运营团队主要依托学生团体,项目资金主要依靠经费支持。成功实现项目商业化转型是以上两个实习类微信公众平台未来长期运营的保障。

3.3 校园调研

我们进行了问卷的发放和收集。根据数据,我们可以看出本次的问卷人群主要以大三在校学生为主。

据调查,有54.2%的人了解过专业实习信息发布平台并且正在使用,说明实习信息平台还是很重要的。最明显的是所有人都觉得在大学期间需要实习。大部分人觉得大学期间的实习经历以3~5次为好。从数据中不难看出大多数人觉得工作内容是否与自己专业挂钩在选择实习时较为重要。数据显示有71.2%的学生已经参加过实习。

获取实习信息的主要渠道是求职网站、实习网站、朋友圈和意向公司官网几个方面。我们的实习公众平台正是通过和各大知名公司对接，从网上筛选出好的实习岗位供学生选择。学生中意的实习方向是与本专业相关的工作。我们实习公众平台的信息经过专业的筛选，能够保证信息真实可信。

71.1%的人觉得100～200元一天的工资是靠谱的，所以学生的要求也没有特别高；15.3%的人觉得价格无所谓，重在学习。

通过前期的调研我们发现，现在大部分人都觉得在大学期间需要几份实习的经历而且与自己专业相关。最好的途径就是网站、朋友圈和公司官网，但是其中真实性和专业性不能保证。专注上海实习公众平台就是为学生们解决这些问题。帮助他们筛选出专业对口、薪资合适的实习机会。

3.4　竞争优势

我们的竞争优势在于拥有校内外的两大实习信息资源库，注重实习的数量及质量，从学生利益出发，每日推送多条实习信息供求职者参考，且能满足在职实习生寻找继任的需求：

(1) 目前专注于金融类实习公众号的同类产品很少，市场前景很广阔。我校同学对金融类实习有很大信息需求，他们需要一个及时准确提供实习信息的公众号来为他们服务，解决实习信息难找，以及实习难、工作难的问题。

(2) 我们作为经济管理类专业的大学生，有一定的专业知识，可以对一些实习信息进行筛选整合，避免信息混杂。我们在校园进行调查，了解当前大学生需要怎样的实习信息。

(3) 目前我们已经有了较稳定的合作公司——FESCO。他们会定期给我们一些实习信息，供我们发布。通过我们的帮助有超过1/3的同学找到了实习工作，最近还有些公司(如全球第六大汽车零部件供应商佛吉亚企业)的HR在平台下留言，希望与我们合作。

(4) 在我们项目的推动下，旺旺集团大陆事业总部与我们学校签订大学生实践基地协议，每年需要招5～6位实习生。

3.5　发展趋势

在没有进行大力宣传推广的前提下，我们项目的关注量在直线增长，现在我们已经获得了5 000+的关注量。我们的公众号未来的覆盖范围会更大。

4　公司战略

4.1　商业模式

我们的项目主要目的是破解大学生“实习难”的问题，通过建立微信公众平台，向大学生传播有质量的实习信息。我们区别于市场上其他实习平台，高质量、高标准、高时效是我们项目的一大创新特色，同时也是提高关注量的重要一点。公众号中的实习信息来源于各大公司、企事业单位等官网、FESCO(北京外企服务集团)提供的相关实习信息以及被我们项目吸引而来的旺旺集团总部每年对于实习生的招收需求。这些信息获取的渠道可以充分满足财经类毕业生有关实习的需求。目前已有数人通过公众号找到了心仪的实习岗位。

目前我们的公众号已经达到了 5 000+的关注量,并还在持续攀升。在公众号开通一个月时我们通过了原创和赞赏功能的审批,为进一步获得资金来源奠定了基础。现阶段我们通过一系列营销手段,来进一步增加关注度。这些属于前期的基础铺垫工作,等到关注量到达可观数字后,我们将利用关注量这个筹码,达到我们的营利目的。我们的营利途径如下:

(1) 流量变现。开通流量主是当前公众号营利的主要模式。微信公众平台为关注粉丝超过 5 000 人的公众号提供开通流量主的服务。平台运营者可以通过申请流量主,通过向广告投放商出售广告位的方式获取经济利益,平台会根据广告点击率提供给运营者更高的收益水准。公众平台可以通过引导阅读者点击广告信息进而获取客观的回报。目前,很多诸如"影视步行街"的影视资源分享的微信平台都在采取这种方式来实现经济利益的转化。

(2) 软文推广。在微信公众平台积累了一定数量粉丝后,可以主动联系企业或等待企业主动上门要求进行微信软文宣传推广。相较于微信流量主推送的广告商,自己主动联系到的广告商会提供更高的收益。这也是当前自媒体平台商业变现的另一主要形式。拥有巨额流量的大平台主单条广告费用已高达数万元,目前有一定规模的平台都或多或少地通过这种方式来维持运营。我们承接部分商家关于实习方面的广告、宣传,收取一定佣金。

(3) 众筹打赏。为尊重幕后运营者的付出,微信平台同时设置打赏及众筹项目,粉丝可以通过这一方式表达自己对推送内容的认可,平台可以在与粉丝的良性互动中,获取一定的收益。能够成功应用这种商业模式的微信平台还是少数,人格魅力强大的微信主和新知教育平台更容易从这种商业模式中获得收入。

(4) 利用平台有偿发布有关实习的资料、视频,包括专家解答等。

(5) 与企业达成协议,采取会员制的形式,可以按年度定量收取相应费用。

(6) 增加有偿实习培训项目,为企业培训相关人才,并收取一定佣金。

(7) 利用直播平台,请知名企业的 HR 进行实习专项直播,向观看的人收取一定的费用,同时达到宣传的目的。

以上为现阶段我们项目的营利手段,等到项目更加成熟时会考虑与更大的企业进行合作,利用平台赚取收入。现阶段项目的经费依靠学校的资金支持,因此在运营方面不存在较大问题。在此之后,我们的项目将主要通过公众号消费者的消费来获取资金,达到营利的目的。

4.2 总体进度安排

项目的总体安排与进度如下。

1) 2018 年 9 月 1 日至 11 月 19 日

一方面进行市场调研,了解现今实习信息网站的数量及其特点,分析比较它们的优势和弱势;另一方面进行问卷调查,了解大学生对实习的看法和大学生当前的实习就业状况。

2) 2018 年 11 月 20 日至 2019 年 1 月 30 日

微信公众号初步建设和完善，为项目的实现做基础性工作。首先，确定公众号的定位、公众号发布的时间、发布的内容等。其次，确定项目分工，将工作分配到个人。

确定周一至周六每天更新两条质量高的实习信息、一条“涨姿势”软文，周日进行当周的信息总结。每周发布一篇学生谈实习。每月进行一次企业专访。开通微信公众号的原创功能，打上原创的标签；开通打赏功能和评论功能，更好地与读者进行互动，了解他们的需求。目标：关注人数达到 1 000 人。

3）2019 年 2～3 月

在浦东和松江两校区分别进行两次本校推广；在二工大、杉达以及松江大学城进行一次外校推广。陆惟劼、过雨彬等组员在上海进行更为广泛的宣传和推广，将公众号推广至更多高校。吸引企业管理人员主动与我们联系进行专访，把更多的企业需求带给读者。目标：关注人数达到 2 000 人。

4）2019 年 4～5 月

团队成员扩大至 7 人，让更多志同道合的朋友加入我们。约谈有过实习经验的同学，并在网上发布我们公众号的信息；从学校周边企业出发，不断吸引有发布实习信息需求的优质企业与我们长期联系合作；吸引广大学生关注公众号，从中得到想要的实习信息。目标：关注人数达到 3 000 人。

5）2019 年 6～7 月

吸引企业管理人员主动与我们联系进行专访，把更多的企业需求带给读者。目标：关注人数达到 8 000 人。

6）2019 年 8 月以后

不断扩大团队。每日发布三条及以上实习信息。吸引广告商赞助，将我们的公众号推向全上海的高校和在外地读书的上海学子。

4.3 合作伙伴

北京外企服务集团有限责任公司(FESCO)，简称外企集团，成立于 1979 年，是我国人力资源服务行业具有开创意义的第一家企业。经过 30 多年发展，外企集团已经发展成为一个以人力资源外包服务为主，涉及旅游会展、文化传媒、房地产物业等相关领域的企业集团。

30 多年来，外企集团始终秉承诚信经营、优质服务的理念，锐意进取，开拓创新，经营规模与综合实力不断增长。2019 年，集团年收入达到 123 亿元，居中国企业 500 强之列，并进入北京市国资委监管企业排名前十位。集团下属企业 20 余家，拥有一支 3 100 余人的干部职工队伍。

外企集团以人力资源外包服务为主业，形成了较为完善的人力资源服务体系和产品链，涵盖人事社保代理、员工派遣、招聘猎头、薪酬福利、教育培训、保险经纪、商务调查、企业咨询等业务，综合实力位居行业前列。FESCO 服务的客户达到 8 000 余家，包括绝大多数在华财富 500 强企业及各类行业领先的公司；FESCO 服务的员工人数达到 35 万，业务网络遍及全国。FESCO 已经成为中国人力资源服务领域内最具影响力的品牌之一。

旺旺集团大陆事业总部与我们学校签订了大学生实践基地协议，每年需要招 5～6 位实习生。

我们的合作伙伴是极其优秀的，能为我们带来的实习信息也比较充足和完备。

4.4 竞争对手

很多同类性质的实习公众号，如上海实习、Hi实习等平台，对我们的项目有一定的冲击。基于我们项目在内容、定位、专访方面的创新，我们会在同类公众号中拥有显著的优势。

5 营销策略

5.1 顾客群

我们公众号面向的顾客群是中小企业和大学生、研究生。我们是两者之间沟通的桥梁。

5.2 核心价值

我们项目的核心价值是建立一个服务大学生的微信公众平台，致力于消除上海市实习市场的信息不对称，帮助全上海广大大学生们高效率地找到自己心仪的实习岗位。我们在平台上发布面向大学生的实习、兼职信息，分为本科和硕博两大类，尤其关注会计师事务所、银行、投行、证券等的实习信息。另外，我们还设了企业专访、谈实习、“涨姿势”三个专栏，大学生也可在此平台上了解职场和企业动态，交流实习和就业心得。我们力争做到上海实习信息平台中最全面的公众号。众多大学生、研究生关注我们的公众号，所以也给了中小企业一个与学生沟通的平台。一旦企业提供实习机会，可以很快地被市场消化，而且企业对于实习生的反馈我们也及时发布在公众号上。

5.3 附加利益

我们的平台可以成为大学与社会公司之间的桥梁，也帮助企业单位宣传推广招聘信息，解决两者之间信息不对称的问题。目前专注于财经类实习公众号同类产品很少，但市场前景却很广阔。

5.4 融资项目

我们有以下三个融资项目：

(1) 与企业达成协议，采用会员制的形式。

会员企业可以在我们的专栏发布企业的实习招聘信息，对此的收费方式为推送一篇25元，或者一年1 000元。

(2) 请名人开课，采取线上直播或者线下辅导的方式，向参与的学生收取听课费。

(3) 增加培训项目，成功推荐实习岗位，向学生收费。

采用上述三种融资项目获得定期收益，主要用于项目的宣传费、交通费、办公费和劳务费做大我们的公众号，从而获取更多的收益。

5.5 推广策略

1. 推广背景

公众号的运营处于积累用户的初期阶段，用户增长量环比有所下降，呈缓速增长态势，推文有效阅读量占总关注人数的10%，后台互动率不及预期。这种情况势必会影响平台用户的活跃度及后期发展。

2. 推广思路

公众号运营前期适逢在校大学生就业、实习高峰，无需主动推广就能迎来关注量的迅速增长。离开高峰期后，需要通过行之有效的推广方式帮助平台积累用户，吸引企业关注。考虑到项目处于初期运营阶段，经费有限，我们采用低成本的有针对性的高效方式进行初期推广宣传。

3. 推广方式

1）线上传播

（1）订阅号互推。目前已有多家公众号平台希望引用专注上海实习的实习信息，通过要求其注明信息来源的方式，可以扩大我们的公众号的受众，吸引更多人来关注。

（2）微信双重平台运营。在保持每日更新公众号的基础上，增加微信号“专注上海实习小助手”，在朋友圈中进行每日的实习推送，借此提高有效阅读量。同时，微信号作为更为灵活的信息传播方式，可以与用户进行良好互动，增强用户粘性。

（3）推送实用性强的内容，图文并茂。在“涨姿势”板块中，选取实用性强、适于用户转发、收藏的内容。以此方式增加互动，扩大信息受众。

（4）借助微博力量。微博人气高涨，信息传达率高，所以可以以此为出发点，联系学校及其他有一定关注量的微博，推广公众号的信息，得到广泛关注。

（5）利用引擎搜索。创建百度百科、百度词条介绍公众号。在各高校的百度贴吧发帖宣传。积极回答百度知道的问题，并自我宣传。

2）线下推广

（1）以浦东、松江两校区为基地，面对上海所有高校。通过海报、展架、发放宣传彩页、路演等方式宣传公众号服务内容，获得大量精准用户的关注。前期以浦东、松江两校区为试点，后续扩展到其他上海财经类高校，最终争取扩展到上海所有高校。

（2）配合大型活动进行宣传推广。赞助支持大型活动，将微信二维码放置于显著位置，吸引众人关注。

（3）主动出击，扩大信息来源。从学校周边出发，主动联系有发布实习需求的优质企业与公众号保持长期稳定的合作，以此方式保障信息质量与真实性。

3）口碑相传

口口相传作为传统的传播方式之一，具有信赖度高、传播质量高的特点，能够帮助我们积累到高质量的忠实用户。为此，我们应当重视用户体验感，从求职者和招聘者的双重视角出发，发布有价值的实习信息，推送实用性强的专业信息，获取用户的信任与推荐，形成良性发展，为公众号平台做大做强奠定坚实基础。

6　经营管理

6.1　服务流程

我们的主要产品就是现在正在经营的“专注上海实习”公众号，本项目的主要流程如下。

6.1.1 收集实习信息

(1) 实习信息主要来源于合作公司和网络，与我们合作的人力资源公司会不定期提供实习公司实习工作岗位，我们直接按照要求发布。

(2) 我们还会在网络上搜集实习工作岗位信息。我们通过公司官网、微博、朋友圈、实习信息群进行实习信息搜索，之后进行筛选和核查，选择合适且有质量的实习信息进行发布。

(3) 除此之外，校内外导师合作的单位和企业会提供一些未在网络平台发布的实习信息，我们在整理筛选后发布。

6.1.2 整理筛选实习信息

(1) 对收集到的实习信息进行筛选，对符合我们要求的实习信息进行一定的查询，确保实习招聘信息在发布时依然有效。

(2) 对招聘单位的资质进行查证，避免发布一些诈骗信息或中介假信息。

(3) 对收集到的招聘信息进行排版整合，在微信公众号平台发布，每天发布两条以上实习信息。

6.1.3 实习经验及企业管理人员专访发布

(1) 定期对大四及刚进入工作岗位的有实习经验的从业者进行专访，通过专访解决当前大学生对实习工作的困惑和疑问，帮助大学生了解实习工作背后的故事，让读者更加深入地了解实习工作及其岗位，分享实习经验，帮助大学生更加顺利地找到实习工作。

(2) 不定期对企业管理人员或公司 HR 进行专访，通过专访让希望申请实习工作的大学生从不同的角度了解实习工作及其岗位，让大学生更加透彻地知道用人单位的需求。同时，和一些企业建立合作关系，充实实习信息来源。

6.2 设备购置和改建

购置一些基本的日常办公用品和伴手礼，日常实习信息的收集和发布主要依靠成员自己的电脑和手机。

6.3 人员配备

由于平台起步不久，规模较小，所以基本上每个人都有自己分管的工作项目，其他人协助开展工作。

(1) 平台主管：总体管理平台日常运行，对日常工作进行分工，对每个具体工作岗位进行协调，与合作公司进行沟通和联系。

(2) 项目推广负责人：主要对平台进行推广，在校园内和其他大学进行地推，在线上进行网络推广，并且在更大范围内宣传发布的实习信息。

(3) 专访板块负责人：负责对实习生和公司管理人员的专访，收集专访文稿，发送专访邀请，编辑和整理专访文稿，发送专访推送文章。

(4) 后台管理负责人：主要负责后台维护和平台留言反馈问题的处理，对使用者提出的问题进行解答，回复后台留言，对使用者提出的意见进行整改，收集来自后台的实习信息发布请求。

(5) 金融方向实习信息负责人：专项收集金融类实习信息，并且整理之后进行发布，同时收集和整理金融类新闻和政策法规，将其整理后作为临时板块进行发布。此处小版块对应到人。

a）金融板块：主要针对目前市场上较大、较专业的金融类企业，包括银行、证券、投资等等多方面内容。

b）事务所板块：包括国际四大会计师事务所、全国八大会计师事务所在内的各大会计师事务所、税务师事务所等等。

c）500强板块：世界五百强企业，是所有人都梦寐以求的地方，我们将收集整理并发布500强企业的招聘信息。

d）事业单位：虽然我们属于财会专业，但也有很多的大学生毕业之后想去事业单位工作，或考上公务员或拥有编制，因此事业单位的实习信息也是很重要的。

e）上市公司：尤其在上海这样的大都市，到处都是上市公司，它们那里的实习信息也是相当多的。

（6）财务主管：管理平台的经费，对平台的资金进行管理，主要负责资金收支、现金管理、财务状况分析和汇总。

6.4　服务质量控制与管理

（1）分析市场同期类似平台：我们不定期地会对市场同类平台的发展状况进行了解，了解最新的市场状况，对自身存在的问题进行分析，寻找可借鉴的经验进行学习和改进，不断提升平台的质量。

（2）收集后台的用户反馈：对用户反馈的问题进行分析和解决，不断提高平台的用户体验。

（3）对身边的使用者进行不定期的回访：通过对正在使用该平台的同学的回访，了解其使用感受，明确出现的问题，寻找解决方案。

（4）内部工作人员的自我检查：在每天的实习信息发布之前，对不合格的实习信息进行修改，如果问题较大则重新编辑或直接删除。

7　融资与资金运营计划

7.1　资金需求和来源

首先，已经成型的获利项目，可以给我们带来定期收益。其次，我们参加各种校内外比赛和活动，推广我们的公众号平台，得到更多的关注量并偶尔获得奖金。最后，我们得到了学校的1万元资助来做这个创新创业项目。

7.2　资金运营计划

我们拥有学校提供的1万元，有成型的获利项目和校内外比赛和活动的奖金。我们将这些资金，一部分用来初期推广，如发宣传单、到其他高校推广等。企业定期反馈的实习生质量报告，以及实习生本人的心得体会，我们都给予25元/份的报酬。

7.3　退出策略(方式、时间)

暂定本项目运行到项目组成员毕业，即2019年7月。如果有后续人员加入，可将项目交付于学弟学妹继续运行。

8 财务分析与预测

公众号还在起步阶段，盈利能力暂时较弱，但随着公众号的壮大，在我们的关注量和影响力不断扩大的同时，我们也能获得广告商的赞助，这是微信公众号本身能得到的资金来源。另外，通过三个融资项目的运行、公众号受众面的扩大、收费标准的提高，我们能获得较好的收益。预计两年内能达到每年收入 10 万元以上。

9 关键的风险和问题

项目的起步阶段的主要问题是实习信息来源。实习信息是公众号的主要内容，然而寻找实习信息困难较大，而且现在大多数实习平台中的信息质量都不高。因此，收集质量高的实习信息至关重要。

我们的解决途径如下：通过世界五百强、全球四大会计师事务所、全国八大会计师事务所、银行、投行、证券、事业单位等较好的企业单位的官网了解它们的最新动态，并进行实习信息查找，将筛选后的信息发布在公众号上，供财经类学生选择。另外，通过指导老师的朋友圈和学校层面收集实习信息。

项目中期阶段的主要问题是如何有效进行项目推广和营销，对此，我们提出了相应的方案和解决办法。

项目后期的主要问题是如何提升融资能力，这需要逐步规划。

项目组员：王立彬　陆惟劼　过雨彬
曲　翼　曲思宇
指导教师：李佳坤　董万好

绿境环保

——互联网+再生资源回收企业①

1 执行摘要

1.1 项目背景

随着社会经济发展和消费水平提升，我国垃圾的产生量迅速增长，环境隐患日益突出，它已经成为城市生态文明发展的制约因素。垃圾分类关系到再生资源、可回收资源的利用和全国的生态文明建设。而我国高校垃圾分类处理的现状并不乐观，存在如下问题：

(1) 学生公寓每层楼的垃圾投放点过少，易导致垃圾过度堆积、外溢，破坏了宿舍区整体的干净整洁度，妨碍学生通行，增加了清洁阿姨的劳动强度。

(2) “垃圾是放错位置的资源”，日常生活中产生的大量可回收垃圾是一笔隐形的财富，但分类知识匮乏、分类习惯养成缺失、可回收垃圾无专门地点投放等，阻碍学生在日常生活中参与环保、投身垃圾分类的实践。

(3) 我国大学实施4年学制，学生流动性大，每年闲置的学习资料数量巨大，造成了大量浪费。

1.2 产品理念

绿境环保有限责任公司(以下简称绿境环保)研究高校日常垃圾、厨余垃圾的处理，解决大学食堂以及外卖剩余垃圾的浪费问题，采用新型酵素处理方式，通过加工将厨余垃圾制成环保酵素，进行二次利用，符合环保理念。同时它还创建一个共享学习资料平台，减少每年大学生流动而造成的书籍浪费。

1.3 产品与服务

1.3.1 垃圾回收O2O(online to offline)模式：创建绿境小卫士公众号或绿境APP。

(1) 大学生学习资料共享公益平台——减少书籍浪费、提高节约意识。

(2) 学生“下单”卖出垃圾抽奖、科普小知识、分类小游戏换积分——提高学生参与积极性。

(3) 可回收垃圾的出售及物流运输——保证可回收垃圾可真实地被回收。

(4) 可用垃圾报价重量换取相应积分，兑换合作商家的产品。

1.3.2 酵素垃圾桶——解决学生外卖剩饭剩菜及食堂厨余垃圾浪费的问题，加工形成

① 本文获得第五届中国“互联网+”大学生创新创业大赛校级二等奖。

环保原材料;再次加工后的化肥可用于绿化校园或者栽种小盆栽。

1.3.3　尖锐物品垃圾桶——解决了清洁阿姨和学生清理垃圾时候被伤害的问题;对不同尖锐物品进行回收分类,并且专业回收尖锐物品,减少了垃圾口袋被划破,造成垃圾脱落、环境污染的现象。

1.3.4　环境小屋、绿色回收点。

1.4　市场概述

宏观分析:2018 年上海市《政府工作报告》指出,今后 5 年的目标之一是美丽上海建设取得重大进展,土壤环境质量持续向好,实现生活垃圾分类全覆盖、原生生活垃圾零填埋等。据《东南商报》报道,我国垃圾资源化利用率不到 5%,每年在垃圾分类方面损失的资产大概在 250 亿元。调查显示,松江大学城每年垃圾产生量在 1 500 万吨,而垃圾的利用率不到 20%。调查显示,78%的学生愿意参与垃圾分类,96%的学生愿意通过线上 O2O 的模式进行垃圾分类及回收。

微观分析:第一,松江大学城是国内规模较大的大学园区,有 10 万余名师生在这里生活,带动了周边食品、外卖等行业的发展。针对学生外卖快递多、废品量大等特点,我们推出食品垃圾和外卖快递垃圾的处理模式。第二,松江大学城人口流动性较强,在一定程度上能够拉动经济消费增长,拉动食品店、外卖与快递产业发展,有利于产品推广。同时,人口流动性强降低了松江大学城劳动力成本,我们可以以更低的价格雇到素质较高的劳动力,提升产品质量。第三,由于大学生的文化素养较高,易于接受公益环保的形式,举办环保活动可提高学生的公益环保意识,商家为迎合学生观念也乐意使用环保产品,或配合环保活动。因此,我们公司项目的可行性强,利于推广。第四,松江区基础设施配备齐全,回收站、废品处理厂等基建完备,产品销售渠道多样,潜在市场广阔;政府鼓励、学校大力支持环保事业,也可为公司发展助力。

1.5　发展战略与核心竞争力

绿境环保将采用顺次组合的战略形式。

短期目标:依托学校支持的渠道进行推广,和学校合作创建共享学习资料平台,减少大学生流动性造成的书籍浪费,提高学生环保意识;更新大学城宿舍区垃圾桶,在微信公众号上线垃圾回收平台,通过积分兑换回馈收集废旧物品的学生,扩大影响力。采取线上线下共同发展战略。

中期目标:扩大企业规模,与大学城创业团队和有较高关注度的公众号进行合作,引进技术团队,扩展积分平台和 APP,与自动售卖企业谈积分兑换合作,增强顾客黏性。引入投资,扩大宣传。

长期目标:巩固原有客户,进军整合新的市场,加大技术研发并不断进行 O2O 线上线下完善。打造绿色品牌,不断提升品牌知名度和认可度。

绿境环保核心竞争力:

(1) 大学生具有较强流动性、基数大、素质较高。

(2) 能够解决实际问题。

（3）简化中间环节。

（4）贴近用户与回收方，易被认可与接受。

（5）市场机遇及推广便利性。

1.6　运营模式概述

绿境环保采取 O2O 模式，通过线上线下进行操作；主要目标人群为大学生，在公众号或者 APP 进行科普知识普及、分类小游戏，通过知识竞答、小游戏分数回馈引导学生形成垃圾分类的习惯。公司采用三位一体运营模式，连接垃圾生产者和垃圾处理厂、改造厂，形成系统的垃圾分类处理链。

绿境环保将采用公益活动、义工招募与学校展开合作，打造学习资料共享公益平台，引导学生形成垃圾分类的观念，获取市场占有率；同时通过学生的自身影响力，逐渐影响到其家庭以及周边市场；构建服务质量监控体系和用户意见反馈处理机制，优化服务，提高客户黏着度。

1.7　财务预测与分析

我们对绿境环保 5 年财务进行预测分析，分别得出：净现值（折现率 5%）＝14.65，内部回报率＝5.3%，投资回收期＝3.2 年。

从偿债能力角度看，企业的资金流动比率过高，流动资产占比较大，企业机会成本过高，资金利用率有待提升；资产负债率较低，虽然偿债能力有所保证，但是财务杠杆利用不够。

从运营能力分析，其周转率高，盈利能力强。回收产业属于蓝海，待开发市场大。

绿境环保的前景很好，从获利能力指标与发展能力指标看出，其营业利润率达到 42%，远高于行业正常水平 20%，说明营业水平在未来几年内有较大幅度的提升。

综上，绿境环保在增强资金利用率的同时，能够维持营业能力的稳定持续增长。

2　产品与服务

2.1　产品定位——垃圾分类与学生生活结合

垃圾分类不仅提高了垃圾利用率，也能起到保护环境的作用，其意义重大。然而，在松江大学城宿舍区内，垃圾利用率过低的问题十分严重，因此绿境环保研发了一套处理宿舍区垃圾问题的系统。

同时，绿境环保利用现代商业 O2O 模式，创建线上 APP 平台科普垃圾分类回收知识，并利用积分机制，鼓励用户参与垃圾分类循环利用。

除大学城外，绿境环保在未来也将积极拓展周边小区及餐馆的市场，力求扩大服务范围，使垃圾分类化的 O2O 模式成为主流。

2.2　主要产品

2.2.1　酵素垃圾桶——主要解决学生宿舍楼内外卖及食堂厨余垃圾利用的问题，再次加工后的化肥可用于绿化校园或者栽种小盆栽。

酵素垃圾桶由踩式垃圾桶加入酵素制成，桶内堆肥每铺一层厨余撒一层波卡西菌糠，大约每 1 千克厨余使用菌糠 50 克。搅拌，使厨余与菌糠充分接触，并压实排出空气。利用酵素实现厨余垃圾和剩饭剩菜的降解，有利于二次利用。脚踩揭盖式垃圾桶既方便了同学们开桶盖倒掉外卖剩余食物，也防止了食物变质的异味的泄露。密封式酵素桶可以用于高校食堂，食堂属于厨余垃圾最多的地区，因此将残羹倒入酵素垃圾桶，实现二次利用循环，成为化肥并用于种植更多绿色健康食物或者校园绿化。

2.2.2 尖锐物品垃圾桶——回收尖锐物品（如，钉子、碎玻璃制品、剪刀、曲别针等）解决尖锐物品误伤的问题。

尖锐物品一直以来都不是一个特定的回收类别，尖锐物品误伤清洁人员的问题没有得到很好解决。为了降低尖锐物品与其他垃圾混入的危险性，绿境环保特意设计了尖锐物品垃圾桶。

垃圾桶内壁采用弧形与十字交叉设计，使尖锐物品能滑落到桶内的同时不破坏桶本身。它可以使得尖锐物品从垃圾中独立出来，减少误伤情况。

2.3 附加产品

2.3.1 垃圾回收 O2O 模式：创建公司公众号和线上 APP

(1) 绿境环保采用新媒体等形式，如投放环保科普视频，在线上 APP 推出环保类小游戏、公众号推文等形式，定期向用户科普环境保护、垃圾分类等知识，用户阅读后可获得积分。

(2) 用户通过换取的积分可以兑换相关礼品，考虑到公益性质，我们不会把可兑换礼品需要的积分设置得过高，以真正将公益化落到实处。

(3) 线上交易平台。我们将收集的回收物制作成工艺品或制造品，用户可以在平台内进行购买；同时，我们搭建旧书互换平台，用户可通过平台进行二手书籍、改造产品等线上交易，形成 O2O 闭环模式，实现“一站式”服务。

2.3.2 并列式、组合式垃圾柜

垃圾组合柜可实现垃圾干湿分离，提高可回收率。

2.3.3 环境小屋绿色回收点

小绿屋是绿境环保可回收物的仓储点。

2.4 设计资源及渠道依托

(1) APP 设计技术，可以依赖协会技术部，数统学院以及外包团队。

(2) 寻求学校支持，推广垃圾分类活动，提高学生环保意识，营造环境保护从个人做起的良好校园风气。同时通过学校宣传引导学生成为 APP 用户。

(3) 外部接受我们货源的垃圾处理公司。

(4) 提供积分兑换商品的商家。

(5) 与慈善机构合作，以捐赠衣物等形式帮助贫困偏远地区的人们。

3 市场分析

3.1 市场概述

3.1.1 市场容量

绿境环保产品前期主要面向松江大学城。松江大学城是国内规模较大的大学园区，包含 7 所大学，6 个宿舍区，约 10 万的在校学生，还有众多教师。每日都会生产许多垃圾以及可回收物品，将这些可回收物品进行收集再利用，虽利薄，但量大。

3.1.2　*市场发展趋势*

我国对于可回收资源的利用远远不如其他发达国家，大学城更是一块开发潜力巨大的区域，因此绿境环保的市场潜力十分巨大。

可回收物：我们和学校合作，在每个寝室的阳台划分出一块区域供学生保存可回收垃圾，这样公共垃圾就减少许多，也给阿姨打扫卫生提供了一些便利。在未来有了足够的资金后我们可以自己循环利用这些垃圾，建设可回收物再生产品牌。

垃圾桶：我们创新使用壁挂式垃圾桶，和寻常垃圾桶相比，壁挂式垃圾桶节省空间，且使地面保持整洁。绿境环保将不断采纳学生的意见，力争使壁挂式垃圾桶取代寻常垃圾桶。

厨余垃圾：绿境环保采用新型酵素处理方式，通过加工将厨余垃圾制成环保酵素，进行二次利用，针对于发酵形成的化肥，可用于绿化校园和种植小盆栽，形成闭环模式。

交易平台：绿境环保可以与可回收垃圾改造企业合作，将改造的物品进行销售；同时也可以举办线下义卖活动，多种渠道消化可回收物，达到资源的充分利用。

3.2　宏观环境分析——PEST 分析

P(政治法律)：国家对环保产业制定了一系列政策。首先，将环境保护纳入国民经济与社会发展计划和年度计划，在经济发展中防治环境污染和生态破坏。其次，健全环境保护法律、法规和规章，使环境管理更加合法、规范。最后，健全环境管理机构，依法行使环境管理权力，管理本行业和本企业的环境问题。

环境经济政策主要包括资金投入和税收优惠政策。企业将防治污染所需资金纳入固定资产投资计划，列入国家重点污染防治和生态保护的项目，国家给予资金支持；国家在所得税、增值税、关税、消费税等方面为绿色企业实行税收优惠政策。

2014 年上海市颁布了《上海市促进生活垃圾分类减量办法》，“鼓励研发推广清洁生产技术、使用清洁的能源和原料、采取改善管理和综合利用等措施，促进可循环利用和资源化利用”。

E(经济)：国内的经济增长极大地刺激了消费。2018 年国内生产总值突破 90 亿元大关，较上年增长 6.6%，与此同时，全国城市生活垃圾产生量已超过 2 亿吨，城市生活垃圾处理问题日趋严重。

上海市每天产生生活垃圾高达 2 万吨，而其中大部分为可回收垃圾，如果能将之加以利用，那么可大幅减少生活垃圾。除此之外，还可以有效减少政府垃圾处理费用支出。

前几年中国经济高速发展，片面追求 GDP 导致生态环境急速恶化，大气污染严重。为此，习近平总书记提出“绿水青山就是金山银山”，倡导发展绿色经济，环境能源资源产业、高新技术产业将成为新兴支柱产业。

S(社会)：随着经济社会的发展和国家对外开放，人们的环保意识不断增强。国家大力倡导建设资源节约型、环境友好型社会，并将保护环境纳入基本国策。上至政府、下到民众都要树立起良好的环保节能观念。

随着人们生活水平的提高，人们的生活方式发生了巨大变化。在物质丰富的同时，人们在精神上对于文明、卫生、审美等高层次需求增强，人们的垃圾分类、回收与再利用意识越来越强。

大学生的垃圾分类观念较强，这有利于带动周边商铺参与垃圾分类及新型垃圾桶的使用。

T(技术)：近几年，中国的环保技术有了突飞猛进的进步。在环保领域中，中国与国际水平不断缩小，除了合理引进国外高新环保技术外，我国也在自主研发一系列具有自主知识产权的废弃物处理技术，并投入日常使用。

我们在产品制作中使用了酵素这一环保材料。酵素的用途多样。环保酵素有分解油污的能力，并且在溶解油污后用于清洗的水量比传统洗涤剂少 50%，更加节水，洗涤能力也更强。环保酵素流入沟渠或河流，能分解人工化学污染物，起到净化水质的作用。

我们的酵素垃圾桶将广泛应用于家庭厨房、食堂及食品店后厨，用以分解厨余垃圾，而分解后的垃圾既可以为家养植物提供养料，也可制作化肥应用于农业生产，真正做到了垃圾循环利用。

3.3 波特五力模型

(1) 供应商的议价能力。我们的垃圾桶是由环保公司提供，所用材料皆为环保材料，所需价格较低、波动较小；酵素价格中等且较平稳。可回收利用的垃圾多为学生提供，且学生对于垃圾分类的参与积极性很高。根据调查，有 90%的学生乐意尝试垃圾回收 O2O 模式。宿舍保洁阿姨上门收取垃圾，每月有固定工资。因此，市场中供应商议价能力较低，我们的成本可以控制在较低水准，成本可能出现大幅波动的风险极小。

(2) 购买者的议价能力。我们的垃圾回收终端由上海市的垃圾处理厂负责，由政府部门监督，价格确定且透明。因此，购买者的议价能力较低，使得我们的利润波动较小，也有利于我们获得更高的收益。

(3) 现有市场的竞争程度。现在垃圾分类与 O2O 模式结合的架构并未进入高校校园。但松江大学城外卖及网购所产生的垃圾，对于我们来说是一个很大的市场。调查显示，大学城内平均一人每月点外卖量达到 5 次，平均一人每月网购量达 10 次。根据目前市场规模来看，松江大学城每年仅在外卖和快递包裹方面所产生的经济价值就在 300 万元以上。

(4) 潜在进入者的威胁。在当今社会，垃圾分类仍然是比较新型的产业。而垃圾分类与 O2O 的模式结合在大学城范围内实施，需要一定的技术与学校的支持。而我们拥有松江七校的资源和可实现的线上架构。

现在市场中存在的垃圾分类相关的软件或公司，并没有将市场目光主要投向大学生市场。外来企业对于大学生宿舍现状并不了解，无法做到与学校的对接，而且外来企业难以获得同学们的信任。所以，该市场的潜在进入者的威胁较弱。

(5) 替代品的替代能力。松江大学城所处地区人员密集，产品更新换代快，产生垃圾的数量多，分拣起来十分复杂。需要真正了解大学城目前情况的公司对其进行管理。而绿境环保正是由大学生所组建的团队，对接起来较为方便。且绿境环保是 O2O 的经营模式与垃圾分类的结合体，所持有的技术竞争力较强。因此该市场替代品的替代能力较弱，但并不排除有其他类似学生项目团队发现市场、进入市场的可能性。

3.4　市场运营战略

3.4.1　市场细分

按地理区域细分市场：松江大学城地处松江区，虽然远离上海市中心，但是聚集了大量高校，极大地带动了周边食品、外卖等行业的发展，因此我们主打食品垃圾与外卖快递垃圾的处理，举办环保宣传活动，提高大学生公益环保意识。

按人群特点细分市场：年龄方面，大学城中以18～25岁的年轻人居多，其次为30～50岁的中青年人群，年龄跨度大，因此我们的产品既有适合食堂、食品店的酵素垃圾桶，也有宿舍内可回收垃圾的专门垃圾桶，满足各个年龄层需求。收入方面，在校大学生及周边个体营业户都属于收入较低人群，所以他们的消费水平较低。我们的产品采用环保材料制作，价格低廉。

按心理变量细分市场：针对学生外卖快递多、废品量大的特点，我们推出"抢单制"回收垃圾——节省垃圾分类处理时间；同时鼓励学生"下单"卖出垃圾抽奖、换积分——提高学生参与积极性。

3.4.2　目标市场选择

用户市场：在战略初期，目标人群是松江大学城在校师生、校园食堂及周边小商家。

客户市场：松江区各大废品回收处理站、可回收垃圾二次改造企业等，战略中后期，在上海其他高校、高端小区、商场等地方推广。

3.4.3　市场定位

(1) 形象定位。我们主打环保"绿色、节能、可持续"的旗号，举办并参与绿色环保活动，树立绿色环保企业形象，迅速拓展品牌知名度；同时，在一体化服务上，我们本着"让用户满意，让回收商放心"的原则，树立高效负责的企业形象，利用自己的先进物流仓储体系帮助用户，增大回收可回收物的回报，为回收商提供价廉物美的原材料。

(2) 价格定位。我们以最低的成本回收可回收物，回馈用户多样化的服务，保持用户黏性与数量增长；与垃圾回收站、处理厂、改造公司寻求合作，利用自身的物流优势，争取更高的回收售价。

3.5　产品与服务运营战略(4P)

3.5.1　产品策略(Product)

品牌：树立"绿色、环保、可持续"的品牌形象。

质量：引导用户自行分拣，回收优质的可回收物并提供一体化配套服务。

服务：启用积分平台、五大模式，提供知识理念的普及。

文化：深厚的文化内涵，合理而恰当的改良，树立绿色文化品位，定期举办绿色文化推广活动，宣扬企业文化。

3.5.2　定价策略(Price)

(1) 定价目标。迅速扩展用户，占领市场，收购价格稍高于市场价格，具体见表1。

表 1　收购价格

种　类	最低价/千克	最高价/千克	统一收购价/千克	可兑换学分	可兑换积分
废书纸	2.15	2.25	2.2	0.02	22
废纸箱	2	2.1	2.05	0.02	20.5
废报纸	2.5	2.6	2.55	0.025	25
废塑料	1.2	2.9	2.0	0.02	20
废易拉罐	6	8	7	0.07	70
二手书籍	原价 2 折收购				
二手电器	按价值，10 元到 50 元不等				
礼品回收	原价 2 折收购				
数码产品	原价 1～2 折收购				
旧衣物	1～1.2 元/kg 收购				

(2) 回收范围。回收范围如表 2 所示。

表 2　回收范围

(一) 塑料回收	亚克力、有机玻璃硅胶、光盘、尼龙、吸塑、饮料瓶
(二) 旧衣物回收	牛仔裤、休闲裤、中裤、短袖、短裤、衬衫、裙子、背心、童装、外套、运动服、内衣等各种衣服；旧帽子、旧皮包
备注	价格随市场价调整不断更新

(3) 一体化服务。成本、定价视用户可回收物的数量和价值而定。

3.5.3　仓储策略(Place)

仓储地点主要设置在离垃圾产生点近的位置，方便快速、清洁的运输。分拣堆放体系规范化、制度化，由专人进行管理。回收物堆放时间缩短，尽量保持回收物堆放点干燥、通风，保持回收物的高质量。

3.5.4　前期的具体营销手段(Promotion)

(1) 合作伙伴(Partnerships)。线下与大学联合进行环保校园宣传，招募环保义工，散发垃圾分类知识手册，调动学生的回收意识和积极性。

(2) 事件(Events)。举办线下绿色活动进校园、绿色小能手、收藏废品竞赛等活动，发挥卫蓝义工队的作用，以学生带动学生的方法进行宣传、引导。

(3) 社会媒介(Social Media)。通过新型媒体进行宣传，如微信公众号、douyu 网络直播。实践证明，新兴媒体在市场营销宣传中发挥的作用极其巨大。我们应充分利用互联网扩大线上影响力，继而转化成市场认可度。

4 核心竞争力与发展战略

4.1 战略和核心竞争力

绿境环保注重将短期目标与长远战略相结合，短期目标是通过回收松江大学城的可回收物，做大规模，争取融资，长期目标是逐步拓宽用户群，开拓市场，成为资源再生产的品牌企业。

(1) 解决实际问题：以O2O模式解决松江大学城垃圾处理问题具有实际意义。

(2) 简化中间环节：减少中间物流环节，降低中间物流成本，合理划分市场，以服务取胜。

(3) 贴近用户与回收方，易被认可与接受：学校希望学生提高环保意识，政府将环境建设的地位显著提高，资源再生产厂家也希望用更低的价格获得原材料。

(4) 市场机遇及推广便利性：上海市作为全国经济中心，治安条件较好，地价高，大量拾荒人员及小型废品回收站的退出，使互联网模式与垃圾回收相结合成为必然。这种模式可以减少中间环节，实现用户与再生产的直接对接。

(5) 符合社会主义发展观，和当今世界环保趋势相一致。

4.2 发展战略

发展战略分为公司战略、经营战略和职能战略。

4.2.1 公司战略

绿境环保将采用顺次组合的战略形式。

初期：绿境环保处在起步阶段，人力、财力、物力不足，公司将采取单线发展战略。绿境环保将把各种资源集中化，更新松江大学城垃圾桶，建立O2O垃圾收集平台（公众号运营），回收松江大学城7校宿舍可回收物，打包销售给再生产厂家。

中期：绿境环保进一步扩大宣传，扩展O2O垃圾收集APP平台，引入积分兑换模式，并逐步向上海各大高校推广，并形成售卖公司垃圾桶、可回收制造品以及二手书籍的系统。同时，进一步引入融资，扩大规模。

长期：绿境环保与各大高校、政府等相关部门进行合作。作为公益性项目，绿境环保将在技术成熟后，无偿赠予政府。在北京、深圳、广州等大城市开设分部，建立可回收物再生产品牌；进行股份制改造，推动企业上市；引入新型垃圾再生产系统，提高回收率；收购国外知名企业，拓宽公司海外市场。

4.2.2 经营战略

经营战略与公司战略相辅相成。

初期（1～2年）采用突破化战略。绿境环保依托学校支持的渠道进行推广，和学校合作，提高学生环保意识，用环保理念在学生中制造吸引点，做好前期宣传，更新大学城宿舍区垃圾桶，初步在微信公众号上线垃圾回收平台，通过积分兑换回馈收集废旧物品的学生，为环境保护作出贡献。采取线上线下同发展战略。

中期（3～5年）主打拓展化战略。绿境环保拓展企业规模，引进技术团队，扩展积分平台和APP，与自动售卖企业谈积分兑换合作，引入抢单式上门回收垃圾系统，增强顾客黏性。引入投资，扩大宣传。

长期(6～10年)采用系统化战略。绿境环保经过前期的发展,规模已有很大提升,上游巩固原有客户,进军新的市场,实现上、中、下游的整合,加大技术研发。打造绿色品牌,不断提升品牌知名度和认可度。

4.2.3 职能战略

绿境环保重视员工培训,鼓励员工学习;把创新贡献纳入考核指标体系,在薪酬方面加强对各种创新的奖励。

4.2.4 人力资源战略

绿境环保发掘企业和社会上的人力资源,积极提高员工的能力和待遇。

4.3 公司组织架构

公司经营管理的宗旨是以人为本,不断完善公司组织结构、不断提升公司管理和服务水平;构建并不断完善服务体系。

绿境环保的管理层级如图1所示。绿境环保总体上分为上层机构和中层机构,上层机构为统筹决策机构,中层机构为事务职务职能机构。

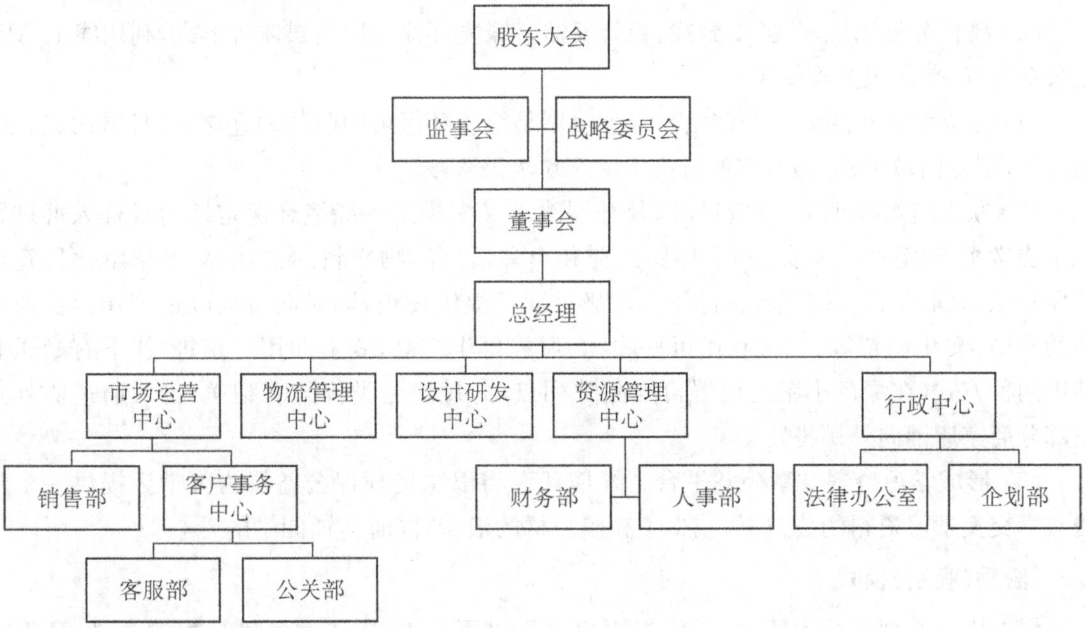

图1 绿境环保层级划分表

5 运营与营销策略

5.1 运营模式

绿境环保着眼于O2O模式(online to offline),通过线上线下进行操作。绿境环保采用三位一体的运营模式,绿境环保作为中心,左手牵住垃圾产生者(激励他们自主进行垃圾分类),右手牵住垃圾处理厂、改造厂(绿境环保直接向其提供可回收垃圾、承担一部分改造物的推销、提供文化创意）。

5.1.1　运营模式

（1）义工队招募。绿境环保与大学合作，将长期向大学生发起“加入绿境小卫士”义工队的招募令，目标是召集热爱环保、有强烈社会责任感的大学生，给予他们专业且前沿的垃圾分类知识和各个业务板块的培训，之后将他们分散到各个岗位。义工队将主要负责回收业务、绿色小屋仓储站的整理维护与线下回收酵素垃圾用于绿化校园、栽种盆栽等各种环保活动的组织宣传。调查发现，多数做上门回收垃圾的企业难以为继的原因是用户增长快，业务人员薪酬支付压力过大。绿境环保坐落在松江大学城，可以规避这一难题。

（2）可回收垃圾固定投放点。在两个垃圾桶之间放一个语音传播话筒，播放不同类型的物品应该放不同的桶，这样科普了分类知识。后期当居民有了意识，我们便可变卖话筒，节约成本。回收范围包括：快递纸箱、二手书、废纸、塑料瓶、塑料袋、玻璃等体积大、产生频次高、难以搬移的可回收垃圾。绿境环保提供用户专属垃圾箱，便于将可回收垃圾暂存宿舍。酵素垃圾桶产生的肥料可被用于勤工俭学的学生变卖小盆栽或者绿化校园。

（3）科普分类知识、分类小游戏、积分反馈。绿境环保采用新媒体等形式，利用线上APP或公众号，科普垃圾分类知识。

（4）建立绿色小屋——仓储站。绿色小屋是绿境环保可回收物的仓储点，日常由义工整理维护，用专门垃圾桶装好，方便分类运输至垃圾处理场。

（5）联手垃圾处理站、改造厂，以及开展线下义卖模式。绿境环保定期向目标人群进行二手物义卖、改造产品义卖、线下环保比赛和卖酵素发酵物肥料的盆栽等，潜移默化地宣传环保知识，获取收益。绿境环保除了为垃圾处理厂提供垃圾，同时向垃圾改造公司提供改造物的营销、文化创意等，二次利用可回收物，形成再生产品，线上向用户销售，线下有赠送和销售两种方式（在绿色小屋处设置再产品陈列点，向垃圾分类优异者赠送，也可通过陈列点或部分商家店铺向外销售）。

（6）形成学习资料共享公益平台。绿境环保将以绿境环保公益群为大学生提供一个免费共享交换学习资料的公益群，减少了高校教材的浪费，同时传递同学的爱心。

5.2　激励（吸引）模式

根据用户心理与行为特征，我们将用户分为以下四类：①了解垃圾分类的意义，环保意识强，愿意积极主动参加垃圾分类活动的大学生。②可以接受日常垃圾的分类，需要激励和带动来参加垃圾分类活动的大学生。③对环保、垃圾分类无概念，只想快速便捷地处理垃圾的大学生。④想帮助大学生了解垃圾分类、公益行动力强的勤工俭学的大学生。

分析用户人群及其对应心理，绿境环保将采取以下几方面激励。

1）荣誉类激励（针对环保意识强烈的同学）

（1）通过学校支持，我们设置“绿境小卫士”称号，鼓励大学生参与环保实践。

（2）评选环保星级，按不同环保星级设置阶梯式奖励。用户可凭借做绿境义工的频率、投放频率、线上环保知识问答、线下竞赛、活动参与度来提高APP用户等级，以此可向学校申请"环保卫士"荣誉称号。

2）奖赏类机制（针对有环保意识但需要激励的同学）

（1）根据可回收物与积分兑换表，获得相应积分，可进行积分换购。

（2）有抽奖形式，抽取生活用品、绿化小盆栽等。

（3）通过与学校合作，对参加环保比赛的学生给予德育分。

3）潜移默化模式（针对无环保意识的同学）

（1）通过参与垃圾回收的同学带动未参与的同学。

（2）举办废物动手制作利用的小比赛，提高同学对环保的兴趣。

（3）在线上平台上推出相关环保科普类小游戏。

（4）举办线下义卖活动，以二手物品和再生品的买卖吸引同学。

5.3 营销策略

5.3.1 销售模式

以市场价格售卖可回收垃圾，主要向垃圾处理厂和垃圾改造公司销售。绿境环保将垃圾销售至垃圾处理厂以获取收益，将可二次利用的可回收垃圾销售至垃圾改造公司。

5.3.2 代理销售模式

（1）部分客户生产的再生产品可以放置在我们的绿色回收点展示、代理销售。

（2）再生产品还可以在线下的义卖平台中销售，收取销售收入5%的提成。

5.4 服务保障

5.4.1 服务质量监控体系

服务保障制度旨在测评客户体验满意度，解决服务中存在的问题；建立健全服务保障制度是了解客户需求、公司服务漏洞的客观要求，更是关系公司运营的重大机制。

服务质量监控体系由内到外分为两大方面。

（1）常态化的服务意见受理机制。本部分以行政事务中心为项目开展中心。绿境环保在服务前和服务中，以多种方式向客户提供维权渠道，在行政事务中心设立对市场服务的考评机构，设立常规制度，保障服务质量，加强服务质量管理。

（2）服务质量跟踪调研。本部分以公司物流体系建设为项目开展的核心，了解消费者对服务的满意度，以及享受服务中的各种感受，分析他们的建议和意见，找出服务中的问题，并找到解决问题的方法。

5.4.2 用户意见反馈与处理机制

用户意见可以通过公司营销部的电话热线、互联网等进行反馈，也可以在定期的调研中进行反馈。

用户意见处理机制由上到下可以分为三大模块：

（1）重大问题的特别处理。对绿境环保今后发展或形象有重大影响的问题，归为重大问题。发生影响公司形象和服务效果的重大问题，由绿境环保市场营销中心经理召集公司高级管理人员，成立应急小组，研究讨论紧急措施，由绿境环保总经理确定方案进行分工后实施救济方案。

（2）重要问题的有效处理。涉及绿境环保较大利益或公司服务制度，涉及范围较大，引起客户较强的不满情绪的，视为重要问题。重要问题由执行总监研究解决，召集相关部门中层管理人员研究方案，及时给客户交代。

（3）一般问题的及时解决。一般问题是指提供服务上的一般性问题，所造成的影响具有个体化、特殊化的特点。此类问题由绿境环保客服人员对投诉进行记录备案和受理并及时给消费者反馈。

5.4.3 具体处理

1）人员配置

运营APP者：主要由绿境环保客户事务中心组成，负责接受、管理、发布APP上的消息，收集整理用户数据，做好分析调研，向上级主管定期汇报情况，承接用户反馈。

维修、利用酵素垃圾桶人员：主要由线上认证人员及义工队组成，负责按照制度每周利用酵素垃圾桶，同时也负责垃圾桶的维修及管理。

突发情况售后服务人员：按不同情况由不同部门解决。

宣传人员：主要负责宣传绿境环保文化，推广环保意识，负责与学校进行对接，组织学生义工队服务，发掘潜在客户，推广公司服务。

研发人员：由绿境环保技术研发中心组成，主要负责垃圾回收技术研发、物流成本节流研发、管理模式优化等。

2）养护巡查

线上养护：养护工作人员实时关注APP、公众号和公益共享平台上的消息，及时发送推文和进行服务善后。

线下养护：若垃圾桶有损坏，要及时更换垃圾桶。保证垃圾桶上的标志干净完好和两个垃圾桶之间的语音话筒正常使用。

巡查内容：定期（每周）检查酵素垃圾桶的发酵，并检查垃圾桶是否完好以及化肥发酵可行性，以免长期堆积垃圾，影响放置空间。要检查垃圾桶上的标志是否有破损或表面是否干净，定时清理垃圾桶，并记录垃圾分类情况。

3）应急预案

线上：如果APP出现系统错乱，应开启事先准备的应急系统，并抓紧维护错乱的系统。如果由于消费者本人而造成失误，应予以提醒，严重者，予以警告。

线下：如果发生上门回收人员未能及时到达指定地点，附近的工作人员应尽快转单，以最快速度到达指定地点。在垃圾桶上贴好专属二维码，如果垃圾桶有损坏，只需扫二维码即可告知运营商。

6 财务预算与分析

6.1 企业资金来源分析

团队自筹（入股）：50万元（50%）；入股众筹：30万元（30%）；上海创业扶持小额贷款：10万元（10%）；上海大学生创业天使基金：10万元（10%）。

6.2 盈利与成本

6.2.1 盈利方案

(1) 积分回馈学生与提供兑换物品的价值差。

(2) 注入积分平台商家的广告收入。

(3) 销售可回收物、酵素衍生品售卖收入。

(4) 绿境环保产品(垃圾桶)销售收入。

(5) 二手物品、改造物品义卖收入。

6.2.2 成本控制

(1) 对成本较好地控制可以更好地保证绿境环保的利润。绿境环保的成本包括固定成本与变动成本,其中占最大比例的是研发成本支出。

(2) 绿境环保以抢单、定点回收站节约人力资源成本。在可回收物运输中,以自愿抢单方式将可回收物运输到指定地点。

(3) 与政府、学校等公共系统寻求合作,争取获得政策支持,节约研发成本。

(4) 利用活动对学生进行环保理念宣传,节约宣传成本。

(5) 引入商家合作,获得积分兑换成本、抽奖成本。

(6) 与工厂寻求合作,尽量节约垃圾桶制造成本。

(7) 与一些商家和企业合作以节约二手物品改造成品成本。

6.3 财务分析

6.3.1 主要财务经营指标

(1) 偿债能力指标。

短期偿债能力;流动比率=流动资产/流动负债=2.44;

长期偿债能力:资产负债率(又称负债比率)=负债总额/资产总额×100%=50.29%;

产权比率(又称资本负债率)=负债总额/所有者权益总额×100%=79.3%。

(2) 运营能力指标。

流动资产周转率(周转次数)=营业收入/平均流动资产总额=0.55;

总资产周转率(周转次数)=营业收入/平均资产总额=0.53。

(3) 获利能力指标。

营业利润率=营业利润/营业收入×100%=67%;

总资产报酬率=息税前利润总额/平均资产总额×100%=13%。

(4) 发展能力指标。

营业收入增长率=本年营业收入增长额/上年营业收入总额×100%=67%;

营业利润增长率=本年营业利润增长额/上年营业利润总额×100%=52%。

(5) 分析说明。

对公司进行5年财务预测分析,得出:净现值(折现率5%)=14.65,内部回报率=5.3%,投资回收期=3.2(年)。

从偿债能力角度看,企业的资金流动比率过高,流动资产占比较大,企业机会成本过高,资金利用率有待提升。同时，资产负债率较低，虽然偿债能力有所保证，但是财务杠杆利用不够。

从运营能力分析，其周转率高，盈利能力强。回收产业属于蓝海，待开发市场大。

绿境环保的前景很好，可以从获利能力指标与发展能力指标看出，其营业利润率达到42%，远高于行业正常水平20%，说明营业水平在未来几年内有较大幅度的提升。

综上，企业在增强资金利用率的同时，要维持好营业能力的稳定持续增长。

6.3.2　销售收入和成本预测

销售收入预测数据见表2和表3，成本费用预测数据见表4。

表2　销售收入预测　单位:万元

项目		第一年	第二年	第三年	第四年	第五年
主营业务收入	垃圾桶销售、安装	10.25	21.53	47.37	71.06	106.59
	内置广告	3.00	6.30	13.86	20.79	31.19
	可回收物转卖	175.60	368.76	811.27	1 216.91	1 825.36
	积分兑换价值差	1.00	3.00	7.00	11.00	16.50
	二手物品、改造品义卖	5.00	11.00	24.20	36.30	54.45
其他收入	小型投资或金融衍生品收益	0.00	0.00	12.00	23.00	51.00
总计	年销售预测	194.85	410.59	915.7	1 379.06	2 085.09

表3　可回收物销售预测　单位:万元

类别	第一年	第二年	第三年	第四年	第五年
废纸、废纸箱	88.00	184.80	406.56	609.84	914.76
瓶子、易拉罐	38.00	79.80	175.56	263.34	395.01
二手书籍	17.00	35.70	78.54	117.81	176.72
旧衣物	8.00	16.80	36.96	55.44	83.16
旧电子产品	14.60	30.66	67.45	101.18	151.77
其他	10.00	21.00	46.20	69.30	103.95

表4　成本费用预测　单位:万元

成本类别	成本项目	第一年	第二年	第三年	第四年	第五年
主营业务成本	劳务成本	55.00	115.50	208.75	275.38	357.50
	物流成本	25.00	52.50	131.25	170.63	218.23
	产品成本	20.00	42.00	73.20	109.50	142.35
	研发成本	5.00	20.50	35.00	64.25	108.35

（续表）

成本类别	成本项目	第一年	第二年	第三年	第四年	第五年
期间费用	管理费用	10.00	21.00	42.50	48.38	72.57
	财务费用	15.30	32.13	60.33	78.43	101.96
	销售费用（维修、宣传）	20.00	42.00	56.25	106.39	159.59

7 风险分析及规范

7.1 人力资源管理风险

人力资源是公司的核心竞争力之一。在这方面绿境环保会面临如下两种风险。

7.1.1 人力资源供给风险

初创期：员工数量少，缺乏资源，公司发展存在很多不确定性，很难招聘到足够且合适的人才。

对策：公司管理层把好招聘关，明确自己需要的人才，运用科学方法（如九型人格测试），找到有特长、接地气、可以互补的人才。

发展成型期：有的人离开，有的人留下，有的人进来。

对策：进行人才盘点，以公司战略方向的调整和细化为节点，在业务层面有比较明晰的方向后，顺着需求来梳理组织架构，看哪个位置缺人才，再有意识地招聘。

7.1.2 员工队伍稳定的风险

实践经验不足，管理方案不专业、不成熟等造成分工混乱、员工热情下降、团队效率降低等。

对策：①管理层给不同岗位划分不同职级、明确不同要求；②团队定期做项目回溯，可以交叉评估，形成各方认可的评估文件；③形成内部激励机制，如形成人员流动，定期淘汰等；④轮岗制：鼓励跨部门协作，找到每个人的优势，提高效率。

7.2 市场风险

7.2.1 来自消费群的风险

由于消费群体本身缺乏垃圾分类的习惯与知识、个人生活习惯等因素，公司在发展初期会有互动率低等情况。

对策：①销售部门在产品投放前期做好宣传工作；②对用户群体进行进一步细分；③做好实时返利，让用户获取良好的经济性体验；④培养固定用户群。

7.2.2 直接竞争对手的竞争压力

从 2014 年开始，国内一批进军“互联网＋回收废品”领域的企业都没有获得持续发展。如“再生活”停摆，“换钱”宣布停止服务，“闲豆回收”只为小型商家提供回收服务。扩大的客户群、微薄的利润与高昂的运营成本是使它们倒下的原因。

这些竞争对手遭遇的困境也是我们公司面临的风险。

对策：①利用互联网平台，借助如腾讯众创空间等平台，形成网络效应或专利数据集；②前期加大投资力度，做到资源密度大于用户密度，让初期的部分用户体验达到公司后期发展目标中的标准；③积极接受用户反馈，随时纠正。

7.2.3　潜在竞争对手的竞争压力

后来跟进者会拷贝我们的模式、管理经验甚至企业理念，还可避免用户群未充分开发的风险。

对策：①加快企业发展速度，多抢占高校市场；②树立企业品牌形象；③单元经济显著优于其他企业，有强劲的专利组合等。

7.3　资金风险

企业资金再循环过程中，由于各种难以预料或无法控制的因素的作用，企业资金实际收益小于预计收益而发生的资金损失，进而造成企业运转不畅，甚至破产倒闭。

7.3.1　筹资风险

由于资金供需市场、宏观经济环境的变化，企业筹集资金给财务成果带来的不确定性。

对策：①加强良性经营，把负债率随时控制在合理范围内。②增加现金储备，保持现金储备能维持公司 1 年的发展周期，在这个前提下，再制订股东的分红计划；现金储备如果达不到预计 1 年的经营成本，则暂时不分红，所有净利转化为现金储备。同时，在现金储备不足的情况下，如果没有新的现金注入，则须严格控制扩大化发展。③增加产品类型、业务类型，多生产、经营一些利润率独立或不完全相关的商品，如线下废旧回收物改造链条、义卖活动，弥补因某一方面的损失给公司带来的风险。

7.3.2　投资风险

企业投入一定资金后，因市场需求变化而影响最终收益与预期收益偏离的风险。

对策：加强团队“花钱的能力”，如在决策前进行调研论证，定期对资金运用效果进行考核，以风险监管指标为基础，形成资金预警机制，加强审计监管力度。

7.4　政策风险

有的高校宿管部不让摆放新型垃圾桶，而政府的政策是建立规范化的回收体系，让规范运营的企业获得主要市场。

对策：①可以在校内以公益的形式试点运行，将成果汇报至学校，争取与学校合作；②认真解读政策，抢先完善运营模式，规范自身回收体系，响应政府政策。

7.5　知识产权风险

知识产权法律风险是指企业经营过程中有意或无意地对他人知识产权构成侵害的风险，以及内部职工、交易对方及竞争对手因各种原因给本企业造成的知识产权侵权风险。

对策：建立符合企业管理需求的知识产权管理机构体系，使企业的各类知识产权风险处于知识产权管理机构的有效规制之下。

7.6　风险资本的退出

7.6.1　退出方式

风险资本的退出方式一般有三种：首次公开上市、收购和清算。为此，我们设计了三种可能性方案：

（1）公开上市。Initial Public Offering，简称“IPO”，是指将风险企业改组为上市公司，风险投资的股份通过资本市场第一次向公众发行，从而实现投资回收和资本增值。

（2）股份回购。如果风险企业在度过了技术风险和市场风险，已经成长为一个有发展潜力的中型企业后，仍然达不到公开上市的条件，它们一般会选择股权回购的方式实现退出。

（3）兼并与收购。兼并与收购（Merge and Acquisition，M&A）是风险资本退出的比较常用的一种方式，是风险投资商在时机成熟的时候，通过兼并与收购的方式将自己在风险企业中的股份卖出，从而实现风险资本的退出。其中兼并是指由一家实力较强的公司与其他一家或几家独立的公司合并组成的新公司，而实力较强的公司占主导地位；收购则是指企业通过证券市场购买目标公司的股份或者购买目标公司的产权从而达到控制目的。

7.6.2　退出时间

针对公司自身特点，我们将在 4～5 年内退出风险投资。

项目组员：涂世庆　甘诗琪　何慧敏　王晨阳
龚英杰　田铃晶　刘耀阳　汪梓播
吴昱正　左培燕
指导教师：郭思永　宓波锋

“优质志愿者培训及输出”项目①

1 服务介绍

1.1 服务

我们DF公司为公益组织，专为甲方举办的各种活动提供优质的志愿者。如何拥有一个优秀的志愿者库，我们会请专业的指导老师进行一些培训课程的教学，如沟通能力、责任意识、组织协调应变能力等。

1.2 价值分析

我们将从两个方面来对这项服务进行价值评估。

首先，关于志愿者人才培养的价值。我们给志愿者提供了一个可以接受专业培训的平台，也可提升我们团队合作能力。

其次，关于志愿者人才对未来发展的价值。通过培训，他们成为优质志愿者人才，他们也成为公司中坚力量的储备，使公司有持续的竞争优势，满足长远发展的目标需求。

1.3 发展前景与规划

社会对志愿者人才的需求日益增长。无论是公益项目还是其他各类活动，都需要大量志愿者人才。

为了提升我们公司的优势，满足人才持续储备的需要，我们要不断壮大队伍，利用线上线下的宣传，通过优质项目的吸引力吸纳更多志愿者。我们创设了属于自己的微信公众号，以期加大宣传力度和社会影响力。

为解决资金问题，负担高额的志愿者培训费用和志愿服务所产生的期间费用，也为了实现整个企业的产业化运作，我们将合理运用优质志愿者资源，设立DFteens公司作为DF公司的子公司，主打优质托管班，使人才效用最大化，同时拓展企业营运领域，将盈利继续投入人才培养，形成良性循环。

2 战略目标

2.1 战略目标

2.1.1 资金筹集

公司将抓住市场机遇，稳妥经营，以短周期项目盈利为主，如各小型商业类活动、亚太影

① 本文参加第十届中国大学生服务外包创新创业大赛。

展翻译志愿者等。

核心目的:夯实公司的资金基础。

2.1.2 利润目标

争取第一年将净利润控制在－10万元以内,随后几年逐步扩大规模,争取在第五年,转亏为盈,开始实现盈利,第八年开始,从每年的净利润中提取10%,作为股东的分红。

2.1.3 模式目标

未来3～5年内核心业务领域将自营产业项目、企业及机关单位的外包需求形成管理与服务产供销一体化。

根据公司战略发展需要,公司将持续培养专业的团队提升核心竞争力,打造适合发展的“代表性产业”核心经营战略模式,即基于专业化设计、服务管理流程植入,建立有效专业的公司团队,有效整合企业战略、发展大纲、企业文化、品牌、产品、营销、管理体制、投资发展等核心领域。具体目标如下:

(1) 确定公司定位,明确战略发展目标。

(2) 确立前期可行性项目,实施规划。

(3) 明确股东分工及资源供应。

(4) 建立有效专业的执行团队。

(5) 建立合作供应商数据库。

(6) 建立客户数据库。

(7) 建设完善资源管理体系。

2.2 战略总则

公司发展战略规划是企业发展的灵魂与纲领,指引企业发展方向,明确企业的业务领域,指导企业资源配置,指明企业的发展策略以及发展措施。

公司发展战略规划有利于建立企业和员工的共同愿景,使员工对组织产生归属感和奉献精神,从而更加全身心地投入工作;有利于履行社会责任,扩大就业,保护资源和环境,实现可持续发展。

2.2.1 公司组织架构

企业组织架构如图1所示。

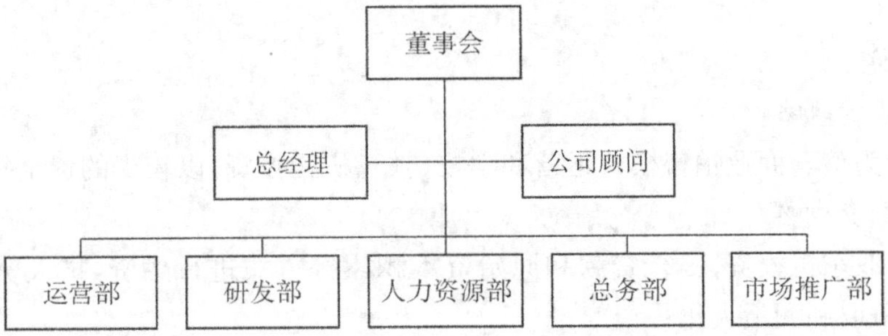

图1 公司组织架构图

2.2.2　公司现状分析

1）人力资源状况

团队初创者为5人，目前主要负责人有3人，已拥有一定规模的团队。为适应战略规划的要求，需组建一支卓越的专业化团队，加强人才培养和建设，进一步提高员工的综合素质。

2）管理资源状况

公司目前采用职能制组织结构，能够发挥职能的专业特点，目前正在以职能系统为支撑，以诚信、高效、共赢为核心管理理念，使各职能部门有效运行。

同时，公司注重员工素质的培养和开发，与外部管理顾问公司建立战略合作关系，吸收先进的管理经验，不断提升公司各职能部门的管理能力，为各子公司输送新鲜血液。三年内计划投入21万元培训费用，全面提升公司人员的专业素质以及综合素质。

2.3　营销理念

树立“点燃1%，影响99%”的理念，企业管理以营销管理为中心，营销管理以销售为中心。公司研发、总务、人力资源等皆以指导、监督和服务为管理目标和工作出发点。

2.4　企业文化战略

企业使命：以优质的志愿者库为先导，给各大活动提供优秀且高质量的志愿者，以确保各大活动顺利举办。

企业价值观：人生可能无限，我选择进场体验。

2.5　人力资源管理战略

(1) 建立强有力的营销团队。

(2) 储备人才，做好人才梯队建设。

(3) 培养或引进一批专业的管理人才与技术专才。

(4) 规划员工的职业生涯，让老员工在企业内部岗位合理流动。

(5) 不断提升员工满意度，留住人才，开发人才资源。

(6) 建立科学可行的员工晋升通道，提升个人价值。

(7) 健全公司薪酬及劳动保障体系，科学用人、育人，承担社会责任。

(8) 完善组织架构，制定科学明确的部门及岗位职责，实现分工合理，权责明确，高效协作。

2.6　财务战略

2.6.1　投资战略

投资方向为整套商业销售模式运营和学校、教育机构投资，以较少的资金控股或参股。

2.6.2　融资战略

企业通过股东再投资、银行贷款和原始资本积累等方式进行融资，扩大资本的积累，实现资本运营，争取利润最大化。

2.6.3　财务监控

财务人员从战略高度开展财务管理工作，进行财务分析，使财务分析成为企业战略决策重要的依据,争取以最少的投入获取最大的产出,努力使财务风险降低到最低水平,绝不以追求短期的经济利益而牺牲长期利益。

2.7 战略控制

战略控制的主要目的是在企业经营战略的实施过程中,适时监控、检查企业为达到目标所进行各项活动的进展情况,评价实施企业战略后的企业绩效,并将其与既定的战略目标与绩效标准进行比较,发现战略差距,分析产生偏差的原因,纠正偏差,使企业战略的实施更好地与企业当前所处的内外环境、企业目标协调一致。企业的战略控制可以分为以下三类。

2.7.1 事前控制

实施前一个月,企业领导人要进行全体动员,表示实施战略的决心,各部门结合企业3年总体规划目标和要求,制订各部门详细实施计划。各部门实施计划在得到企业领导人的批准后执行,并成为各部门绩效考核的重要标准。

2.7.2 事后控制

在战略计划实施之后,将实施结果与原计划标准相比较,由企业各部门负责人定期将战略实施结果向领导人汇报,由领导人决定是否有必要采取纠正措施。主要手段有预算控制分析会议、重点事项跟进表及各部门例会。

2.7.3 过程控制

企业高层领导者要控制企业战略实施中的关键性过程或全过程,随时采取控制措施,纠正实施中产生的偏差,引导企业沿着既定的战略方向经营。通过制定标准作业流程、标准指标值等随时修正偏差。

3 市场分析

3.1 竞争对手分析

我们公司的性质是非营利组织。目前社会上的非营利组织主要有基金会、慈善机构、绿色组织、消协、援助中心等。由于多年的积淀,它们已在社会上拥有了较大的影响力,志愿者在加入这些组织时,75.76%关注的是对于团体活动的兴趣。在承办各项活动时,甲方更愿意选择知名度高的组织,期望借此获得一些保障,因此我们公司和这些组织存在竞争关系。

3.2 市场发展分析

3.2.1 市场容量分析

目前中国大致有80万个社会组织,吸纳约800万各类社会人员就业。预计每年还会上涨3%~4%,社会的需求仍将保持较快增长。

3.2.2 市场占有率预测

为了更快更有力地在市场中占据较大份额,提高我们的影响力和知名度,我们计划用志愿者外包项目来树立口碑,逐渐壮大我们的精英团队,预计我们的市场占有率每年会增长0.375%。

3.3 市场营销策略

3.3.1 网络营销

我们申请了 DFteens 的公众号，发布日常的志愿者招募及培训动态信息；在承办活动时，前期线上宣传通知，活动中发布相关图文资讯，活动结束后进行活动总结及适当的影响力推广，同期也借助易班公众平台来推广。

3.3.2 传统模式营销

侧重于线下推广，通过沟通聚集用户群，实现进一步交流与接触；在校园宣传栏进行宣传；印制一些有公司 logo 和简介的宣传品在周边进行发放。

4 产品/服务定义与特点

4.1 服务定义与特点

本公司秉承“奉献、友爱、互助、进步”的理念，坚持自愿参加、量力而行、讲求实效、持之以恒的原则，组成专业的教练团队，创新人员培训流程，规范机构管理制度，建立详细的大学生信息数据库，为大型活动、社会公益组织项目提供优秀大学生志愿者。全体员工均由优秀的在校大学生志愿者构成，所有志愿者在上岗前受过专业培训并且在上岗后接受定期的能力考核，根据大学学业期限更新流动。

4.2 价格

影响价格的主要因素是运营成本、市场需求与市场竞争。我公司的志愿者服务价定为150～200 元/天(特殊活动服务价可能会达到 300 元/天)。

4.2.1 营业成本

本公司属于轻资产行业，运营成本包括场地的租金、管理费用、财务费用、宣传费用、销售费用、研发成本和聘请专业教练的费用和员工的基本补贴等。

4.2.2 市场需求

市场对志愿者服务的需求非常旺盛，如大型综合体育赛事以及国内外各种大型活动中都需要大量的志愿者参与，其服务领域涉及活动组织、运行管理的各个方面。需求方对参与服务的志愿者的要求也日渐提高，许多领域需由经过专业培训的志愿者来完成。本公司的营销目标对象为大型活动项目，随着各类综艺性大型活动规模不断扩大，活动期间所需的志愿者人数与志愿者辅导培训需求呈不断增长的趋势。

4.2.3 市场竞争

20 世纪 90 年代后中国的志愿者服务迅速发展，目前志愿者服务正处于良好的发展时期。由于起步较晚，我国志愿者培训与国际先进水平存在不小差距。

目前国内的志愿者服务基本以共青团、民政部、红十字会三家单位为主管理，志愿者组织和志愿者活动与政府的活动和政策有着密切关系。

公司依靠创新的培训流程、人员的管理、团队的建设、市场的拓展、质量的评价反馈制度和服务的优化升级等内在的核心竞争力，增加自身市场影响力。

4.3 渠道

本公司旨在打通在校大学生志愿者供应端与志愿者服务需求端之间的渠道。但就培训市场的特点和限制因素来看，任何一个培训机构都难以直接有效地接触目标顾客。因此，我们不断发展校内校外的渠道人员，与第三方积极合作，利用线上线下工具，去目标客户聚集区域进行线上沟通，直接促进资源转接，拓展和加深渠道的广度与宽度，以保证信息和资源的流畅传达。

4.3.1 线上渠道

根据在校大学生的身份特点，我们可以利用搜索引擎、移动端 APP、聊天软件等传统媒体和新媒体线上营销渠道来推广招募和招生信息。例如，在百度贴吧、360 网站中的校园贴吧和论坛上、微博、易班 APP、微信公众号和 QQ 群聊上发布志愿者招募或志愿者服务供应的视频和信息以及注册报名方式，在文库中上传有关课程教案的电子文档并附上相关信息，供报名者下载阅读，提供在线咨询服务。

4.3.2 线下渠道

校园宣讲会介绍我们公司时旨在宣传志愿者们所收获的经历经验、团队精神和氛围，以此加深大学生对本公司的印象和认知，吸引更多优秀的在校大学生志愿者加入。联系一些素质拓展俱乐部，如启赋公司作为实践培训营的基地。到各个中小学支教、宣讲，以此加大机构的感染力。定期举办校园公益课堂，免费给学生上公开课并开展系列素质拓展类活动，举办创新比赛和演讲比赛等，对优胜者进行一定物质奖励，提高了学生对机构的信任，激发学生来 DFteens 机构学习的兴趣。

4.4 推广策略

4.4.1 品牌策略

公司在各个大学招募大量的优秀在校大学生，培训他们成为优秀志愿者。强调公司独特的文化理念和品牌特色。

4.4.2 卖点证明策略

对客户公开志愿者筛选、培训、考核流程，允许客户随时旁听培训课程或定期开展互动活动，展示我们公司的品牌、师资、环境、学习氛围。

4.4.3 口碑营销策略

我们在微信公众号上建立一个活动方日常评估的反馈系统，反映志愿者服务的效果、成长过程与客户的消费体验。把消费者的需求放在首位，通过与活动方真诚互动获得消费者的认可，树立企业的正面形象，吸引更多的目标顾客来尝试消费。

5 经营管理

5.1 服务流程

5.1.1 对内服务

对内服务流程如图 2 所示。

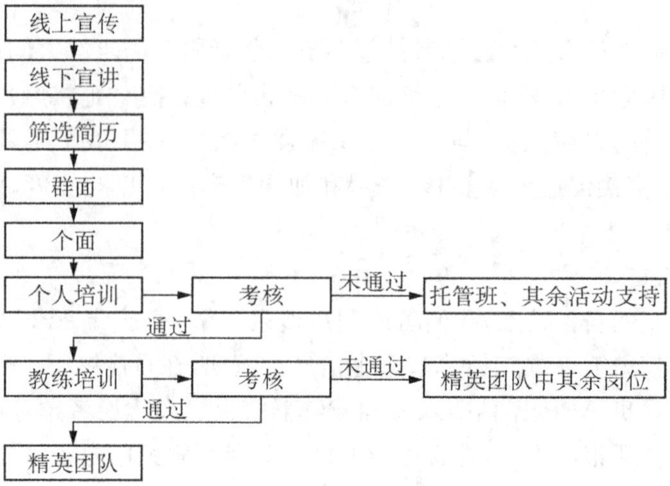

图 2　对内服务流程

5.1.2　对外服务

根据具体活动的内容，公司选择与之相对应的专业志愿者团队，提供给需要志愿者的客户。

5.1.3　培训流程

培训课程会邀请不同领域的专家教授前来授课。

培训课程分为两类：个人技能培训、专业教练培训。培训流程如图 3 所示。

图 3　培训流程

5.2　人员配备

企业管理层 3 名，行政管理人员 2 名，团队常驻志愿者 50 名，团队常驻培训老师 5 名，领队 3 名，助教 10 名，此外，还有机动 8 名，总计 81 人，其中专职人数达到 21 人。企业尚处于初创期，人才紧张，且大学生志愿者流动性较大，8 名机动都是优质志愿者，可以随时“加盟”各项活动，应对紧急情况。

5.4　培训周期

个人技能培训时长：3 天 2 夜。

专业教练培训时长：2 天 1 夜。

两培训需间隔时长:2个月。

5.5 服务质量控制与管理

邀请专家教授授课,确保课程质量。通过培训,保证志愿者通过专业训练并得到能力提升;通过考核保证志愿者的优质性以及专业度。

6 创业团队管理架构

6.1 公司与项目性质

我们公司是一个非营利的公益创新组织,定位于公益项目。公司建立优质志愿者人才储备网络,对志愿者进行专业培训。为大型活动的开展做好人才储备与输送,解决短期内寻求优质志愿者的甲方需求。

旗下子公司 DFteens 主打优质托管班,形成公司部分收入来源。

6.2 部门职责与配置

没有组织架构的企业是一盘散沙,合理的组织架构才能使企业正常运作。我们公司下设五个部门,分别为人力资源部、运营部、总务部、研发部、市场推广部,每个部门配备部门主管。

董事会成员:杨程晏,成洁仪,金雪莲,庄沁园,周涛。

第三方公司顾问:毕马威咨询部经理 StanleyTao。

总经理:宓波锋教授。

人力资源部:部门主管杨程晏,负责筛选简历;组织安排时间地点并通知面试;通知录用名单并颁发聘书;志愿者简历资料汇总;通知培训时间、地点;组织培训;定期安排考核,并分配人员;评选优秀志愿者代表等工作。

运营部:部门主管成洁仪,项目前期写出详细策划书;实施项目落地执行;制定培训流程大纲;培养精英团队;维持托管班的日常运营等工作。

总务部:部门主管周涛,负责物料出入库记录、会计记账及内部资产管理;购置物料设备;定期资产维护清查,做好财务分析、风险预估;合理分配各部门资金运用;志愿者补贴发放;联系订购员工餐;办公室教室环境维护等工作。

研发部:部门主管庄沁园,研发培训课程,并不断完善;制定课程大纲;制定考核内容;准备课程讲稿 PPT;建立数据库,将志愿者名单导入,形成巨大的志愿者网络体系。

市场推广部:部门主管金雪莲,负责网络平台的宣传,如百度贴吧、微信公众号、易班网等各种平台进行推文推广;实施高校落地宣传,组织安排宣讲会;制作并收集调查问卷,反馈市场需求等工作。

6.3 人事补贴

为鼓励大家积极参与公益事业,项目实行后我们将对所有参与的志愿者给予一定的车费、高温费等补贴,为志愿者提供免费员工午餐。

6.4 未来发展

公司正在起步阶段，志愿者人数较少，志愿者网络体系还不够完备。未来我们将逐步提升公司影响力与知名度，吸引更多的志愿者，不断壮大志愿者网络，不断为大型活动输出优质专业的志愿者人才。

7 财务分析

7.1 项目资本与融资

在项目开展之初，我们参与了两项公益活动——“一个鸡蛋的暴走”和“腾讯 99 公益日”，分别募集到 4 000 元和 12 000 元。

项目之初，我们五位主管也十分看好项目的发展前景，各出资 300 元，共计 1 500 元。

此外，我们在初期以向外界商业组织拉赞助的形式，“融资”3 500 元。

之后，我们五位主管每人追加投资 20 000 元，入股，共计 10 万元。

（注：2019 年 1 月起，主管金雪莲、庄沁园因个人原因不再担任公司主管，退出管理层，仅出任董事会董事，其二人市场推广部部门主管、研发部部门主管的职务分别暂由总务部主管周涛和运营部主管成洁仪兼任。）

综上所述，我们公司的启动资金（“注册资金”）总计 121 000 元。

7.2 财务假设

志愿者培训从校内或从赋启等专业志愿者团体或具备我们所需的专业能力的民间组织聘请优秀导师进行指导和培训，教师聘请由总务部负责。

从我们持续经营的这个会计周期（1 年）来看，志愿者培训在第一季度中每周进行两到三次，开始志愿者输出，两周一次到每周一次不等，先尝试周边高校的志愿任务，在此期间，人力资源部和市场推广部都在持续运作，运营部与附近中小学、幼儿园商讨托班事宜。

第二季度中，志愿者培训次数下降到每周一到两次，继续输出志愿者，两周一次到每周一次不等，尝试商业企业外包给志愿者团体的团建活动等较简单任务，积蓄名气和商誉，在此期间，人力资源部和市场推广部依旧持续运作中。运营部交涉初步成功，开始开设试听课，招募生源。

第三季度，志愿者培训次数稳定在第二季度的水平，志愿者输出任务不变，频率上升到每周一次到三次，稳固商誉，在此期间，人力资源部和市场推广部持续运作中。在运营部的努力下，托班教学开始步入正轨，生源开始稳定。

第四季度，志愿者培训次数稳定在第三季度的水平，志愿者输出开始转向讲解等高素质高能力需求的任务，提高志愿服务能力，打出优质志愿者人才机构的名头，在此期间，人力资源部和市场推广部持续运作。在运营部的持续努力下，托班教学渐入佳境，生源稳定并逐步上升。

志愿者培训和托班教学场地主要在松江大学城内进行租借，期间的租金、志愿者工作餐、纸张等费用，主要由总务部负责处理。

根据公司基础、能力、潜力和业务发展的数据，采用正确的计算方法，本着求实、稳健的原则，遵守会计基准准则。公司账务处理方式结合实际业务进行操作。

志愿者的劳务薪酬控制在志愿服务输出收入（主营业务收入）的25%以下，按具体业务（志愿活动具体内容）分配，每月分配应付职工薪酬；托班收入以包月制和临时制相结合的方式计算，托班教师（志愿者）的薪酬控制在收入的20%以下，按学生数量和授课次数等进行综合考量，每月分配应付职工薪酬。

整理分析本周期（2018年10月～2019年9月）的营业数据进行下个周期的各项财务数据预测。

7.3 期间费用

财务费用主要为销售过程中为简化交易过程而发生的零星支出。

销售费用主要为市场宣传所需的海报、传单等各类销售所需的实体纸质物品的印刷。

管理费用主要为办公用具、办公室租金等花费。

（注：我司在创业初期，行政管理办公室与主管办公室合并，以两名行政管理人员为主，五位主管为辅，暂行行政事务，五位主管薪资暂时上调500元。）

7.4 销售状况分析

2018年10月至2019年9月销售情况如表2所示，销售对比如图1所示。

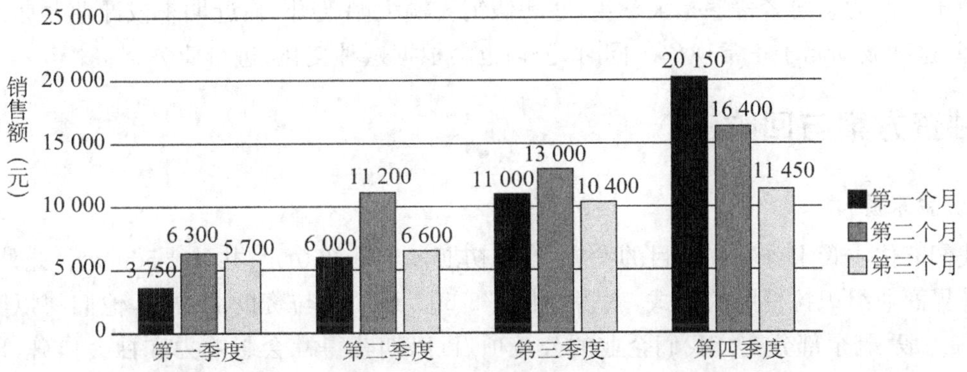

图1 销售数据对比图

表2 销售情况记录表(主营)2018年10月至2019年9月销售情况(主营)

金额单位：元

月份	志愿服务次数	志愿者总人次	销售额
2018年10月	2	25	3 750
2018年11月	3	42	6 300
2018年12月	3	38	5 700
2019年1月	3	30	6 000
2019年2月	4	56	11 200

(续表)

月份	志愿服务次数	志愿者总人次	销售额
2019 年 3 月	3	33	6 600
2019 年 4 月	4	55	11 000
2019 年 5 月	5	65	13 000
2019 年 6 月	5	52	10 400
2019 年 7 月	8	90	20 150
2019 年 8 月	7	75	16 400
2019 年 9 月	4	53	11 450
总计	51	614	121 950

分析:根据公司实际运营,表 2、图 1 展示了销售数据的变化情况及对比情况。可见,在这一个周期中,随着每月志愿服务次数的上升和志愿者能力的提高,销售额基本逐月上涨。随着志愿者数量的稳定和志愿者能力的提高,现已进入稳定持续发展阶段。

由于我们的志愿者普遍是大学生,寒暑假销售额大幅上升,临近期末或课业紧张时销售额下降,这种波动属于正常现象。同时,公司也会根据这种变化,进行业务调整。

9　融资方案与回收

9.1　资金来源

我们五位主管十分看好项目的发展前景,初期各出资 300 元,共计 1 500 元。此外,我司以向外界商业组织拉赞助的形式,获得"融资"3 500 元。经与赞助商协商,他们将以赞助款的 40%入股,剩余部分支持我们企业的公益项目,以期获得社会影响力和社会口碑,以及公司形象的提升。

此外,我们五位主管每人追加投资 20 000 元,入股,共计 10 万元。

综上所述,我们公司的股本总计 102 900 元。

9.2　股本结构与规模

公司股本为 102 900 元。股本结构和规模如表 3 所示。

表 3　公司股本结构与规模

股本结构 股本规模	风险投资或赞助	自有资本 (资金入股)	合计(元)
金额	1 400	101 500	102 900
比例	1.36%	98.64%	100%

股本结构中,本公司资金入股占总股本的 98.64%,风投或赞助方面,我们公司暂时只引

入一家赞助入股，将来会以股权转让的形式吸引风投。

9.3 资金运用

资金主要用于公司的公益项目和营业项目的场地租金，以及所需的直接人工，其他各类期间费用等。

会计政策：

公司营业期间的期间费用在1年内摊销。

公司适合增值税税率6%，所得税税率25%。

9.4 盈利模式

公司以志愿者外包和托班教学的形式盈利。

9.5 盈利能力分析

由于我们是公益性组织(NPO)，我们的志愿者培训中的聘请教师、租用教室等等都是无偿的，这可以节省一笔很大的费用支出。我们的营业收入、志愿者外包和托班的盈利在承担了其项目本身的营业成本、直接人工、期间费用后，也足以维持公益项目——志愿者培训的运营。此外，无需承担高层管理人员的高薪资。

但就NPO而言，我们公司的盈利能力已经很强，还没有考虑政府对公益企业的扶持补贴和大型商业企业的赞助。

9.6 风险资金退出策略

风险资本可以便捷、安全地退出，这是风险投资成功与否的重要检验标准之一。

9.6.1 退出方式

1) 股票上市

在公司发展到适当的时候，营业额和利润率高速上升，市场竞争力增强。等到时机成熟时，公司可以和方向相近的公司进行资产重组，以达到在国内A股市场上市的条件，或者和上市公司进行资产重组，借壳上市。

2) 通过协议的方式，股权转让

风险投资方转让部分的股权也是一种可操作性较强的退出方式。

3) 收购(整体转让)

收购方除继续经营外，还可拓宽服务领域，涉足更多的市场。这些对有投资意向的投资者或企业很有吸引力。另外，随着公司规模的扩大，若被有实力和管理经验的公司收购，我们将更好地完善管理体系，以推动公司的发展。

9.6.2 撤出时间

我们认为，风险投资者以在公司发展后4～5年将资金退出为宜。

10 关键风险和问题

DFteens是由在校的大学生组建的中小学课外辅导托管机构，要在竞争激烈的社会中立足，面临各类的风险。公司人员都是年轻有活力的、不怕苦、不怕累的在校大学生，他们总是能在各种困难中迎刃而解。

项目目前已进入稳定发展期，在持续经营的前提下，我们努力坚持本心，致力于我们所爱的公益事业。但是，我们也面临各种风险。

10.1　竞争风险

本公司属于中小学教育托管机构，面临着竞争生源的压力和场所、师资等问题。

我们的托班项目生源和收入会与校外机构发生竞争；我们的志愿者主要来自大学生，可能会与各高校的志愿者团体相冲突。我们将在各高校建立分部，提高服务质量，以求持续经营。

10.2　政策风险

与我们进行托班项目合作的小学幼儿园有对学生安全隐患的顾虑，而这方面我们也会面临一定的政策风险。市场部需及时更新政策信息，减少负面清单，完善操作办法，以应对政策风险。

10.3　法律风险

托管行为在开展中可能面临法律风险，如托班中涉及的安全责任，究竟谁承担责任、承担多少。目前法律上有相关的界定：教育部《学生伤害事故处理办法》对学校应承担的情形作出了明确规定；最高人民法院《关于审理人身损害赔偿案件适用法律若干问题的解释》第七条对未成年人依法负有教育、管理、保护义务的学校、幼儿园或者其他教育机构，未尽职责范围内的相关义务致使未成年人遭受人身损害，或者未成年人致他人人身损害的，应当承担与其过错相应的赔偿责任。

10.3.1　非传统的地理环境

由于我们的运营场所不局限于传统的教室和校区，而是租用的写字楼或商用物业，所提供的教学设施、教学场地及其他公共设施存在一定的安全隐患。并且教学场所设在开放式场所，管理人员不具有封锁场地禁止学生或校外人员出入的权力，因此学生的安全保护会受到外界不利因素的影响。

10.3.2　意外伤害的可能性大

本公司的服务对象——中小学生具有心理内部稳定性较差、反应敏感强烈、自控能力不足和人际关系简单化等行为特点，容易出现过度嬉戏和争吵打闹导致的伤害事件。

10.4　信用风险

如果发生伤害事件，我们不能及时或合适地加以处理，家长就会对我们机构和志愿者不信任，我们可以开设试听课（托班）和试体验及参观，同时通过各种手段提高我们的品牌质量和知名度。

10.5　财务风险

对于在校大学生来说，创办一个实体公司所需的资金相对庞大。而且在创业初期，招生数量少、营业收入低、前期成本高，从亏损到盈利要度过一个艰难的过渡期。因此资金周转也是一个风险比较大的问题。

10.6 管理风险

授课老师均由志愿者担任,公司对他们的服务时间跨度无法作硬性规定。有部分志愿者因个人原因在接受完专业培训后不愿意或不能够再继续履行志愿服务,这增加了我们机构的沉没成本,增加公司财务和管理的负担。

10.7 方法与对策

(1) 我们按照程序去申请资质,并在公安、消防、卫生、教育等相关部门进行报备。

(2) 严格完善志愿者招募、筛选、培训和考核流程,施行标准的管理规定制度,创新教案研发,培养与提升自身的内核竞争力,以精致化、标准化、流程化的优质服务增加市场影响力。

(3) 制定相应的安全管理制度、事故处理预案,降低法律风险。加强管理人员、老师的安全意识教育,制定必要的安全管理制度,制定处理学生人身伤害事故的处理预案。

(4) 公司不对盈利水平要求太高,而是把机构能正常运转、为孩子们服务放在第一位。

(5) 为了尽量减少志愿者中断服务这类问题的发生,我们定期邀请专业教练进行培训或讲座,定期开展校园活动,要求每一位成员将"团队精神"放在第一位。

项目组员:杨程晏　成洁仪　周　涛　汤晓琳
指导教师:宓波锋

第四部分

创新实践论文

上海市失能老人养老照料的实证研究

摘　要：本研究以上海为例，对部分养老院、福利院及社区的失能老人照料现状进行实地考察，揭示城市失能老人的生存现状、养老照料需求、养老照料过程中存在的问题及原因，提出针对性的整改方案，旨在为提升我国城市失能老人的养老照料水平提供理论参考。

关键词：老龄化；失能老人；养老照料

1　问题提出

失能可以理解为由于身体或精神上受到损伤，或因患有脑血栓、心脏病等病痛而丧失生活自理能力。失能老人是指由于年老患有疾病，日常的吃穿住行等活动部分或完全不能自理，主要依靠他人照料的老人。按照国际通行的测量标准分析，一般包括吃饭、穿衣、上下床、上厕所、室内走动、洗澡6项指标，1到2项“做不了”的定义为“轻度失能”，3到4项“做不了”的定义为“中度失能”，5到6项“做不了”的定义为“重度失能”。

2016年，我国失能、半失能老年人约为4 063万人，占老年人口总数的18.3%。这些老人大多患有慢性疾病，行动不便，不能独自生活。但他们的子女大多忙于工作，疏于照顾老人，即使被送去养老机构，也得不到专业人员的照护。

我们于2016年11月至2017年7月前往处于上海市徐汇区的上海市第一社会福利院和上海市徐汇区宛贤敬老院，对从事失能老人养老照料的从业人员和老人家属进行调查访问。通过对上海市徐汇区失能老人的调查，旨在探查失能老人养老照料的现状及问题，并分析原因，从而提出针对性的整改方案，为提升我国城市失能老人的养老照料水平提供理论参考。

2　上海市失能老人养老照料的现状分析

2.1　失能老人养老照料现状

2016年，上海市户籍人口为1 442.97万人，其中60岁及以上老年人口为435.95万人，占总人口的30.2%。本市老年人口中，14.6%是失能老人，其中完全失能老人在所有失能老人中占比高达32.8%。上海市有600余家养老机构，包括养老院、敬老院、福利院和养老公寓，这些养老机构对普通老人和失能老人同时开放，但失能老人没有得到更完善特殊的照料。在这600余家养老机构中，仅有90余家提供医疗护理服务，针对失能老人养老照料的养老机构更是少之又少。从2012年起，上海市政府把筹建社区日间托老机构作为实事项目。2016年，上海曹家渡老年人日间照护中心正式成立，与传统的老年人日托所相比，该项目以中轻度失能失智老人为主要接收对象，它是街道、医院、机构三方合作的公益项目，因此失能老人不仅能得到更好的照护，费用负担也能得到缓解。近年来上海市对失能老人养老照护的优惠政策逐渐增多，但现有的条件仍无法满足失能老人的养老照料需求。

2.2　失能老人养老需求逐渐多元化

随着老龄化程度不断加深，高龄人口在老年人口中的比重不断上升，尽管生活水平不断改善，老年群体的健康意识在不断提高，还是有80%的老年人患有一种及以上的慢性疾病，有20%的老年人身体机能有缺损，缺乏日常生活的自我照顾能力，这些失能老人可能长期需要不同程度的医疗护理和生活照顾，失能老人对多元化、多层次化的日常生活照料需求以及医疗护理需求亦更加迫切。

3　上海市失能老人养老照料存在的问题及原因分析

随着我国老龄化进程加快，我国养老服务行业也有了飞速发展，为很大一部分老人提供了安度晚年的居所和养老照料服务。但是也还存在一定的问题，尤其是失能老人的养老照料问题，还没有引起社会足够的重视和关注。

3.1　失能老人经济条件有限，物质支持来源渠道少

3.1.1　家庭规模缩小，失能老人养老照料的负担重

由于受计划生育政策的影响，上海市的“四二一”独生子女家庭结构数量比较普遍，家庭结构逐渐小型化，每个家庭成员照顾老年人的负担较重，传统的家庭养老功能不断弱化。对于失能老人这一特殊群体来说，日常生活照料是必不可少的。如果失能老人配偶健在的话，日常照顾的责任往往落在其配偶身上；如果配偶身体不好或者不在了，那么失能老人的养老照料就会落在子女肩上。然而由于子女数量少，且他们有自己的家庭和工作，因此日常照料压力可想而知。

3.1.2　失能老人疾病缠身，医疗照护费用支出过大

失能老人之所以失能是因为各种慢性疾病，如高血压、高血脂、高血糖、脑溢血、冠心病、帕金森症都可能导致其失去日常生活自理能力，有些失能老人同时身患多种慢性疾病。在这种情况下，失能老人不仅需要治疗病症，还需要康复护理。因此，除去日常生活照料的费用，还有吃药就医、定期检查的费用，虽然有医疗保险的支持，但是医疗保险可以报销的只是一小部分，一般家庭难以支付长期费用。

3.1.3　专业养老机构的照料费用较昂贵，进入门槛较高

调查显示，上海市第一社会福利院的老人有专业护理人员的照料，每个老人都配置有独立的房间，非常适合失能老人居住。但入住门槛较高，一般的老人无法得到入住资格。而与上海市第一社会福利院相距不远的宛贤敬老院入住门槛不高，但入住的老人较多，居住环境较差。虽然上海市养老照料服务取得了一定的成效，但目前的条件与失能老人的实际需要还存在很大的差距。

3.1.4 政府经济支持力度薄弱，难以改变失能老人生活困境

经济问题是决定现代家庭养老质量的关键因素，失能老人所在家庭的经济状况会直接影响到他们的日常生活和吃药就医的质量高低。目前上海市给予失能老人养老照料补贴标准较低，无法使失能老人的生活质量得到更大的改善。

3.2 失能老人生活水平低，生活照料支持有限

3.2.1 失能老人养老照料服务项目有限，医疗服务体系不完善

调查发现，上海市为失能老人提供的照料服务非常有限，多是一些比较简单的日常服务，失能老人缺少精神慰藉方面的满足。比如，失能老人比较急需的具有一定知识含量的精神需求以及法律、医疗等需求却鲜有涉及，尤其是法律维权方面，为失能老人提供法律咨询、法律援助的服务较少。失能老人所在的社区卫生服务中心，只能对简单的疾病进行处理，且无论是医疗设施还是医疗专业人员都比较缺乏，对失能老人生活及医疗照料上的支持有限。

3.2.2 养老照料服务人员素质较低

实地调查显示，从事养老护理服务的人员配备还很不科学，大多数从业者缺乏专业护理培训，这是当前社会不可避免的一种常态。从事照顾失能老人的工作人员，大多数是一些下岗退休人员，因为这项工作进入门槛低，他们在难以找到更好的就业机会的情况下才选择了这项工作。与此同时，养老照料工作人员的工资待遇也比较低，缺乏吸引力。从事养老照料的服务人员缺乏职业认同感，工作积极性比较低，限制了整个养老照料行业质量的提高。

3.2.3 社区照顾执行不到位，社会参与度不高

由于资金投入较少，失能老人养老照料方面还没有形成完善的支持制度，一般还处于零散和自发状态。基础养老服务设施的建设，离不开政府的投入和支持，政府对于失能老人养老照料缺少关注，失能老人可能会面临投诉无门的困境。当前社会组织力量介入比较少，方式较为简单，一般主要集中在社会救助方面，而由于宣传不到位，志愿者也非常缺乏。

3.3 失能老人自我调节能力差，精神慰藉支持欠缺

3.3.1 失能老人情感需求强烈，得到的回应有限

失能老人在失能后不管是生理还是心理都会产生很大的落差，短期内难以接受自己的失能现实，若是情绪无法得到纾解，不能从悲伤的情绪中走出来，很有可能会患上抑郁症。而失能老人的子女亲属平时与老人缺少沟通，不能及时发现失能老人的不正常情绪，导致老人更加失落，甚至可能会引发老人的极端行为。

3.3.2 失能老人缺少精神娱乐活动

从情感需要的角度分析，失能老人若是生活在敬老院、养老院等养老机构中，就意味着要离开自己的家庭和亲人，缺少与家人的情感交流，使老年人缺乏家庭的归属感，逐渐产生孤独感、失落感以及被抛弃感。这些不良情绪都会使老人变得郁郁寡欢，负面的心理情绪日积月累，将会对老年人的身体健康带来不良影响。

4 完善失能老人养老照料的对策建议

从失能老人需求角度分析，首先，随着上海市失能老人数量的不断增长，失能老人养老

照料的服务需求总量将会不断增加。由于上海市老年群体受到身体素质、文化背景、养老观念、收入水平以及家庭结构等诸多因素的影响，养老服务需求也逐渐多元化和层次化。养老服务需求总量的不断增加以及养老需求的差异性都会对当前上海市失能老人养老照料的发展带来一定的挑战性。随着上海市人口老龄化程度的逐渐加深以及现代生活水平的不断提高，现有的失能老人养老服务数量和质量已不能满足失能老人的养老需求。其次，现有的失能老人社区养老服务主要是以保障失能老人基本的生活需求为主，为了满足不同层次失能老人的养老服务需求，社区养老服务形式应该更加多元化。

4.1　政府政策的引导

政策是社会发展的风向标，政府在失能老人养老照料条件改善方面起到至关重要的作用。一般来说，社会工作的开展必定要依照社会政策和制度。社会工作者应将其在社会工作实施过程中所遇到的各种问题和经验教训反馈给政策制定者，以改善失能老人养老照料的服务质量为推手，推动社会政策的发展。

4.2　社区工作的推进

4.2.1　加强文化宣传

社会工作者应该多进入社区宣传敬老文化，提高社区失能老人的社会关注度。敬老尊老爱老是中华民族的优良传统，然而在现代社会，人们迫于生活的压力、时间精力的缺失、道德沦丧等各种原因，存在很多歧视老年人的现象。失能老人因为生理机能的退化衰老，疾病缠身，生活难以自理，因此成为年轻人嫌弃的对象。因此，社会工作者应该大力宣传中华民族优秀传统，开展关爱失能老人的活动，动员更多的人帮助失能老人。

4.2.2　提供更多精神照料服务

在传统的生活照料之外，应该增加失能老人精神方面的照料服务，主要是为失能老人提供精神慰藉和文化娱乐等服务，让失能老人的精神世界更加丰富，让失能老人拥有更加积极乐观的生活态度，排解他们心灵的郁闷和孤独。这样不仅可以调动社区里的志愿者，同时还可以调动邻里同辈的力量和积极性。

4.2.3　加强养老服务队伍的专业化建设

失能老人养老照料服务的可持续发展离不开养老服务人力资源的有效开发与规划，养老服务人员的护理水平直接决定了老年人接受的养老服务质量。从长远来看，养老服务质量又决定了老年人能否长期获得身体和心灵的健康。因此，加强养老服务队伍建设对失能老人养老照料服务的发展具有重要意义。

4.2.4　建立社区失能老人服务站

为了保障失能老人在社区内得到更加便捷、及时的医疗救助与护理，就需要在社区养老服务中实现“医”和“养”的有效结合。“医养结合”的社区养老模式不仅可以使老年人在熟悉的社区环境中接受良好的医疗康复与护理服务，使老年人的身心健康得到更好的保障，还可以有效地对社区内的养老资源进行优化配置。因此，为了推动社区医疗服务和养老服务融合发展，实行“医养结合”的方式势在必行。

4.3 拓展养老社区多元化的筹资渠道

首先，上海市政府应该提倡建立失能老人基金，鼓励企业、社会团体和个人捐助，引导非营利组织积极参与到失能老人养老照料服务和资金筹集中来，使社区的养老资金筹集渠道多元化。上海市政府可以鼓励不同规模的慈善组织及志愿者对失能老人进行资金捐助，这样可以在一定程度上增加资金的来源和渠道。其次，社区应该积极开拓养老照料服务的产业化之路，根据不同层次老年人的实际承受能力和养老服务需求，制定不同档次的服务标准，实行有偿服务和低偿服务相结合模式，以此丰富社区的资金来源和渠道，为建立更好的失能老人养老照料模式提供坚实的物质基础。

参考文献

[1] 陈秀丽.失能老人家庭照顾者的抗逆力研究[D].上海:华东理工大学,2017.
[2] 钱思寒.城市失能老人长期医疗护理保障制度完善研究[D].上海:华东理工大学,2016.
[3] 龙静.我国城市失能老人长期护理问题探究[D].成都:西南财经大学,2016.
[4] 张铭.城市失能老年人社区照料问题研究[D].长春:吉林农业大学,2016.
[5] 张永梅.我国失能老人医养康护养老服务问题研究[D].沈阳:沈阳师范大学,2016.
[6] 周慧.失能老人精神慰藉的个案工作介入[D].南京:南京师范大学,2016.
[7] 王辉.老年人对社区日间照料中心的空间需求及设计研究[D].成都:西南交通大学,2016.
[8] 高畅.长春市失能老人家庭照顾者的社会支持研究[D].长春:长春工业大学,2016.
[9] 王兰兰.福利多元主义视角下我国失能老人养老问题研究[D].苏州:苏州大学,2016.
[10] 辛潮.失能老人社区照护服务需求及体系构建研究[D].石家庄:河北经贸大学,2016.
[11] 陆梦玲.城市失能老人社会支持现状与社会工作介入研究[D].合肥:安徽大学,2016.
[12] 李芳.上海市浦东新区社会化养老服务存在的问题及对策研究[D].大连:大连理工大学,2016.
[13] 徐萍.南昌市社区居家失能老人长期照护需求与分级照护内容的探究[D].南昌:南昌大学,2015.

基金项目：本文受上海立信会计金融学院 2016 年大学生创新创业训练计划项目(201611639034)资助。

本文发表于《求知导刊》2017 年第 10 期。

论文作者：刘　潇　林　晨　相静宜
雷　霆　王港龙
指导老师：洪　娜

上海市养老机构“医养结合”模式的现状、问题及对策

——基于浦东新区的调查

摘　要：近年来，我国老龄化情况愈发严重，加之“人口红利”的逐渐消失，养老压力愈发严重。而随着经济社会的发展，老年人对养老服务和医疗服务的需求逐渐上升，对养老服务和医疗服务的服务质量要求也越老越高。本项目以浦东新区为例，通过问卷访谈和对文献资料的理论分析，对其医养结合一体化的建设现状进行了调查分析，探讨了上海市养老机构“医养结合”模式发展中存在的一些问题，并提出了相应的对策建议。

关键词：医养结合；养老机构；上海

养老与医疗是和每个老百姓都息息相关的民生问题。现阶段，我国已经进入人口老龄化阶段。随着我国老龄化程度的不断加剧，老年人对医疗护理的需求与日俱增，而我国养老服务和医疗服务互不衔接，老年人的养老照料和医疗康复服务需求无法得到满足。2013 年我国出台的《国务院关于加快发展养老服务业的若干意见》提出，推动医养结合发展，探索医疗机构与养老机构合作新模式。2015 年 6 月，上海市政府召开专题会议，明确提出医养结合是本市养老工作中呼声最强烈、需求最迫切、社会关注度最高的问题之一，也是市委、市政府要求在推进社会养老服务体系建设中加大力度重点突破的问题之一。因此，推进养老机构的医养结合事业建设，是社会养老服务体系的重要一环，也是我们都应该关注的问题。

1　“医养结合”内涵

人们对“医养结合”的养老服务模式的理解也有差别。有人认为“医养结合”养老模式就是住院期间全程无家人陪护，医疗和生活护理相结合的全新模式。也有人认为“医养结合”养老模式是在医疗机构设立养老区或者由医疗机构定期派出医疗专家，在社区内进行老年病诊疗指导，提供灵活、及时的应急服务和技术援助。

总之，“医养结合”养老服务模式是区别于传统的养老服务模式，将医疗服务与养老服务有机整合，为老年人的医疗诉求提供便利，将医疗服务融合于日常养老服务中，提高了养老服务质量。从服务提供者来说，既包括传统的养老院、医院，还有护理院、社区医院、卫生所等。从服务对象来说，有健康老人，偶有疾病老人、失能失智老人等。从服务内容来说，既包

括传统养老院所有日常起居的照料，又有医院对于疾病的预防、治疗病后护理和临终关怀。

2 上海市浦东新区“医养结合”现状及问题分析

2.1 上海市浦东新区“医养结合”现状

截至2015年年底，上海市浦东新区养老机构近200家，床位数达3万张，比上年增加3%。浦东新区老年医疗机构（独立老年护理院、老年医院）共计16所，独立老年护理院床位数1 000多张。上海的“医养结合”模式正在积极探索的过程中，由于正处于起步阶段，“医养结合”模式还存在诸多问题和不足。

2.2 上海市浦东新区“医养结合”问题分析

2.2.1 政策双重性造成不公平竞争

上海公办养老医疗机构由政府主办，政府全额拨款，其大部分人员都有政府编制，在财政政策及其他优惠政策上具有得天独厚的优势。公办养老医疗机构起步早，在硬件设施建设、经营管理、服务水平以及地理位置上较民办养老医疗院都略胜一筹。而民办养老医疗机构，起步较晚，硬软件设施建设不足。政府不仅对民办养老医疗机构的财政投入少，相关的优惠政策也很少而且难以落实。就目前来看，国家对民办养老医疗机构仅在税收方面进行减免，但是在水、电、气上都是按商业标准而非居民生活类价格收取，同时在土地租赁和购置上并没有相关优惠政策。据了解，大多数新设的民营养老医疗机构均处于亏本状态，要完全收回成本最快也要5～6年。正因如此，民办养老医疗机构发不起工资、服务人员的工资偏低、人员的流动性大的现象普遍存在。

2.2.2 社会资本投入不足，行业缺乏竞争与监督

我国养老产业是近年来新崛起的朝阳产业，前景广阔，因此吸引了很多民间资本涉足。尽管如此，事实上民间资本在养老医疗行业的投资比重还是很小，与此同时，没有建立与整个养老医疗机构的发展相适应的竞争与监督机制。养老医疗机构的供不应求，使得不同养老医疗机构之间缺乏竞争，同时供给者必定会抬高价格，而由政府主办、价格适中的公办养老医疗机构床位缺乏，而价格较高的民办养老医疗机构则出现微小程度的床位闲置。此外，由于公办养老医疗机构的排队信息未实现公开化、透明化，为寻租、创租制造了机会，从而降低了整个行业的效率与公平。

2.2.3 养老医疗机构缺乏专业性从业人员，服务水平低

公办养老医疗机构与民办养老医疗机构相比，无论是在服务水平还是专业人员上均要略强一筹，但总体而言，上海养老医疗机构普遍存在专业从业人员缺乏、服务水平低下的现象。养老医疗机构的从业人员中获得相应从业资格证书的人数很少，这意味着大多数从业人员都属于未持证上岗。尤其在民办养老医疗机构，由于工资低、待遇差，无法吸引高素质的服务人员，很多人没有参加过正规的岗前培训，往往是边干边学，服务质量很难保证，甚至有的从业人员来自农村，缺乏专业知识和专业技能，从而降低了整个行业的服务水平。

3　完善上海市养老机构“医养结合”模式的对策建议

3.1　全国范围

3.1.1　合理规划并逐步完善养老医疗机构建设

各级政府要依照实际情况做好统筹规划，制定相应政策。各地方政府应该根据本地实际情况，在养老医疗服务方面加大资金投入，既要完善基础设施建设，从社区做起，完善卫生院、社区养老院等基层养老医疗服务机构，又要加强养老医疗服务行业的人才建设，如基层医疗服务人员进行定期培训，提升养老服务技能素质。

3.1.2　整合社会各方力量，促进全社会的参与

首先，呼吁社会各方力量进行捐款。鼓励广大群众、慈善家、社会组织对养老医疗机构进行捐款，并将捐款情况公开。这样做既能充分调动社会各方力量的参与感，又能引起社会对养老行业的重视。其次，组建志愿者服务团队，对其进行短期培训，定期去养老医疗机构对老年人进行助援服务。最后，由政府牵头，组建行业协会，规范行业规则，净化行业环境，对行业进行有效监督监管。还可以开设民间第三方监督渠道，推动行业进步和良好运行。

3.1.3　鼓励民间资本投资养老医疗产业

政府应鼓励及提倡民间资本的投入，大力兴办民办养老医疗机构。一方面，它能够有效地将财政压力向社会转移；另一方面，从长远的角度看，民办养老医疗机构较公办养老医疗机构体制更加灵活，发展更具活力，前者能有效地引进市场激励机制以及全新的管理办法。根据国际经验，在未来的养老医疗市场，民办养老医疗机构应当是养老医疗行业的主力军，并且会逐渐取代公办养老医疗院占据市场主体的地位；而公办养老医疗机构更多地是发挥收养失能和半失能老人的托底作用。

3.2　上海自身方面

第一，利用资源优势，打造有特色的医疗养老相结合的模式。上海优质的资源基础，是发展老年人医养结合模式的坚实基础。高水平医疗养老中心可以面向老人开展运动损伤、神经康复、骨科康复等较高难度的医疗养老健康服务。

第二，制定中长期发展规划。医疗养老业初期投入大，投资回收期长，早期税收不高，容易被政策忽视，一旦进入稳定期，不仅可以形成上海区别于其他城市的特色，而且能够提升地区层次，带动多种产业。因此，可以考虑通过政府资金投入、补贴、简化办事流程、设立专项资金等方式推动养老医疗产业的早期发展。在这个阶段不能求快，要稳打稳扎。

第三，扶持标杆企业，开设行业论坛，推动产业发展。坚持扶优扶强战略，加大对标杆企业的扶持力度，通过政策、渠道、资金等手段，扩大标杆企业知名度，形成在全国具有市场影响力的上海市标杆项目；积极承办上海市医疗养老健康论坛，充分对接国内外资源，鼓励更多的优秀企业进军上海；举办行业评比大赛，向社会推广理念先进、服务优秀的优质机构，树立行业标杆，使得行业走向优胜劣汰的良性发展之路。

第四，引进专业人才，打造产业坚实基础。以人才队伍建设为着力点，提升人员素质。一是加强以本地下岗职工和外来务工人员为主的养老医疗服务队伍建设，进行定期职业技

能培训测试，提升其服务水平和专业素质。二是在各个高校开设养老医疗服务相关专业，在各个职业学校开设相关专业，吸纳更多的新鲜血液进入本行业。三是重视薪酬体系建设，提高一线服务人员的薪资待遇，保证人才队伍的稳定性。

参考文献

[1] 胡忠林.高端养老产业发展对地方经济及养老体系的影响分析[D].上海：华东政法大学，2016.

[2] 李波.“养老医疗旅游”成上海建设新亮点[N].中国证券报，2013-08-16.

[3] 钱忱.产权式休闲养老社区设计研究[D].南京：南京工业大学，2012.

[4] 张厉.上海创办新型养老基地的可行性分析[J].现代经济信息，2010(16).

[5] 符莉.海南省养老保障的基本现状及主要任务[J].行政事业资产与财务，2012(19).

[6] 张献珍.城市化、老龄化背景下的养老医疗保障问题[J].人民论坛，2013(17).

[7] 王煜晨.智能化养老产业与养老医疗服务关系之研究[J].经贸实践，2017(1).

[8] 高峻松.扬长避短，发展上海医疗健康服务业[J].今日上海，2015(7).

[9] 孙雯苹，丁先存.公立医院医养结合模式可行性研究——以合肥市滨湖医院老年科为例[J].安徽农业大学学报(社会科学版)，2013(5).

[10] 屈芳.医养结合能否破解养老之惑[N].河南日报，2013-07-04.

本文发表于《求知导刊》2017年第10期。

论文作者：贺靖程　汪　涵　张诗韵

指导教师：洪　娜

“Yo 同学”校园服务平台的设计及应用

摘　要:随着科技的日益发展,为了向大学生提供学习便利,增加其校园生活乐趣,本项目旨在开发一款真实虚拟校园生活平台 APP。根据前期的问卷调查与实地采访结果,分别从用户属性、板块设置、虚拟“Yo 币”与会员四个方面切入,完成“Yo 同学”校园服务平台的设计。

关键词:虚拟校园服务平台;虚拟“Yo 币”;学习资源共享

1　项目现状

随着科技的日益发展,手机成为人们生活中必不可少的一部分,它在一定程度上取代了传统交往方式。大学生群体通过各大网络平台搜索资料,逐渐取代进图书馆查阅图书资料;通过各大社交软件进行人际交往,逐渐形成线上畅聊、见面无言的尴尬现象;通过观看网络课程,学习专业课程与其他课程,逐渐形成自主学习的风气。

随着网络虚拟平台的产生与发展,大学生群体习惯于将网络虚拟平台与其真实的校园生活相结合。

本项目通过研究大学生使用手机软件的习惯、喜好与生活需求,从而分析构建平台的最佳模式,帮助大学生实现现实生活便利化、虚拟生活真实化,点燃其高校校园生活的乐趣。因而,如何建立独家专业学习资料的分享网络、如何实现在兴趣学习中“人人为师”的目标、如何整合学习生活中诸如问卷调查、二手交易平台等板块等,是本项目研究中的重中之重。

2　调查实施

2.1　调查问卷

本次参与问卷调查的共有 1 000 人,其中以在校大学生为主,大一、大二学生各有 300 人,大三、大四学生各有 200 人。其中,女生人数为 589 人,男生为 411 人,回收问卷 843 份,回收率 84.3%。

调查显示:用户更偏好实用性强、操作方便、综合性强的 APP,希望校园类 APP 能够包含学习资源共享、课程表、校园活动及兼职信息发布等功能。其中,对于学习资源共享版块的需求最大,有 486 位同学选择该项,与我们团队“人人为师”的理念不谋而合。

在学习资源共享平台的问卷部分中,79.41%的同学表示愿意在平台上进行分享,且对于视频、图文、文字三种分享方式都表示可以接受。而 94.12%的同学表示愿意在平台上进行学习,且更偏好视频形式。分享者与学习者双方对于学习资源共享平台的接受程度,促使我们更有信心去打造一个平台,为在校大学生的线上学习资源交流和技能分享提供可能。

与此同时,为了打造一个更综合、高效、便捷的校园服务平台,我们也针对现今市场上普及程度较大的两个平台设计了相关问卷。在对于"超级课程表"APP 的调查中,78.43%的受访者使用过该 APP,对于其版块的了解仅限于课程表、小纸条(聊天)、成绩查询等功能,而在使用时,则仅限于课程表及成绩查询。可见"超级课程表"对其辅助版块的推广有所欠缺,将功能局限在了课程表上,没有打造一个综合性较强的校园 APP。在对于"易班"平台的调查中,仅 45.1%的受访者使用过该 APP,主要使用其投票功能。可见,"易班"在宣传推广方面有所欠缺,同时在用户体验上也待改进。由此,我们在设计本平台主要版块、辅助版块以及操作界面设计时,都借鉴了这两个平台的经验。

2.2 沙龙访谈

项目中期,我们邀请了前期参与问卷调查且对本项目有兴趣的同学参与我们的创业沙龙,在项目负责人简单介绍产品现状后,大家畅所欲言,提出了 16 条建议(见表 1)及 5 条提问(见表 2)。

表 1 沙龙建议表

序号	建议内容
1	在实名认证时,可与学校教务系统绑定,支持学号登录
2	以 APP 为主,用时开设公众号,提高使用便捷性
3	设立部门群、班级群,便于管理事务(如会议通知等)
4	加入课程表功能,进行上课提醒(尤其选修课)
5	地图界面不要集中在同一个界面上
6	用户有选择自身课程信息是否对其他同学可见的权利
7	可以对家长开放部分功能
8	针对不同的用户属性设立不同的操作界面
9	加入学校常见业务办理流程提示(如租借教室等)
10	推广时,可以发布干货吸引新生群体
11	设立会员制,鼓励各组织及时发布一手信息、资料
12	对于将学习资源分享至平台的行为给予积分奖励
13	产品定位要明确,不要偏离理念及主要板块
14	注重用户黏性,保证一定的浏览量
15	与利益相关方协商(如引入学校教务系统)
16	注重信息安全,保证用户隐私

表 2　沙龙问答表

序号	问题	解答
1	教师是否愿意将联系方式公布在平台上？	教师联系方式仅对所选课程同学开放
2	虚拟币、积分制度是否过于混乱？	虚拟币、积分使用方向并不相同，原则上不会混乱，但这一设置会进行调整
3	如何避免私聊时广告、骚扰信息出现？	严格控制，只有加为好友才能进行私聊，同时可利用举报功能
4	如何审核分享的课程？	发布前：学习资源会经过审核；发布后：用户可对不良课程进行举报
5	是否有必要对课程进行打分？是否会影响学校开设选修课的意义？	开设课程印象板块，是为了促使同学更好地了解课程内容，保证信息对等，从而选择真正感兴趣的课程

2.3　同类 APP 案例分析

（1）“超级课程表”软件。它被称为是一款针对大学生的最实用的校园应用，通过快速登录高校教务系统，自动录入课表，收录千万节课程信息，可以实现校内跨院系任意蹭课。软件推出后，顿时风靡高校校园，近期，它更是趁热打铁推出了新的应用板块，并提出了一个理念为：上大学，一个 APP 就够了！然而，它的新应用收效甚微。甚至有很多使用者根本不清楚它新推出的内容。不过，其理念则与我们的项目“Yo 同学”不谋而合，皆在打造一个全方位便利高校校园生活的服务平台，不同之处在于该软件主打便利的课程表服务，而我们的项目则是以学习资料分享为主要特色。

（2）“易班”网。它的设计定位在于提供教学、生活服务、文化娱乐的综合性互动社区，加入了为在校师生定制的教育信息化一站式服务功能，并支持 Web、手机客户端等多种访问形式，在各大高校中设立了学生工作站。

作为大学生，我们对它的存在深有感触。我们期待项目“Yo 同学”在未来实施后，也能达到甚至超越它使用的广泛性，将便利的学习资料分享平台提供给每一位高校学生。但是，易班也存在着它的缺点——持久使用性较弱。它的强广度、弱深度的特点是我们项目需要避免的一个方面，并在项目中期研究中对其进行深入分析。

3　产品概要设计

3.1　用户属性设计

在注册阶段时，“Yo 同学”仅支持手机号捆绑注册，不支持第三方平台绑定注册，以此来限制用户在最大程度上完成“一人一号”的标准。“Yo 同学”校园服务平台目标用户为在校大学生，但同时也接受校外企业、校内社团组织的认证注册，并接受其他用户以游客身份暂时浏览详情。不同用户属性将对应不同的浏览权限，如学生认证可拥有全部权限的开放；校外企业仅可在兼职板块发布信息；校内社团组织可在学习资源共享板块、兼职板块、校园活动发布板块等进行活动;而游客身份的用户则仅能看到校园活动板块的部分内容。

3.2 板块设计

3.2.1 主打版块:学习资源共享

主打版块以"人人为师"为理念,它是整个"Yo 同学"校园服务平台的核心版块。在该版块中,用户可以以视频、图文或纯文字等形式,分享自己的学习资源。其他用户则可以通过搜索学习资源的具体名称或查看大类找到自己感兴趣的学习资源,实现资源的共享。而分享者作为 UP 主也能够得到其他用户的 Yo 币打赏,鼓励其分享资源的积极性,通过良性互动打造一个良好、健康的学习资源共享平台。其中,学习资源并不仅仅局限于专业课的学习,"Yo 同学"是一个多元化的校园服务平台,其学习资源的分享还拓展到生活技能学习、特长学习、兴趣学习等方面。

3.2.2 辅助板块

(1) 教师/课程印象。在学校里,学校对选修课程没有详细的介绍,导致学生选课的盲目性。通过该版块,同学们可以对修过的课程及任课老师进行评价,评价内容包括课程内容、教师的授课方式等。有兴趣的同学能够进一步了解课程及任课老师,避免盲目选课。

(2) 兼职信息。该版块的信息来源分为两部分:一部分为校内兼职,如校内店铺摆摊宣传、发放传单等;另一部分为校外兼职,需要校外企业通过认证后进行兼职信息发布。我们致力于为高校学生打造一个健康、平等、安全的兼职平台。

(3) 校园活动一览。该板块主要由认证的学校部门、社团进行发布,第一时间将学校内的活动发布在校园展览板上,使同学们可以自行选择并参加感兴趣的活动。同时,本版块也会对家长用户开放,能够让家长们了解大学生活。

(4) 聊天。聊天板块分为私聊及群组聊天两个部分。在私聊部分中,为了保护用户隐私,也为了避免广告骚扰,本平台将采取"仅好友可私聊"的方式,用户在提出好友申请后,必须经过对方同意方能成为好友,进行私聊;在群组聊天部分中,群组创始人身份必须为班级或部门或社团,群组可用于班级课件分享、通知发放,以及部门和社团的通知发放等。

(5) 问卷分享。我们通过该版块对问卷进行整合。用户可以在此发布问卷,并且对调查对象进行设置(如只针对大二同学开放问卷),完成问卷调查者则可以根据发放问卷者的悬赏而获得一定的 Yo 币奖励。

(6) 礼品兑换。用户可以通过共享学习资源、完成调查问卷等形式赚取 Yo 币,而 Yo 币则可以用来在本平台礼品屋中进行礼品兑换。

3.3 虚拟币设计——"Yo 币"

本平台设立虚拟币——Yo 币,作为对用户分享资源、完成问卷的奖励,用于打赏发布者、礼品兑换等。Yo 币的具体使用范围和获取方式在下文详述。

在学习资源共享板块,用户可以作为发布者上传不同领域的学习材料,并获得相应的系统奖励;同时,其他用户可根据自身偏好,为喜欢的、认为有价值的分享进行 Yo 币打赏(有上限),而打赏 Yo 币的 10%(针对普通用户而言)会由系统直接返回至发布者账户中。

在兼职信息发布、校园活动发布、问卷发布三大板块中,用户可用 Yo 币作为悬赏奖励,也可用于在这些板块购买置顶券、醒目券等道具;在礼品兑换板块,Yo 币可以用来兑换系统提供的各类礼品。Yo 币的获取方式,普通会员可通过每日签到获取,第一天签到奖励 5Yo 币,随后连续签到会有相应奖励,但上限不超过 50Yo 币。

3.4　会员设计

(1) 会员概述。本平台作为服务型平台,内设学习资源共享、问卷分享、兼职信息发布、聊天、礼品兑换及道具购买等板块,其中不少板块涉及收费项目。为了提高用户的使用体验,赋予用户更多的权益,同时为了提高用户黏性,本平台特开设会员办理。

(2) 会员收费。本平台会员以会员时长作为收费标准,分为以下五个档次(见表 3):

表 3　会员充值表

会员类型	套餐编号	会员时长	原价(元)	优惠价(元)	额外赠送
普通会员	1	1 个月	15	15	无
	2	3 个月	45	40	无
	3	6 个月	90	68	80 经验值
超级会员	4	12 个月	180	108	200 经验值

(3) 会员升级。收费后,默认会员等级为 1 级普通会员/超级会员,升级需要通过用户每日登陆 APP 进行签到,赚取经验值,会员等级越高,所享受的特权越多,同时在每日签到中所获取的 Yo 币也更多。普通会员每日签到获取 5 经验值,超级会员每日签到获取 10 经验值。

会员一旦过期,则保留会员等级一个月,一个月内进行充值,可恢复会员身份;若一个月内未充值,则从第二个月起,每天减少 5 经验值。

(4) 会员特权。会员特权包含以下几点:

第一,通过"每日签到"所获取的 Yo 币数量多于普通用户,同时享有相应会员等级的"补签卡"。"学习资源共享"板块中,会员作为发布者,获得打赏时,返还发布者的比例高于普通用户;会员作为学习者,对于精华板块的学习资源(对普通用户收费)"超级会员"可免费获取。

第二,"问卷发布""兼职信息"板块中,三级及以上会员发布的问卷标题可以设置为彩色醒目字体。

第三,"聊天"板块中,三级及以上会员可以使用会员专享表情包及对话框样式。

第四,"个人资料"界面,三级及以上会员可以使用会员专享装饰(如模板、卡片等)。

第五,"礼品兑换"板块中,会员可以享有相应等级的会员折扣。

第六,"道具购买"时,会员可以享有相应等级的会员折扣。

具体会员等级及对应所享特权如表 4 所示:

表 4　会员特权表

会员等级	经验值	签到所获 Yo 币（下限—上限）	补签卡数量/月	返还打赏比例	标题彩色字体	会员专享表情包、对话框、装饰	礼品兑换折扣	道具购买折扣
Lv. 1	0	10～100	0	12%	无	无	98 折	98 折
Lv. 2	300	20～200	1	15%	无	无	95 折	95 折
Lv. 3	700	30～300	2	18%	有	有	92 折	92 折
Lv. 4	1 100	40～400	3	20%	有	有	89 折	89 折
Lv. 5	1 600	50～500	5	25%	有	有	85 折	85 折

4　产品总结

“Yo 同学”校园服务平台以大学生群体的校园需求为出发点，力争构建一款真实的虚拟校园生活平台。网络虚拟平台是社会发展必然趋势的产物。因此，本产品的研发有其存在的必要性和市场价值。

本产品坚持“人人为师”的核心理念，鼓励用户分享自己的一技之长，从而令分享者获得成就感与满足感。同时，完善的奖励制度能够促使用户自主淘汰低质量的共享资源。此外，线上分享的低成本优势与本平台提供的隐私保护更是用户选择本产品的另一原因。

本产品以学习资源共享为主打板块，如包含专业课学习、兴趣培养等，以及其他学习需求为辅助，如问卷调查、课程与教师印象等，充分整合各类学习需求，促进学生的全面发展。

基金项目：本文受上海立信会计金融学院 2016 年大学生创新创业训练计划项目（编号 201611639071）资助。

该文发表于《求知导刊》2017 年第 9 期。

论文作者：林　晨　任菲儿　王　朝　陈志业

指导教师：李星星

社区养老的新助手

——“养老时间银行”的建立

摘　要:在人口加速老龄化、高龄化,家庭小型化、少子化趋势中,传统的家庭养老难以维系。社区养老模式应运而生,并逐渐形成社区养老与居家养老相结合的新模式。在人口老龄化、高龄化不断加剧的趋势下,未来的养老服务需求上升是大势所趋,仅依靠政府及个人来提供养老服务显然是力不从心的,而购买养老服务的费用又不是每个家庭能够承担的。因此,通过“养老时间银行”,鼓励更多人加入养老服务,缓解老年人在养老院时因远离家人而产生的孤独寂寞之感,同时,将他们的服务时间进行储存,提高其养老服务参与的积极性,也为自身的老年生活提供更多的保障。

关键词:养老模式;时间银行;新型养老

1　引言

根据人口的发展规律,老龄化日趋成为每个国家不可避免的社会性问题,根据国家统计局相关数据,预计 2021—2030 年年均新增老年人口 1 260 万人,2031—2050 年年均新增老年人或达 522 万人,虽增速有所下降,但高龄化现象逐渐明显。显然,人口的老龄化,尤其是高龄化趋势已不仅仅引起养老金的消耗,它将带来更多的社会问题,其中最突出的便是高龄老人的养老服务问题。

我国自 1999 年步入老龄化社会以来,人口老龄化加速发展,老年人口基数大、增长快并且呈现高龄化、空巢化趋势,需要照料的失能、半失能老人数量剧增。由于我国世代沿袭下来的居家养老传统,很多老年人选择在家养老,社区养老的需求越来越大。而“养老时间银行”恰恰满足了这一部分人的要求,不仅充分利用了社会资源,而且极大地缓解了养老院在资金、基础设施、服务项目等方面的压力。此外,在传承互助共赢的民族精神、促进社会保障的完善上也有十分重要的意义,而且参与者之间可以形成良性循环。我国最早的“养老时间银行”成立于上海。1998 年 4 月,上海市虹口区提篮桥街道晋阳居委会率先建立了“养老时间银行”,倡导参与者通过累积的服务时间来换取自己年老后的养老服务时间。1999 年,北京市朝阳区潘家园区松渝里第一居委会发起“养老时间银行”;同一年,广州寿星大厦为志愿服务其他老年人的健康老人设立“养老时间银行”。随后,重庆市沙坪坝区天星桥街道小正街社区、南京市建邺区滨湖街道兆园社区、黄山市屯溪老街社区等许多城市社区,纷纷建立了以社区为基础,把老年人作为重点服务对象的"养老时间银行"。

2 现状分析

目前我国主要的养老模式以居家养老为主,与社区养老相结合。受传统观念的影响,老年人更倾向于家庭养老,这让他们有家庭归属感与安全感,问题也由此产生。由于老年群体的特殊性,他们在生活自理等方面有一定的需求,如患有老年疾病的老人需要专业的护理以及饮食上的调理等。这些需求在家庭养老过程中并不能充分满足。与此同时,家庭中的子女忙于工作和家庭,面临职场的竞争压力和下一代抚养的双重问题,疏于和缺乏对老年人在生活各方面的重视与关注。

社区养老从一定程度上缓解了家庭养老的压力,但是由于社会生活水平的不平衡,各个地区的社区养老服务参差不齐。一方面,有优质健全设施保障的社区养老机构往往需要严格的入住条件,在经济、年龄、健康状况上限制了老年人的入住权限;另一方面,缺乏入住资质的社区设施简陋,在医疗卫生方面都不足以满足老年人的养老需求。所以,目前形成了社区床位紧张,入住率又不高的看似矛盾的局面。

从老年人的护理与日常照顾来看,其重要性已经无法忽视。从需求与供给的平衡来考虑,老年人养老服务护理工作需要大量的专业性人员以及硬件等其他配套设施来满足老年群体在生活、医疗、娱乐等方面的需求。然而,愿意从事老年护理的人群却少之又少。人力资源的稀缺性限制了社区养老的功能发挥,另外,社区养老只能保证老人的居住、饮食等生活条件,但是医养结合的措施并没有充分落实,当老人生病时,社区人员更多地选择联系老人的子女将其送至医院,所以社区养老的一条龙服务还不够健全。

受敬老、爱老的传统美德的教育,学校、单位等社会组织会定期去往各个敬老院、养老院,给予老人关怀,丰富他们的生活,这无疑是值得人们赞扬并应身体力行的行为。然而,对于老人来说,这种关怀却缺乏一个持续的动力机制,应该给予老人社会归属感,而非被社会抛弃的孤独感。所以我们鼓励年轻人要留一定时间去拜访老人,以结对子等形式给予老人关怀与照顾,将服务时间累积存储在个人账户中,当这些年轻人老了的时候,他们也将同样享受到这一福利。我们了解到,国内对于志愿者参与居家养老,仍然处于起步阶段,尚未成型。我们在实际调查与实践中,感觉受访者对于志愿者服务并不是很了解。另外,受传统观念的影响,人们对护理志愿者这一群体多抱有戒备的心理等。

3 项目调查过程及结果

3.1 前期准备

第一阶段项目小组成员经过讨论后设计了两份问卷。一份是关于现如今子女在养老方式选择上的倾向的调查问卷。问卷涉及是否为独生子女、对赡养老人责任的看法、在对待"空巢老人"方面的相关问题等十五项问题。另一份则用来调查大学生志愿服务意向。同时,我们查询相关资料,充分了解我国目前在养老方面出现的问题,以便有针对性地优化这一项目。基础工作完成后,小组成员分工协作。其中,两位成员首先在学校范围内发放近

300份纸质版问卷，同时在微信平台上转发电子版问卷，得到了100份已完成的问卷。与此同时，另两位成员广泛收集各种资料，之后对问卷和资料了进行整理和简单的分析，最后对调查结果反映的问题汇总和总结。

第二阶段小组成员分别联系了学校的青年志愿者协会和学校附近的一家敬老院，说明了相关情况后，对方十分乐意合作。同时青协会长向协会成员讲了这件事情后，随即就有几位同学积极报名想要参加之后的志愿者活动。

第三阶段项目小组成员探讨了志愿者服务时间储蓄问题。“时间储蓄”的计量作为经济问题，需要解决能否计量、谁来计量和如何计量等一系列问题。时间储蓄不同于货币储蓄，现在的劳动时间与将来的劳动时间即使相同也不等值。而且劳动时间难以正确地反映劳动的强度和服务的质量，如要进行换算，也会十分的复杂。经过激烈的探讨，小组成员一致认为设计出一张时间储蓄卡是非常有必要的。时间储蓄卡上除了包含姓名年龄等基本信息外，还应包括服务内容以及相应的换算分数，达到相应的分数后之后可以获得相应的服务。

3.2　实施过程

在前期准备中，我们制作问卷、联系养老院与学校社团、通过制定志愿者筛选机制初步形成志愿者团队。通过前期较完善的工作，了解了现今子女在养老方式选择上的倾向以及老年人口的分布情况、大学生志愿服务意向等相关数据；初步建立合作意向、建立“时间储蓄”系统，使每一位志愿者都拥有自己的时间储蓄卡；购买物资，用于志愿者对账户上的积蓄进行兑换。

在中期，我们最重要的任务是扩大团队规模，细化团队分工，同时使项目自身逐渐有一定的知名度，使志愿者规模能涵盖各个高校的学生。使该项目走出校门，与企业合作，鼓励更多的人加入志愿者队伍中，使该平台推广至社区，通过社区开通另一条招募志愿者的渠道。

项目实施及调查结果显示，养老服务供求双方对“养老时间银行”的模式比较认可，也肯定其创新性，但具体的操作流程、网络信息化平台的构建是这一模式持续发展的重要保障，因此，需要不断完善系统建设，需要政府、社区养老服务机构、志愿者三方共同努力。

为了持续的发展，我们正在开发更多平台项目。平台在后期会建立志愿者档案库，记录志愿者的文凭、工作经验、特长等信息，即人才集散中心。企业可以在这个仓库中寻找合适的求职者，减少人力成本，同时也帮助需要工作的志愿者找到合适的工作，而我们从企业的中获得更多持续的赞助，也能吸引更多志愿者。

4　“养老时间银行”养老服务模式的发展前景

目前，随着我国老龄化程度的加深，国家开始重视并大力倡导“养老时间银行”，“养老时间银行”的发展迎来了机遇，但也面临着挑战。

4.1　迎来了机遇

(1) 国外借鉴经验丰富。“养老时间银行”起源于1980年，在美国、日本、瑞士、德国等国家（地区）已经形成了较为成熟的发展模式，其中的典型代表包括瑞士的公众“养老时间银行”、美国的“时间币”组织、日本的“照护门票”系统、中国香港的“时分券”等。以瑞士为例，瑞士的“时间银行”由联邦社会保险部开发，公众可以将自己的服务时数存入社保系统的个人账户内，待自己有需求时再从中进行支取。对于那些已经把时间“存起来”，但最后由于各种原因，如住进养老院等，没有使用“时间”的老人，也可以把这些小时数折合成一定的奖励。这样的模式既规范了“时间银行”的管理，又保障了“储户”的权益，促进了公众对互助型养老服务的大量参与。中国可以在结合国情的基础上，借鉴国外类似的先进经验，完善对社区“养老时间银行”的运作管理。

(2) 技术支持增强。大数据时代的到来为“养老时间银行”的信息化建设带来了新的机遇。长期以来，社区在技术不足、人员不足等因素的限制下，采用手工方式和纸质材料来记录和保存服务信息，管理效率十分低下。如今，随着“互联网+”思维的发展，“时间银行”已经开始建立自己的信息平台，以洛阳天元社区为代表的一批“时间银行”开放了网上注册系统，方便了互助服务信息的发布、获取与对接。随着科技的不断发展，现代通信、互联网、智能呼叫等现代技术相互整合会进一步推动“养老时间银行”互助服务支持系统的建设，包括手机客户端APP、一卡通管理系统、呼叫援助服务平台等，促进互助志愿服务工作的规范化管理，推动互助服务的可持续发展。

4.2 面临的挑战

(1) 服务时间的衡量及兑换问题。这是“养老时间银行”中比较有创新的一点，但也是其在实践中遇到的最棘手的环节。建立一个科学有效的计量机制以及公平公开的衡量标准是促进“养老时间银行”被广泛接受的关键所在。由于互助服务内容和种类的多样，涉及不同的劳动水平和复杂程度，如果只依靠时间的长短来计量劳动价值，明显会存在一种利益博弈行为，会驱使人们用所含价值量较低的等时长来换取价值量较高的服务，从而造成价值量不对等的状况，这与“养老时间银行”发展的初衷相背驰。此外，时间长度的界定仍然存在争议，参与互助的时间如何更准确地计量，需要一套较为完善的监督机制。

(2) 缺少政策性引导，发展前景不容乐观。目前，我国的“养老时间银行”多由小规模的民间组织运作。由于缺乏制度规范，“养老时间银行”存在运行质量不高、组织稳定性不高、社会信誉不高等问题。造成这些问题的主要原因在于，目前我国尚未出台正式文件来推动时间银行发展。“养老时间银行”在实质上属于志愿领域，理应由民间组织推动，但以“养老时间银行”在我国的发展现况来看，仅靠民间组织的力量远远不够。“养老时间银行”的健康发展需要依靠国家主导，通过制定相关的政策和制度，自上而下地全面推进，并运用一定的公共资源予以保障。

参考文献

[1] 向艳玲，钟文娟，等.护理志愿者参与居家养老护理的研究进展[J].全科护理，2018(13).
[2] 夏辛萍.中国互助养老“时间银行”本土化发展历程及经验反思[J].中国老年学杂志，2017(22).
[3] 夏辛萍.时间银行：城市社区养老服务的新模式[J].中国老年学杂志，2014(10).
[4] 林欢欢.试论社区“时间银行”的发展困境和对策[J].社会工作，2012(12).
[5] 马贵侠.论“时间银行”模式在居家养老中的应用[J].南京理工大学学报(社会科学版)，2010(06).

[6] 丁安祥.老年人的福音　青壮年的义举　社会的保障——评说社区助老服务“时间储蓄”[J].民政论坛,2001(01).
[7] 孙彦东,杨国军,刘素婷.再社会化视角下我国老龄志愿互助养老的组织与管理[J].改革与战略,2017(02).
[8] 刘欣.我国互助养老的实践现状及其反思[J].现代管理科学,2017(01).
[9] 刘鑫.时间银行——循环互助的社区养老新模式[J].法制博览,2016(15).
[10] 蔡婷婷,曹梅娟.国内外时间银行下的互助养老模式研究现状[J].护理学杂志,2016(10).

该文发表于《知识-力量》2018 年第 15 期。

项目成员:徐惠敏　张文菁　刘慧娟　丁　晨
指导教师:凌　云

浅析“互联网+”环境下的新税务

摘　要：随着税收征管模式的不断改革，互联网在税务领域中的持续应用，税务服务、税收征管进入了一个全新的时代——“互联网＋”时代。由于中国国情的独特性，“互联网＋税务”的开展伴随着一系列的机遇与挑战。本文基于我国税务信息化的现状，分析了“互联网＋”时代背景下税收征管所面临的挑战与机遇，提出了打造适合中国国情的“互联网＋税务”模式的建议举措。

关键词：“互联网＋”税务；应用与发展；大数据

信息化和全球化不仅带动了经济社会的超前发展，也为政府管理提供了许多便利，税收征管和税收服务便捷性的增强就是很好的体现。国家税务总局王军局长提出要在2020年基本实现税收现代化，李克强总理也在《政府工作报告》中提出制定“互联网＋”行动计划，将“互联网＋”运用到国家发展战略。在此环境下，税务部门应提高信息化水平，为纳税人提供便捷服务，不断提高税务部门自身管理水平，进而不断优化“互联网＋税务”体系。

1　“互联网＋税务”概述

1.1　前提

随着2013年“营改增”试点地区的不断扩大，税务部门办理纳税申报及缴纳业务爆发式增长，造成了办税服务厅工作量增大、办税资源短缺的问题。同时，纳税人也需要办税成本较低、方便快捷的办税平台。党的十八届三中全会通过的《中共中央关于全面深化改革若干重大问题的决定》中，在“深化财税体制改革”部分明确提出要“逐步提高直接税比重”。基于我国的独特国情——海量的纳税人，增加直接税就显得尤为困难，于是便需要一个能够承载巨大纳税人量的税收征管模式，税收发展的需求亟须税务与互联网的融合，需求和改革的推动力促进了“互联网＋税务”模式的形成。

1.2　概念

“互联网＋税务”本质上是税收信息化的一种高端的形式，也是今后逐步提高直接税比重的一个重要前提。其凭借着先进的技术平台，为纳税人提供定制、个性化的服务，实现零距离服务，满足税务机关税收管理的多样性、便利性、科学性。“互联网＋税务”为智能税务提供了可能，其将传统税务和互联网融合，超越时间和空间限制，使纳税人可以在合适的时间、地点，无纸化办理各项涉税事务，税务机关可以超越需求导向的服务体系的限制，依托大数据分析来指导精确的智能管理。“互联网＋税务”决不局限于网上申报、远程抄报税的运用，而是旨在运用互联网云计算、大数据，跳出限制地对纳税人进行更有效的税收监控，降低税收风险，保障国家税收收入，这不仅是互联网和税务的简单相加，而且能充分发挥智能化的潜力和作用。

1.3　"互联网+税务"所处的发展阶段

到目前为止，我国多省市已经全面开通了电子税务局和掌上办税服务厅的两种纳税新途径，纳税人通过客户端进行网上申报、缴税、开具发票。利用互联网、图像识别、电子签章、CA 数字证书、短信验证等信息技术，形成以网上办税服务厅及手机 APP、自助办税终端等载体为纳税人提供办理涉税事项免于报送纸质资料的模式。2017 年，重庆国税电子税务局实名注册用户 130 万，纳税申报、发票代开和发票领用认证网上办理率超过 90%，在运行一年多时间的时间里，累计访问量达到 3 096 万人次，办理业务 815 万笔。2015 年深圳国税联合腾讯推出"微信缴税"，2016 年成为首个上腾讯云的税务局，2017 年打造微信税务局，推出了微信缴税、微信代开发票、微信处罚等功能。无纸化网上办税可以说是覆盖了全国各地。但是我国"互联网+税务"进程仍处于干线阶段，为实现主路阶段，仍需要解决一些问题。"互联网＋税务"的发展特点如表 1 所示。

表 1　"互联网＋税务"的发展特点

"互联网＋税务"发展	桥梁阶段	干线阶段	主路阶段
阶段功能	催化税务部门改革发展	指导税务部门的工作方向	实现大数据、云计算智能管理
互联网对税务	沟通	影响	主导

2　推进"互联网+税务"面临的挑战及建议措施

2.1　大数据应用

政策评估、税源分析、纳税遵从、征管状况、绩效管理作为金税三期工程的管理决策模块，常常依赖于分行业指标、分税种指标以及延伸出的指标组合、联立指标特征库，但指标法本身就存在缺陷，挖掘深度不够，结果的准确性、区分度不够高，加重了税收征管工作量，其反馈情况不是特别令人满意。从管理上看，由于信息量不够大、分析不够、系统不支持导致以前的政策制定、税收征管无法以数据为中心。而且各部门之间的大数据平台尚未完全建立，对大数据的利用也仅仅停留在数据分析阶段。

对此，应以解决问题为导向，组成"目标任务、组织数据、构建模型、结果评估"的综合闭环系统，让大数据分析源源不断地输出价值。了解国家经济政策，关注税收工作动态，将问题划分为可解决的块落，在组织数据时充分掌握基本集数据：税务登记信息、申报征收发票信息、凭证账本财务信息、围绕企业生产经营产生的最原始信息。在构建模型时除了运用经典方法之外，还应关注利用神经网络、决策树、boosting、bagging、随机森林、贝叶斯网络等以机器学习为主的方法，发挥其不受数据体量、指标数量的限制，容忍度较高的特点，顺应大数据需求，并可通过 connect the dots 对纳税人信息进行开发，实现税源的开发，建立源数据库来实现税务数据的跟踪，有效提升服务质量。

2.2 跨部门合作、数据分享

国税局、地税局的合并不仅为资源信息的整合提供了良好的环境，然而契合的整合需要时间，而且跨部门网络平台合作不仅局限于国税、地税系统，还应该和工商、海关、银行、统计等多部门建立合作关系。一直以来，税收数据分散于独立的系统之中，数据产生了隔离，仍然缺乏全国统一规范的信息应用系统平台和技术深度融合的标准。

据此，建立统一的税收数据信息应用平台刻不容缓，这对大数据的收集整合与分析、跨部门网络合作都有着极为重要的影响。从微观上来看，无需再通过发函、回函的方式来取得其他部门的数据资料，提高了税款足额征收率，降低了经济成本。为了打破金字塔状的组织构造，电子税务局的建设必须做好顶层设计，由税务总局统筹实施，提供统一规范的电子纳税服务以节约政府资源，建立以流程为中心的由多个工作团队或节点组合而成的扁平化网状组织结构。

2.3 法律政策

随着大数据、云计算在税收领域中的发展，税务部门取得政府部门以及第三方涉税信息的权利缺乏明确的法律支持，税务部门与其他部门产生了沟通困难，无法对第三方信息进行有效分析和充分利用，且在各地实施“互联网+税务”的进程中，会出现一系列纳税人需要法律政策支持的问题。例如，针对互联网纳税申报信息不对称引起的纠纷问题以及因“互联网+税务”透明性的特点造成的纳税人的隐私保护问题，使纳税人的权利受到了潜在的威胁。因此，政府应及时出台相应政策，保障保证纳税人的权利，加强对纳税人的隐私保护，建立统一的纳税人信息反馈机制。

3 总结

目前我国税务信息化已有了一定的进展，对“互联网+税务”方法应用的探讨众说纷纭，结合互联网与时代的适应性，我认为“互联网+”不能改变税收的固有属性，仅仅是一种时代发展的催化剂。如何正确地认识“互联网+税务”，怎样循着“互联网+”这种模式循序渐进地进行改革，都要以征收管理服务纳税人为基础，形成采集、调度、管理、供应、服务为一体的纳税管理模式。

在“互联网+税务”经历了一系列创新和改革后，对技术的革新、信息的统一、政策的制定，对企业和个人运用“互联网+”体系来开展报税纳税管理的指导，在“互联网+税务”的进程中都是需要解决和深入考量的。未来如何探讨“互联网+税务”的模式，还需进一步依据社会实际和技术的发展，在机遇中前进。

参考文献

[1] 孙存一.纳税遵从风险分析方法研究[D].北京：中国人民大学，2016.

[2] 上官鸣，郭清韵，曾徽.浅析“互联网+税务”的应用和发展[J].法律与税务，2016(2).
[3] 张秋虹.大数据时代“互联网+税务服务”模式的新契机[J].山西煤炭管理干部学院学报，2016(2).
[4] 刘威威，黄诗睿.拥抱“互联网+”改造税务传统模式——访中国人民大学财政金融学院教授、博士生导师朱青[J].中国税务，2015(8).
[5] 刘建徽，周志波.整体政策视阈下“互联网+税务”发展研究——基于发达国家电子税[J].宏观经济研究，2015(11).
[6] 蔡立辉.整体政府：分割模式的一场管理革命[J].学术研究，2010(5).

本文受到上海立信会计金融学院2018年度国家级创新创业训练计划项目的资金资助，在此致谢。

该文发表于《环渤海经济瞭望》2018年第8期。

论文作者：蒋露怡

指导教师：李　艳

自媒体时代大学生创新创业的机遇与挑战

——以运营实习公众平台为例

摘　要：政府鼓励在校大学生进行创新创业，并且不断出台优惠政策，以创业增加工作岗位来带动就业。在这样的社会条件下，越来越多的毕业生开始将目光转移到创业上。自媒体是这个时代最受关注的热点，很多大学生依靠互联网实现自己的创业理想。但每个行业都有自己的优劣，大学生创新创业道路依旧艰辛。本文基于笔者运营“专注上海实习”微信公众号的创业实践，分析当前大学生在自媒体时代下创新创业中存在的机遇与挑战，并提出切实有效的对策和建议。

关键词：大学生创新创业；自媒体；微信公众平台

2018年全国高校毕业生预计上升至820万人，再创近10年毕业生人数新高值。“95后”个性鲜明，对未来的选择也有更多想法，传统的创新创业方式已难以满足当前大学生的需要。“十三五”规划中明确提出了“互联网＋”计划，大力推进互联网在社会生活上的应用与发展。基于微信公众平台受众广、针对性高、时效性强的特点，大学生可将微信公众平台作为创业的起点。

1　自媒体时代大学生创新创业的机遇

微信公众平台作为微信的一个内置功能，于2012年8月正式上线，目前平均使用用户达到9亿人，大学生几乎人人都在使用微信这一方便快捷的通信软件，大学生以运营公众平台来进行创新创业存在自媒体时代特有的优势。

1.1　操作简便，满足了大学生兼职创业的时间要求

申请一个微信公众号，此后便可根据平台的相关提示进行前期建设和后期运营，十分快捷。微信使用主要依靠手机、平板电脑等，消息推送不受时间和地域限制，只要拥有移动设备，使用微信的大学生随时能够在有无线网络信号的地方收到实习信息推送。微信平台的超时空性极大地避免了部分学生由于个人原因错过接收信息的问题，让运营者和大学生都感受到新媒体时代信息传播和接收的便捷，这也大大提高了效率和用户的体验感。就“专注上海实习”的运营而言，我们每天只需在手机或者电脑上利用短暂的半个小时时间，进行相关信息的整理和推送，就能完成公众平台的日常运营，不会占用课程或其他学习的时间。

1.2　创业费用低，符合大学生创业的财务状况

运营公众平台几乎不需要资金成本，只需身份证件号和一台电脑或者一部手机就可以

开创运营，这极大地符合大学生财务状况不佳的特点。我们"专注上海实习"公众号在创立时几乎没有花费任何财力，还在申请上海市、学校创新创业项目后得到政府和学校的资金和技术支持，解决了公众平台后期的支出问题。

1.3　智能手机的高普及率给大学生创业带来庞大的用户群

早在2014年中国移动APP使用量已经超过PC端，2017年全国活跃的智能移动设备达到11亿部，而微信和WeChat的月活用户数已达9.63亿，适龄人群几乎都成了移动互联网用户，可以说手机的普及，给大学生自媒体创业带来了庞大的用户群体。并且，用户接收到微信公众号的推送后，可以将其转发至好友、微信群或者朋友圈，一次次地转发相当于进行了用户本身的二次推广。对于"专注上海实习"公众号的运营者当天发布的实习信息，用户能够在实习信息发布后的极短时间内接收到信息推送，在浏览后转发给身边需要的人，这就让我们公众平台被更多的人所知，促进关注用户快速增长。

1.4　强大的功能为大学生创业提供更多创意空间

微信公众平台具备多样的素材管理功能，运营者可以在推送中加入文字、图片、视频、音乐、语音、超链接小程序等多项内容，用丰富的表达方式来增加推送的可读性和趣味性，相对于非大学生创业者，大学生们精力充沛、思维活跃、更容易接受新兴事物并加以创新拓展，给自媒体创业带来更大的创新空间。"专注上海实习"公众号让我们的创业想象有地方可以实现，我们采用不同的信息发布方式，并加入小游戏、H5场景等新兴应用，能在视觉、听觉和感觉上给阅读者新的体验。

2　自媒体时代大学生创新创业存在的挑战

随着信息化时代的发展，移动智能设备的普及，移动设备作为微信平台的基础，成为当今社会必不可少的信息传播新渠道，给用户提供更方便快捷的信息接收服务，各式各样的自媒体公众平台不断涌现，本文基于对大学生创业或非大学生创业的区别分析，并结合创业实践，认为大学生自媒体创新创业还存在以下挑战。

2.1　宣传力度不够、关注人数有限

由于大学生创办公众平台的宣传力度不及其他专业媒体，大部分的微信公众号只涵盖了少数人，虽然运营者及时有效地发布信息，但仍有不少的人不知道有这些公众号的存在。微信公众号的关注程度低、使用人数少已经极大地影响了大学生创业的有效性和全面性，也限制了运营者运用相应的营销手段。

2.2　技术能力不足、内容设计单调

在当下的时代，大学生自媒体创业必须依靠各种新技术的开发，而这需要耗费大量的人力、物力、财力，这无法在短时间内实现。面对越来越丰富的信息内容，简单枯燥的文字很难引起用户的关注，图片、视频等多样化的素材更能引起用户们的兴趣。而大学生微信公众平台往往忽略了这一点，由于专业技术能力的不足，很多内容的拓展只能停留在想象中，无法付诸实际。

2.3 兼职创业、互动沟通不及时

由于大学生兼职创业的局限性，他们的信息公众平台忽略了沟通和互动这些最重要的传播优势，他们对用户的留言不能进行及时有效的回复，造成用户的关注越来越少。

3 自媒体时代大学生创新创业的应对建议

在自媒体时代，大学生创新创业虽然面临很多的挑战，但更多的是机遇。只要大学生们解决问题、抓住机遇，就能跟上时代的步伐。我们在实际工作中可以从以下几个方面做起。

3.1 强化分类，精准定位

创业需要精准、合适的定位，在创建微信公众号之前，大学生首先要找好项目的定位。只有自己真正地热爱这项事业，才愿意花时间和精力去运营，了解不同用户的需求，推送高质量的信息，才能在自媒体时代脱颖而出。

3.2 合理宣传，提升关注

要想实现营销策略，要想创业成功，足够量的客户很重要。提升关注可以采用以下几种渠道：一是通过线上传播的订阅号互推和微信双重平台运营；二是联系有一定关注量的微博，推广公众号的信息；三是利用引擎搜索，创建百度百科、百度词条介绍公众号；四是采用线下推广的方式，宣传公众号，获得大量精准用户的关注；五可以配合大型活动，宣传推广，吸引众人关注。

3.3 提高质量，丰富内容

内容是自媒体的灵魂，只有丰富完整的内容和精美时尚的设计，才能打动用户的心，因此丰富内容十分重要。为此，公众平台应当重视用户体验，从使用者视角出发，提升内容品质、加强内容审核，采用图片、视频、文字、语音、音乐等素材相结合的形式，不断更新独家内容，把推送变得更有特色，更深入人心，让不同需求的用户都能在公众平台中找到自己感兴趣的东西，让大学生创业者真正获取用户的信任与推荐，为公众号平台做大做强奠定坚实基础。

3.4 增强互动，深化交流

用户参与互动是对自媒体最好的传播，在提升公众平台热度的同时也增强了用户黏性。大学生应充分利用公众平台的互动优势，加强互动，深化交流。可以设置专门负责回复留言的团队，自动回复与人工回复相结合，尽可能及时有效地对用户提出的相关问题进行解答。不定期开展各项活动，紧跟时尚潮流，利用当下热点，使用户产生强烈共鸣，并且愿意参与后台的评论。通过传统媒体的投稿功能，举办相应的比赛，让用户也参与撰写稿件、拍摄图片或录制视频，拉近双方的距离。

基金项目：2017 年 6 月，上海市教育委员会，2017 年上海市大学生创新创业训练计划项目(201711047098)。

参考文献

[1] 石明翰.基于校园微信公众平台的大学生创业实践[J].科教导刊,2015(10).
[2] 侯智勇.大学生微信公众平台创业模式[J].职业教育,2016(36).
[3] 李华,孙艺洋.基于互联网思维的大学生创业模式选择与路径优化[J].安徽农业科学,2017,45(28).
[4] 杜忠原."互联网+"背景下大学生创新创业研究[J].决策与信息,2017(01).

该文发表于《科教导刊》2018年第30期。

论文作者：黄豆豆　曲思宇　李佳坤
指导教师：李佳坤

互联网时代的大学生公益互动平台研究

摘　要:在互联网时代,随着网络技术的快速发展,青年一代使用网络媒介参与公益事业成为一种新的模式。因此为了更好地探索如何利用互联网优势促进公益发展,本文结合国内大学生参与公益的现状,通过对大学生志愿者工作中所存在的问题进行研究探讨,分析创建大学生公益互动平台带来的影响与前景。

关键词:互联网　志愿者　服务平台

1　大学生公益参与的现状

在中共中央国务院印发的《中长期青年发展规划(2016—2025)》中谈到:"青年的创新能力、创业活力不断增强,青年人才队伍不断壮大,在报效祖国、服务人民、奉献社会的过程中实现着自身的成长发展。"作为公益事业的新主力军,如果青年人才能够在公益事业中践行创新能力,不仅能锻炼自身实力、提高自我修养,推进和谐、友好、互助社会风气的形成,达成社会公益意识与自身综合实力的共同进步。

近年来,在社会奉献风气与学校激励机制的共同作用下,志愿者服务在大学生社会实践中的比重日益提高。随着互联网技术在公益事业上的大量运用,学校青年志愿者协会以及各类活动平台也为大学生们提供了更多参与机会。

我们经常可以在各种公益活动中看到大学生志愿者的身影,小到学校活动、会馆展会,大到世博会、进口博览会等国际活动。以本次上海进口博览会为例,大学生志愿者的参与人数就达到了 5 000 名,并将组建 100 个"青春上海"城市文明志愿服务站点和 100 支志愿服务队伍。大学生志愿者的加入不仅帮助各类活动更为顺利地进行,同时也为公益事业注入了新的活力。

大学生作为青年志愿者中的主要群体,具有创新力、奉献感、多元化与专业性发展的特点。我们将针对在大学生参与公益事业的现状中所呈现出的问题,讨论在互联网时代背景下,创立大学生公益互动平台是否能解决现阶段大学生志愿者所遇到的问题。

2　互联网时代的公益传播特点

进入互联网时代,网络社交的特性扩大了公益传播中的信息量与接收范围,并增加了参与者所能感受到的互动性。这种新型公益方式扎根于网络交流,具有节约时间成本与物质成本的特点。对于青年志愿者而言,这些创新型公益更具备吸引力,是近年来青年公益发展的推动力之一。

2.1　通知渠道的及时性

互联网因传播速度快、范围广、互动性强等优势，使公益活动的网络发布更为及时与高效。其中学校青年志愿者协会通过公众号、群聊等方式进行校内外活动推送，通过网站、公众号与问卷平台进行展会活动的资料填写与招募。渠道的网络化扩大了大学生志愿者的选择范围，有助于活动参与人数的增长。

2.2　网络模式的多样性

网络公益呈现出多样化的发展趋势，新模式、新平台的出现使人们眼前一亮，如网络公益筹款平台、网络公益小程序等。此类网络公益可以简化参与流程，降低参与成本，并吸引更多人群关注公益事业。其中，网络筹款平台给予了需求群体一个获取捐款的新通道，但同时轻松筹、水滴筹、大病筹款等平台的审核机制问题也引发了公众关于网络公益的信任危机。

近年，阿里巴巴通过与旗下蚂蚁金服的互联网合作，研发蚂蚁森林、蚂蚁庄园等公益小程序，创造了“微型公益”这一新模式。此类公益以游戏互动体验代替金钱捐赠，吸引了大量大学生成为“微型公益”的参与者。微型公益拉近了青年志愿者与公益事业之间的距离，提升了公民素养，并开创了互联网时代公益发展的新趋势。

3　现阶段大学生公益存在的问题

由于青年大学生网络公益慈善是由特殊主体开展的新兴的公益模式，并且处于发展的初级阶段，课题组对青年大学生参与网络公益慈善进行分析后总结出具体五个特点：参与意识淡薄、参与次数少、持续时间短、参与程度浅、参与内容多元化。因此，我们认为，现阶段大学生公益参与方面存在着以下的问题。

3.1　公益活动参与程度的深度化有待提高

现阶段大学生可选择的青年志愿服务类型较为有限，主要的三种青年志愿者服务类型为社区服务、城市运行与绿色环保。社会服务如展馆秩序服务、支教服务、探访福利机构；城市运行则有公共场所的安全维护、秩序引导服务；而绿色环保类以寻找社区文明行动与绿色环保宣传为主。

此类公益服务基本属于临时服务，它们流动性强、重复程度高，并且呈现形式化发展的趋势。在一定程度上，这能够使活动避免人力不足的窘境，但同时也导致了青年参与者难以持续且深入地参与到公益事业中，从而导致他们对活动的热情减少、心理满足度降低、获得的精神激励有限。

因此，应该提供更多富有深度、参与程度高的公益服务信息，让青年志愿者具有创新意识，提升青年志愿者的工作热情并增加自我认同程度。

3.2　志愿者服务专业培训匮乏的难题仍待解决

受到志愿者需求量大与上岗培训时间短的影响，大学生志愿者参与的公益服务呈现出缺少深度学习培训的特点。我们曾经做过艺术展会的志愿者，当时只经过五分钟的简短培训,没有深入理解各类艺术品的相关信息。在参观者提出询问时我们难以作答。

3.3 志愿服务与志愿者专业的匹配程度低

大学生作为多元化的学生群体,需要能够充分提升自我、发挥专业能力的机会,在参与过程中充分利用不同专业背景。

公益信息来源以学校青年志愿者协会居多,这导致大学生缺少能够匹配专业的途径。大学生参与活动的激励形式多为获得学分或活动参与证明,他们在志愿活动中获得的心理满足度有限。

3.4 缺乏专业平台维护传播公益价值

鉴于公益传播有重塑人文精神、推动社会发展的功能,各地政府部门和媒介都在大力推广公益传播。关于知识科普、经验分享与文化思考的对话,能够吸引更多高校学生的加入。其中以经验讨论、分享感受为主题的志愿者讲座不仅有助于高校学生奉献精神与公民意识的培养,更能鼓励他们加入公益事业。青年志愿者的思想碰撞与经验交流则通过新颖的沙龙对话模式进行,这一模式将给整个青年志愿者群体带来提升自身能力的机遇。

3.5 志愿服务激励形式过于单一

对大学生志愿者的价值引领呈现出精神激励程度低、形式单一、满足与自我认同缺失的状况。服务热情与满足感能够帮助大学生更好地参与到公益事业之中,如果存在一个互动社交性质的青年志愿者社区,通过分享参与活动的经验,可以更多地满足大学生志愿者的精神激励需求。

4 构建公益平台的思路

我们认为,如果能建立大学生公益互动平台,组建志愿者交流社区、档案库、培训平台、文化经验沙龙与积分等级等模块,可以充分发挥互联网的媒介作用,满足大学生志愿者参与公益性需求,并扩大青年公益的影响力,促进和谐、友好、互助的社会风气建设。

4.1 构建大学生公益互动平台的意义

构建大学生公益互动平台对在校学生来说,是一次机遇,也是一种挑战。作为志愿者资源的整合平台,它能为大学生提供专业匹配度更高的公益活动。

于各高校而言,志愿者平台有助于各高校在志愿服务方面进行良性竞争,提高自我声誉。

4.2 公益互动平台的构成

4.2.1 志愿者交流社区模块

在志愿者交流社区里进行经验分享并寻找志同道合者,能够加深志愿者的归属感,培养他们的团队意识。志愿者们可以在活动结束后登录社区,发布感想及心得体会,以此吸引更多志愿者的关注。为保护参与学生与活动方的权益,需要管理人员对志愿者发表的言论进行及时审核。

4.2.2 志愿者档案库

建立志愿者档案库,在服务页面选取合适的分类进行实时推送,建立留言板块帮助参与者寻找同伴。依据志愿者档案库中学生的专业与设置的“兴趣关键词”，为他们推送匹配合适的活动，达成供需双方资源的有效匹配。

同时，档案库能够将同类型专业大学生划入相同部门，与部分公益项目达成长期、稳定、深入的合作，在鼓励专业学生互动社交的同时，帮助他们参与专业化服务。

4.2.3　志愿者培训平台

网络的媒介作用可以在互动平台得到充分利用，如开展各类主题的线上教程、经验分享课程。对于重大展会或长期活动，志愿者可以通过专门模块中的视频教程了解活动理念、参与须知。

4.2.4　志愿者沙龙

建立志愿者沙龙，开展线上主题讨论，开展讲座形式的现场对话，有利于青年志愿者知识拓展。

4.2.5　积分制记录

由平台对于大学生志愿者与需求单位的信息进行收集以及整合。志愿者在平台上登记注册，通过档案库中的个人名片，进行任务的选择、接收与完成，最终由需求方对于志愿服务进行评价，评价结果为志愿者积分，并可以获得由学校相关组织出具的志愿者证书。

5　结论

大学生公益互动平台的建设能够为公益事业注入新鲜血液。而年轻人群对于社会服务的参与程度日渐加深，有利于社会的和谐发展。大学生志愿者平台虽然仅针对大学生群体，却需要与包括政府部门在内的社会各方进行对接。虽然平台辐射最广的为大学生群体，但是对于社会的意义却十分显著。大学生公益互动平台的建设，需要政府与企业的帮助。

参考文献

[1] 刘飞龙，贡太雷.青年大学生网络公益慈善现状与对策[J].管理观察，2018(2).

[2] 马晓荔，张健康.公益传播现状及发展前景[J].当代传播，2005(3):23-25.

[基金项目]2018年上海市大学生创新创业训练计划项目；上海立信会计金融学院大学生创新创业训练计划资助(项目编号:201811047076)。

该文发表于《科学大众》2019年第2期。

论文作者：张雯婷　黄悦迪　韩雨蓉

指导教师：申　燕

大学生运营自媒体创业的现状与对策

摘　要：随着大学毕业生人数的逐年增加，就业形势日趋严峻，越来越多的大学生找不到适合自己的工作。在这样的社会条件下，政府越来越鼓励大学生创业，政策的支持力度非常大。越来越多的毕业生将目光转移到创业上。运营自媒体创业是大学生创业的焦点。很多大学生依靠互联网实现自己的创业理想。本文基于笔者运营"专注上海实习"微信公众号的创业实践，就当前大学生运营自媒体创业的现状进行分析，并提出行之有效的建议。

关键词：大学生；创新创业；自媒体；实习；微信公众平台

2019年，全国大学毕业生人数达到834万人，比上年增加14万人，是近10年来毕业生人数的新高。大学生的就业形势非常严峻。大学生对未来的选择有更多的想法。传统的创新创业方法难以满足当前大学生的需求。党的十八届五中全会明确提出"互联网+"计划，大力推动互联网在社会生活中的应用和发展。微信公众平台以其独特的受众、高针对性和及时性为特征，因此大学生可以建立一个微信公众平台作为创业的起点。

1　微信公众号的商业运营模式

微信公众账号已经成为人们生活中不可或缺的一部分。无论何时何地，几乎所有人都会使用微信。在自媒体的广大用户基数的背后必然存在着巨大的商业价值。从微信公众平台建立伊始至今，已经有无数人从它的商业价值中收获了大量财富。当前自媒体运管者商业化主要分为以下五种路径。

1.1　流量变现

开通流量主，是当前公众号盈利的主要模式。微信公众平台提供服务，为拥有超过5 000名粉丝的公共账户开通流量主的服务。平台运营商可以通过申请流量主，并向广告商销售广告空间来获得经济效益，并且平台将根据广告点击率向运营者提供更高的利润。公众平台可以通过引导阅读者点击广告信息进而获取可观的回报。目前，很多诸如"影视步行街"的影视资源分享的微信平台都在采取这种方式来实现经济利益的转化。

1.2　软文推广

在微信公众平台积累了一定粉丝，达到一定规模后，可以主动联系企业或等待企业主动上门要求进行微信软文宣传推广。相较于微信流量主推送的广告商，自己主动联系到的广告商会提供更高的收益。这也是当前自媒体平台商业变现的另一主要形式。拥有巨额流量的大平台主单条广告费用已高达数万元，目前有一定规模的平台都或多或少地通过这种方式来维持运营。

1.3　众筹打赏

为尊重幕后运营者的脑力运动，微信平台同时设置打赏及众筹项目，粉丝可以通过这一方式表达自己对推送内容的认可，平台可以从和粉丝的良性互动中，获取一定的收益。能够成功应用这种商业模式的微信平台还是少数，人格魅力强大的微信主更容易从这种商业模式中获得收益。

1.4　电商营销

微信公众平台可以弥补传统电子商务平台的劣势，赋予产品全新的内涵，从物质享受转向精神层面的消费。采取这种商业化模式的平台大多是微课平台，有偿提供课程服务。

1.5　衍生周边产品服务

微信公众平台可以起到线上线下双向互动的作用，运营者可以通过有偿提供论坛沙龙、职业培训、线下聚会等活动形式获得收入，也可以发展周边产品诸如书包、水杯、笔记本等简单衍生品，通过粉丝购买获得经济收益。

除了以上提到的五点商业化方式外，自媒体市场上还存在部分特殊的商业化模式，这五种方式是当前最主要的、商业效益性最高的方式。商业化的前提是平台的影响力达到相应规模，对于微信运营者而言，提高推文质量，增加用户黏性才是发展的重中之重。

2　实习公众号的运营现状

实习类公众平台是本文探讨的一个重点方向，笔者作为专注上海实习的平台运营者纵向比较了许多同类平台，挑选出包括实习僧、offer先生、趣实习、同济实习KING在内的多个平台进行分析，发现实习市场确实是一块有极强发展空间的领域，在短期就可以吸引到众多用户关注，其商业化模式也较为稳定成熟，各个平台都具有自己独有的发展规划及特色。

市场上主要分成三大实习方向：一是由实习僧、同济实习KING带头的提供500强名企优质实习的平台，这类企业主要关注品牌实习的含金量。二是由实习派、趣实习、专注上海实习代表的全方位多岗位实习信息发布平台，其中专注上海实习突出上海的本土化特色。三是以offer先生为代表的实习服务类平台，侧重实习教育培训。发展方向的不同也决定着各自的商业模式及特色全都有所区分。

实习类自媒体微信平台的成立时间基本都在2015年以后，2014年成立的实习僧抢占了部分市场，它的成功发展引起了更多人对实习自媒体市场的关注，2016、2017两年可谓是实习类微信平台高速发展时期，众多同类型平台涌入微信市场想要从中分得一杯羹。其中，同济实习KING和专注上海实习两家公众号自媒体显示出与其他同类平台的不同之处，相较于其他平台重商业化的运作模式，同济实习KING与专注上海实习作为大学生创业项目，拥有校内外两大实习信息资源库，注重实习的数量及质量，从学生利益出发，每日推送多条实习信息供求职者参考，且能满足在职实习生寻找继任的诉求。同时，大学生创业平台也显露出了商业化的不足，运营团队主要依托学生团体，项目资金主要依靠专项经费支持。成功实现项目商业化转型是以上两个实习类微信公众平台未来长期运营的保障。

3　对大学生运营自媒体创业的建议

抓住成本优势，节约创业费用。在“大众创业、万众创新”的口号提出之后，政府越来越鼓励大学生创办自己的企业。政府对大学生创业从政策到实践的支持力度都非常大，大学生可以享受许多类似于减税的政策。现在许多高校建立起了孵化园、创业园等，大学生创业可以以极低的成本和代价就能拥有办公室、专业场地等，因此大学生应该珍惜时代赋予的机会，要抓住这样的成本优势，节约创业费用，把资金投入到更需要的内容中去。

加强宣传营销，吸引更多关注。要想实现营销策略，要想创业成功，足够量的客户很重要，而如何加强宣传、提升关注是大学生创业成功的重中之重。大学生可以通过线上传播的订阅号互推和微信双重平台运营进行，也可以利用关注度高的公众号注明信息来源的方式推送给公众号的受众，吸引更多人来关注。在保持每日更新公众号的基础上，增加相应的微信号作为辅助，在朋友圈中进行每日的链接推送，借此提高有效阅读量。另外，微信作为一种聊天软件，本身就是信息二次传播的良好途径，用户群体在人际传播的带动下能够不断扩大。

掌握时间节点，迎合市场需求。微信公众平台的操作人员必须掌握用户的心理特征，根据用户的习惯掌握信息推送的频率和数量，并在推送内容和用户需求之间画出精确的等号。从发布时间的角度来看，不同的时间点会对用户的信息获取产生不同的影响。例如，晚上睡前9点到11点是最好的发送时间。此时，大多数用户结束了当天的忙碌，相对自由，用户可以及时查看微信推送。大学生要把握好时间节点，进行有针对性的推送。这样可以使信息送达到更多的人，迎合市场的需求。

加强自我管理，杜绝非法行为。微信的后台具有极强的统计功能，可以自动生成用户数量、点击量、阅读数等数据。在经营公众号的过程中，大学生应加强监督管理，准确评估其存在的优缺点，并纠正缺点。另外，新媒体时代存在非法信息泛滥的问题，而对非法信息的监管上还存在一定的漏洞，不少新媒体创业者会触及信息的违法犯罪。大学生要坚守自律，拒绝“唯流量论”“蹭热点”等行为，杜绝非法行为。

4　总结

在政府越来越重视大学生创新创业的时代，微信公众平台作为一种新的自媒体，必将为大学生提供一个新的就业阶段。随着移动互联网经济的发展，微信创业将成为大学生就业的一个突破口。在自媒体创业的浪潮中，大学生应充分发挥自身优势，积极地抓住机遇，主动地克服困难，勇敢地迎接挑战。

基金项目：2018年9月，上海立信会计金融学院，2018年国家级大学生创新创业训练计划项目(201811047033X)。

参考文献

[1] 石明翰.基于校园微信公众平台的大学生创业实践[J].科教导刊,2015(10).
[2] 侯智勇.大学生微信公众平台创业模式[J].职业教育,2016(36).
[3] 李华,孙艺洋.基于互联网思维的大学生创业模式选择与路径优化[J].安徽农业科学,2017,45(28).
[4] 杜忠原."互联网+"背景下大学生创新创业研究[J].决策与信息,2017(01).

该文发表于《中国市场》2018 年第 10 期。

论文作者:黄豆豆　曲思宇　李佳坤
指导教师:李佳坤

古韵悠扬

——大学生传承民族音乐传统文化的路径探究

摘　要:中国民族音乐承载着华夏五千年的文化,是中国劳动人民智慧的结晶,是传承我国优秀传统文化的必要载体,更是中国文化自信的重要体现。当代大学生是祖国的建设者,是传统文化的继承者,本文以当代大学生为研究群体,了解中国民族音乐在大学生这个群体中的普及发展现状,寻找民族音乐在大学生群体中接受程度不高的原因,并探究有效解决路径,以期为该领域的进一步研究提供参考。

关键词:中国民族音乐　发展现状　传承方法　当代大学生

我国民族音乐源远流长,悠久的传统文化为民族音乐的发展提供了土壤。据统计,中国传统民族音乐的收集中,收集到的民歌约有 30 万首、民族民间乐器 200 余种,曲艺 200 多种,戏曲剧种 300 多个。然而,当代民族音乐的传承状况不容乐观。笔者以当代大学生对于民族音乐传统文化的传承情况为研究目标,探究中国民族音乐在高校传播过程中出现的问题,并探寻我国民族音乐传统文化在高校大学生群体中传承的发展路径。

1　大学生对中国民族音乐认知情况现状分析

自改革开放以来,我国民族音乐发生了日新月异的变化。创作方面,文金的《长城随想》《秋韵》,陈耀显的《陕北抒怀》都具有浓郁的民族特色。演奏方面,采用“引进来,走出去”的方法,结合西方演奏技巧,民族乐器得到酣畅淋漓的发挥。除此之外,西方音乐的一些新观念、新元素被引进中国,对中国民族音乐起到了补充完善的作用。

但是,近年来民族音乐在西方音乐、流行音乐的影响下,逐年走下坡路。尤其进入 20 世纪 80 年代以来,一直有人呼吁振兴我国的民族音乐,“民族音乐危机论”成了一部分人对民族音乐现状比较一致的认识。甚至于有一些研究者以较为悲观的口吻描述民族音乐的现状:“综观如今的民族音乐,它已经逐渐被冷落到一边,甚至一些传统音乐的存在已经被冠以‘博物馆艺术’的名号,这种存在方式还真的让人们感到心酸。”可见,大多数当代学者对中国民族音乐的发展现状均抱有不太乐观的态度。

这一点在当代大学生群体中的体现尤为明显。这个群体的成员大多为“90 后”,他们在多元文化背景下成长,对于外来音乐如迪斯科、爵士、摇滚等的旋律十分痴迷,可对于中国传统民族音乐如民歌、曲艺、戏曲等却敬而远之。这种现象若任其发展,对于民族音乐文化的传承，对于中华民族传统文化的延续都是非常不利的。

2　大学生在传承中国民族音乐过程中的瓶颈分析

2.1　西方音乐文化冲击

改革开放以来，大量的西方文化涌入中国。在改革开放背景下诞生、成长的当代大学生群体，在世界音乐文化的洗礼和学术思潮的冲击下，在众多舶来品的耳濡目染下，审美也趋于多元化。大学生渐渐疏远了民族音乐。

近年来，虽然西方音乐理论在中国得到广泛传播，并在民族音乐中大量运用，民族音乐与西方音乐相结合的确促进了民族音乐向更高层次发展，但西方音乐与中国民族音乐之间的差别，对民族音乐也产生了一定的负面影响。现代民族音乐的理论以及创作都是以西方音乐为标准，而在情感上也带有西方色彩。例如，有研究者以民族声乐为着眼点进行研究后发现，由于受西方音乐歌唱技艺和方法的影响，当代民族声乐出现了创作风格单一、演唱技法缺乏民族性、时代性不强等问题，中国民族声乐呈现出'千人一面、万人一腔'的态势。在当前的文化背景下，民族音乐与西方音乐有一定程度上的融合，当代民族管弦乐、民族声乐等民族音乐形态也都在一定程度上借鉴或引入了西方音乐元素，然而各种音乐文化都有其平等、独立的文化价值和美学价值，不能把西方某特定的音乐及音乐理论、技法看得高于一切，并作为对民族音乐文化的衡量标准。一味地西化将使得民族音乐的民族风格逐渐流失，对民族音乐的发展有百害而无一利。

2.2　中国音乐教育思想存在问题

2.2.1　“重技轻论”的教育思想

国外音乐教育界已经将音乐教育中的音乐作为一种文化来界定。然而，在我国当前的音乐教育中往往比较注重技能的学习而忽视音乐文化的传承，导致许多学生对传统的音乐文化知之甚少，这不利于音乐文化的传承与发展。由此可见，在国外音乐教育界已经将音乐教育的目标着眼于文化及人的发展的大背景下，我国当代的音乐教育多年以来始终沿着一条技术教育的道路而发展，未曾重视音乐教育下的文化传承。这使得当代大学生即便有学习民族音乐如民族乐器的，也多注重技术的磨炼而并非将重点放在其背后蕴涵的传统民族音乐文化上。

2.2.2　西方音乐理论体系在音乐教育中的普遍使用

中国在近一个世纪的学校教育中所用的主要是西方音乐理论体系，故而当代大学生在理论上，以西方音乐理论为普遍真理；在创作上，不仅以西方音乐体裁为仿效的楷模，而且在音乐思维上也是西化的，更有甚者，在价值取向和感情上也重西轻中，将中国民族音乐放到了从属的位置。有研究者认为，目前我国民族音乐的教育，从小学到大学，从专业到非专业，均照搬西方的音乐教育思想和教育模式，这在一定程度上限制了中国民族音乐的发展和传承，这对于当代大学生传承中国民族音乐文化是一个沉重的打击，并将严重影响民族音乐文化传承。

2.2.3　对音乐教育的不重视

大学生在应试教育背景下成长，长期以来对音乐教育不够重视，初高中的音乐课的教学观念和教学模式陈旧，不能培养他们对于民族音乐的深厚感情。当代大学生在读书期间几乎没有对民族音乐的了解。

2.3 流行音乐的冲击

有研究者对当代大学生进行了一项调查，“根据对300名大学生进行的问卷调查统计，喜欢音乐的占90%，其中喜欢中国民族音乐的占10%，会唱民歌的占5%，喜欢通俗歌曲的占80%，喜欢中国歌唱家的占15%，喜欢通俗歌星的占85%”。可见流行音乐对于民族音乐的发展与传承造成的打击是非常沉重的。而流行音乐作为时代的产物，更能满足大众的需求。民族音乐专业工作者难以依靠民族音乐维系生存，残酷的社会现实使得愿意学习民族音乐并专业从事的人急剧减少。

3 大学生传承民族音乐传统文化的路径探析

3.1 把握好“洋为中用”的内涵

我们学习西方音乐的目的是了解世界各民族的文化，从而为我们民族音乐所用。学习外国的音乐创作方法，为的是在创作我国的民族音乐时拓展更丰富的音乐表现力，为的是使我们的民族音乐保存传统风格的同时又被世界音乐所接受和认可。

有研究者认为，民族音乐需要转变，但是必须以保持它优秀的传统为前提，在汲取它的精华的同时结合西方音乐的手法进行乐曲的再创作，让民族音乐走出去。有很多学者在文中提到了“新民乐”一词，认为“新民乐”的出现是西方先进思想与传统思维的碰撞与融合，是对民族音乐中一部分演奏形式的再创作，是我国传统民乐的继承、创新和发展，虽然现如今还不是十分成熟，但也不失为一种更容易被大学生所接受的新的传播方式。

3.2 调整我国音乐教育方式

在音乐文化的传承过程中，音乐文化与音乐教育二者密不可分，缺一不可。大学生群体对于民族音乐文化的传承离不开民族音乐教育，所以从教育方式上做出改变是促进民族音乐文化传承的重要手段。

3.2.1 建立与完善民族音乐的教育体系

长期以来民族音乐教育发展较为缓慢，现有音乐的教育模式大多照搬西方。目前的大学教育中的音乐教育仍然以西方音乐相关的鉴赏及实践为主，而民族音乐则只是穿插其中作为点缀，很少开设单独的课程。而这又导致目前民族音乐教育的教材、资料乃至师资等资源少之又少。更何况，中国民族音乐尚且没有完善的理论体系，这给民族音乐教育造成了更大的阻碍。而要改变这一点，首先需要建立完善的中国民族音乐理论体系，并编写民族音乐教材。同时在师资、授课方式等方面多做文章。

3.2.2 营造校园民族音乐传统文化学习氛围

笔者派发的“古韵悠扬——关于大学生传承民族音乐传统文化的路径探究问卷”中显示，个人爱好是驱使在校大学生学习中国民族传统文化的最主要原因。从改变教育思想的角度出发，未来制定促进民族音乐传统文化发展的对策时，考虑对大学生个人爱好进行激励不失为一个好的路径。

曾经学习中国民族乐器的大学生会更倾向于在日常生活中接触民族音乐。曾经的中国民族乐器学习会影响大学生对待中国民族音乐的态度。接触过中国民族乐器的经验或者生活对大学生传承民族音乐有潜移默化的作用，因此在大学生中建立中国民族音乐兴趣小组，对民族音乐进行浸入式体验和观摩，激发大学生对民族音乐的兴趣。

3.3　政府加强对民族音乐的扶持力度

民族音乐作为中国传统文化的载体，承载着中华民族五千年的文明，是实现中华民族伟大复兴的中国梦的重要助力。政府应该加大对民族音乐的扶持力度，积极培养民族音乐专业人才，积极宣传民族音乐。政府的扶持对于大学生传承民族音乐传统文化会起到重要作用。

参考文献

[1] 巫志渊.浅论中国民族音乐的现状和传承[J].音乐时空，2014，(13).
[2] 燕阔.正确认识中国民族音乐的发展[J].大同职业技术学院学报，2006(01).
[3] 李夏怡.浅谈我国民族音乐发展现状及发展新方向[J].北方文学(下半月)，2010(04).
[4] 蒋文娟.浅论当代民族音乐发展面临的困境及改革路径[J].湖北成人教育学院学报，2012，18(03).
[5] 张瑾.浅谈中国民族音乐的未来与发展[J].黄河之声，2011(08).
[6] 吴洁.论当代教育中民族音乐的传承和发展[D].天津：天津师范大学，2007.
[7] 巫志渊.浅论中国民族音乐的现状和传承[J].音乐时空，2014(13).

[基金项目]本文系2018年上海市大学生创新创业训练计划项目“古韵悠扬——关于大学生传承民族音乐传统文化的路径探究”(项目编号：201811047042)的研究成果，该项目由上海立信会计金融学院大学生创新创业训练计划资助。

该文发表于《科教文汇》2019年第4期。

论文作者：金佳益　沈悦媛　朱文昊　孙丽娜
指导教师：孙丽娜

互联网下养老问题的探究以及政策建议

——以上海市为例

摘　要：改革开放以来，我国的养老模式呈现出巨大的变化，养老的方式、影响因素等都与从前大不相同。中国几千年的传统养老观念“父母在，不远游，游必有方”的孝道理念已渐渐被人们遗忘，“空巢老人”的现象逐渐增多。我国的人口老龄化趋势已不可逆转，养老问题越来越引起社会的广泛关注。本文对近年来国内学者对中国式养老及相关问题的研究成果进行梳理，从中国式养老的概念及特征、现阶段我国养老模式存在的问题、互联网＋思维下我国养老模式的发展这三方面出发，对我国的养老问题进行全面系统的探讨与研究，并在此基础上提出相关的政策建议。

关键字：中国式养老；养老模式；互联网＋

1　引　言

中国几千年的传统观念始终奉行孝道的理念，倡导“父母在，不远游，游必有方”。父母赋予我们宝贵的生命，我们有责任和义务为他们养老。但随着社会的转型发展，生活中的各种实际问题使得很多新一代的年轻人不得不“舍孝”而“取利”，导致很多老人得不到很好的赡养，“空巢老人”的现象逐渐增多。而我国已经迈入老龄化社会，根据《中国人口老龄化发展趋势预测研究报告》，21 世纪的中国将是一个不可逆转的老龄化社会。其中，2001—2020 年是“快速老龄化”阶段，年均增长老年人口 596 万；其后的 30 年为“加速老龄化”阶段，由于总人口逐渐实现零增长或负增长，人口老龄化将进一步加速，年均增长老年人口 620 万。我国人口老龄化形势严峻，老年人口规模大、人口老龄化速度快，导致老年人口抚养系数不断增高，我国将长期担负沉重的养老压力。

我国的养老模式呈现出巨大的改变。首先是养老形式的变化，逐渐从单一的传统家庭养老转变为家庭、社区、社会、市场化养老多种养老形式并行的局面。其次是养老方式的变化。以前“床前尽孝”的单一养老方式正在逐渐被以房养老、候鸟式养老、异地养老、消费养老、生态养老、土地养老和社会保险养老等多种养老方式并存的局面所取代。养老的社会观念以及影响因素也在改变。以前往往是受到传统观念和社会风俗所影响，现在受到收入来源、收入水平、支出水平、支出结构、婚姻状况、受教育程度、家庭关系、当地习俗等因素的影响。

我们希望能够通过搜集整理资料、社会调查等方式，为中国式养老模式的发展提出一些具有参考价值和实际意义的建议，为解决养老问题献出自己的一份力量。

2　中国式养老的概念及特征

2.1　中国式养老的概念

中国式养老是指中国步入老龄化社会后，养老问题越来越严重。截至2008年年底，全国老年人口已经增至1.69亿，现在以年均近1 000万的增幅"跑步前进"。近几年，随着互联网的迅猛发展，养老话题也搭上了科技的快车，各方都期待智慧技术为"养老"带来解决新思路。

2.2　中国式养老的特征

首先，家庭养老功能逐渐弱化，传统"大家族"模式在消退，但传统的养老思想不能紧跟时代的步伐；其次，社会观念的转变、新型养老模式的出现等因素对传统养老模式产生重大冲击；最后，制定符合中国社会实情的养老模式已成为社会和政府应当思考的重大问题。

3　现阶段我国养老的主要模式及存在的问题

现阶段，中国的养老模式主要有家庭养老、社区养老、以房养老、异地养老、候鸟式养老、消费养老等，不同的养老模式面临着不同的问题。

3.1　家庭养老

家庭养老是指由家庭成员提供养老资源的养老方式。其面临的问题主要是：未富先老，人口老龄化与社会经济发展水平不相适应；子女数量减少，家庭养老负担沉重；传统养老观念受到各种不良价值观念冲击；农村家庭养老负担压力较城市家庭养老负担压力大等。

3.2　社区养老

社区养老是以家庭养老为主，社区机构养老为辅，为居家老人提供上门照料服务，整合社会各方力量的养老模式。其存在的问题是：老龄化严重，社区养老机构供不应求；过分依赖社区养老将导致家庭养老的功能减弱，从而使老人的家庭关怀得不到保障；社区的养老机构尚不完善，实际运行仍存在很大的问题和困难等。

3.3　以房养老

以房养老是老人将自己的产权房抵押出去，以定期取得一定数额养老金或接受老年公寓服务的一种养老方式。其存在的问题是：该模式需要透明、公正的法制环境，对相关领域的运作质量要求相当高；"养儿防老"的观念根深蒂固，将房产抵押给养老院而不留给自己的子女，许多老人难以接受；对国内房地产市场价格中长期走向、人均预期寿命等关键因素难以预测等。

3.4　异地养老

异地养老是老人离开现有住宅，到外地居住的一种养老方式。其面临问题是：养老金领取手续复杂，甚至不能领取；医疗保险不能报销，增加养老负担；老人可能不适应当地生活环境、饮食习惯等而增加老人发病概率等。

3.5 候鸟式养老

候鸟式养老是冬季北方的老人体质差，难以忍受北方还冷的气候，就可以像候鸟一样去往南方过冬的养老方式。其存在的问题是：成本较高，而且老年人可能不能忍受途中颠簸，安全问题难以保障等。

3.6 消费养老

消费养老是消费者在购买企业的产品后，企业给予消费者一定的养老金回馈制度，在不影响企业运营和消费者正常消费的过程中，实现零成本、轻松积攒养老金的养老方式。其存在的问题是：企业承诺的养老计划历时较长，信用是一个必须解决的问题。

4 互联网+思维下我国养老模式具体发展建议

随着科技的发展，互联网技术推动着各行各业不断进步。在互联网+的大背景下，我们可以利用科技，专门为父母设计特定高科技产品，提升老人的晚年生活质量，最大限度地解决空巢老人寂寞的问题。

另外，还可以构建虚拟养老院，虚拟养老院主要由三部分构成：呼叫指挥中心，汇总老年人的需求，组织企业为老年人服务，同时进行评价计费；接待中心，建立老年人信息库，开展心理和法律咨询服务；金色晚年服务中心，协调有关政策的落实，考察确定服务企业并建立信息库，考核加盟企业服务质量，确定服务项目价格，拨付政府有关补贴，与加盟企业结算等。老年人通过注册纳入虚拟养老院，由加盟企业为老人提供生活照料、医疗保健、物业维修、应急救助等各项服务。

5 结论

通过以上研究，我们认识到，在互联网+的时代里和各行各业都在努力顺应时代潮流的背景下，我们应该将养老与互联网完美结合，希望中国的养老模式能够从单一走向多元，为老年人提供个性化的养老服务；具体操作层面上应结合我国国情，并充分汲取其他国家的成功经验建立具有我国特色的养老保障服务体系。

参考文献

[1] 傅玳.借鉴国外经验探索杭州市养老模式[J].中国经贸导刊，2011(19).
[2] 孟艳春.中国养老模式与优化路径探析[J].河北学刊，2011(1).
[3] 王欢，张雪.城市独生子女家庭养老问题及新型养老模式的探索[J].传承，2012(2).
[4] 何雨.人口快速老龄化与中国城市养老新平衡模式[J].上海城市管理，2011(3).

该文发表于《魅力中国》2019年第47期。

论文作者：李力南　董悦悦　毛晓露
指导教师：贺　妍

大学生网络贷款状况调查及其影响分析

摘　要：如今的大学生普遍存在存款有限但是消费欲旺盛的情况，而随着互联网和金融的发展，网络贷款悄然诞生并且逐渐兴起。它们以大学生为主要对象，逐步影响着大学生的消费观和金钱观，并且带来了许多不容忽视的负面影响。这些负面影响的产生不仅仅是因为有关部门缺乏相应的管理制度，还因为大学生日益增加的消费欲以及因为缺乏了解而轻易相信网络贷款平台的行为。

关键词：网络贷款；消费；学业

1　校园网络贷款概述

在互联网的推动之下，网络平台贷款成为一种新的商业模式。用户可以在手机或者电脑上完成贷款申请的步骤，这种方式高效快捷。而定位于庞大的大学生消费群体的校园网贷款则成为市场细分下的网络贷款的分支。

校园贷款通常分为三类：第一类是专门为大学生提供的分期购物的平台，如趣分期、任分期等。这一类平台最大的特点是可以分期购物，刺激消费。对于购买物，付完首付就可以获得使用权。第二类是 P2P 贷款平台，用于大学生助学和创业，此类平台较一般的贷款平台有很多的优惠政策。以助学贷款为例，在上学期间申请的助学贷款没有利息，自毕业之后以毕业同年的银行利率开始计算利息。第三类是京东、淘宝等传统电商平台提供的信贷服务。京东的白条与支付宝的借呗都是信贷服务的典型代表。

2　大学生网络贷款的现状与特点

2.1　大学生网络贷款的现状分析

本次分析结果取自线上 238 份问卷调查，调查的主要对象是上海大学生。从调查问卷中我们可以看出大学生网络贷款的现状。

2.1.1　网络贷款平台的使用情况

在参与此次调查的主体中，已经使用过网络贷款的人占比达到 56.98%，未使用过的网络贷款的占比达到 25.54%，而仅仅只有 17.48%还未了解过网络贷款。由此可见，网络贷款平台在大学生中宣传力度较广，需求比较大，市场前景广阔。

我国当代的大学生，大部分还是需要父母提供金钱方面的支持。当资金紧缺的时候，一般而言学生们更愿意去向父母索取或者向朋友借款速解决问题，通常不太接受网络贷款，认为风险较高。因此,大学生在使用网络贷款方面还是有所顾忌的。

2.1.2 贷款资金使用情况

大学生在取得贷款后,一般用于购买一些贵重物品,如电脑、手机、单反相机等数码产品,原因在于此类商品更新换代较快,更换率高。调查数据显示,有65.12%的大学生将钱花费在此类产品上。随着生活水平的提高,旅游消费的比例也在逐年升高,其中大学生贷款用于此类消费的比例为23.56%。除此之外,11.32%的大学生购物是为了购买衣物等生活必需品。在大学生创业中,网络贷款也是解决资金问题的主要方式之一。

2.1.3 还款方式

面对还款,73.10%的大学生会选择生活费还款,69.98%会选择兼职费还款,这两方式对经济来源单一的大学生来说是较为可靠的还款方式。38.01%的大学生会选择用奖学金、助学金还款,这限于能够获得奖学金与助学金的大学生。有11.70%的大学生会选择从别处借款还款和其他还款方式。从别处借款再进行还款,只是拆东墙补西墙,可能面临越来越多的贷款费用,这种方式不具有可持续性。

3 大学生网络贷款存在的问题及原因分析

3.1 大学生网络贷款存在的问题

3.1.1 容易发生盗用信息贷款现象

网络贷款申请便利、手续简单、放款迅速。一张申请表,一张学生证,一张身份证,无须本人到场,也不必签字,在校的大学生就可以贷款几千元甚至几万元。但是网络贷款虽然只需要填写一份分期付款的申请表,其中涉及的信息却不少,除了身份证号、学号、一卡通等私人信息以外,还需要提交父母、室友以及辅导员的基本信息甚至包括宿舍水电费的缴费凭证等,而且部分贷款存在信息审核不严、高利率、高违约金等特点,极易发生盗用身份证、学生证贷款的情况。2016年,河南某高校一名大学生跳楼身亡,跳楼原因是在毫不知情的情况下,自己的信息被同学拿去申请贷款,因无力偿还巨额贷款,走上了不归之路。

3.1.2 大学生对分期贷款的风险知之甚少

有些网络贷款平台的利率并不低,但学生签署的协议里有很多专业术语和法律条文,如果不认真阅读根本无法知道真实的利率是多少。同时很多学生因为没有仔细阅读合同文本,对不能及时还款会产生高额滞纳金并不了解,导致背上沉重的债务负担。《青年晚报》曾经有过报道,上海某高校的一名学生因购买电脑在贷款平台上进行贷款,在还贷的过程中采取不断借新钱还旧钱的方式,最终欠下5万元的巨额款项,而本金仅仅为7千元。这对于这位学生的家庭来说,无疑是一个重大的打击。

3.2 大学生网络贷款原因分析

3.2.1 大学生错误的消费观念

在大学时代,大学生一般情况下无固定的经济来源,自制能力相对较差,尤其有些大学生第一次离开父母,没有父母的约束,在消费这一块更不可控制。同时在大学中,男生女生都慢慢开始注意自己的形象问题,这样本身没有什么问题,但是一旦掌握不好度,就有可能会形成盲目攀比的风气。很多学生在学校期间已经慢慢养成了提前消费的习惯。这一种消费习惯，增加了对网络贷款的需求。

3.2.2　少部分大学生创业的需求

大学生中不乏创业者，对于创业的大学生群体来说，在初创期间，需要资金相对较多，而自己又无力将大笔现金投入项目当中去，因此在资金筹措方面的途径之一就是贷款。

3.2.3　互联网经济的推动

互联网推动了许多在线购物平台的发展，如淘宝、京东等，网络贷款也应运而生。大学生是使用这些平台的重要群体，这就导致网络贷款平台也将重点消费对象定位于大学生群体。

3.2.4　网络贷款的门槛较低

大家可以真实地感受到，在银行办理贷款时，银行为了降低风险，需要复杂的手续，银行通过对诸多个人信息的了解来判断借款人的信用资质，从而减少银行产生不良贷款的概率。对于大学生来说，当出现手续简单以及对信用资质要求并不高的借款方式后，这样的借款方式当然会成为大学生贷款的首选。

4　大学生网络贷款问题的防范措施

4.1　学生和学校层面

4.1.1　提高自我约束能力，树立正确的消费观

大学生热衷于使用网络贷款进行消费，这与个人的自我约束能力差以及不良的消费习惯有关。大学生在互联网开通个人支付业务比较容易，这使他们对自己的消费不加约束，形成超前消费的坏习惯。网上购物平台的各种优惠活动，如“双十一”“双十二”的噱头众多，打折的力度、优惠券的福利都导致大学生不假思索地进行消费。但是就大学生的经济来源来看，主要来源于父母支持，即便有少部分同学是通过兼职或者勤工助学的方式能挣一些钱，那也是非常有限的。因此，在消费过程中同学们需要树立正确的消费观念，提高自我约束能力。

4.1.2　重视个人信用，树立牢固的诚信观

大学生对网络贷款的热衷是因为没有对个人信用建立一个认知体系，认为互联网信用对未来并没有什么影响，其实这样的认知是不正确的。在美国，一位中国留学生，各个方面都表现得非常优秀，但是，在公司面试的时候就因为自己的地铁记录上有一次逃票记录而被拒绝。在中国这样的诚实信用体系还没有完全地建立起来。但是未来的趋势将会是越来越重视个人信用，这是一种必然。互联网商城填一下个人信息就能办理分期和贷款，严格一点的提供一下身份证和个人照就行。这种看似“简单、方便”的程序，实则不简单，申请过程中提供的家庭住址、辅导员联系方式、身份证信息等其实都是隐形担保，如不按时还款，某些网站就会采用恐吓、骚扰等方式暴力催收。此外，随着互联网金融业务监管和征信体制的健全，恶意透支或贷款逾期将严重影响个人信用甚至触犯法律，因此，这种“透支”信用的做法无异是“玩火”。辅导员要利用形式多样的活动、班会进行诚信教育，帮助学生重视个人信

用,树立牢固的诚信观。

4.1.3 端正学习态度,树立坚定的学业观

目前,教育部门在慢慢调整大学生"严进宽出"的教育方式,作为大学生,也应该严格要求自己,以学业为重,而不是盲目攀比消费,享受消费,大学生正值学习的黄金期,不应该沉迷于一时的享乐,对学业有所放松。以一种对自己、对他人和社会负责的态度从点滴做起,从培养自己的意志力抵制各种诱惑做起。

4.2 贷款平台

作为网络贷款平台,应规范自身行为,加强职业操守,不能一味地追求利益,牟取暴利。网络贷款平台要从社会影响等多方面进行考虑,纠正自身的不合法、不合情理的行为,不传播虚假广告;加强对借款大学生身份审核,对大学生的经济实力、借款原因等进行审核,不能仅通过身份证与学生证确认;对贷款额度、贷款期限也要有一定的限制,确定最高额度、最长期限;对借款大学生的担保人也进行一定的审核;每个网络贷款平台都应该建立完整的数据库,对数据库的数据进行保护,防止泄露个人的信息。

4.3 政府

4.3.1 制定网络贷款平台准入原则

提高对网络贷款平台的审核标准,确保网络贷款平台的安全性,对网络贷款平台注入金等进行核实,降低因为网络贷款平台自身原因带来的风险。

4.3.2 出台相应的行业标准

教育部与银监会联合发布了《关于加强校园不良网络借贷风险范和教育引导工作的通知》。目前,对校园网贷平台并没有具体的约束政策,政府应出台相应的对利率、手续费等的具体规定,防止网络贷款平台收取暴利,也防止因费用过高给大学生来较大压力。

参考文献

[1] 李芬芬.大学生网络贷款的现状分析与对策[J].云阳师范高等专科学校学报,2016(3).

[2] 张妍妍.大学生信贷产品研究[D].成都:西南财经大学,2011.

[3] 刘松岳.大学生网络贷款机会与陷阱并存[N].中国青年报,2016-02-01.

[4] 大学生贷款平台坑了谁?[J].经济,2016(10).

该文发表于《法制与社会》2019年第5期。

论文作者:魏　茜　陈文豪　张嘉璇

指导教师:郭大伟

共享企业的生存模式及其未来发展趋势的探究

摘　要：共享经济的意义在于在不改变资源所有权的前提下，通过使用权的转移提高资源的使用价值，以实现资源的效益最大化。而在现代移动互联网信息技术的广泛应用下，商业资源可以通过平台而共享，这不仅解决了陌生人的信任问题，也培育了企业的互信机制，消除了共享模式的发展障碍，为互补性资源分享提供了便利。本文通过对共享经济的形成、主要模式等的概述，对共享经济存在的问题与未来发展进行了分析。

关键词：共享经济；形成动力；主要模式；未来发展

1　共享经济概述

美国教授马科斯·费尔逊和琼·斯潘思在《群落结构和协同消费》一文中首次提出“合作消费”这一概念，指个体居民通过与他人分享消费物品，满足日常需求并与他人建立联系的活动。刘根荣提出共享经济是以互联网技术为支撑，以网络平台为基础，所形成的个人闲置物品资源使用权共享的开放性交换系统。概括来说，共享经济就是在保留闲置资源所有权的前提下，所有者将资源的使用权让渡给其他成员，让其他成员发挥闲置资源的价值利用，以实现资源的效益最大化。

而在现代移动互联网信息技术的广泛应用下，平台企业通过现代化的信息技术应用来构建通畅的共享平台，不仅解决了陌生人的信任问题，也培育了企业的互信机制，消除了共享模式的发展障碍，为互补性资源分享提供了便利。双边平台在积累较多终端用户后将扩大共享资源与交换市场的规模与可持续性，提升对共享者的激励力度，增强对共享行为的参与意愿。

2　共享经济的形成动力

在卖方市场为主的工业经济时代，市场交易成本较高，产品种类也很单一，在利润最大化的约束条件下，市场供给的是被大多数消费者所能接受的大众商品，消费者只能被动接受市场提供的商品。而在互联网时代，消费者开始拥有商品消费的主导权。零边际成本社会理论认为互联网降低了社会活动的边际成本，包括零边际成本的模块化生产与销售网络，企业以零成本与追求个性的消费者沟通，让消费者参与到产品的研发设计，并且以极低的生产边际成本制造，促使规模化生产价值不高的长尾需求商品的市场价值提高。

因此，消费者对企业经营的重要性日益提高，零边际成本社会驱动了企业与消费者的商品价值共创。有学者提出从企业竞争的角度揭示企业价值创造方式的变化会导致企业的管理理念和模式也发生变化，企业与消费者共同创造价值是企业新的战略资本和核心竞争力。消费者不再是有形的资源，而是更重要的无形资源。

3　共享经济的主要模式

由于互联网的快速发展，共享经济已逐渐探索出多种共享方式和企业运营模式，由线下发展到线上，各个模式各有侧重，相互补充（见表 1、表 2、表 3）。

表 1　按共享资源的方式不同对其分类

模式	定义	共享方式	特点	代表企业
产品服务模式	是指摆脱传统私人产权的桎梏，将资源的所有权和使用权分离，使资源低价格使用以最大化创造使用价值	产品出租＋租赁，双方交付实物＋租金	资源所有权不变，使用价值在使用权多次交易中达到最大化	自如租房 小猪短租 美丽租
再分配模式	是指产品二手交易，即二手、废弃物品通过再分配市场循环交易，实现二手资源在供需者之间的重新分配	二手产品交易，双方交付实物＋购买资金	具有资源所有权循环交付，再分配，同质新产品减少，二手产品垃圾减少	瓜子二手车 58 同城
协同式生活模式	分享的资源主要是时间、空间、创意、技能等虚拟资产，将虚拟社区带入真实世界	物物（虚拟资源）相换，双方交付虚拟资源＋资金或虚拟资源	兴趣引导自由协作组合，重社群化分享独特创意、知识和另类产品，达到需求高效满足，强化社群关系，让参与者自由且摆脱孤立感	Airbnb 分答 知乎 SOHO3Q

表 2　按共享目的的不同对其分类

模式	定义	举例	代表企业
消费型共享	是为了满足人们的消费需求而将闲置物品的使用权让渡给有需要的消费者，从而充分发挥物品的使用价值，实现资源的优化配置	以汽车共享为例，Uber 搭建的互联网平台，连接着车辆提供者与有出行需求的消费者，为双方搭建一个沟通平台 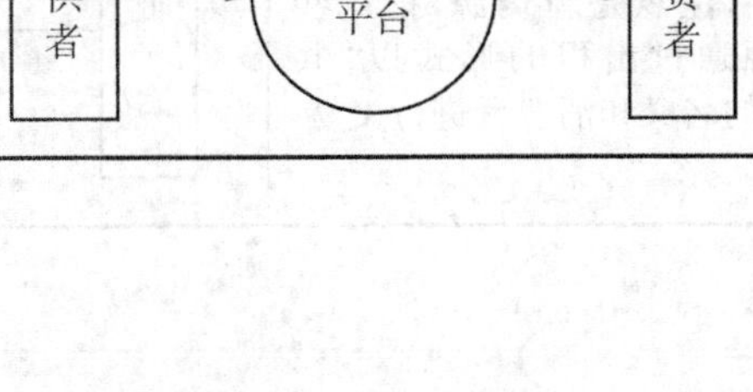	Uber Airbnb Wework 小猪短租

（续表）

模式	定义	举例	代表企业
生产型共享	是为了满足生产需求而将闲置的生产设备的部分使用权让渡给偶尔需要的生产者，从而实现资源优化配置的方式	以阿里巴巴“淘工厂”为例，它是连接阿里电商与优质工厂的重要纽带，通过帮助线上淘宝卖家寻找代工厂，从而打造一个贯通线上线下的完整供应链生态 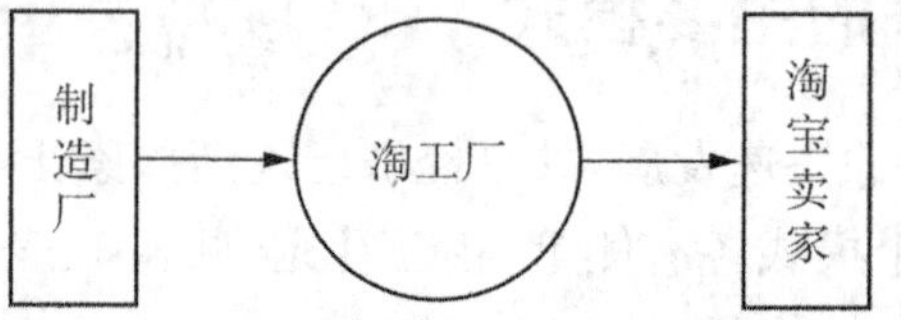 	阿里巴巴的“淘工厂” 沈阳机床厂15智能化数控系统
发展型共享	是为了满足消费者提升自身能力、认知、技能等而对无形资源等进行分享，进而实现无形资源价值的一种资源配置方式	以猪八戒网为例，它通过悬赏模式，在众多提供者中筛选出精准的服务商为企业、公共机构和个人提供文案策划、营销推广、程序开发等服务，将创意、智慧、技能等转化为商业和社会价值 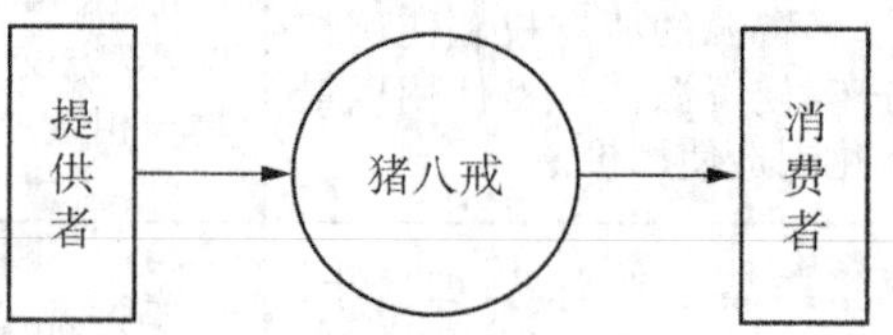 	猪八戒网 在行网 知乎网

表3　按与互联网结合方式的不同对其分类

模式	定义	方式	代表企业
C2C型共享经济	是指资源的供给者和资源的需求者不通过任何第三方或平台，直接进行交易，这是典型的传统共享经济，并且只通过线下	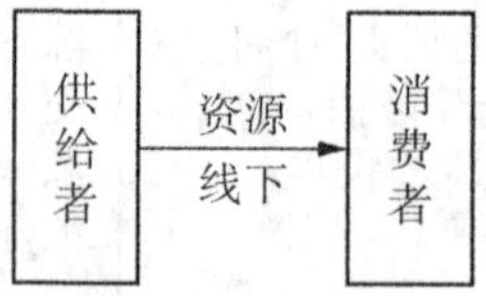 	同事、朋友、陌生人的二手交易、租房等
C2B2C型共享经济	是由C2C演变而来，强调了企业级平台的重要性，利用社会闲置资源集合起来再利用，企业的形式主要以平台的形式为主打破传统企业的市场形式	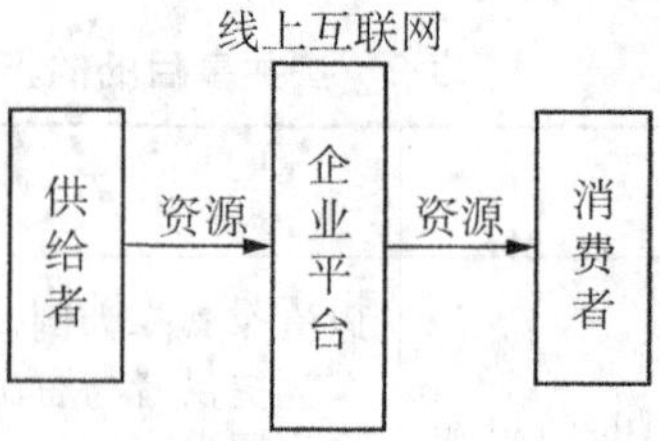 	滴滴出行，作为一个信息交流的平台，为供给者挂出消息，需求者获得消息而取得合作
B2C型共享经济	是企业通过购买或制造全新产品，注意是新资源，把这些资源通过出租的形式以“共享”的名义和消费者进行交易	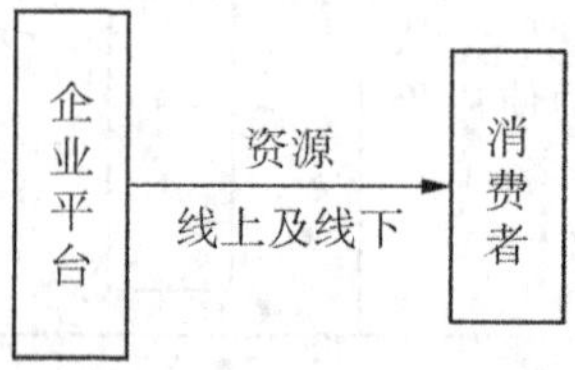 	共享单车，由企业制造大量新的共享自行车，人们通过交押金的形式注册登录，用低廉的价格使用自行车，就形成了共享交易

4 共享经济发展遇到的问题

4.1 信用体系失衡，用户权益保护难

随着共享经济不断发展，其安全问题也愈加突出。据国家信息中心的相关调查，超过80%以上的消费者认为共享经济商业平台中存在隐私信息安全问题。从个人信息问题来看，使用平台所需要的注册往往涉及身份证号、银行卡号等重要信息。从人身安全问题来看，在一些共享行业，供给者与消费者通过平台建立线下合作，而平台监管体系不完善，用户人身安全可能受到威胁。

4.2 同质化现象明显

实力强大的母公司、平台的巨额补贴、一轮又一轮的市场融资等因素使得共享企业迅速活跃在人们周围。2017年，共享充电宝、共享雨伞、共享睡眠仓、迷你健身房等大量创业项目不断涌现。然而这些共享平台同质化现象明显。

4.3 共享本质改变，加剧资源浪费

共享经济的行业越来越多元化，促使由原来的存量共享更多发展成为增量共享。增量共享是先创造新的资源，再通过共享的方式达到盈利的目的。存量共享能使闲置资源的使用频率增加，以减少资源浪费，这也是共享经济产生的原因。而现在的共享模式更多是企业为盈利而生产增量资源进行生产配置，如共享雨伞、共享单车等批量生产投放市场。这不仅耗费成本，也占用公共资源，并且损坏率极高，是一种新的资源浪费。

5 共享经济未来的发展趋势

5.1 健全内控制度，完善监管体系

企业的可持续发展离不开健全的内控制度和完善的监管体系。一方面需要企业内部加强平台把控，另一方面也需要外部政府、法律的监督。在内部平台把控方面要防止信息泄露，要根据消费者信用水平的不同，设置不同的信用门槛；加大对线下使用者的监控力度，尽量了解实时动态，如线上约车可考虑安装监控。在外部政策方面要便于政府监管；对于需要消费者线下合作的共享行业，应加强与公安、政府的联系，加快突发事件的处理速度，使事故损失降到最低。

5.2 基于用户需求，实现可持续发展

一个成功的共享产品，应满足市场需求。企业应对目标用户群的需求深度进行调研，测试产品推行的可行性，选择合适的共享模式，结合用户反馈不断完善产品，以实现可持续发展。因此，先入者在用户群体、市场准入和资本投入等方面具有明显的先发优势，在共享经济领域中也最为活跃。同时，企业竞争策略将从用户规模之争转向服务体验之争，服务多样性、产品特色化将成为共享的新方向。

5.3 注重闲置资源利用，规范用户行为

共享行业要想走向成熟，应由非标准化向标准化进行转变。在选择行业时，应更注重资

源闲置与消费者需求，而非盈利空间。在为用户服务时，也应该由单一的产品服务向多元化辅助服务改变，注重体验感与实用性。而在消费者方面，有效约束用户行为也是资源可持续利用、企业长足发展的关键。恶意损坏、私藏等行为，对共享经济的破坏不容忽视。实时定位、用户信用注册等都是很好的方法，提高防盗、防破坏技术更是解决资源破坏的利器。

参考文献

[1] FELSON M, SPAETH J L. Community Structure and Collaborative Consumption: a Routine Activity APProach[J]. American Behavioral Scientist, 1978, 21(4).

[2] 刘根荣.共享经济如何突破发展的瓶颈[N].福建日报，2016-12-13.

[3] 苏莜雪.探索国内“共享经济”的新模式——实体共享经济区[J].现代商业，2018.

[4] 李怀勇，张贵鹏.基于共享经济的商业模式创新[A].商业经济研究，2017.

[5] 王婧.我国共享经济模式分析及前景展望[J].中国市场，2018(4).

[基金项目]2018年上海市大学生创新创业训练计划项目；上海立信会计金融学院大学生创新创业项目资助(项目编号：201811047051)。

本文发表于《今日财富》2019年第4期。

论文作者：白璐璐　孙嘉乐　文　陈
韦若男　孟琳林
指导老师：赵立辉

探究科技对经济发展的促进作用

摘　要：经济发展一直是人类发展中最为重要的议题之一，而作为影响经济发展重要因素之一的科技，在现代化步伐日益加快的今天变得越来越重要。本文在宏观经济学和财政学相关内容的基础上，分析科技进步对经济模型的影响作用，进而证明科技进步对经济发展具有正面的促进作用。同时，本文以美国第二次世界大战后科技对经济发展的作用为例，反观当今科技对中国经济发展的影响作用，并尝试提出促进我国经济发展的建设性意见。

关键词：科技进步；经济发展；福利经济学

在现代化步伐日益加快的今天，单纯依靠原始资本积累和粗放生产消费模式已经不能有效地促进经济发展，人们越来越趋向于新的经济驱动力，而其中最不容小视的便是科学技术的发展。纵观人类历史，每一次大的科技进步都显著促进了经济的发展。回望中国的经济发展历程，不难发现中国的经济增长模式比较传统，由科技创新而带动的经济成长比例不高，对科技进步的重要性认识不够。本文将以宏观经济学与财政学的基本原理为基础，综合运用文字、公式、图表等多种表现形式，探讨在不同的经典经济模型下科技发展对于经济增长的促进作用，从而总结科技进步对于经济成长的一般规律。此外，以美国第二次世界大战后经济快速增长中的科技层面的影响因素，来印证结论。同时，反观当下中国的经济增长模式，将从如何借鉴他国经验、加大科技创新力度方面提出促进中国经济持续增长的政策建议。

1　美国科技发展对经济增长的促进作用

科技进步对美国经济增长的促进作用在第二次世界大战后至今极为显著。以美国的计算机软件行业为例，自20世纪90年代以来，其每年都以12%的速度迅速增长，远高于美国国民经济增长速度。根据测算，在美国经济增长中有27%归功于高科技通信和信息产业。而在1929年至1941年，美国科技进步对经济增长的贡献率达到33.8%；到20世纪80年代，美国的科技贡献率高达80%。

美国政府坚持认为，科学技术支出是对国家未来的投资，并以此为准则制定科技政策。2008年金融危机爆发后，美国并没有减少研发投入。美国国会公布的《2009年美国恢复和再投资法案》草案中，包含增加133亿美元的科技投入。美国政府也强调，要把新能源作为带动美国经济复苏的“发动机”，承诺将国内生产总值的3%用于研发支出，这也是美国历史上最大的科研投资。据兰德公司2008年报告，美国在科技研发方面的支出占全球总量的

40%，工业化国家所有专利发明的38%。而2015年10月底，白宫发布《美国创新战略》仍将着重点放在了先进制造、精密医疗、大脑计划、教育技术、智慧城市、太空探索等九大战略新兴领域和一批颠覆性技术。

近年来，美国经济出现了下滑趋势。1973—2013年，美国工资增幅下降，产出增长速度也持续下降。美国西北大学教授Robert J. Gordon在其著作中指出美国经济疲软最重要的原因是科技创新速度的放缓。2004—2014年，美国的Total factor productivity年增长率跌至0.4%。此前，《丹佛邮报》曾在2006年发表了名为《有迹象表明美国的科技竞争力正在下滑》的文章。但这份报告同时指出，美国仍是全球科技的生力军，美国占有全球科研总支出的40%。全球顶尖40所大学中的30所位于美国，70%在世的诺贝尔奖获得者在美国工作，38%的经合组织的受专利保护的新技术来自美国，37%的经合组织研究人员在美国工作。

2 对比当前中国经济发展现状

中国近几十年来俨然已成为重要的“世界工厂”，然而与“美国制造”的财富创造能力相比，“中国制造”还有不小差距。中国制造业劳动生产率、增加值率较低，约为美国的4.38%、日本的4.37%和德国的5.56%。在2010年全球最有价值的500个品牌，中国制造业品牌只有17个。

反观我国经济发展模式，在1953—2005年，相较于资本投入与劳力投入对经济增长的高贡献率，科技投入对我国经济增长贡献率仅为17.5%。科研投入占GDP的比例在2013年才首次超过了2%的门槛，达到了2.05%。

中国政府目前在大力推动产业转型，由传统的粗放式、高投入、低产出式发展模式向集约式、高效式、可持续性的现代产业模式转变。中国政府计划加大对科研项目的扶持力度，狠抓科技创新，以高铁、核电技术、人工智能等为代表的一系列高新技术正在成为中国的名片之一。中国正努力从“中国制造”转变为“中国创造”，在2020年，中国的研发投入要达到GDP的2.5%，科技进步对经济增长的贡献率达到60%。

3 美国科技经济发展对中国经济发展的经验借鉴

3.1 制度和体制创新

3.1.1 从法律层面上确保科技创新

美国宪法对专利保护进行了明确规定，而且规定教育与科学事业不受任何干预。而此后出台的一系列法律法规为专利著作权提供了更为细致有力的保障。2008年，在金融危机的严重打击下，美国出台了《美国创新战略》，同时，美国《复苏和再投资法案》也对清洁能源、高速铁路重点领域的创新给予巨额资助。《美国竞争法》也承诺继续加大对科技、教育和商业化计划的投资。2010年美国出台了为期十年的《国家宽带计划》，提出要让每一个美国人都能用上宽带网络，并用宽带网络确保美国在一些领域中的主导地位。

我国应学习美国的成功经验，重视有关科技创新层面的立法，为科技创新提供最根本的保障，将科技创新实实在在地融入国家发展的最高战略层面，制定法律及国家经济发展战略和大的方针政策，并注重法律及政策的可实施性和连续性。

3.1.2 扩大科研资金及技术的合作范围

美国政府引导相应的民间资金进入技术投资领域。根据美国的法规，公司退休基金、高校基金、公共退休基金、捐赠基金、银行控股公司、富有家庭和个人、保险公司、投资银行及部分非银行金融机构等都可以成为科技创新投资的主体。

美国广泛推广技术“孵化器”，加快了科学技术在产业中的应用。这些孵化器一般都是通过大学、产业与政府之间的合作而建立起来的，主要目的是促进技术向当地经济应用和扩散。美国一些著名企业，如康柏、英特尔、苹果等都是出自“孵化器”。此外，美国商务部实施的“先进技术计划(ATP)”促进了政府与私人企业间一种独特的合作形式。

我国应借鉴美国在科研合作上的成功经验，扩大科研项目的资金来源及技术合作，运用投标等方式，引入企业、个人及第三方机构等专业化水平较高的机构，并加强与各高校及企业等建立科研合作关系，以促进高校与企业间的“产学研”共赢合作，兴建高新产业技术园区，完善基础服务，畅通信息流通，提供管理咨询等服务，从税收、贷款政策及信息服务等方面加大对创新型企业的扶持力度。科研制度的创新，使科研项目具有较强的风险承受能力，促进科技创新企业的良性发展。

3.2 加大科研投入经费并合理规划分配

美国科研经费投入充足，科研资金和组织渠道多样化。在全世界科研经费投入方面，美国牢牢占据世界第一的位置。相比之下，我国科技投入虽然较以往有所增加，但仍远低于财政收入增长速度和经济增长速度，基础研究投入偏低。2004 年基础研究投入占 R&D 经费支出总额的 6%，同期美国这一比例超过 20%。而且科技投入在各部门之间划分比例并不合理，大部分资金分配给了重复项目与重点工程，而美国政府的科研分配经费相对要广得多。中国应在加大对科研事业的投入之外，建立健全一个合理的科研投入分配调节机制，使基础研究、应用研究、试验发展三项 R&D 支出相匹配，提高基础研究经费投入，建立宏观管理系统，加强信息化服务建设。

3.3 加大知识产权保护力度

从专利产出来看，美国的专利产出数量多年来一直稳居世界首位。根据世界知识产权组织(WIPO)发布的数据，2008 年，美国申请的 PCT 专利 53 500 多件，占当年专利申请总量的 32.7%，遥遥领先于排名第二的日本和排名第三的德国。

我国当下科技创新的一个很大的阻碍是对知识产权保护力度不够。科技创新在最初是一个高投入阶段，而倘若社会对于知识产权的保护力度不够，科研单位和个人的合法权益没有得到很好的保障，就会出现劣币驱逐良币的现象，从事科研创新的企业单位与个人会越来越少。要尽快完善我国知识产权相关法律和政策，加大对知识产权的监管和对侵害他人知识产权行为的惩戒力度。

3.4 营造尊重科技、崇尚创新的社会氛围，强化科技人才培养

美国高度重视人才建设，鼓励自由、创造的学风以及大量外国人才的引进，为科技人才

的培养奠定了坚实的基础。以“硅谷”为例，一大批世界上最具有创新精神、创新观念和创造才能的人才聚集在硅谷，并建立了创新的制度、体制和管理方法，以及由此形成了朝气蓬勃的创新社会环境。此外，美国极其重视人才教育和培训，2003 年出台的《国家创新议程》中，明确制定一项国家创新教育战略。

我国一直将“科教兴国”作为我国发展的重要战略，但不可否认的是，我国的科技教育和科教创新与美国相比还存在着很大的差距。所以，我国要更加重视教育，加大对高校和学生的投入和帮扶力度，为科研创新培养高素质的后备力量。同时，要加大对员工职业技能的培训，引导企业对员工进行岗前培训和继续教育，不断提升员工的劳动技能。此外，政府还可以借助新兴媒体，引导社会形成尊重科技、崇尚创新的氛围。

3.5　吸引人才聚集

美国汇聚了世界上最多、最优秀的科技人才，截至 2009 年，全球 40%的诺贝尔奖得主来自美国。以“硅谷”为例，20 世纪 90 年代以来，硅谷拥有大学以上文凭的人口占比从 32%增加到 41%，共有 40 多位诺贝尔奖得主、上千位科学院和工程院院士、7 000 多名博士、12.7 万余名专业技术人才移民。除了“硅谷”特有的鼓励冒险、鼓励创新的精神外，美国政府在签证、移民、留学、工作、知识产权保护上给予了很大的支持，各大企业与高校也起到了积极推动的作用。

为了防止人才流失，吸引人才聚集，我国应采取政策优惠等多项措施，鼓励留学人员及国外人才来华创业，构建起完善的服务机制与信息系统，营造良好的就业及创业环境，健全法律法规保障体系，引导企业引进人才，发挥高校在吸引人才集聚方面的特殊作用。

4　结语

我国在改革开放初期就提出“科技是第一生产力”的口号，随后又将“科教兴国”作为一项基本国策。经过几十年的发展，我国已成为世界第二大经济体，但传统的粗放式经济增长模式俨然已不再适用于当下的经济发展。D-M-P 模型、人力资本模型、福利经济学等经典经济学模型均表明科技创新才是促进经济平稳发展的根本因素。这一事实也在现实社会中得到了印证。也许科技创新对于经济的发展作用相比较资本投入和劳力投入来说，前期投入较大，见效期较晚，但对于资本疲软、人口红利渐渐流失的中国来说，科技创新其实是能使经济长期稳健发展的最佳驱动力。只有重视科技投入，才能获得有效的科技创新，才能最大程度利用经济良性增长促进社会福利的增加。

参考文献

[1] 高茹英，张红莲，任蔚.我国科研经费中存在的问题及对策[J].研究与发展管理，2008(6).
[2] 王静.年轻美国对人类作出的贡献：5%的世界人口缘何能创造 40%的高科技产品[N].科学时报，2010-9-3.
[3] 黄军英.创新引领经济复苏[N].人民日报，2011-1-12.

［4］张茉楠.创新驱动战略是制度变革问题［N］.社会科学报，2016-4-21.
［5］朱诸.美国：科技创新成就经济大国［N］.新华每日电讯，2010-10-20.
［6］刘澄.美国科技进步与经济增长［J］.发展，2002(4).

论文作者：蒋　悦
指导教师：李永刚

国际控股公司股权转让的国际税收规避可行性探讨

摘　要：国际公司或多或少都会有跨国投资，并采取间接投资或多重投资架构。由于相关税法缺失与信息交换的不透明，全球各国对于多重投资缺乏监管和判定，由此使得一些设立在避税天堂的国际控股公司在转让各国子公司的股权时转让所得以逃脱税务机关的稽查与课税。这样不仅导致了财政隐患以及国家的税收流失，也深深影响到了国际税收中实质重于形式以及税收公平原则。中国于 2015 年 2 月以一份《关于非居民企业间接转让财产企业所得税若干问题的公告》（国家税务总局公告 2015 年第 7 号）率先在全球范围内对上述行为采取行动。本文以典型案例分析及探索性的方式，探讨我国的这一举动对国内和国际将产生怎样的影响。

关键词：国际税收规避；避税天堂；CFC 课税制度；间接股权转让

1　国际控股公司国际税收规避方式

国际控股公司（International Holding Company）是指跨国企业在数个国家的子公司由设立于避税天堂的控股公司所持有。其成立目的在于持有其附属公司的大量股权，并掌握大多数表决权。除了可以规避母公司或子公司所在国法令或政治风险外，也可建立营运控制中心使资金运用灵活等。例如，投资国在境外设立国际控股公司，而国际控股公司则投资于各国子公司，以便享有"股利所得免税或低税率""资本利得免税""延迟纳税"及"海外资产保障"等优惠措施。国际税收规避方式大致可分为以下三大类。

1.1　租税利益方面

1.1.1　资本利得免税

企业出售子公司时，对母公司而言，则必须负担资本利得税，而证券交易所得部分国家实行分离课税，部分国家则并入企业所得税。于是，持有子公司者，若为对资本利得免征或低税率的控股公司，则当对子公司进行出售或清算时，控股公司可以免于缴纳甚至仅缴纳少许的资本利得税。控股可以将该笔资金再充分利用转投资于其他公司。

1.1.2　延迟纳税

依现行税法规定，当子公司分配盈余时，母公司必须合并缴纳所得税，也可以分配盈余时为认定时点，因此，一旦接受盈余分配的结果，就会有税负的负担。如在母子公司之间有在避税天堂地区设立控股子公司，而将盈余保留于控股公司内，则可以延迟纳税时点。

1.1.3 低税率

大部分国家对于子公司所汇出的利息所得、股利所得征收高税负，如果能将控股公司设立在拥有众多税收协定的避税天堂，则可以以极低的扣缴率扣缴税款完税。

1.2 非租税利益方面

1.2.1 海外资产保障

在进行国外投资之前，被投资国的政治、经济状况必会作为重要考虑因素，尤其对于政局动荡不稳定的国家，一旦遭遇国家动乱等事件，投资于当地的资产随时可能被查封、没收或资金限制汇出等。因此，如果母国与被投资国有签订投资保障协定，则可以另外选择与被投资国有签订投资保障协定的避税天堂国家或地区设立一控股公司，以控股公司的名义对被投资国进行投资，以规避政治或经济风险。

1.2.2 母公司所在国法令限制的规避

当母公司所在国在对外投资设有若干限制门槛时，如资金的转移、外汇管制、转投资限制等。若能透过控股子公司的设立，将子公司的盈余留存于控股公司，再由控股公司以统筹方式将资金灵活运用，除可免受母国政府的法令限制外，子公司只要未将股利汇回母公司，即可规避母公司所在国的所得税。

1.3 运营管理方面

1.3.1 资金灵活运用

对外投资需考虑资金调度的自由、汇率风险等有关财务方面的因素，通过国际控股公司的设立，可以降低财务上的风险。

1.3.2 营运控制、联系中心

通过在避税天堂地区的控股公司的设立，可以作为该地区营运的联系据点。

1.3.3 资本转移

公司在转移投资时，可以通过避税天堂地区的控股公司，转移公司间的资产，而不受限于母国的法令限制。

2 我国相关反避税条款

2.1 具体条款

《国家税务总局关于非居民企业间接转让财产企业所得税若干问题的公告》(国家税务总局公告 2015 年第七号)(以下简称“7 号公告”)规定：“非居民企业通过实施不具有合理商业目的的安排，间接转让中国居民企业股权等财产，规避企业所得税纳税义务的，应按照我国《企业所得税法》第四十七条的规定，重新定性该间接转让交易，确认为直接转让中国居民企业股权等财产。”

2.2 相关条款的制度漏洞

2.2.1 合理商业目的的判断

在 7 号公告中，“合理商业目的”无疑是一个最关键的灰色地带。何为合理商业目的，何种行为又会被判定为不具有合理商业目的，国税总局也对此进行了进一步的说明与界定。7号公告强调，在判断“合理商业目的”时，应整体考虑与间接转让中国应税财产交易相关的所有安排。该公告将“目的测试”作为基本考虑因素，同时强调“实质重于形式”是进行判断的首要原则。

商业目的是很难量化的指标，具有较强的主观性，因此，对商业目的的判断可能会引起较多争议。而实践中，正如我们所看到的那样，中国税务机关可能更倾向于通过评估经济实质来判断交易目的，即如果中间控股公司不具备经济实质，则该项交易很可能就被预设为不具有合理商业目的。7号公告针对实质测试提出了功能和风险分析。

尚不确定的是，间接股权转让中的中间控股公司的“控股”活动本身是否可证明其承担了足够的功能。在已经公布的涉及698号文的间接转让案件中，我国税务机关认定某些中间控股公司只是履行了“控股”的功能，并无“实质性”生产经营。

7号公告规定，如果通过股权价值、收入和资产等测试，判定间接转让取得的收入来源于中国境内，这将成为商业目的的评估不利因素。公告并没有对“主要”进行一个具体的量化，譬如，大于50%。除非进一步发布相关通知，否则各地税务机关对于“主要”一词的理解可能存在差异。此外，7号公告并未对“价值”一词进行定义，因此，“价值”可能拥有诸多不同的诠释，比如，公允价值、账面价值，或者由合格评估机构评估的价值等。

此外，7号公告中未明确如何评估“收入”是否间接来源于中国境内的问题，这使得评估结果难以预测——在激进的处理方式下，地方税务机关很有可能将任何在中国开展经营活动的非居民企业都视为间接取得了来源于中国境内的收入，从而导致一个鸡生蛋还是蛋生鸡的典型难题。

总而言之，商业目的的评估具有较强的技术性，也具有很强的主观性。纳税人证明其商业目的的合理性绝非易事，而税务机关实施商业目的的判断也存在执行难度。国税总局将“为获取税收利益”作为反驳合理商业目的的证据，但事实上在真实商业环境中，某些安排确实具有很确切的商业目的，而税收利益的获得往往仅是附带的。此外，管理人员在作出重组的决策时，很难把税收成本作为一个可以不考虑的因素而忽略。

2.2.2　报告及资料报送要求

在确定一个间接转让交易的非居民转让方在中国负有相关纳税义务之前，中国税务机关是无权要求该非居民转让方根据中国的税收报告要求和相关的税收征管程序履行报告义务的，国家税务总局也从未表态其拥有这项权利。在此理论基础上，7号公告提出了一项自愿报告制度以及强制申报要求。7号公告并未强制要求符合条件的集团内部重组提交所需资料。然而，问题在于，由谁判定一项交易是否满足安全条款？

2.2.3　受让方的代扣代缴义务

根据7号公告的规定，直接支付交易价款的受让方(无论是居民企业还是非居民企业)为间接转让中国应税财产取得所得的扣缴义务人。但公告并未规定扣缴义务人应在何时向主管税务机关履行扣缴义务。从商业实务的角度看，转让方是否负有中国所得税纳税义务以及应该缴纳多少税收，受让方几乎不可能做出判断。

3 非居民企业间接转让财产企业所得税在国际上普遍应用的可能性

3.1 理论上的可行性

我国开始征收间接股权转让的企业所得税无疑会增加企业的实际所得税负，通过萧博徽(2012)设立的空间杜宾模型中可以看到，国家企业的税收负担率越低，周边国家地区的企业税负水平越高，并且随着时间的变化，企业的税收负担的空间相互聚集的特性越来越明显。而其对于实证模型的分析来看，显示全球的企业税收负担率之间的确存在显著的空间相关性，即代表某国企业税收负担率会与邻近国家企业的税收负担率相互影响。因此，我国开始对多重间接股权转让所得进行监控并征收企业所得税，无疑会引起周边国家的关注。

3.2 现状分析

在国际上，关于国际控股公司进行股权转让的相关税法仍然是缺失的状态，各国并未像我国一样出台相应政策公告进行规定。然而，越南政府已经开始着手借鉴我国的经验拟定相关法律法规。近期我国国内公开报道中也披露了一些地方税务机关针对中国企业走出去受控外国企业(CFC)的反避税案例。

如 2015 年，海淀区国税局受理了 15 家境外非居民企业分两次间接转让境内 3 家居民企业股权的报送资料。从企业报送的资料来看，转让方均为注册于英属维京群岛、新加坡等地的境外投资机构，受让方为注册于开曼群岛、中国香港等地的上市公司及投资机构，转让标的为注册在开曼群岛的某非居民企业 F 公司。F 公司通过持有注册于香港、开曼群岛等地的多家中间层公司，间接持有中国 3 家居民企业的股权。交易采取现金与股权支付相结合的支付方式，交易总价为 27.5 亿美元。最终经调查，海淀区国税局判定该转让行为不具有合理商业目的，最终的补缴税款金额也达到了 12 亿元人民币。

3.3 国际未来的预测

随着案例的不断出现和一笔笔金额巨大的税款的补缴，国际上的各大公司都开始重视间接拥有中国境内居民企业转让时的税务风险。这一做法以前是国际上的盲区，世界各国开始关注到多重间接股权投资的避税手段，在未来一定会有越来越多国家对此进行解读与界定。

除此之外，近年我国也有关于居民个人境外间接股权转让的避税案。相关单个案例的补缴税额已高达 2 亿多元人民币。随着共同申报准则(CRS)的实施以及中国个人所得税的改革，我国居民个人间接股权转让所得税的税务合规性应引起各大企业、高净值个人及相关机构的高度重视。

4 总结与启示

国际上避税与反避税将随着全球经济的复苏、新兴经济体的发展以及企业对税务的重视进入新的时期。有关国家相关政策和法律法规也在不断完善和改革。作为全球第二大经济体，中国近几年的经济表现引人瞩目。无论是逐渐完善的税收体制，还是本文提及的对于多重间接股权转让的避税手段的监管，我国的税制正从追赶向引领转变。

7号公告仍然有其不完善的地方，如尚未完全界定详细的“合理商业目的”。经济的发展不仅仅是产业的增长，也包括税收体制的健全。中国日渐完善的反避税手段能让更多合法合规的跨国企业在中国进行投资和经营，不用担心涉及灰色地带而增加额外的税务风险。

参考文献

[1] 王昉.中国上市公司所得税税收负担问题研究[J].经济研究，1999(5).

[2] 印永翔，陈思遐.创新与研发、知识外溢之因果分析——以G20国家集团为例[J].经济论文业刊，2012，40(4).

[3] 陈香梅，翁逸珊.法定公司所得税税率政策之决定因素——国际税收竞争或国内政治运作[J].会计评论，2013(56).

[4] 郭杰，李涛.中国地方政府间税收竞争研究——基于中国省级面板数据的经验证据[J].管理世界，2009(11).

[5] 张圭全.CFC规则与间接股权转让反避税规则的协调[J].税屋，2018(2).

论文作者：刘家欣

指导教师：李永刚

新能源汽车税收优惠政策的实施效果分析和国际经验借鉴

摘　要：本文主要探索在税收优惠政策的导向下，新能源汽车行业的发展状况，重点涉及流转税、所得税、车辆购置税等一系列税种，并且对税收优惠政策实施效果进行研究，分析其中的问题。通过借鉴美、日、德三国的经验，给我国新能源汽车行业提出建议。

本文对新能源汽车行业目前税收优惠现状进行分析。通过比较发达国家的税收优惠政策，提出我国需要完善税收优惠激励措施，鼓励清洁能源企业的投资；对研发技术人才的技术转让免税；对肮脏能源实施限制性措施；提高新能源汽车生产市场的准入门槛，防止非法骗取新能源汽车税收优惠；加强税收政策对生产者和消费者的导向激励作用，提高环保意识。

关键词：新能源汽车；税收优惠；流转税；所得税；问题；建议与启示

1　引言

当今世界，汽车已经成为人们主要的通勤方式。人们对汽车的需求增加，增加了行业对石油的依赖性。目前，我国的石油供应量已经不能满足国内的需求，需要不断进口。据统计，我国原油进口总量十多年来逐步增加，从 2010 年的 23 768 万吨，到 2017 年已经达到 41 957万吨，增长幅度大。我国原油生产总量到 2016 年也达到了 28 372 万吨。汽车的普及使二氧化碳等有害气体排放量加大，就加剧了环境污染问题。因此，为了世界的可持续发展，随着科技的进步，新能源汽车应运而生。

"十二五"之后，我国新能源汽车度过起步阶段，从"十三五"开始，中国新能源汽车加速发展。国家给予新能源汽车行业的政策支持主要包括直接的财政补贴政策和对新能源汽车研发和创新的企业给予税收优惠政策。财税激励政策对新能源汽车发展起到推动作用。目前该行业存在诸如研发投入不足、核心零部件电池的续航能力差、安全性能与民众的认可程度低、配套设施不充足等问题。

2　文献综述

孙园(2012)认为应该按照汽车的排量来制定消费税税率。此外，他针对不同税种给予了一系列税收优惠的建议。李晶、李施雨(2013)提出我国新能源汽车产业尚处于发展阶段，需要采取财税激励政策进行支持。他们通过借鉴发达国家的经验，建议我国应该制定鼓励新能源汽车技术创新的优惠政策，给予配套设施税收优惠，同时税收优惠应涵盖整个新能源汽车产业。何代欣(2014)认为目前我国税收政策有效性不足，应该根据新能源汽车行业的发展情况，来优化当下的税收优惠政策和补贴。丁芸(2014)认为我国对新能源汽车行业的税收优惠政策效果有限。她通过分析财税政策和效应的不足，提出了要最大化财税政策来促进新能源汽车发展的建议，包括建立完善的税收优惠制度，扩大补贴范围合理力度，以及按照不同税种给予税收优惠激励措施。任超(2014)提出政府给予财税政策虽然能使企业获利，但也存在漏洞，同时又忽略了市场资源配置的要求，导致产能过剩。他通过借鉴美国的经验，认为我国需要重构财税激励制度，给予企业税收抵免和加速折旧。陈翌、孔德洋(2014)研究了德国政府对新能源汽车行业财税政策扶植的演变过程、特点和内容，提出中国应先建立并扩大新能源汽车市场，对刚起步的新能源汽车公司给予补贴，加大政府采购，给予税收优惠。于颖哲等(2015)借鉴美国、日本对新能源汽车行业的税收优惠政策，如所得税税前扣除、折价退款机制以及日本的购置税优惠，发现我国税收间接优惠不足，建议扩大各个税种的优惠力度，完善税收优惠体系。冯光泽、王文礼、谭伟(2015)通过研究新能源汽车产业与地方经济的激励效应，发现两者之间存在正效应，好的财税政策引导，可以带动地方经济收入的增长。同时，他们提出要加大资金投入，给新能源汽车行业创造好的税收优惠环境。王坤(2015)对美国、德国的新能源汽车行业所享有的税收优惠进行分析，得出两国虽然措施不同，但是都很注重技术研发和基础设施。他认为我国可以借鉴这些发达国家的做法来完善税收优惠体系。陈少强(2016)阐述了我国新能源行业的发展历史和税收政策带来的效果，一方面肯定了这些激励政策改善了生态环境、拉动就业，另一方面也指出其存在的问题，包括配套设施、退出机制等的税收优惠。他建议我国应该在发展新能源的同时限制传统能源等，一步步完善税收激励措施。王璞(2017)分析了我国现有各个税种的税收优惠的不足，如作用环节单一，提出要加大政策执行力度、扩大覆盖面以及要根据新能源汽车的发展状况或者阶段及时调整税收优惠政策和补贴制度。李瑞贤、陈明义(2018)根据目前的税收政策与财政补贴，研究分析我国新能源汽车的问题与可采取的措施。提出给予新能源汽车的整车生产和零部件企业相应的高新技术企业认定，针对企业所得税，制定相应的优惠政策。同时，还要给消费者提供更优惠的汽车购置的消费税。除此之外，政府需要提高准入新能源汽车的门槛，还要提高配套设施的税收优惠；周一帆(2018)分析了日本不同的新能源汽车类型所享受的税收优惠和补贴状况，提出我国应该适时调整和完善财税政策，形成一个良性机制。黄锡生、张真源(2018)从能源结构出发，提出煤炭作为主要的肮脏能源，需要得以限制，如扩大肮脏能源的征收范围。同时需要从消费和投资层面出发，扩大财税激励措施，来推动清洁能源的发展，如加速折旧、降低税率、递延纳税等。高秀平(2018)通过对发达国家的新能源汽车财税政策进行分析总结，提出我国所出台的税收优惠政策应该大幅度倾向于消费者，鼓励购买，而不是一味地给予生产者。叶英(2018)认为，我国税收激励政策仍然处在较低的水平，强调要加强新能源汽车行业的税收优惠力度以及调整税制结构。聂新伟(2019)清晰地阐述了我国新能源汽车所享有的消费补贴历程，鼓励消费者购买新能源汽车。

本文研究思路和框架：采取描述性分析，对新能源汽车行业的产销情况进行统计，描述其情况并对现行的财税激励政策进行整理、分析；通过比较研究法，对中外新能源汽车状况进行对比分析。对比内容分别体现在：①整理中外车企研发投入数据，来研究税收优惠政策下研发水平；②研究日本、德国、美国新能源汽车行业财税政策，分析中国财税政策的不足，并提出建议。

3 新能源汽车行业发展现状

3.1 新能源汽车的分类和销售状况

新能源汽车大致分为三类：纯电动汽车、插电式混合动力汽车和燃料电池汽车(见表1)。

表1 新能源汽车种类及优缺点

种类	优点	缺点
纯电动车	零排放、零耗油、高补贴和税收优惠	电池续航能力差、充电设施不完备
插电式混合动力汽车	一半充电，一半燃油，享有税收优惠和补贴	过度依赖充电设施，一次最多只能行驶50公里，之后又需要燃油
燃料电池汽车	氢气、氧气取之不尽，最环保的汽车	加氢站建造成本高、安全性有待考量

目前，因为充电设施的不完备、电池续航能力相对较差，一些核心零部件还在研发中，所以世界上使用的最多的是插电式混合动力汽车，即使没电了，还能通过燃油来行驶，是消费者目前的首选。

我国新能源汽车的产量每年都保持不断增加的势头。2012—2018年新能源汽车产量增长率分别为59.9%、58.3%、51.7%、333.7%、347.7%、39.7%、50%，2012—2018年新能源汽车销量增长率分别为61.7%、53.3%、53%、342.9%、323.8%、37.9%、56.8%。2015年和2014年，新能源汽车产量和销量出现爆发式增长，增长的背后肯定离不开财税激励政策的支持。

3.2 新能源汽车行业所享有的税收优惠及补贴

新能源汽车行业的发展离不开税收优惠政策的支持，本文的目的就是探析新能源汽车行业税收优惠政策的问题，给出相应的建议，以此推动新能源汽车的发展。表2、表3是新能源汽车行业税收优惠政策。

表2 流转税税收优惠

流转税	税收优惠
增值税	2013年颁布的《国家税务总局关于中央财政补贴增值税有关问题的公告》(国家税务总局公告2013年第3号)规定，纳税人取得的中央财政补贴，不属于增值税应税收入，不征收增值税
	《财政部 商务部 国家税务总局关于继续执行研发机构采购设备增值税政策的通知》(财税〔2016〕121号)规定，对符号规定的内资研发机构和外资研发中心采购的国产设备，按规定实行全额退还增值税

（续表）

流转税	税收优惠
消费税	《消费税税目税率表》以气缸容量为征税依据对乘用车进行征税，不管是否属于新能源，有气缸就征收消费税，没气缸就免征
	《消费税暂行条例》规定电动汽车不属于消费税征税范围，不征收消费税
	《财政部 国家税务总局关于对电池、涂料征收消费税的通知》(财税〔2015〕16 号)规定，对无汞原电池、金属氢化物镍蓄电池、锂原电池、太阳能电池、燃料电池免征消费税
关税	《中华人民共和国关税条例》第 42 条规定，对于开展科研活动使用的仪器、设备及用品暂时进境或出境时，纳税人向海关缴纳相当于应纳税款的保证金或者提供担保的，可以暂不缴纳关税
	《国务院关税税则委员会关于降低汽车整车及零部件进口关税的公告》(税委会公告〔2018〕3 号)2018 年 7 月 1 日起，降低汽车整车及零部件进口关税。将汽车将车税率为 25%的 135 个税号和税率为 20%的 4 个税号的税率降至 15%，将汽车零部件税率分别为 8%、10%、15%、20%、25%的共 79 个税号的税率降至 6%

表 3　所得税税收优惠

所得税	税收优惠
企业所得税	新《企业所得税法》第二十七条规定从事符合条件的环保、节能节水项目可享受三免三减半
	《关于将服务贸易创新发展试点地区技术先进型服务企业所得税政策推广至全国实施的通知》(财税〔2018〕44 号)文，规定高新技术企业、经认定的技术先进型企业给予 15%优惠税率。发生的职工教育经费支出，不超过工资薪金总额的 8%的部分，准予在应纳税所得额时扣除，超过部分，准予在以后年度扣除。研发费用加计扣除 75%，形成无形资产的，按照无形资产成本的 175%在税前摊销
	《财政部 国家税务总局关于完善固定资产加速折旧企业所得税政策的通知》(财税〔2014〕75 号)的规定 2014 年 1 月 1 日以后新购进的专门用于研发的仪器、设备，单位价值不超过 100 万元，允许一次性计入当期成本费用在计算应纳税所得额时扣除，不再分年度折旧；单位价值超过 100 万元的，可缩短折旧年限或采取加速折旧的方法

其他税种方面，目前我国延长了新能源汽车的车辆购置税的免税期限，延至 2020 年 12 月 31 日(财政部、税务总局、工业和信息化部、科技部联合发布《关于免征新能源汽车车辆购置税的公告》2017 年第 172 号)。

在补贴政策方面，国家对不同的新能源汽车补贴程度不同。2013 年前，我国对 1.6 L 以下的非插入式混合动力车补贴 3 000 元，对纯电动汽车的补贴为 60 000 元，对插入式混合动力汽车补贴 40 000 元。在这之后两年，我国对新能源汽车的补贴金额都是基于 2013 年的标准不断下降。当然，新能源客车和乘用车的补贴又不一样。2017 年以后，我国综合科技的进步、电池的成本等来完善新能源汽车补贴标准，规定在现行的标准基础上，新能源汽车补贴机制很可能在 2020 年后推出。

3.3 税收优惠政策对上市车企研发支出的影响研究

我国在销售环节已经有了税收优惠政策，但是研发阶段的税收优惠对新能源汽车能否成功推广，起着至关重要的作用。目前，整个研发过程都离不开政府税收优惠政策的支持。我国新能源汽车的研发主要针对电池、零部件、整车材料等，由于起步较晚，研发水平不高，在研发阶段各个企业需要投入大量的研发资金。2017 年我国主要汽车企业研发费用情况如表 4 所示。

表 4 2017 年我国主要汽车企业研发费用情况

企业	研发投入(亿元)	营业收入(亿元)	研发费用/营业收入(亿元)
蔚来	26.03	—	—
比亚迪	62.66	1 059	5.92%
江淮	19.97	491.5	4.06%
江铃	20.55	313.5	6.56%
吉利	3.31	927.61	0.36%
广汽集团	4.956	711.4	0.70%
一汽	3.976	279	1.43%
金杯	0.09	57.71	0.16%
众泰	5.88	208	2.83%
金龙	6.25	177.4	3.52%
平均值			2.84%

数据来源：搜狐财经。

新产品、新技术的研发一直都是汽车企业保持竞争力的核心，以上 10 家企业很大一部分都生产新能源汽车，其中蔚来汽车是一家只生产新能源汽车的汽车公司。研发能力以研发费用/营业收入表示，除去蔚来，这 9 家研发能力的平均值为 2.84%。五家企业超过平均值，但是有三家企业的研发能力远低于平均值，在 1%以下，说明我国汽车企业在新能源汽车的研发投入水平上，两极分化极为严重。表 4 中，以比亚迪、江铃为例，它们的研发投入很高，得益于政府给予了新能源汽车研发环节所得税税前加计扣除，企业所得税税率 15%，加速折旧，增值税即征即退的税收优惠等税收优惠。一些企业的研发投入低，在于这些企业传统汽车销量好，大部分企业都愿意生产传统汽车，因此，税收优惠政策未在这些企业中发挥很大的效益。

我国目前新能源汽车研发方面主要要解决电池的质量(包括电池带来的潜在污染)、续航里程，以及安全性能等问题。因此，加大对核心零部件的研发投入，有助于快速推广新能源汽车的发展。汽车企业所享有的财税激励政策有限，且税收优惠力度不够，范围不广。因此，新能源汽车税收优惠应该涉及整个研发环节，包括免征增值税，给予研发人员个人所得税税收优惠，进口科技产品、技术免税等。

4 国外新能源汽车行业税收优惠现状及启示

4.1 日本新能源汽车税收优惠

在税收优惠方面，日本早在2009就制定了“绿色税制”政策，给予本土汽车企业所生产的符合或优于排放和油耗标准的新能源汽车减税和免税的优惠。日本政府根据污染排放量程度分别制定重量税、购置税和汽车税的税收优惠政策。日本将目前国内的新能源汽车称为下一代汽车，最高可减免75%的汽车税。与中国不同的是，日本对于非插电式混合汽车和汽油车等传统汽车制定了鼓励与限制并行的税收优惠政策。日本将2005年汽车排放量作为标准(低于75%)，优于2020年油耗标准20%，全免购置税、首次减免75%重量税以及减免75%的汽车税。除此之外，还对达到2020年油耗标准和优于2020年油耗标准10%的分别给予税收优惠，这样不仅推动了新能源汽车的发展，同时还优化了传统汽车。

在财政补贴方面，日本政府不是一味地给予新能源企业补贴，而是每年根据市场情况给予补贴，这样可以有效避免产能过剩和骗补问题。纯电动车的补贴标准根据续驶里程来计算，这样有利于新能源电池不断改进；插电式混合动力汽车补贴一律20万日元；燃料电池汽车没有补贴上限，可以看出燃料电池汽车是日本未来新能源汽车发展的主要方向。

在配套设施方面，日本一向重视新能源汽车从研发到销售整个环节的税收优惠。政府对采用新能源设备的企业降低固定资产税，并对其固定资产可以加速折旧。就充电桩而言，日本路上插电式混合动力汽车较多，充电桩较多，而且慢充桩免费。与国内一般的充电桩不同，日本的充电桩按需布点，充电桩的维护和管理也较完善。日本政府成立专项资金，承担企业很大一部分研发费用，鼓励本国自主研发。

在市场推广方面，日本政府要求公用车更换为新能源为主的汽车。因为日本将鼓励与限制税收优惠并用，这就大大提高了全民的环保意识，逐步实现高排放、高成本的传统汽车向新能源汽车的转变。同时税收优惠和财政补贴分类清晰，以排放量和耗油量为标准，对享有优惠的企业和家庭进行监督管理，使得新能源汽车市场更加的有序。

4.2 德国新能源汽车税收优惠

德国作为汽车大国，无论是传统汽车还是新能源汽车都居于世界领先地位。目前，德国的政策目标是推动插电式混合动力汽车和纯电动汽车，同时发展氢气燃料电池汽车，以确保自己汽车超级大国的地位。德国新能源汽车政策受到欧盟政策的影响，就是既要制定低碳能源战略，又要限制排放标准。德国基于这两点实施新能源汽车财税激励政策。德国电动汽车发展相比日本较晚，更注重氢气燃料车。德国自2008年开始，大力发展电动汽车。

在税收优惠方面，德国政府重视研发和销售两个环节，对于采用生物柴油的企业给予免税，同时对于一些清洁能源给予税收优惠。与日本一样，德国将税收优惠激励和限制政策结合使用，根据二氧化碳排放量和发动机排量对传统汽车课征年度保有税。此外，为了鼓励消费者购买，根据购买年份和年限对电动汽车免征保有税。

4.3 美国新能源汽车税收优惠

美国早在20世纪80年代开始就有相关新能源汽车的税收优惠和补贴政策，并且历任总统上任后都会对政策作出新变化或者根据国内新能源汽车发展现状制定新的政策。美国是世界上最早针对新能源汽车给予税收优惠和补贴的国家,政策相对完善。

对于新进入市场的新能源企业给予研发支持和低息贷款政策,一方面鼓励生产核心零部件的企业创新,另一方面又鼓励消费者购买和使用。在补贴方面,各州对企业和消费者的补贴不同,不仅对购置新能源汽车有补贴,还对租赁汽车进行补贴,说明政府主要是鼓励消费者使用新能源汽车,以达到减少传统汽车的目的。

当然,美国新能源汽车行业之所以有相对完善的财税政策,主要是离不开法律制度的保障,以及资金的支持。完善的配套设施、核心配件、税收优惠、补贴政策使得民众对新能源汽车的接受度越来越高,这就离新能源汽车市场规模化的目标更近了。

5 对我国新能源汽车税收优惠的建议

5.1 完善税收优惠激励措施,鼓励清洁能源企业的投资

在流转税方面,研发环节所涉及的增值税进项税应该扩大进项抵扣范围。对生产销售新能源汽车核心零部件的企业的收入,给予低税率的税收优惠。我国的消费者倾向于插电式混合动力汽车,但消费税税收政策上,实行差异化税率,如果想大范围推动插电式混合动力汽车发展,应该将这部分的消费税率降到最低,和传统燃油汽车的各级差别税率区别开,之后再一步步推向纯电动汽车。在补贴方面,政府应该出台统一的新能源汽车补贴标准。

新能源汽车行业享有15%的企业所得税税率,同时其相关行业也应该给予企业所得税税收优惠。在核心零件、电池、整车外形设计的科研和研发方面,其研发费用所得税税前扣除的比例应该在加计扣除75%的基础上缓慢提高,形成无形资产的,加大其税前摊销的无形资产成本比例。

此外,新能源汽车行业作为新兴产业,前期会花费大量资金在推广新能源汽车上。因此,用于新能源汽车的广告费用应该准予在当年的纳税年度全部扣除,而不是税法规定的在以后纳税年度允以结转。

对于生产企业购进的用于生产新能源汽车零部件、整车制造等设备的费用,应该允以加速折旧,虽然整体上不会让企业少缴企业所得税,但是在新能源企业刚起步的前几年,以加速折旧的方式让企业前几年少缴税,取得了货币的时间价值,这部分资金可以用于研发以及对人才的引进。对企业境外所得,给予税收抵免。

在新能源汽车相关企业方面的优惠措施,消费者最关心的就是新能源汽车的续航能力、安全系数和价格,这取决于汽车从研发到生产设计的一切成本。为避免最后的税负间接转嫁给消费者,有必要对于其配套产业的基础建设项目给予税收优惠。

在税制结构方面,新能源汽车各个环节的税收优惠应该完善。我国应该学习国外发达国家的经验,将税收优惠侧重点放在研发、保有和回收环节。

5.2 逆向限制传统能源税收优惠政策

根据发达国家的经验,税收优惠政策与限制政策相结合才能达到最佳效果。一方面,我国需要加大研发、引进新技术、配套产业、充电桩等方面的税收优惠激励措施,另一方面,如

果一味给予新能源汽车行业税收优惠,而不加以限制传统汽车行业,还是无法实现传统汽车向新能源汽车的转型。

政府应该出台一些政策鼓励一直使用传统汽车的消费者置换新能源汽车。减少新能源汽车的过路、过桥、停车费用,降低更换新电池的后续维修费用,同时还要抬高传统汽车的一系列费用和维修费用,以一种变相的税收形式来限制消费者购买新的传统燃油汽车。

此外,从传统汽车的限制政策中获得的资金,可以设立新的专项资金,继续投入新能源汽车新一轮的技术研发和充电设施等配套企业。通过一抬一降的方式,既限制了传统汽车市场,又促进了能源结构的转型,达到保护环境的目的。

5.3 提高新能源汽车生产市场的准入门槛

政府要加强对相关企业的监管,监督其生产的核心零部件和电池,对每批型号的汽车进行跟踪,查看其销售和保有情况。此外,我国还需要建立统一的法律法规体系,解决地方政府补贴不一的问题,提高新能源汽车市场的准入门槛。

政府对纯电动汽车、插电式混合汽车、氢燃料汽车(尚未投入使用)的补贴金额不同,纯电动汽车补贴最高,因此越来越多的汽车企业涌入新能源汽车行业,造成产能过剩的问题。对此,我国目前应该根据新能源汽车市场的发展情况,适时调整给予新能源汽车的税收优惠和补贴额度。比如,上游的生产企业享有增值税即征即退的税收优惠,随着技术成熟后应该减半征收,之后形成市场规模化后,应取消税收优惠政策。

5.4 加强税收政策对生产者和消费者的导向作用,提高环保意识

由于新能源汽车前期投入成本高,税收优惠和补贴大多都集中在生产环节,在没有形成市场规模化之前,新能源汽车价格偏高,再加上民众的环保意识也不是那么强。因此,政府应该从减轻消费者税收负担入手,用税收政策引导消费者,除了免征车辆购置税,还要对购车个人和企业的所得税进行抵免,给予过高速公路、后续车辆维修费用补贴等激励措施。

同时,政府应该加大采购新能源汽车作为市政用车、公交车等。政府还引导社会资金进入新能源汽车行业,建议金融机构给予新能源汽车企业贷款优惠。

参考文献

[1] 聂新伟.我国新能源汽车消费补贴政策的演变及效果评析[J].中国物价,2019(3).

[2] 孙园.促进我国汽车产业发展的税收政策建议[J].税务研究,2012(26).

[3] 李绍萍,戴昕均,柳光明.税收优惠及财政补贴与新能源汽车上市公司发展的关联关系研究[J].资源开发与市场,2018,34(11).

[4] 叶英.我国新能源行业的税收支持政策问题探析[J].中国市场,2018(31).

[5] 孙腾,冯丹,胡利明.国外新能源汽车发展现状及对我国发展的启示[J].化工时刊,2018,32(9).

[6] 李瑞贤,陈明艺.促进新能源汽车产业发展的财税政策研究[J].经济研究导刊,2018(17).

[7] 张琪琪.新能源行业财税政策研究[D].太原:山西财经大学,2018.

[8] 黄锡生,张真源.基于能源结构调整的能源税收制度研究[J].福建师范大学学报(哲学社会科学版),2018(3).

[9] 胡勇.市场机制与政府补贴:反思我国新能源汽车产业财政与税收制度[J].珠海潮,2018(1).
[10] 周一帆.日本新能源汽车支持政策及对中国的启示和借鉴[J].汽车与配件,2018(8).
[11] 高秀平.我国新能源汽车财税政策的国际借鉴[J].理论探索,2018(2).
[12] 冯光.汽车产业转型升级下的新能源行业变革趋势[J].新型工业化,2018,8(01).
[13] 王璞.关于构建我国新能源产业税收支持政策体系的建议[J].国际商务财会,2017(8).
[14] 王金龙.论税收优惠对新能源产业的导向作用[J].经济研究导刊,2017(20).
[15] 冯光泽,王文礼,谭伟.财税政策对新能源汽车产业与地方经济的激励效应研究——以青岛市为例[J].东方论坛,2017(3).
[16] 石娟,张九妹.新能源汽车发展政策国际经验比较[J].价值工程,2017,36(14).
[17] 陈少强,郏紫卉.发展新能源产业的税收政策初探[J].税务研究,2016(6).
[18] 于颖哲,吕洪涛,李明磊.新能源汽车产业税收政策的选择[J].国际税收,2015(11).
[19] 王坤.国外新能源汽车财税政策研究及启示[J].现代管理科学,2015(10).
[20] 丁芸,张天华.促进新能源汽车产业发展的财税政策效应研究[J].税务研究,2014(9).
[21] 任超.我国新能源产业财税激励制度的重构[J].税务研究,2014(9).
[22] 何代欣.促进新能源产业发展的财税政策:评估与调适[J].税务研究,2014(9).
[23] 陈翌,孔德洋.德国新能源汽车产业政策及其启示[J].德国研究,2014,29(1).
[24] 李晶,李施雨.新能源汽车产业税收政策的国际借鉴与措施[J].税务研究,2013(10).
[25] 蒋震.支持新能源产业发展的税收政策取向[J].税务研究,2012(6).
[26] 高阳,王丽君.我国小汽车消费税政策存在问题及其完善建议[J].税务研究,2011(11).

论文作者:陈文娟
指导教师:谭郁森